천의 얼굴을 가진 영웅

The Hero With
a Thousand Faces

THE HERO WITH A THOUSAND FACES

by Joseph Campbell
Collected Works of Joseph Campbell
Robert Walter, Executive Editor
David Kudler, Managing Editor

천의 얼굴을 가진 영웅

조지프 캠벨

이윤기 옮김

JOSEPH CAMPBELL™
FOUNDATION

민음사

1949년 판의 머리말

지그문트 프로이트는 이렇게 쓰고 있다.

종교 교의에 녹아들어 있는 진리는 대개가 변형된 데다 체계적으로 위장되어 있기 때문에 많은 사람들이 이것을 진리로 알아보지 못한다. 이는, 우리가 아이를 상대로 갓난아기는 황새가 물어다 준다는 이야기를 들려주는 상황과 흡사하다. 우리는 이 큰 새가 무엇을 의미하는지 알고 있다. 따라서 이 경우, 우리는 상징으로 분식된 진리를 말하고 있는 셈이다. 그러나 아이는 알아듣지 못한다. 아이는 우리가 말하는 내용 중 변형된 부분만을 알아듣고는 속았다고 생각한다. 우리는 어른에 대한 아이들의 불신과 반항이 종종 이러한 부정적 인상에서 유래한다는 사실을 경험을 통해 알고 있다. 우리는 아이들에게 이야기를 들려줄 때 진리의 상징적 분식을 피하고 아이들의 지적 수준에 맞추어 사건의 진상을 알게 하는 데 인색하지 말아야 한다는 것도 알게 되었다.[1]

이 책의 목적은 종교와 신화의 형태로 가려져 있는 진리를 밝히되, 비근한 실례를 잇대어 비교함으로써 옛 뜻이 스스로 드러나게 하는 데 있다. 옛 현자들은 진리를 깨우치고 있었다. 상징적 언어를 읽는 법을 배운다면 고문집(古文集) 편집자의 도움만으로도 우리는 그분들의 가르침을 읽어 낼 수 있다. 그러나 그러기 위해서는 우선 상징의 문법을 터득해야 할 터인데, 저자가 알기로는 이 문을 여는 열쇠로 정신분석학만 한 현대적 길잡이는 따로 없을 듯하다. 정신분석학을 금과옥조로 삼을 수야 없겠지만 접근법으로서는 그만한 것이 없다. 다음 단계는, 세계 각처에서 채집된 신화와 민간 전설을 한곳에 모아 놓고 상징으로 하여금 스스로 입을 열게 하는 일일 듯하다. 이렇게 모아 놓고 보면 그 유사성이 한눈에 두드러져 보이고, 여기에서 우리는 인간이 이 땅에 살면서 오랜 세월 삶의 길잡이로 삼아 온, 방대하면서도 놀라우리만치 일정한 상태로 보존된, 바탕 되는 진리와 만나게 된다.

어쩌면 저자가 동양 및 서양, 현대, 고대 그리고 원시 전설의 차이를 간과한 채 이 신화의 상사성(相似性)을 추론했다고 문제를 제기하는 사람이 있을지 모르겠다. 인류의 심성에 대한 근본적, 보편적 관심에 치중한 나머지 종족의 심리적 다양성을 무시한 모든 교과서 및 해부도에도 제기될 수 있는 문제이다. 많은 신화나 인류의 종교가 서로 다르다는 것은 두말할 필요도 없다. 그러나 이 책이 다루는 것은 상사성이지 상이성은 아니다. 일단 이런 상사성을 이해하면 상이성은 일반적으로 (그리고 정치적으로) 믿어지는 정도만큼은 중요하지 않다는 것도 알게 되리라 믿는다. 저자가 바라기로는, 이러한 저자의 비교 해석이 이 세계의 통합을 결실시키려는 작금의 경향에 대해, 종교적 혹은 정치적 제국의 이름으로서가 아닌, 인류의 상호 이해라는 측면에서 그리 초라하지 않은 하나의 기폭제가 되었으면 하는 것이다. 베다 경은, "진리는 하나이되, 현자는 여러 이름으로 이를 드러낸다."[2]라고 했다.

다잡한 자료들을 책 꼴로 만드는 이 지루한 작업을 도와준 분들로 이 작업의 처음과 마지막 단계에서 귀한 충고로 큰 힘이 되어 준 헨리 모튼 로빈슨 씨, 여러 차례 원고를 교열하고 귀한 권면을 아끼지 않았던 피터 가이거 부인, 마거릿 윙 부인, 헬렌 맥매스터 부인, 그리고 처음부터 끝까지 원고에 귀를 기울여 주고, 읽어 주고, 교정해 준 아내에게 고마운 뜻을 전하고 싶다.

1948년 6월 10일 뉴욕에서

조지프 캠벨

1949년 판의 머리말

차례

원질 신화

그림 1 메두사(대리석 조각, 로마 유물, 이탈리아, 연대 미상)

원질 신화

1 신화와 꿈

재미 삼아 귀를 기울여 보는 콩고 주술사의 잠꼬대 같은 주문이나, 점잖은 취미로 읽어 보는 알 듯도 하고 모를 듯도 한 노자 경구집(老子 警句集)의 얇은 번역본이나, 이따금씩 깨뜨리고 보는 견고하기 그지없는 토마스 아퀴나스의 논법이나, 기괴한 에스키모 요정 이야기의 빛나는 의미나 그 내용 면에 있어서는 별로 다른 것이 없다. 즉 변화무쌍한 듯하지만 실은 우리가 일상적으로 만나는 이야기의 일정한 패턴을 따르고 있다는 것이다.

아울러 이런 이야기들은 우리에게 도전적이리만큼 끈질긴 암시를 던진다. 말하자면, 아무리 읽고 들어도 이런 이야기는 결코 끝나는 법이 없다는 암시다.

어느 시대, 어떤 상황을 막론하고 사람이 사는 곳이면 어디에서든 인간의 신화에는 끊임없이 살이 붙어 왔고, 이러한 신화는 인간의 육체와 정신의 활동에서 나타날 수 있는 모든 것에 대해 살아 있는 영감을 불어넣었다. 신화는, 다함없는 우주 에너지가 인류의 문화로 발로하는 은밀한 통로라고 말해도 좋을 것이다. 종교, 철학, 예술, 선사 인류 및 유사 인류의 사회적 양식, 과학과 기술의 으뜸가는 발견, 수면을 괴롭히는 물집 같은 꿈 등 이 모두가 신화의 근본적이며 불가사의한 울림으로부터 끓어오른 것들이다.

놀라운 것은, 심원한 창조적 중심을 촉발하고 고무하는 특징적인 효과가 아이들 놀이방에서 굴러다니는 하찮은 동화책에도 들어 있다는 사실이다. 한 방울의 바닷물이 바다의 본질을 고스란히 대표하고, 하나의 벼룩 알에 생명의 신비가 두루 깃들어 있는 것과 같은 이치인데, 이는 신화학의 상징은 꾸며 낸 것도 아니고 누가 있으라고 해서 있을 수도, 발명될 수도, 억압될 수도 없는 것이기 때문이다. 신화의 상징은 영혼의 부단한 생산물인데, 이 하나하나의 상징 속에는 그 바탕의 근원적 힘이 고스란히 그대로 보존되어 있다.

시간을 초월한 이 환상의 비밀은 무엇일까? 그것은 정신의 어느 심연에서 유래하는 것일까? 신화는 왜 어느 곳에서 채집된 것이든 그 다양한 의상 아래로는 똑같은 얼굴을 하고 있는 것일까? 신화는 무엇을 가르치고 있는 것일까?

오늘날 여러 과학자들은 이 수수께끼의 분석에 공헌하고 있다. 고고학자들은 이라크와 하남(河南), 크레타와 유카탄의 폐허를 탐사하고 있고, 인종학자들은 오비강의 오스티아크족, 페르난도포섬(비오코섬)의 부비족을 연구하고 있다. 최근 일군의 동양학자들은 『성서』의 히브리 이전 시대 사료(史料)를 비롯한 동방의 신성한 기록을 우리 앞에 열어 보였다. 다른 일군의 학자들은, 지난 세기에 민족심리학 분야에서 시작된 연구에 박차를 가해 언어, 신화, 종교, 예술의 발달, 그리고 도덕률의 심리학적 기틀을 확립하고자 노력해 왔다.

그러나 가장 두드러지는 것은 정신의학에서 떠오른 뜻밖의 새로운 사실이다. 정신분석학자들의 대담하고도 획기적인 저술은 신화학도들에게 없어서는 안 될 자료다. 왜냐하면, 세부적인 데 이르면 견해가 다소 다를 수 있고, 특정 사례나 문제에 대한 해석이 서로 상반되는 경우도 있지만, 프로이트와 융 그리고 그 후계자들은 영웅과 신화의 행적이 현대로 계승되었음을 여지없이 증명해 냈기 때문이다. 제대로 된 일반 신화는 없어도, 사사롭고 드러내어 인정받지 못한 미성숙 단계에 있을 뿐이지, 그래도 우리의 내부에는 속으로 알찬 꿈의 판테온〔萬神殿〕이 있다. 최신형 「오이디푸스」의 화신, 「미녀와 야수」의 속편이 오늘 오후에도 뉴욕의 42번가와 5번가 모퉁이에 서서 신호등이 바뀌기를 기다리고 있는 것이다.

어느 미국인 청년은 매일 여러 신문사로 배급되는 한 특집 칼럼의 저자에게 이렇게 썼다.

그림 2 우주를 꿈꾸는 비슈누(석조, 인도, 400~700년경)

프롤로그 — 원질 신화

꿈을 꾸었는데 …… 나는 우리 집 지붕을 수리하고 있었습니다. 갑자기 아래쪽에서 나를 부르는 아버지의 목소리가 들려왔습니다. 확인하려고 돌아서는데, 망치가 그만 내 손아귀에서 빠져나가 지붕의 경사면을 미끄러져 처마 밑으로 떨어지는 것이 아니겠습니까. 이어서 사람이라도 하나 떨어지는 듯한 둔탁한 소리가 들리더군요. 졸지에 일어난 일이라 몹시 놀란 나는 사다리를 타고 마당으로 내려가 보았더니 머리가 피투성이가 된 채 아버지가 쓰러져 있더군요. 이미 절명한 다음이었습니다. 나는 울먹이면서 어머니를 불렀습니다. 집 안에서 나오신 어머니는 나를 다독거리며 이러시더군요.

"애야, 너무 상심 마라. 저 양반이 갔어도 너는 나를 잘 보살펴 줄 거다."

나는 어머니가 내 뺨에 입술을 대는 순간 잠에서 깼습니다.

나는 우리 집 장남으로 나이는 스물셋입니다. 지금 한 1년째 아내와 별거 중입니다. 도저히 같이는 살 수 없었던 거죠. 나는 부모님을 상당히 위하는 편입니다. 아버지가 날더러 아내에게로 돌아가야 한다고 했을 때 딱 한 번 부딪쳤을 뿐입니다. 나는 아내와 잘 지낼 수가 없었어요. 앞으로도 그럴 겁니다.[1]

여기에 소개한 불운한 가장은 놀라우리만큼 순진하게도 자신의 정신적 에너지를 사랑이나 결혼 생활의 문제에다 쓰는 대신 최초이자 유일한 정서적 관계 속의, 터무니없이 시대착오적인 극적 상황, 즉 유아기의 희비극적 삼각관계(어머니의 사랑을 차지하기 위한 아들 대 아버지의 대치 상태)에 얽힌 채 자기 상상 속의 은밀한 구석자리에 은거하고 있다. 인간이 가진 심성 중에 가장 끈질기게 남는 성향은, 동물 중에서도 인간이 가장 오랫동안 어머니 젖가슴에 매달려 있다는 사실에서 기인한다. 인간은 너무 빨리 모태를 떠난다. 미완성인 상태, 세상과 맞설 준비가 되어 있지 않은 상태에서 태어나는 것이다. 당연히 위험으로부터 이들을 지켜 주는 방벽은 어머니이고, 이 어머니의 보호 아래 자궁 내 체류 기간(intrauterine period)은 연장된다.[2] 그래서 보호가 필요한 유아와 어머니는 출산이라는 대격변을 치르고도 육체적으로는 물론 심리적으로도 몇 개월간 이원일체(二元一體, dual unit) 상황을 형성한다.[3] 모친이 곁에 없는 기간이 길어지면 유아는 긴장하게 되고 결과적으로 공격 충동을 일으킨다. 어머니의 속박을 받아도 유아는 공격적인 반응을 보인다. 따라서 유아가 최초로 적의를 갖는 대상은 최초로 애정을 투사하는 대상과 일치하고, 유아가 최초로 갖는 이상은(이때부터 유아는 축복, 진리, 아름다움, 완전함이라는 이미지를 무의식 기저에다 간직한다.) 성모 마리아와 아기 예수(Madonna con Bambino)라는 이원일체 상황이다.[4]

불행한 아버지는 다른 현실로부터, 자궁 안에서와 똑같은 상태로 재현된 이 지상의 천국을 침범한 최초의 틈입자다. 따라서 유아는 아버지를 적으로 체험한다. 유아는, '좋은 것', 즉 먹여 주고 보호해 주는 어머니에게 (정상적인 경우) 애정을 쏟는 한편, 원래 '나쁜 것', 혹은 '어머니가 없는 상태'에다 쏟던 공격의 화살을 아버지에게로 돌린다. 유아가 죽음(thanatos: destrudo)과 사랑(eros: libido)의 충동을 구분하는 숙명적인 행위는 지금은 널리 알려진 오이디푸스 콤플렉스(Oedipus complex)의 바탕을 형성한다. 지그문트 프로이트는 50년 전에 성인이 이성적으로 행동하지 못하는 이유를 오이디푸스 콤플렉스로 지적했다. "아버지 라이오스를 죽이고 어머니 이오카스테와 결혼한 오이디푸스 왕은 우리들 자신의 유아기 원망(願望)을 대신해서 충족시키고 있을 뿐이다. 다행스러운 것은, 정신신경증 환자가 아닌 한 우리는 어머니로부터 성적 충동을 분리시키고, 아버지에 대한 질투를 잊어버리게 되었다는 것이다."[5] *

---

* 아버지는 보호자로, 어머니는 유혹자(temptress)로 체험된다는 지적도 있다. 오이디푸스에서 햄릿에 이르는 과정이 그러하다. "신이여, 악몽만 나를 괴롭히지 않는다면 견과 껍데기 속에 갇혀서도 무한 공간의 왕으로 행세할 수 있겠나이다."(「햄릿」2막 2장) 프로이트 박사는 "모든 신경증 환자는 오이디푸스 아니면 햄릿이다."라고 쓰고 있다.
딸의 경우(이 경우는 한층 더 복잡하다.)는 아래에 소개하는 정도로 짚고 넘어가자. "어젯밤에, 아버지가 어머니의 가슴을 찌르는 꿈을 꾸었습니다. 어머니는 세상을 떠났습니다. 나는 울부짖었지만 아

그는 또 이렇게 쓰고 있다. "성생활의 병리학적인 모든 혼란은, 발육이 억압당했기 때문에 야기된 것으로 보아도 좋다."[6]

많은 사람이 저 자신과 어머니가 짝이 되는 꿈을 꾸었거니와 이에 괘념 치 않는 자, 그 팔자가 순탄하리라.[7]

성숙은커녕 감정이 유아기의 로맨스에 머물러 있는 연인의 아내가 되는 딱한 사정은 또 하나 현대인의 엉뚱한 꿈 이야기를 들어 보면 짐 작이 될 듯하다. 우리는 여기에서, 다소 기묘한 재해석이기는 해도, 고 대 신화의 영역으로 들어가고 있다는 느낌을 받는다.

심리적으로 불안한 어느 여성 환자는 이렇게 썼다.

커다란 백마가, 내가 어디로 가든 뒤를 따라오는 꿈을 꾸었습니다. 나는 무 서워서 이 말을 떠밀어 버리고 말았습니다. 또 따라오나 싶어 뒤를 돌아다보 았더니, 이 말이 남자로 보이는 게 아니겠어요. 나는 그에게 이발관으로 들어 가 갈기를 깎아 버리라고 했고, 그는 내가 시키는 대로 했습니다. 이발관에서 나온 그는 사람 같았지만 발과 얼굴은 여전히 말이었습니다. 그는 내 뒤를 따 라다녔는데, 그가 내 뒤로 바싹 다가선 순간 나는 꿈에서 깨어났습니다.

나는 35세, 두 아이를 거느린 기혼 여성입니다. 14년 전에 결혼했고 남편 은 나에게 충실한 것 같습니다.[8]

무의식은 꿈을 통해서, 혹은 벌건 대낮에, 아니면 정신착란을 이용 하여 갖가지 부질없는 몽상과 기이한 상념과 공포와 정신을 어지럽히

무도 아버지를 비난하지 않았습니다. 꿈은 바뀌어 아버지와 여행길에 오르는 듯했는데, 나는 그때 몹 시 행복했습니다." 이것은 스물네 살 난 미혼 여성의 꿈이다.(Wood, *Dreams*, p. 130)

는 허상을 마음으로 올려 보낸다. 인간이라는 왕국에서 우리가 의식이라고 부르는, 비교적 깔끔하고 비좁은 처소의 바닥 밑으로는 뜻밖에도 알라딘의 동굴이 뚫려 있다. 여기에는 보물뿐 아니라 위험하기 짝이 없는 꼬마 정령, 즉 우리로서는 생각해 본 적도 없거나 감히 우리 일상의 삶으로 통합하지 못했던, 불편한 혹은 억압당한 심리적인 힘이 도사리고 있다. 이러한 것들은 우리에게 감지되지 않은 채 그대로 눌러 있지만, 혹 한마디 말, 주위의 냄새, 차 한잔의 맛, 또는 어느 사람의 시선에 촉발되면 무서운 사신(使臣)으로 우리 머릿속에 나타나기 시작한다. 무섭다고 하는 까닭은, 이것이 우리 자신과 우리 가족의 안전을 도모하는 질서의 바탕을 위협하기 때문이다. 그러나 자기의 발견이라는, 소망스럽고도 무서운 모험의 영역을 여는 열쇠를 가져다준다는 의미에서 보면 참으로 매력적인 것이기도 하다. 우리가 지었고, 우리가 그 속에 살고 있는 세계의 파멸, 그리고 우리의 파멸……. 그러나 파멸이 끝난 다음에는 보다 대담하고, 깨끗하고, 보다 푸짐한 인간적인 삶으로의 눈부신 재건, 이것이 바로 우리 속에 내재하는 신화적 영역에서 오는 이 심란한 밤손님의 유혹이며, 약속이며, 공포인 것이다.

꿈을 읽는 현대 과학인 정신분석학은 우리에게 이 같은 비현실적 이미지에 유념하라고 가르친다. 뿐만 아니라 정신분석학은 이러한 이미지가 스스로 기능하게 하는 방법도 발견했다. 자아 발달의 위기는, 민간 전승이나 꿈의 언어에 노련한 전문가의 감시안(監視眼) 앞에서 저질러진다. 이 전문가가 시험과 비전(秘典)을 관장하는 원시림 성소(聖所)의 주의(呪醫, medicine man), 즉 고대 비법 전수자(ancient mystagogue), 그러니까 영혼의 안내자로서의 역할과 성격을 떠맡게 된다. 의사는 신화 영역에 관한 현대의 명인(名人)이며, 그 비방(秘方)과 영험이 있는 주문을 알고 있는 사람이다. 의사의 역할은, 신화나 동화에서 주문으로 무서운 모험의 시련과 위기에 몰린 영웅을 도와주는 노현자(wise old man)의 역할과 같다. 의사는 갑자기 나타나, 무서운 용(龍)을 죽일 수 있는 빛나는 마법의 칼이 어디 있는지 일러 주고, 영웅을 기다리는 신부와 보물이 쌓여 있는 성(城)이 어디 있는지 가르쳐 주며, 영웅의 치명적인 상처에 고약을 발라 주고, 승리한 영웅이 마침내 어느 황홀한 밤에 모험을 떠난 길을 되짚어 정상적인 생활이 기다리는 세계로 돌아가게 한다.

　이런 이미지에 유념하고 원시 종족 사회나 과거에 융성했던 문명 세계로부터 보고된 갖가지 제의를 검토해 보면, 우리는 이러한 제의의 목적이 사람들로 하여금 의식적 삶의 패턴은 물론, 무의식적 삶의 패턴까지 변화를 요구하는 변형의 문턱을 넘게 하려는 데 있다는 사실과, 실제로 그런 효과를 거두고 있다는 사실을 확인하게 된다. 원시 사회 생활에서 엄청나게 중요한 위치를 차지하는 통과 제의(通過祭儀, rites of passage: 출생, 명명, 성인, 결혼, 장례 의식 등)는 정형화된, 대개의 경우 극히 가혹한 단절의 체험이라는 특징이 있다. 이를 통해 정신은 이전 단계의 마음가짐이나 애착, 생활 패턴으로부터 과격하게 단절된다.* 한차례의 통과 제의가 있은 다음에는 다소 느슨한 휴지 기간이 뒤따르는데, 이 기간에는 인생을 살아갈 당사자를 새로운 시대의 형식과 적절한 감정 상태로 유도하는 절차가 있다. 그래서 마침내 정상적인 생활로 되돌아올 때가 되었을 때 입문자(initiate)를 거듭날 수 있도록 하는 것이다.[9]

　참으로 놀라운 것은, 상당수의 제의적 시련과 이미지가, 정신 분석을 의뢰한 환자가 유아기 고착 상태를 떨치고 미래를 향해 발돋움을 시작하는 순간 꿈에 나타나는 이미지와 일치하고 있다는 점이다. 한 예로, 오스트레일리아 원주민에게 입회 시험의 중요한 형식의 하나는 할례 의식(割禮儀式)이다. (이 의식을 기점으로 사춘기 소년은 어머니로부터 떨어

---

* 출생과 장례 같은 의식의 경우 부모와 친척들도 의미심장한 감명을 받는 것은 물론이다. 모든 통과 제의에서는 당사자뿐 아니라 집단 구성원 모두가 의미 있는 체험을 하게 되어 있다.

져 나가 남성의 사회, 남성의 은밀한 전승에 참가하게 된다.)

오스트레일리아 원주민 먼진족 소년들은 할례를 앞두고 마을 어른이나 노인들에게서 이런 말을 듣는다.

"대사부(大蛇父, the Great Father Snake)께서 네 포피(包皮) 냄새를 맡으셨다. 그분이 그걸 요구하신다."

소년은 이 말을 곧이듣고는 공포에 사로잡힌다. 대개의 경우 이들은 어머니나 외조모 혹은 친척 되는 여성들과 함께 숨는다. 남자들이 한패가 되어 자기를 거대한 뱀이 울부짖는 남성의 구역으로 데려가리라는 걸 알기 때문이다. 여성들은 의식적(儀式的)으로 통곡하는데, 이는 뱀이 소년을 삼켜 버리지 못하게 하기 위함이다.[10]

이제 무의식에서 이에 상응하는 경우의 실례로 C. G. 융 박사는 이렇게 쓰고 있다. "내 환자 중 하나는 뱀이 동굴에서 나와 자기 사타구니를 깨무는 꿈을 꾸었다. 그가 이 꿈을 꾼 것은, 분석을 믿고 자신을 친모 복합(親母復合, mother complex)의 굴레에서 해방시키기 시작한 순간이었다."[11]

신화와 제의의 주요 기능은, 과거에다 묶어 두려는 경향이 있는 인간의 끊임없는 환상에 대응하여 인간의 정신을 향상시키는 데 필요한 상징을 공급하는 것이다. 어쩌면 우리에게 신경증이 부쩍 많이 발생하는 것은 그러한 영험적인 정신의 도움이 줄어든 탓인지도 모르겠다. 우리는, 아직도 남아 있는 유아기의 이미지에 발목이 잡혀 있고, 따라서 어른으로 가는 길을 애써 좇으려 하지 않는다. 심지어 미국에서는 전후가 도착(倒錯)된 슬픈 현상이 나타나고 있다. 삶의 목표가 어른이 되는 데 있지 않고, 청년으로 머물러 있는 데 있으며, 어머니로부터 떨어져 나오는 데 있지 않고, 어머니와 유착되는 데 있다고 믿는 현상이 그것이다. 그래서 남편들은 부모의 소원대로 법률가, 실업가, 혹은 지도자가 되어 소년 시절이라는 이름의 신전에서 기도하고 있는가 하면, 아내들은 결혼한 지 14년, 두 아이를 낳아 길러 놓고도 여전히 사랑 타령이나 하고 있다. 이러한 사랑은 켄타우로스, 실레노스, 사티로스를 비롯한, 판(Pan)의 잔치에서 볼 수 있을 법한 여러 다른 탐욕스러운 인쿠부스(잠자는 부인을 범한다는 악마)나 줄 수 있는 것인데, 이들은 위에서 언급한 꿈 가운데 두 번째 꿈에서처럼 나타나거나 최신 영화 속 영웅의 모습으로, 성욕의 여신이 기거하는 바닐라 지붕의 신전에서 나타난다.

마땅히 정신분석가들이 등장하여, 가면 쓰고 푸닥거리하던 무당이나 할례하던 요술사의, 고금을 꿰뚫는 지혜와 가르침을 다시 외쳐야 할 때가 왔다. 그래서 우리는 뱀에 물리는 꿈에서 알 수 있듯이, 아득한 옛 비의의 상징이, 여기에서 해방되는 순간에 놓인 환자들에게 저절로 나타나고 있음을 발견하는 것이다. 이 비의적 이미지는 우리 심성에 반드시 필요한 것이기 때문에, 만일 이 이미지들이 신화와 제의를 통해 외부에서 들어오지 않으면, 꿈을 통해 내부에 나타나게 된다. 그래야 우리의 에너지가 심해의 바닥이나 진부하고 시대에 한참 뒤떨어진 유아의 놀이방에서 풀려날 수 있는 것이다.

지그문트 프로이트는 그의 저작에서 인간이 사는 삶의 순환 주기 중 전반부의 통과와 그 어려움을 강조하고 있는데 우리의 태양이 천정점(天頂點)으로 떠오르고 있는 시기인 유아기와 사춘기가 이 시기에 해당한다. 그러나 C. G. 융은 후반부의 위기를 강조했다. 즉 앞으로 나아가기 위해 이 빛나는 태양이 마침내 그 고도를 떨어뜨리고 무덤이라는 밤의 자궁 속으로 사라지기 위해 기를 꺾어야 하는 시기를 말한다. 우리의 욕망과 공포의 정상적인 상징이 인생의 오후에 해당하는 이 시기에는 반대되는 것으로 전화(轉化)한다. 왜냐하면 이 시기에 도전해 오는 것은 삶이 아니라 죽음이기 때문이다. 이렇게 될 경우 인간이 미련을 버리지 못하는 것은 자궁이 아니라 남근(phallus)이다. 삶의 염증이 이미 심장을 죄고 있지 않다면 말이다. 그렇다면 더 이상 사랑의 유혹이 아니라 죽음이 지복(至福)을 약속하며 부를 터이다. 우리는 자궁이라는 이름의 무덤(tomb of the womb)에서 무덤이라는 이름의 자궁(womb of the tomb)까지 완전한 순환 주기를 산다. 그것은, 꿈의 본질처럼 눈앞에서 곧 녹아 버릴 견고한 물질의 세계를 향한 모호하고 수수께끼 같은 흐름이다. 나 개인을 괴롭혔던 전혀 예측할 수 없는 위험한 모험에의 두려움을 돌이켜볼 때, 결국 우리가 발견하는 것은 유사 이래 이 세계 방방곡곡, 그리고 문명의 갖가지 위장 아래서 남녀가 더불어 경험한 일련의 상투적인 변신 이야기(standard metamorphoses)일 뿐이다.

가령, 섬나라 크레타가 무역의 전성기를 누릴 당시 왕이었던 미노스의 경우가 그렇다. 그는 천부적인 장인(匠人) 다이달로스로 하여금 자신이 부끄러워하고 두려워하는 것을 감추기 위해 왕궁에다 미궁(迷宮)을 만들게 했다. 왕궁에는, 왕비 파시파에가 낳은 괴물이 하나 살고 있었는데 그는 이걸 감추고 싶었던 것이다. 이야기인즉, 미노스 왕은 무역로를 지키기 위한 전쟁으로 몹시 바빴는데, 파시파에는 그동안 눈같이 희고 바다에서 태어난, 잘생긴 수소에게 반해 버리고 말았다. 그러나 미노스의 어머니의 행적에 비추어 보아 이 수소는 크게 타기할 만한 괴물은 아니었다. 미노스의 어머니는 에우로페인데, 이 여자가 수소를 타고 크레타로 왔던 것이다. 수소는 바로 제우스 신이었고, 이 결합에서 태어난 아들이 바로 도처에서 존경과 섬김을 받는 미노스 자신이었다. 그런데 파시파에가 어떻게 자기 부정(不貞)의 열매로 인간의 몸에 머리와 꼬리는 수소인 괴물이 태어날 줄 알았겠는가?

사회에서는 왕비를 몹시 비난했다. 그러나 왕은 자기에게도 자기 몫의 죄가 있음을 알고 있었다. 문제의 수소는 옛날 미노스가 형제들과 왕위를 겨룰 당시 해신 포세이돈이 보내 준 것이었다. 미노스는 왕위가 자신의 천부적 권리라고 선언하고 신에게 그 징표로 바다에서 한 마리 수소를 보내 달라고 기도했다. 그리고 그는, 제물이자 섬김의 표시로서 그 동물을 즉석에서 희생시키겠다는 서원(誓願)을 세웠다. 서원대로 수소가 나타났고 미노스는 왕위에 앉았다. 그러나 그는 해신이 보내 준 위풍당당한 괴수를 보고, 그런 걸물을 한 마리 갖는 것을 큰 복이라고 여기는 한편, 신이 크게 괘념치 않을 것으로 생각하고 바꿔치기도 불사할 결심을 굳혔다. 그는 자기가 소유한 가축 중 가장 잘생긴, 하얀 수소 한 마리를 포세이돈의 제단에 바치고 바다에서 온 수소는 자기 소유로 가무렸다.

크레타 왕국은 이 천부적인 입법자의 분별 있는 통치와 사회 미덕의 본보기 아래서 크게 융성해 있었다. 수도 크노소스는 문명 세계의 경제력을 주도하는 크레타의 호화롭고 우아한 중심지였다. 크레타 함대는 지중해의 섬이라는 섬, 항구라는 항구는 고루 누볐다. 크레타 토기는 바빌로니아와 이집트에서도 귀한 물건으로 대접받았다. 대담무쌍한 소형 크레타 군함은 '헤라클레스의 문'을 돌파하여 바다를 열고, 북으로 올라가 아일랜드의 금과 콘월의 주석[12]을 실어 왔는가 하면 남쪽으로는 세네갈을 돌아 요루발란드 및 머나먼, 상아와 금과 노예의 시장을 두루 누비기도 했다.[13]

그러나 국내에서, 왕비는 포세이돈의 계시에 이끌려 그 수소에게 억누를 수 없는 욕정을 느끼고 있었다. 왕비는 남편이 고용한 명장(名匠) 다이달로스에게 수소를 속일 만한 목제 암소를 한 마리 만들어달라고 했다. 왕비는 이 암소의 뱃속에 들어갔고, 수소는 다이달로스의 솜씨에 속고 말았다. 왕비는 수소의 씨를 받았다. 왕비는 이로써 괴물을 낳았고, 이 괴물은 세월이 흐름에 따라 위험한 존재로 자라 갔다. 다이달로스는 또 한번 부름을 받았다. 이번에 그를 부른 것은 미노스 왕이었다. 미노스 왕은, 괴물을 숨기기 위해 무엇이든지 가두면 영원히 길을 찾아

그림 3 실레노스(술을 좋아하는 숲의 요정) 무리와 마이나데스(술의 신 디오니소스를 섬기는 무녀) 무리의 어울림 (검은색으로 채색한 암포라, 고대 그리스 유물, 시칠리아, 기원전 500~450년경)

나올 수 없는 거대한 미궁을 만들 것을 명했다. 그 미궁이 얼마나 요사했던지, 미궁을 완성한 다이달로스조차 가까스로 입구를 찾아 밖으로 나올 수 있었다. 왕비가 낳은 괴물 미노타우로스가 이 안에 갇혔다. 미노타우로스는 크레타의 세력권 안의 정복당한 나라에서 공물로 실려 온 살아 있는 선남선녀를 먹고 살았다.[14]

　고대 전설에 따르면, 더 큰 잘못을 저지른 사람은 왕비가 아니라 왕

프롤로그 — 원질 신화

쪽이었다. 그는 자기 허물을 알고 있던 참이어서 왕비를 비난할 수 없었다. 왕이 된 이상 한 개인일 수 없는데도 그는 공적인 사건을 개인적인 이익으로 취했다. 수소를 포세이돈에게 반환하는 행위는, 맡은 역할의 기능에 대한 철저한 복종을 상징했다. 반대로 이를 자기 소유로 하는 행위는 이기적인 자기 강화(自己强化)에의 충동을 나타낸다. 이렇게 해서 '신의 은총을 입고 즉위한' 왕은, 자기만을 위하는 위험한 '움켜쥐는 폭군(tyrant Holdfast)'이 되었다. 전통적인 통과 제의가 개인에게 과거를 향해서는 죽고 미래를 향해서는 거듭날 것을 가르쳤듯이, 저 왕위 서임 의식(敍任儀式)은 그의 개인적인 성격을 벗기고 신명(神命)이라는 망토를 입혀 주었다. 이것은 장인(匠人)에게나 왕에게나 마찬가지였다. 그러나 제의를 거부하는 신성 모독 행위로 개인은 사회라는 거대한 조직으로부터 하나의 단위로 떨어져 나오게 되었다. 이 하나가 부서져 여럿으로 분열하면서 (서로 자신만을 생각하는) 각개 충돌로 치달았다. 이렇게 되면 이를 통제할 수 있는 길은 힘뿐이다.

폭군 괴물(tyrant-monster)은 세계의 신화, 민간전승, 전설, 심지어는 악몽에도 익히 등장하는데 그 특징은 어디서건 동일하다. 그는 공공의 이익을 독차지하는 자다. 그는 '내 것'이라는 탐욕스러운 권리에 걸신들린 괴물이다. 그가 저지른 황폐의 참상은 그의 세력권 안에 두루 미치는 것으로 신화와 동화는 한결같이 그리고 있다. 그의 세력권이란 그의 집안, 고통으로 일그러진 그의 심성일 수도 있으며, 우정과 도움을 빌미로 내민 그의 손길에 시들어 버린 인생들일 수도 있다. 혹은 그가 구축한 문명 전체일 수도 있다. 오만에 빠진 폭군의 자아는 제아무리 번창한다 해도 자기 자신과 세상에 재앙이다. 이 입지전적인 거물은 스스로 놀라 겁을 집어먹고, 예상되는 주위의 공격(그러나 대개는 제어하기 어려운 자신의 충동적 소유욕의 그림자)에 대하여 만나는 족족 싸우고 격퇴할 대비를 하고 있다. 그가 아무리 인도적인 의도를 가졌을지라도 사실 그는 자신과 이 세계에 종말을 고하는 사자(使者)다. 그의 손길이 미치는 곳에는 절규가 있다.(담 너머로 들리지 않는다면 모든 사람의 가슴 속에서 들리는 비참한 절규다.) 빛나는 칼을 든, 일격으로, 일거수(一擧手)로, 존재한다는 사실만으로 이 땅을 자유롭게 할·대속자(代贖者)인 영웅을 부르는 절규다.

> 여기서는 서지도, 눕지도, 앉지도 못한다.
> 산속에는 적막조차 없이
> 마른천둥만 우르릉거리고
> 산속에는 고독조차 없는데
> 갈라진 흙담 문간에
> 비웃으며 으르렁대는 시뻘건 얼굴들[15]

영웅이란, 스스로의 힘으로 복종의 기술을 완성한 인간이다. 그렇다면 무엇에 대한 복종인가? 이것은 바로 오늘날 우리가 우리 자신에게 물어야 하는 수수께끼이며, 이 수수께끼를 풀었다는 점이 모든 영웅의 주된 덕목이며 역사에 남을 행위이다. 토인비 교수가, 6권에 달하는, 문명의 영고성쇠의 법칙에 관한 연구서[16]에서 지적했듯이, 영혼의 분열, 사회적 무리의 분열은 세월 좋던 시대로 돌아간다는 계획(회고주의)으로도, 이상적으로 설계된 미래를 보증하는 예정표(미래주의)로도, 심지어는 악화된 요소를 다시 접합시키기 위한 가장 현실적이고 실제적인 작업으로도 해결될 수 없다. 오직 탄생(낡은 것의 새로운 태어남이 아닌, 새로운 것의 탄생)만이 죽음을 정복할 수 있다. 죽음의 끈질긴 재현을 저지하기 위해서는 영혼의 내부에, 사회적인 무리의 내부에 끊임없는 '탄생의 재현(palingenesia)'(우리가 이 땅에서 오래 잔존하고자 한다면)이 있어야 한다. 우리가 갱생하지 않고 우리의 승리에 안주한다면 비로소 응보

천벌 여신(Nemesis)의 과업이 달성된다. 파멸은 다름 아닌 우리 미덕의 껍질을 깨고 나오기 때문이다. 그렇다면 평화는 올가미다. 전쟁은 올가미다. 변화도 올가미이며, 항구 불변성이란 것도 올가미다. 죽음이 승리하는 날이 오면 죽음이 다가온다. 그때 우리가 할 수 있는 일은 십자가에 달렸다가 부활하는 길뿐, 갈가리 해체되었다 재생하는 길뿐이다.

미노타우로스를 죽인 테세우스는 융성하는 그리스 문명의 상징과 권화(權化)로 외부에서 크레타로 들어왔다. 그리스 문명은 당시 새롭고 신선한 것이었다. 그러나 갱생의 원리는 폭군의 제국 안에서도 찾을 수 있다. 정신적으로 보다 높은 차원에 도달하는 데 따르는 위기는 창조 작업의 지속을 가능케 하는데, 토인비 교수는 이 위기를 묘사하는 데 "해탈(detachment)"과 "변용(transfiguration)"이라는 용어를 사용한다. 첫 단계, 즉 해탈 혹은 물러섬(withdrawal) 과정은, 외적인 세계에서 내적인 세계로, 대우주에서 소우주로 그 중심을 옮김으로써, 황무지의 절망에서 내부에 존재하는 영원히 평화로운 영역으로 물러섬으로써 이루어진다. 그러나 정신분석학을 통해 알게 되었듯이, 이 영역이 바로 유아기의 무의식이다. 우리가 잠잘 때 들어가는 곳이 바로 이 영역인 것이다. 우리는 이 영역을 평생토록 우리 내부에 간직한다. 우리 유아기의 도깨비들과 은밀한 협력자들, 어린 시절의 마법이 모두 여기에 있다. 뿐인가, 보다 중요한 것은 어른이 되어서도 실현할 수 없었던 삶의 잠재력, 우리들 자신의 또 한 부분이 여기에 있다는 것이다. 이 황금의 씨앗은 마르는 법이 없다. 우리가 상실해 버린 이 전체성의 일부라도 나날의 현실로 끌어올릴 수 있다면 우리의 능력은 놀라운 수준까지 신장될 것이며, 아울러 생기 넘치는 재생의 순간을 체험하는 것도 가능하다. 우리는 더 높이 솟을 것이다. 우리 자신은 물론, 우리 세대, 나아가서는 우리의 문명 시대가 잊어버리고 있던 것들을 얼마라도 건져 올릴 수 있다면 우리는 저 위대한 천품(天品)의 시혜자(施惠者), 시대의 문화 영웅(한 나라뿐만이 아닌 세계 역사상의 귀인)이 될 수 있을 것이다. 요컨대, 영웅이 첫 단계에서 하는 일은, 하찮은 세상이라는 무대로부터 진정한 어려움이 도사리고 있는, 심성의 인과(因果)가 시작되는 곳으로 물러앉는 일이다. 그리고 영웅은 난관을 헤쳐 나아가되 자기 식으로 그 난관의 뿌리를 뽑고(즉 자기가 속한 문화권의 유아기 악마에게 싸움을 걸고) C. G. 융의 "원형 심상(原型心象, archetypal images)"[17]의 왜곡 없는 직접적인 체험과 그것과의 동화로까지 헤치고 나아간다. 힌두와 불교 철학에서는 이 과정을 "비베카(寂然, viveka)", 즉 분리(discrimination)의 과정이라고 한다.

융 박사 자신이 지적하고 있듯이[18] 원형 이론은 그의 독창적인 개념이 아니다.

니체의 다음 글과 비교해 보자. "잠잘 때나 꿈속에서 우리는 과거 인류의 사고 전체를 꿰뚫어 체험한다. 내 말은, 수천 년 전에 인간이 깨어 있는 상태에서 했던 것과 같은 방법으로 꿈속에서 사유한다는 것이다. …… 꿈은 우리를 인류 문화의 이전 상태로 데려가고, 그때에 관한 우리의 이해를 돕는다."[19]

아돌프 바스티안(Adolf Bastian)의 민족적 '기본 관념(elementary ideas)' 이론과 비교해 보자. 이 기본 관념은(스토아적인 '생산적 로고스(Logoi spermatikoi)'와 마찬가지로) "전체 사회적 구조가 유기적으로 발전되어 나온 '영적 (혹은 심적) 근원적 성향'"으로 파악해야 하고, 따라서 귀납적 연구의 토대가 되어야 한다.[20]

프란츠 보아스(Franz Boas)와도 비교해 보자. "인류의 단일성 문제에 관한 바이츠(Waitz)의 전반적 검토가 있은 이후, 인간의 정신적 특성이 전 세계에 걸쳐 대체로 동일하다는 논리에는 의심의 여지가 없다. …… 바스티안은, 지구 위 어느 곳에 있든지 인류의 기본적인 관념은 놀랍도록 동일하다고 주장했다. …… 유사한 관념의 패턴은 어떤 유형의 문화에서든 찾아볼 수 있다."[21]

제임스 프레이저(James Frazer)의 주장과도 비교해 보자. "고대에도 그런 사람이 있었고 현대에도 있지만, 우리 역시 서양인들이 동양의 고대 문명으로부터 죽음, 부활하는 신이라는 개념, 그리고 이런 개념이 경배자들의 눈앞에 극적으로 진열되는 엄숙한 제의를 차용했다고 생각할 필요는 없다. 이런 관점에서 볼 때 동양 종교와 서양 종교에서 이따금 발견되는 유사성은 우리가 흔히 우연이라고 잘못 칭

프롤로그 — 원질 신화

하고 있는 것과 다름 아니며 다른 나라, 다른 하늘 아래서 유사한 인간의 마음에 유사한 동기가 작용하여 나타난 결과이다."[22]

지그문트 프로이트와 비교해 보자. "나는 처음부터 꿈속 상징체계의 존재를 알았다. 그러나 내가 안 것은 단편적인 정도였는데, 경험이 늘어 가면서 나는 그 범위와 의미가 얼마나 엄청난지 이해했다. 이는 빌헬름 스태클(Wilhelm Stekel) 덕분이었다. …… 스태클은 상징을 직접적으로 이해할 수 있는 천부적인 재능 덕분에 직관을 통해 상징의 해석에 도달했다. …… 정신 분석의 사례가 많아지면서 우리는 꿈 상징을 놀라운 정도까지 스스로 해석해 보이는 환자들을 발견한다. …… 이 상징은 꿈에만 나타나는 것이 아니라 무의식적 관념 작용, 특히 사람들 사이에서의 무의식적 관념 작용의 특징이다. 이러한 상징은 민담이나 신화, 전설, 관용어, 잠언적인 경구, 농담 등에 꿈에서보다 더 완전한 형태로 나타난다."[23]

융 박사는 '원형'이란 말을 고전, 즉 키케로, 플리니우스,『연금술 대전(Corpus Hermeticum)』, 아우구스티누스 등에서 차용한 것이라고 말했다.[24] 바스티안은 자신의 '기본 관념' 이론이 '생산적 로고스'의 스토아적 개념에 대응한다고 기술한다. 실제로 "주관적으로 인지된 형태"(산스크리트어의 antarjñ eya-ruūpa)의 전통은 신화의 전통과 공존하는데, 앞으로 자주 논의하겠지만 이는 신화적 이미지의 이해와 이용에 필요한 열쇠이기도 하다.

우리가 찾고 동화(同化)해 나아가야 할 원형은, 인류 문화의 연대기를 통해 제의, 신화 그리고 상상력의 기본적인 이미지를 촉발해 온 기폭제다. 이 "꿈의 영원한 존재들"[25]은 고통받는 개인에게 악몽이나 광기를 통해 나타나는, 마구잡이 상징적 형태와 혼동해서는 안 된다. 꿈은 개인화한 신화이고 신화는 보편화된 꿈이며, 꿈과 신화는 대략 동일한 방식으로 정신의 운동 원리를 상징적으로 드러낸다. 그러나 꿈속에서는 꿈꾸는 사람이 안고 있는 문제에 따라 상징적 형태들이 기이하게 변화하지만, 신화에서는 제시된 해결책이 모든 인류에게 직접적으로 유효하다.

따라서 영웅은 개인적, 지방의 역사적 제약과 싸워 이를 보편적으로 타당하고 정상의 인간적인 형태로 환원시킬 수 있었던 남자나 여자

그림 4 미궁에서 미노타우로스를 죽이는 테세우스(적색으로 채색한 크라테르, 그리스, 기원전 470년경)

를 일컫는다. 그런 사람의 상상력과 이상과 영감은 태곳적 상태 그대로 인간의 생명과 사상의 원천에서 비롯된다. 그래서 영웅은, 현재의 붕괴되어 가는 사회나 정신에 대해서가 아니라 사회 재생의 심원한 원리에 대해 많은 것을 시사한다. 영웅은 현대인으로 죽었지만 영원한 인간(완전하게 되되, 특이하지 않은 우주적 인간)으로 다시 태어났다. 따라서 두 번째 엄숙한 과업과 행위는 (토인비가 주장하고, 인류의 모든 신화가 보여 주듯이) 달라진 모습으로 우리에게 다가와 재생의 삶에 대해 그가 배운 바를 가르쳐 주는 것이다.

프롤로그 — 원질 신화

그러나 토인비 교수에 대해서는 한 가지 지적해 두어야겠다. 그는 기독교를, 이 두 번째 과업을 가르치는 유일한 종교라고 선전함으로써 신화의 내용을 그릇 해석하고 있다. 토인비 교수의 주장과는 달리 '모든' 종교, 모든 신화와 민간전승이 이 두 번째 과업에 관해 가르치고 있다. 토인비 교수의 오해는, 열반, 부처, 보살 등의 동양적 개념에 대한 그릇되고 진부한 해석에 천국(City of God) 같은 기독교 개념의 정교한 해석을 비교한 데에서 비롯된다. 여기에서 발단된 그의 실수는, 오늘날 같은 세계 상황에서의 구원은, 로마 가톨릭에 귀의해야 가능할 것이라는 가정으로 비화한다.

어느 현대 여성은 자기가 꾼 꿈의 내용을 이렇게 쓰고 있다.

조그맣고 단단한 집들이 늘어선 초라하고 질척한 거리를 지나며 거대한 도시 위쪽 변두리를 걷고 있었습니다. 나는 내가 있는 곳이 어딘지 알지 못했지만, 이곳저곳을 기웃거리는 게 재미있었습니다. 나는 하수 도랑을 가로지르는, 몹시 질퍽거리는 길을 택했습니다. 오두막집들 사이로 걷다가 조그만 강을 하나 발견했는데, 강은 나와 포장된 길이 있는 좀 높고 단단한 땅 사이를 흐르고 있었습니다. 보기에도 상쾌한, 풀 위를 흐르는 강이었습니다. 물밑으로 살랑거리는 풀이 보였습니다. 건너는 길은 없었습니다. 그래서 나는 조그만 집으로 찾아가 배를 빌려 줄 수 있느냐고 물어보았습니다. 거기에 있던 남자는 물론 나를 건너게 해 주겠다고 말했습니다. 그는 조그만 나무 상자를 하나 내와 강가에다 띄웠는데, 순간 나는 그 상자를 디디면 건너뛸 수 있겠다고 생각했습니다. 위험한 일은 다 겪었다고 생각하고 나니 그 사람에게 후하게 값을 치르고 싶었습니다.

이 꿈을 돌이켜보니 생각이 조금 달라집니다. 꿈속에서와 같은 길을 택할 필요가 없었으니, 포장도로를 따라 기분 좋게 걸을 수도 있었을 테니까요. 나는 모험을 좋아하기 때문에 지저분하고 질퍽거리는 곳으로 갔고, 일단 시작했으니 계속 가야 했던 것입니다. 꿈속에서 곧장 앞으로만 갔던 걸 생각해 보니, 당시에는 앞으로만 가면 풀밭을 흐르는 아름다운 강을 건널 수 있고 건너편에 있는 안전하고 높은 포장도로를 만날 수 있겠거니 여겼던 모양이지요. 이런 뜻에서 되씹어 보니, 영적인 의미에서 무슨 탄생의 징조, 아니, 어쩌면 재생의 징조 비슷했던 것 같습니다. 우리는 어둡고 궂은 길을 가야 마침내 평화의 강, 혹은 우리 영혼의 목적지로 통하는 탄탄대로를 발견하게 되는 모양이지요.[26]

꿈을 꾼 사람은 유명한 오페라 여가수인데, 이정표가 있는 대낮의 고속도로뿐만 아니라, 귀가 안팎으로 열린 사람에게만 들리는 희미한 소명(召命)의 모험길로도 들어설 뜻을 세운 사람답게, 예사롭지 않은 위험이 도사리고 있는, "초라하고 질척한 거리"를 홀로 가야 했다. 이 여가수는 영혼의 어두운 밤, 단테의 "우리 삶의 도정에 도사린 어두운 숲" 그리고 지옥과 같은 구렁텅이의 비애도 알고 있었다.

> 나를 지나면 슬픔의 도시로 가는 길,
> 나를 지나면 영원한 슬픔에 이르는 길,
> 나를 지나면 길 잃은 무리 속으로 들어가는 길.[27]

놀라운 것은 이 꿈에는, 영웅이 체험하는 모험이 지닌 보편적 신화 양식의 기본적인 윤곽이 그대로 드러나고 있다는 점이다. 이 의미심장한 위험과 장애와 도정에서 겪는 행운의 모티프는 갖가지 양태로 굴절하는데, 바로 이 책에서 우리는 수백 가지로 굴절된 모티프와 만나게 된다. 처음에는 개방된 하수 도랑,* 그다음에는 풀 위로 흐르는 맑은 강**의

---

* 단테의 『신곡』 「지옥편」 XIV, 76-84의 다음 구절과 비교해 보자. "죄 많은 여자들이 두루 나누어 가진 …… 조그만 개울, 그 붉은 빛깔을 생각하면 지금도 온몸이 떨린다."
** "조그만 물결에 둑에 난 풀이 왼쪽으로 구부러지는 강……. 이 땅 위에서 가장 순수한 물은 아무것도 감추고 있지 않기보다는 무엇인가를 품고 있는 듯."(단테, 『신곡』, 「연옥편」 XXVIII, 22~30)

프롤로그 — 원질 신화

횡단, 결정적인 순간의 조력자* 출현, 강줄기 건너편에 있는, 높고 탄탄한 땅(요단강 건너편에 있는 지상의 낙원)**……. 이 모든 것은 영혼의 고귀한 모험을 다룬 경탄할 만한 노래에서 끊임없이 반복되는 주제다. 은밀한 부름에 귀를 기울이고, 그 길을 따르려 했던 사람들은 모두 험난하고 외로운 횡단 여행의 위험을 알고 있었다.

> 건너기 어려운 날카로운 칼날
> 시인은 노래했거니, 이것이 험로라고.[28]

 꿈을 꾼 사람은 조그만 상자의 도움을 받아 강을 건넌다. 이 꿈에서 이 상자는 전마선이나 다리 이상의 역할을 해낸다. 이것은 여가수 자신의 특별한 재능이나 미덕을 상징하는 것인데, 여가수는 바로 이 두 가지에 힘입어 세상의 물을 건널 수 있었던 것이다. 꿈꾸는 사람이 더 이상 언급하지 않아 그 상자의 내용물이 무엇이었는지는 알 수 없지만 판도라 상자의 일종임은 의심할 여지가 없을 듯하다. 이 판도라의 상자는 아름다운 여인에 대한 신들의 선물인데, 이 안에는 존재의 고통과 축복의 씨앗뿐만 아니라 희망이라는 미덕까지도 들어 있다. 이 상자의 도움으로 여가수는 강을 건너 반대편 강 언덕에 이른다. 또한 이와 비슷한 기적을 통하여, 극히 어렵고 위험한 작업인 자아 발견과 자아 발전을 꾀하는 모든 사람들은 각각 생명의 바다 건너편에 정박할 수 있게 되는 것이다.
 사람들은 비교적 무의식적으로 시민 및 종족으로서의 정례(定例)를

---

*단테의 베르길리우스.
**"황금기와 그 당시의 행복, 아마도 파르나소스 산정에서의 행복을 노래한 옛 사람들은 이곳을 꿈꾸었거니 …… 이곳은 순진무구한 인류의 뿌리가 있는 곳, 사시장철이 봄, 백과난만(百果爛漫)한 곳, 이것은 모두가 일러 제신이 먹는 과일이라 한 것."(단테, 『신곡』「연옥편」XXVIII, 139~144)

따름으로써 대부분 위험 부담이 적은 길을 택한다. 그러나 이러한 사람들 역시 구원을 받기는 마찬가지다. 대속자들에 의해 아득한 옛날 인류에게 주어져 수천 년간 계승되어 온, 사회의 상징적 도구, 통과 제의, 은총으로 입은 성사(聖事)를 통해서 구원받는 것이다. 아무리 맹세하고 서원해도 절망적일 수밖에 없는 사람이란, 내부의 소명도 외부의 교리도 모르는 사람이다. 오늘날의 우리 대부분은 가슴 안팎으로 이 미궁을 안고 있다는 이야긴데 아, 미노타우로스와 맞설 용기를 심어 주는 미궁 탈출의 단서를 주고, 괴물을 만나 무찌른 우리를 자유의 길로 이끌어 줄 안내자, 저 아름다운 처녀 아리아드네는 어디에 있는 것일까?

미노스 왕의 딸 아리아드네는, 미노타우로스의 제물이 될 아테네의 선남선녀를 실은 배가 도착한 순간, 미남자 테세우스에게 반하고 말았

그림 5 신토(神道)의 불의 의식(사진: 조지프 캠벨, 일본, 1956년)

다. 아리아드네는 어찌어찌해서 테세우스에게 접근하고, 크레타에서 자기를 데리고 나가 아내로 삼아 준다면 미궁에서 빠져나오는 방법을 일러 주겠다고 말한다. 테세우스는 그렇게 할 것을 맹세한다. 아리아드네는 장인(匠人) 다이달로스에게 도움을 청한다. 다이달로스는 미궁을 만들고, 아리아드네의 어머니가 이 미궁에 사는 괴물 미노타우로스를 낳는 것을 가능하게 한 장본인이다. 다이달로스는 아리아드네에게 실을 한 타래 준다. 미궁으로 들어가는 영웅이 한 끝을 미궁의 입구에다 매어 놓고 들어가면서 풀어야 하는 실타래다. 우리에게 필요한 것이란 이 얼마나 하찮은 물건인가! 그러나 이나마도 없이 미궁으로 들어가는 것은 아무 희망도 없는 모험과 다름 없지 않은가.

실타래는 가까이 있다. 재미있는 것은 죄 많은 왕을 섬기는 바로 이 장인이, 미궁의 공포를 연출한 장본인인 동시에 자유라는 이름의 목적을 달성케 할 수 있는 사람이라는 점이다. 그러나 그럴 수 있기 위해서는 영웅의 마음을 갖고 있어야 한다. 수세기 동안 다이달로스는 장인 및 과학자, 기이할 정도로 냉담하고, 거의 악마적인 현상의 상징, 사회 정의의 정상적인 경계를 넘어 자기 시대의 도덕률이 아닌, 자기 예술의 도덕률에만 봉사하는 인간 유형을 대표해 왔다. 그는 단순하고, 용기에 차 있으며, 진리가 우리를 자유롭게 할 것이라고 확신하는 사상의 영웅이다.

아리아드네가 그랬듯이 우리도 이 사람에게로 달려가 보자. 그는 실타래를 만드는 데 필요한 아마(亞麻)를 인간의 상상력이라는 들판에서 거두었다. 아마를 훑고 간추려 질긴 실을 잣는 데 수 세기에 걸친 경작, 수십 년에 걸친 채집, 수많은 손과 가슴의 힘겨운 작업이 들어갔다. 나아가 우리는 이 모험길에 들어설 때 혼자가 아니다. 모든 시대의 영웅들은 우리에 앞서 미궁으로 들어갔고, 미궁의 정체는 모두 벗겨졌으며, 우리는 단지 영웅이 깔아 놓은 실만 따라가면 된다. 추악한 것이 기다리고 있다고 생각한 곳에서 우리는 신을 발견할 것이고, 남을 죽일 수 있다고 생각한 곳에서 우리는 우리 자신을 죽일 것이며, 밖으로 나간다고 생각한 곳을 통해 우리는 우리 존재의 중심으로 들어갈 수 있을 것이고, 외로우리라고 생각한 곳에서 우리는 세계와 함께하게 될 것이다.

2 비극과 희극

"행복한 가정은 모두 비슷비슷하다. 불행한 가정은 각기 그 나름의 이유로 불행하다."

레오 톨스토이 백작은 이 예언적인 말을, 현대적 여주인공 안나 카레니나의 정신적 해체를 그린 소설의 서두로 삼았다. 저 갈등하던 아내며, 어머니며, 정념에 눈이 먼 정부(情婦)가 스스로의 몸을 기차 바퀴 밑으로 던지고 나서 (그녀의 영혼이 어떠한 처지에 놓였는지 행동으로 나타내 보임으로써 방향 감각 상실의 비극을 끝맺고 나서) 70년 동안, 로맨스, 신문 기사, 미처 기록되지 못한 번민의 탄식들의 떠들썩하고 끊임없는 송가(頌歌)가 이 미궁에 있던 괴수인 반인반우(半人半牛)를 기쁘게 해 주지 않았던가? 파괴적이며, 광기 어린 바로 이 분노에 찬 괴수의 측면도 온화할 때엔 세계를 소생하게 하는 원리가 된다. 그리스의 비극과 마찬가지로 현대의 로맨스도 해체의 비의를 찬양하고 있는데, 로맨스에서 해체는 생의 귀결이다. 해피엔딩은 허위 진술로 경멸을 당하는데, 이는 우리가 알고 보아 온 한, 이 세계에는 하나의 결말, 즉 죽음, 붕괴, 해체, 그리고 우리가 사랑하던 형태가 사위어 감에 따라 일어나는 우리 마음의 십자가가 있을 따름이기 때문이다.

"연민이란, 인간의 고통 중 엄숙하고 부단한 것에 마음을 빼앗기게 하고, 이를 고통받는 사람과 하나가 되게 하는 감정이다. 공포는 인간의 고통 중 엄숙하고 부단한 것에 마음을 빼앗기게 하고, 이를 보이지 않는 원인과 하나가 되게 하는 감정이다."[29]

잉그람 바이워터(I. Bywater)가 번역한 아리스토텔레스의『시학(Poetics)』[30] 서문에서 길버트 머리(G. Murray)가 지적했듯이, 비극적 카타르시스 (tragic katharsis), 즉 연민과 공포의 체험을 통한 비극 관람자 감정의 "순화(purification)" 혹은 "정화(purgation)"는, 손발이 잘린 우두신(牛頭神) 디오니소스를 위한 축제와 비의적(秘儀的) 연극의 기능이었던 초기의 제의적 카타르시스(ritual katharsis: 과거의 오점과 독소, 죄악과 죽음의 오염으로부터의 사회의 순화)에 상응한다. 비의적 연극에서, 명상하는 정신은, 극에서 죽음을 맞는 육체가 아니라, 한동안 그 육체에 깃들었던 영속적인 생명의 원리와 합일한다. 육체에 깃든 영속적인 생명의 원리는 허깨비로(고통 받는 자이자 보이지 않는 원인으로) 분장한 실재이며 "인간의 얼굴을 일그러지게 하는 비극"[31]이 우리 필멸의 육체를 찢고 해체할 때, 우리들 자신은 기저에 있는 이 실재 속으로 녹아 들어간다.

나타나라, 나타나라, 형상이 어떻고 이름이 무엇이든.
오, 산악의 소여, 백두사(白頭蛇)여, 화염을 뿜는 사자여!
오, 신이여, 야수여, 신비여, 오라![32]

시공(時空)의 세계 속에서 우연한 순간을 살아가는 인간의 논리와 정서적 의무에 이처럼 죽음을 고하는 일, 우리들이 흙으로 돌아가려 할 때 비로소 온몸을 흔들면서 승리의 찬가를 부르는 보편적 생명에 대한 이러한 재인식, 이 생명을 향한 우리의 가파른 중심 이동, 그리고 "운명에의 사랑(amor fati)", 즉 필멸의 운명에 대한 사랑, 이런 것들이 비극적 예술의 체험을 구성한다. 그 기쁨, 구원의 황홀은 바로 그 안에 있다.

미천한 종, 나의 날은 끝났다,

이다산 유피테르(제우스)의 입회자,

나는 한밤중 자그레우스(디오니소스)가 배회하는 곳에서 배회한다.

나는 자그레우스의 포효를 견디고

그의 진홍빛 피비린내 나는 축의(祝儀)를 치렀으며,

태모(太母)님 산의 불길을 받아

자유를 얻고 이름을 얻으니,

사슬 갑옷의 사제 바쿠스.[33]

　현대 문학은 우리들 앞에, 우리들 주위에, 우리들 내부에 지천으로 널려 있는 참담하게 부서진 형체를 직시할 용기와 눈길을 부여하는 데 크게 기여하고 있다. 대학살의 참상에 불만을 토로하는 자연스러운 충동을 억압당한 곳에서, 비난도, 만병통치약도 외칠 수 없는 곳에서 (우리에게) 그리스 비극보다 더 유효한 비극 예술이 실현된다. 그것은 바로 현실적이고, 본질적이며 여러 면에서 흥미로운 민주주의적 비극이며 거기에는 위대한 가문은 물론 평범한 가정, 모든 멍들고 찢긴 얼굴들이 맞는 재앙 속에서 십자가에 매달리는 신이 있다. 거기에는 권력의 쓰라림을 덜어 줄 천국, 내세의 천복, 보상에 대한 꾸며 낸 이야기는 없고 다만 절대적인 어둠, 무위(無爲)의 공허가, 어김없이 실패할 운명을 갖고 자궁에서 튀어나온 생명을 받아 먹어 치울 뿐이다.

　이 모든 것에 비추어 보면 우리의 보잘것없는 성취에 대한 이야기는 얼마나 초라하고 눈물겨운가. 우리는 이 세상의 선망 받는 자들조차 실패와, 상실과, 환멸과, 역설적 무위의 쓰라림에 피가 마른다는 것을 너무나도 잘 알고 있다. 그래서 희극에다 고급 비극의 역할을 맡기고 싶어 하지 않는다. 풍자로서의 희극은 있을 수 있고 유쾌한 도피처로 우리에게 재미를 줄 수는 있다. 그러나 행복을 다루는 동화는 진지하게 받아들여질 수 없다고 여긴다. 하늘의 신화가 삶의 발자국을 뒤로 남기고 밤의 문턱에 설 준비가 된 노인의 것이듯, 동화는 이 땅에 존재하지 않는 아이들 나라의 것이며, 조만간 모조리 들통날 현실로부터 보호받고 있다고 생각한다. 그러나 이러한 엄숙하고 현대적인 서양적 판단은 동화와 신화와 구원의 신곡(神曲)에 묘사된 현실을 전적으로 그릇 해석하는 데서 비롯되었다. 고대에 이러한 동화나 신화나 신곡은 비극 이상의 고급스러운 이야기, 심오한 진리, 까다로운 깨달음, 견고한 구성물, 완벽한 계시로 받아들여졌다.

동화, 신화, 그리고 영혼의 신곡에 나오는 해피엔딩은 모순이 아닌 인간의 보편적 비극의 초월로 읽혀야 한다. 객관적 세계는 과거의 형태 그대로이나 주체가 중점을 두는 대상이 이동함에 따라 변형된 것처럼 보인다. 과거에는 삶과 죽음이 투쟁하던 곳에서 이제는 영속적인 존재가 그 모습을 드러낸다. 냄비 속에서 끓는 물이 거품의 운명에 대해, 우주가 은하의 생성과 소멸에 대해 그러하듯이 이 존재 역시 시간 속의 우연한 사건들에 무심하다. 비극이란 형체와 형체에 대한 우리의 애착을 깨는 것이다. 희극은, 정복할 수 없는 삶에 대한 거칠고 방만하고 꺼질 줄 모르는 환희다. 따라서 이 양자는 그 둘이 포함되어 있는 동시에 경계 짓는 단일한 신화적 주제와 경험을 일컫는 서로 다른 용어다. 비극과 희극은, 삶이라는 계시의 전체성을 구성하며 죄악(신의 의지에 대한 거역)과 죽음(필멸의 형태에의 동화)의 오염으로부터 정화(katharsis=purgatorio)되고자 하는 사람이면 누구나 알고 사랑해야 하는 하강과 상승(kathodos and anodos)인 것이다.

모든 것은 변하고 있으나, 아무것도 죽지는 않는다. 영혼은 여기저기를 방황하다 마음에 드는 뼈대를 취한다……. 따라서 한 번 존재한 것은 다시 존재하지 않고, 존재하지 않았던 것은 존재하게 되니, 모든 운행의 주기는

반복한다.[34)

이 몸뚱이는 죽어 없어지지만 이 몸속에 와 계시는 실재(self)는 영원하며 불멸이며 무한이니라.[35)

신화와 동화 고유의 사명은, 비극에서 희극에 이르는 어두운 뒤안길에 깔린 특수한 위험과 그 길을 지나는 기술을 드러내는 일이다. 신화나 동화에서 일어나는 사건들은 환상적이며 '비실재적'이다. 이들이 표상하는 것은 심리적인 승리지 육체적 승리는 아니기 때문이다. 전설이 실재의 역사적 인물을 다루는 경우라도 승리의 행위는 꿈같은 형상을 묘사하는 것이지 실물의 형상을 그리고 있는 것은 아니다. 중요한 것은 이 땅 위에서 이러저러한 일이 있었다는 것이 아니고, 이 땅에 이러저러한 일이 있을 수 있기 전에 보다 중요하고 보다 본질적인 일이, 우리가 알고 있고 더러 꿈속에서 찾아가기도 하는 미궁 안에서 일어났어야 했다는 것이기 때문이다. 신화적 영웅의 길은, 부수적으로는 지상적(地上的)일지 모르나, 근원적으로는 내적인 길이다. 즉 보이지 않는 저 지선이 뚫리고, 오래전에 잊혔던 힘이 다시 솟아 세계의 변용에 기여하게 되는 그런 심연으로 뚫린 길인 것이다. 이러한 영웅의 행위가 완성되면, 삶은 더 이상 시간에 닿고 어디서든 흉측한 모습으로 도처에 도사린 재앙의 가혹한 단죄 앞에서 무방비 상태로 고통받는 일이 없게 된다. 뿐인가, 공포는 눈앞에 여전히 보이고, 고뇌의 울부짖음은 여전히 귀에 들리나, 삶은 모든 것을 채우고, 모든 것을 견디는 사랑과 정복되지 않는 힘의 자각으로 다시 생기를 얻는다. 여느 때에는 막막한 물질로 뒤덮인 생명의 심연에서 보이지 않게 타오르던 불길이 요란한 소리와 함께 빛이 되어 비치기 시작한다. 저 무섭던 단죄의 손길은, 이제 우리들 마음속의 불멸하는 우주의 그림자로밖에 비치지 않는다. 시간

은 영광의 승리자 앞에 무릎을 꿇고, 세계는 경이롭고 천사적인, 그러
나 마침내 단조로워진 듯한, 요정의 노래처럼 매혹적인 하늘의 노래를
부른다. 행복한 가정이 다 그렇듯이, 소생한 신화와 세계는 비슷한 모
습을 보인다.

그림 6 괴수를 길들이는 자 (조가비와 청금석 상감, 이라크 수메르 유적, 기원전 2650~2400년경)

3 영웅과 신

영웅이 치르는 신화적 모험의 표준 궤도는 통과 제의에 나타난 양
식, 즉 '분리', '입문', '회귀'의 확대판이다. 이 양식은 원질 신화(原質神
話, monomyth)[36]의 핵 단위(nuclear unit)라고 할 수 있다.

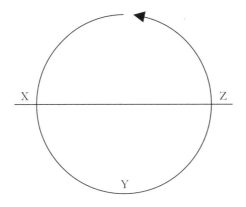

```
        X                Z

                Y
```

영웅은 일상적인 삶의 세계에서 초자연적인 경이의 세계로 떠나고(X) 여기에서 엄청난 세력과 만나고, 결국은 결정적인 승리를 거두고(Y) 이 신비스러운 모험에서, 동료들에게 이익을 줄 수 있는 힘을 얻어 현실 세계로 돌아오는 것이다.(Z)

프로메테우스는 하늘로 올라가 신들에게서 불을 훔친 뒤 지상으로 내려왔다. 이아손은 바위가 서로 부딪치는 험로를 지나고 불가사의한 바다로 항해하여 황금 양털을 지키던 용을 꺾고는 양털과, 찬탈자로부터 왕위를 빼앗을 수 있는 힘을 가지고 귀향했다. 아이네이아스는 저승으로 내려가 죽음의 강을 건넌 다음 삼두구(三頭狗) 케르베로스에게 미끼를 던져 환심을 사고는 죽은 아버지의 망령을 만났다. 그는 모든 것, 가령, 사람들의 운명, 개국 직전에 있던 로마의 운명, 그리고 "무거운 짐을 피하거나 견딜 수 있는 방법"[37]까지도 알게 된다. 그는 상아문을 통해 다시 이승의 삶으로 돌아왔다.

영웅 과업의 어려움, 계획이 원대하고, 수행이 신성할 경우 이 영웅 과업의 숭고한 의미를 장엄하게 보여 주는 사례는 부처의 고행에 대한 전설에 잘 나타나 있다. 젊은 왕자 고타마 싯다르타(瞿曇釋迦牟尼)는 기품 있는 백마 칸타카를 타고 은밀히 아버지의 궁전에서 경비병들이 지

프롤로그 — 원질 신화

키는 성문(吉祥門)을 무사히 빠져나가 24만의 신위(神位)에 밝혀진 횃불 사이를 지나고, 너비가 1128큐빗이나 되는 장대한 강을 사뿐히 건너서는 칼을 뽑아 단숨에 머리 타래를 잘랐다. 그러자 손가락 두 개 넓이의 길이로 남은 머리카락은 오른쪽으로 말려 머리 가까이 달라붙었다. 이어 승복으로 갈아입은 그는 행자(行者)가 되어 세계를 방황하는데 그는 이 막연해 보이는 방황 동안 여덟 단계에 걸치는 명상의 과정을 넘어섰다. 이윽고 그는 은자로 물러앉아 6년 동안 고행하면서 처절한 금욕 생활로 쓰러져 금방이라도 죽을 것 같았으나 곧 다시 일어났다. 다시 일어난 그는 수행 방법을 바꾸어 보다 온건한 탁발승의 수행 방법으로 돌아섰다.

어느 날 그는 나무 아래에서 이 세계의 동쪽 하늘을 응시하며 앉아 있었는데, 나무가 그의 광채를 받아 환하게 빛났다. 수자타라는 소녀가 와서 그에게 금 그릇에 떠 온 우유죽을 바쳤다. 죽을 마신 그가 그릇을 강으로 던지자 그릇은 흐름을 거슬러 떠갔다. 이것은 그가 승리하는 순간이 임박했다는 표적이었다. 그는 자리에서 일어나 신들이 만들어 놓은 너비 1128큐빗의 길을 따라 걸었다. 뱀과 새들, 숲과 벌판의 신들은 꽃과 천상의 향기로 그에게 경의를 표했고, 하늘의 선녀들은 음악을 보냈으며, 만천하는 향기와 꽃다발과 아름다운 가락과 함성으로 차고 넘쳤다. 그가 저 위대한 "정각(正覺)의 나무(Tree of Enlightenment)"로 다가가고 있었기 때문이었다. 그는, 그 아래에서 만상의 이치를 깨칠 보리수 쪽으로 가고 있었던 것이었다. 그는 정각을 이루지 않으면 일어나지 않으리라고 굳게 결심하고 그 보리수 아래, 부동의 자리(Immovable Spot)에 앉았다. 곧 사랑과 죽음의 신 카마마라(迦摩摩羅)가 다가왔다.

이것은 서양의, 십자가에 못 박히는 상태에 대응하는, 동양 신화의 가장 중요한 순간이다. 정각수(보리수) 아래의 부처와 십자가 나무(Holy Rood, 구원의 나무) 위의 그리스도는 유사한 것으로, 태고의 유물인 원형적인 세계의 구원자 혹은, 세계수(世界樹,

그림 7 보리수 아래의 석가모니 붓다(편암, 인도, 9세기 말~10세기 초)

World Tree) 모티프가 구체화된 것이다. 이 테마의 변형은 앞으로 소개하는 이야기에서 자주 발견될 것이다. 부동의 자리와 갈보리산은 세계의 배꼽(World Navel), 혹은 세계 축(World Axis)의 이미지다.(55쪽 참조)

　　대지의 여신에게 자신의 권리를 확인시키는 모습은 전통적인 불교 예술의 불상에 나타나 있다. 고전적인 부처의 좌상은 오른손을 오른쪽 무릎 위에 올려놓은 채 손가락은 가볍게 땅에다 대고 있다.

　　중요한 것은 정각(Buddhahood)은 말로써는 전할 수 없고[不立文字] 오직 정각에의 방법(Way)만 전할 수 있다는 것이다. 이름과 형태로는 설명할 수 없다는 진리의 불립문자 교리는, 플라톤 철학에서와 마찬가지로 동양 전통의 근간을 이룬다. 과학의 진리는 관찰할 수 있는 사실에 근거해 논리적으로 세워진 논증할 수 있는 가설이기 때문에 전달이 가능하지만 제의, 신화 그리고 형이상학은 초월적인 조명 가까이까지 인도하는 것은 가능하나 거기에 접근하는 마지막 단계는 개인의 조용한 체험으로써만 가능하다. 따라서 산스크리트어에서는 현자를 mūni, 즉 "조용한 자"라고 한다. Śākyamūni (부처의

프롤로그 — 원질 신화

다른 이름)는, "Śākya족(族)의 조용한 자, 혹은 현자(muni)"란 뜻이다. 부처가 세계적으로 널리 퍼진 종교를 세웠지만 그 가르침의 궁극적인 요체는 침묵 속에서만 전수된다.

───────────────────────────────

이 무시무시한 신은 코끼리를 탄 채 1000개의 손에 각기 무기를 들고 나타났다. 그는 자기 군대를 거느리고 있었는데 그 규모는 앞으로 140리, 오른쪽으로 140리, 왼쪽으로 140리, 뒤로는 능히 세상을 덮을 만했으며 높이는 100리에 달했다. 만상을 지키는 신들은 모두 도망쳤으나 미래의 부처는 나무 아래서 움직이지 않고 남아 있었다. 이윽고 마라는 그를 공격하여 정신을 흐트러 놓으려 했다.

돌개바람, 바위, 천둥과 불길, 연기를 뿜는 날 선 무기, 불덩어리, 뜨거운 재, 끓는 진흙, 따가운 모래와 칠흑 어둠 등으로 적대자는 구도자를 공격했으나, 이 많은 공격 무기들은 고타마의 성도(成道)의 법력에 의해 천상의 꽃과 고약으로 화했다. 이렇게 되자 카마마라는 세 딸, 즉 욕망과 괴로움과 욕정을 관능적인 시녀와 함께 풀었으나 존자(尊者)의 마음은 흐트러지지 아니했다. 마침내 신은 그 부동의 자리에 앉아야 하는 것은 자기라고 주장하면서 노하여 날카로운 원반을 던졌고, 자기를 옹위하던 군대가 바위산과 함께 그를 덮치게 했다. 그러나 미래의 부처는 한 손을 움직여 손가락 끝을 대지에 갖다 댐으로써 땅의 여신에게 거기 앉을 권리가 자신에게 있음을 확인시키려 했다. 땅의 여신은 수백, 수천, 수십만이 포효하는 소리로 이를 확인하니 적대자의 코끼리가 미래의 부처 앞에 무릎을 꿇었다. 이어 군대가 물러갔고 세계의 모든 신들은 화환을 뿌렸다.

해가 지기 전에 이 싸움에서 승리를 거둔 정복자는 초저녁에 자기의 전생을 알았고, 한밤중에는 사물을 두루 꿰뚫는 혜안을 얻었으며, 새벽녘에는 인과(因果)를 깨쳤다. 그는 날이 샐 무렵에 완전한 정각을 얻었던 것이다.

이어서 이레 동안 고타마(이제는 정각을 얻은 부처)는 지복(至福)에 든 채 꼼짝도 하지 않고 앉아 있었고, 이레 동안 그는 조금 떨어진 곳에서 자신이 정각을 얻었던 자리를 내려다보았으며, 이레 동안, 그는 서 있던 자리와 앉아 있던 자리를 서성거렸고, 이레 동안 그는 신들이 만든 정자에 거하면서 인연과 해탈의 원리를 반추했으며, 이레 동안 수자타가 금 그릇에 우유죽을 가져왔던 그 나무 밑에 앉아 열반의 법열에 대한 교의를 묵상했다. 그가 다른 나무 밑으로 자리를 옮겼을 때 폭풍이 이레 동안이나 휘몰아쳤으나 뱀의 왕이 뿌리에서 나와 목을 넓게 펼쳐 부처를 가려 주었다. 부처는 이윽고 이레 동안 네 번째 나무 아래서 해탈의 기쁨을 만끽했다. 이때 그는 자신이 얻은 소식을 남들에게 전할 수 있을지 가늠해 보다가 당분간은 홀로 알고 있으리라고 생각했다. 그러나 신 브라마가 하늘에서 내려와 그에게 신들과 인간의 스승이 되어야 한다고 했다. 부처는 그의 말에 승복, 자신이 깨친 도리(path)를 전파하기로 작정하고는, 도시로 돌아가 속인들과 함께 살며 정도(正道)의 법이라는 귀한 은혜를 두루 전파했다.[38]

『구약 성서』는 이와 비교가 될 만한 행적을 모세의 이야기에다 기록하고 있다. 모세는 이집트 땅에서 이스라엘 백성을 데리고 나온 지 석달째에 시나이 광야에 이르렀다. 이스라엘 백성들은 그 산을 등지고 진을 쳤다. 모세는 하느님 계신 곳으로 올라갔고 하느님은 산에서 그를 불렀다. 하느님은 그에게 십계명 석판(Tables of the Law)을 주고, 주의 백성 이스라엘에게로 돌아가라고 했다.[39]

유대인의 민간 전설은, 하느님의 계시가 내리던 날 하루 종일 시나이 산에서는 우르릉거리는 소리가 들렸다고 기록하고 있다.

섬광과 우렁찬 나팔 소리에 백성들은 공포에 사로잡혀 전율했다. 하느님은 하늘을 구부리고, 땅을 움직이고, 세계의 경계를 뒤흔드시어 심연이 요

프롤로그 ─ 원질 신화

동하고, 하늘이 두려움에 떨었다. 하느님의 광희는 불과 지진과 폭풍과 우박의 네 가지 문을 지나셨으니 이 땅의 왕들은 각기 제 궁전에서 떨었다. 대지는 죽은 자들이 부활하는 줄 알고, 제가 마신 도륙당한 자들의 피값과, 제품에 묻은 살해당한 자들의 몸값 물 걱정을 하더라. 땅은 십계명(Decalogue)의 첫마디를 듣기까지는 두려움을 가누지 못했다.

하늘이 열리고 대지의 고삐에서 풀려난 시나이산이 공중으로 치솟으니 꼭대기는 하늘 위까지 솟구쳐 두꺼운 구름이 사방을 가리고 있는 동안 하느님 보좌의 발치에 가닿더라. 한쪽으로 하느님을 모시고 레위 지파 백성에게 줄 관을 든 2만 2000의 천사들이 나타났으니, 다른 지파 사람들은 모두 금송아지를 섬기는데 오직 이 지파만 하느님 옆에 남아 있었음이라. 또 한쪽에는 60만 3550명의 천사가 있었는데 모두가 이스라엘 백성 하나하나의 머리에 씌워 줄 불의 관을 들고 있었다. 또 한쪽에는 이 수의 갑절이나 되는 천사들이 있었고, 나머지 한쪽에는 천사들이 있긴 있으되 그 수를 이루 셀 수가 없었더라. 하느님께서는 한 방향에서 나타나시는 게 아니고 네 방향에서 동시에 나타나셨으니, 그래도 그분의 영광이 하늘과 땅을 채우기엔 부족함이 없더라. 이렇게 엄청난 대군이 있었는데도 시나이산은 붐비기는커녕 모두에게 자리가 충분하였다.[40]

곧 알게 될 테지만, 태양을 방불케 하는 동양의 광대한 이미지로 표현되든, 그리스의 웅장한 서사시로 표현되든, 아니면 장엄한 성서의 이야기로 표현되든, 영웅의 모험은 위에서 말한 핵 단위의 패턴, 다시 말하면, 세계로부터의 분리, 힘의 원천에 대한 통찰, 그리고 삶을 향상시키는 귀향의 패턴으로 이루어진다. 동양 전체는 고타마 부처가 깨친 은총(참 법의 놀라운 가르침)의 축복을 받았듯이, 서양은 모세의 십계명의 축복을 받아 왔다. 그리스인들은, 인류 문명에 대한 최초의 지원으로서의 불을 프로메테우스의 초월적인 공적으로 돌렸고, 로마인들은 세계적인 그들 도시의 창건을, 폐허가 된 트로이아를 떠나 무서운 사자(死者)의 나라 저승으로 따라나선 아이네아스의 공으로 돌렸다. 장소가 어디건, 그들의 (종교적, 정치적, 혹은 개인적) 관심이 어디에 있건 진정한 창조 행위는 세상에서 죽어 사라지는 것으로부터 무엇인가를 얻어 내는 행위로 표현되며, 영웅의 부재중에 무슨 일이 일어나든, 영웅을 거듭난 자, 위대한 자, 창조력을 얻어 돌아오는 자로 만들기 위해서 인류는 그의 부재중에 무슨 일이 일어나는지에 관하여 역시 한목소리를 낸다. 따라서 이러한 이야기가 무엇을 말하고 있는가를 다시 한번 확인하기 위해서는 보편적인 모험의 고전적인 단계를 두루 꿰는, 수많은 영웅적인 인물을 따라가기만 하면 된다. 이러한 작업은 당대(當代)의 삶과 관련된 이미지의 의미뿐만 아니라 인류 정신의 야망, 권력, 영고성쇠, 그리고 지혜의 단일성을 이해하는 데 도움을 주리라 믿는다.

지금부터, 보통 사람들의 운명을 짊어진 세계의 몇몇 상징적 영웅들의 이야기를 하나의 복합적인 모험의 형태로 소개해 보겠다. 첫 번째 단계, 즉 '분리', 혹은 '출발'의 단계는 1부 1장에서 다섯 개의 소제목으로 나뉜다.

(1) '모험에의 소명' 혹은 영웅 소명의 표적

(2) '소명의 거부' 혹은 신으로부터의 우매한 도주

(3) '초자연적인 조력', 즉 고유의 모험에 도전한 사람에 대한 뜻밖의 도움

(4) '첫 관문의 통과'

(5) '고래의 배' 혹은 밤의 영역으로의 여행

'시련과 입문의 성공'은 2장에 6개의 소제목으로 소개된다.

(1) '시련의 길' 혹은 신들의 위험한 측면

(2) '여신(Magna Mater)과의 만남' 혹은 다시 찾은 유아기의 행복

(3) '유혹자로서의 여성', 오이디푸스 고뇌의 체득

프롤로그 ─ 원질 신화

(4) '아버지와의 화해'

(5) '신격화(Apotheosis)'

(6) '궁극적인 홍익(弘益)'

'회귀와 사회와의 재통합'은 정신 에너지가 세계로 흘러 들어오는 연속적인 순환에 있어서 없어서는 안 될 과정이고, 영웅이 속한 사회의 입장에서 보면 영웅의 오랜 후퇴에 대한 변명이 되나, 영웅 자신에게는 가장 어려운 필요조건이 될지도 모른다. 왜냐하면, 영웅이 부처처럼 승리를 거두고 완전한 정각 상태(正覺狀態)에 들어 버린다면 이 경험의 만족감이 세상의 슬픔에 대한 그의 기억과 흥미와 희망을 없앨 위험이 있기 때문이다. 혹은 경제적인 문제에 발목을 잡힌 사람들에게 이 깨달음을 전하기가 너무 어려울 것이기 때문이기도 하다. 반면 영웅이 입문의 모든 시련을 향해 차례로 올라가는 대신, 프로메테우스처럼 단도직입적으로 목표를 향해 돌진하고,(폭력이나 기지로써, 혹은 운에 힘입어) 그가 의도하던 세상을 위한 홍익을 손에 넣어 버린다면 그가 지닌 힘의 불균형이 부작용을 일으켜, 프로메테우스가 자기의 상처 입은 무의식이라는 바위에 결박당했듯이, 내-외적인 시련을 당하게 된다. 또 한편, 영웅이 자신의 뜻으로 안전하게 사회로 귀환하면 그가 도우려던 사람으로부터 오해받고 무시당하게 되어 결국 그의 행적은 무위로 돌아가고 만다. 세 번째 장에서는 6개의 소제목으로 이런 측면의 논의에 결론을 내릴 것인데, 6개의 소제목은 다음과 같다.

(1) '귀환의 거부' 혹은 버림받은 세계

(2) '불가사의한 탈출' 혹은 프로메테우스의 도주

(3) '외부로부터의 구조'

(4) '귀환 관문의 통과' 혹은 일상의 세계로의 회귀

(5) '두 세계의 스승'

(6) '삶의 자유', 즉 궁극적인 홍익의 성질과 기능

이러한 영웅의 순환적인 모험이 홍수 설화에서는, 부정적인 형식을 취한다. 즉 홍수 설화에서는 힘은 영웅이 갖는 것이 아니고, 영웅에 대해 작용했다가 다시금 가라앉는다. 홍수 설화는 세계 도처에 널려 있다. 이러한 홍수 설화는 세계 역사에 관한 원형적인 신화의 가장 중요한 부분을 차지한다. 따라서 이러한 논의는 2부 "우주 발생적 순환"에서 다루기로 한다. 홍수 설화의 영웅은, 대재앙과 죄악이 창궐하는 가운데서도 살아남는 인간의 근원적 생명력의 상징이다.

원질 신화의 복합적인 영웅은 예외적인 능력을 가진 인물이다. 이 영웅은 사회의 존경을 받기도 하고, 무시당하거나 경멸을 당하기도 한다. 영웅과 (혹은) 그가 속한 세계는 상징의 결핍을 겪고 있다. 동화일 경우 이러한 결핍은 금반지 하나가 결여되는 등 가벼운 것이지만, 묵시록적인 이야기에서는 온 세상의 심리적, 정신적 삶이 나락으로 떨어졌거나 떨어질 판국에 있는 것으로 그려지는 경우도 있다.

대개 동화 속의 영웅은 자신이 속한 문화권의 소우주적 승리를 거두고, 신화의 영웅은 세계사적, 대우주적 승리를 거두는 게 보통이다. 또 전자(막강한 힘을 행사할 수 있게 되는 가장 어린 혹은 무시당하는 아이)는 자신을 압제하던 상대를 이겨 내는 데 그치는 반면, 후자는 모험을 통하여 자기가 속한 사회 전체의 소생에 필요한 수단을 가지고 돌아온다. 황제, 모세, 혹은 아스테카의 테스카틀리포카(Tezcatlipoca) 같은 종족적, 혹은 국지적 영웅은 한 종족에게만 그 선물의 은혜를 베풀지만 마호메트, 예수, 부처 같은 우주적 영웅은 전 세계에 넉넉히 한 소식을 전해 준다.

보잘것없는 영웅이든 탁월한 영웅이든, 그리스 영웅이든 야만족의 영웅이든, 이방인의 영웅이든 유대족의 영웅이든, 영웅의 행장(行狀)은 본질적으로 크게 다르지 않다. 저잣거리에 나도는 이야기는 영웅의 행위를 주로 물리적으로 그려 내고 있지만, 고급 종교에서는 영웅의 행적이 도덕적이어야 한다. 그러나 모험의 형태, 등장인물의 역할, 마침내 얻은 승리의 내용물에는 놀라울 정도로 별 차이가 없다. 동화나 전설이나, 제의나, 신화에서 원형 패턴의 기본적인 이러저러한 요소가 빠져 있다고 하더라도 어떤 방법으로든 그 의미가 함축되어 있다. 앞으로 알게 될 테지만, 생략 그 자체가, 이야기의 역사와 병리학에 관해 상당한 의미를 전달할 수도 있다.

2부, '우주 발생적 순환'은 성공한 영웅에게 계시로 하사된 세상의 창조와 멸망의 엄청난 환상을 펼쳐 보인다. 1장 '유출(流出, Emanation)'은 무(無)에서 비롯되어 나오는 우주의 형상을 다룬다. 2장 '처녀의 잉태 (혹은 단성 생식)'에서 여성적인 힘의 창조적, 보상적 역할을 일별하되, 먼저 만유의 어머니(Mother of the Universe)로서의 우주적 규모에서, 이어서 영웅의 어머니로서의 인간적인 관점에서 다룬다. 3장 '영웅의 변모'는 인간의 다양한 요구에 따라 갖가지 형태로 영웅이 등장하는 전형적 단계를 통해 인류 전설의 흐름을 추적한다. 그리고 4장 '소멸'은, 처음에는 영웅의 예언된 종말, 이어서는 드러난 세계의 예언된 종말을 그린다.

우주 발생적 순환은 모든 나라의 신성한 문헌에 놀라울 정도로 유사하게 그려지고 있고,[41] 그것은 영웅의 모험에 새롭고 흥미로운 전기를 부여한다. 돌이켜보면 모험적인 여행은 성취하기 위한 노력이 아닌 재성취하기 위한 노력, 발견하기 위한 노력이 아닌 재발견하기 위한 노력이었던 듯하다. 영웅이 애써 찾아다니고 위기를 넘기면서 얻어 낸 신적(神的)인 권능은 처음부터 영웅의 내부에 있었던 것으로 드러난다. 그는 자신이 누구인지 알게 된 '왕의 아들'이고 그는 이로써 자기의 실제적 권능을 행사하기 시작했다. '신의 아들'은, 이 이름이 얼마나 의미심장한지 알게 된 것이다. 이런 시각에서 보면 영웅은, 우리 모두가 내장하고 있되 오직 우리가 이 존재를 발견하고 육화(肉化)시킬 때를 기다리는 신의 창조적, 구원적 이미지의 상징이다.

성자 시므온(Saint Symeon, 서기 949~1022)의 글에는 다음과 같은 구절이 있다. "여럿이 되신 하나이시되, 나뉨이 없는 하나 그대로시니, 이 모두가 그리스도시라." 성인의 글은 계속된다.

나는 내 집에서 그분을 뵈었다. 일상의 사상(事象) 가운데서 그분은 뜻밖에 나타나시어 나와 하나가 되시고 내게로 들어오시고 내게로 뛰어드시는데, 가운데에 걸리시는 일이 없어 흡사 불이 쇠를 녹이는 듯하고, 빛이 유리를 지나는 것 같더라. 이어 그분은 나를 불같이, 빛같이 만드셨고 나는 내 앞에 보이는 것, 멀리서 보이는 것으로 변했다. 이 기적을 그대에게 설명할 바를 알지 못하니 …… 나는 본질적으로 인간이며 신의 은총을 입음으로써 신이라.[42]

비슷한 환상은 묵시적인 「이브의 복음(Gospel of Eve)」에도 등장한다.

나는 높은 산 위에 서서 거인과 난쟁이를 보았다. 천둥소리 같은 음성이 들려 나는 자세히 들으려고 다가갔다. 그분은 나에게 이르셨다. "나는 너고, 너는 나다. 네가 어디로 가건 나는 거기에 있다. 나는 없는 곳이 없으니, 원하면 언제든지 나를 찾으라. 나를 찾는 것은 곧 너를 찾음이다."[43]

이 둘(영웅과 그의 궁극적인 신, 찾는 자와 찾아지는 자)은 결국, 눈에 보이는 세계의 신비와 일치하는, 단일한 자기 반영적 신비의 표리로 받아들여진다. 위대한 영웅의 위대한 행적은 이 다양한 얼굴이 사실은 하나임을 알고, 또 남들에게 알리는 것이다.

4 세계의 배꼽

영웅의 성공적인 모험의 의미는, 생명의 흐름을 풀어 다시 한번 세계의 몸속으로 흘러들게 하는 데 있다. 이 흐름의 기적은 물리적으로 음식물의 순환, 역학적으로는 에너지의 흐름, 영적으로는 은총의 현현 (顯現)을 통해 나타나는 듯하다. 이러한 다양한 이미지들은 원활히 교차하며 단일한 생명력의 세 단계에 걸친 압축을 나타낸다. 풍성한 수확은 신의 은총의 표적이다. 신의 은총은 영혼의 양식이다. 번개는 풍요를 약속하는 비의 전조인 동시에 신이 방출한 에너지의 현현이다. 은총, 양식, 에너지…… 이러한 것들은 나날의 삶이 있는 이 땅으로 내려오는데, 이것들이 내려오지 않으면 살아 있는 것들은 죽을 뿐이다.

이 분류(奔流)는 보이지 않는 원천, 우주라는 상징적 원의 중심인 입구, 불교에서 말하는 부동의 자리[44]에서 흘러나오는데, 세계는 이곳을 중심으로 순환한다고 일컬어진다. 이 자리 밑에는, 심연의 물을 상징하는 용, 즉 대지를 지탱하는 우주적인 뱀의 머리가 있는데, 심연의 물은 생명을 창조하는 신적인 에너지이며, 불멸하는 존재의 세계 형성자인 데미우르고스(造物主)다.[45] 생명나무, 즉 우주 자체는 바로 이곳에서 자라난다. 이것은 우주를 둘러싸고 있는 어둠에 뿌리내리고 있다. 황금빛 태양새는 이 꼭대기에 앉아 있고 마르지 않는 샘이 뿌리 쪽에서 용솟음친다. 혹 이것은 그 꼭대기에 빛의 연꽃 같은 신들의 도시, 빈 동굴에는 보석으로 밝힌 마귀의 도시를 거느린 우주적인 산인지도 모른다. 또 어쩌면 이것은 이 지점에 앉거나 서거나 나무에 매달린(가령 아티스, 예수, 오딘처럼) 우주적인 남성이나 여성(가령 부처 자신이나 힌두의 춤추는 여신 칼리 같은)인지도 모른다. 왜냐하면 신의 화신으로서의 영웅은, 영원의 에너지가 시간성 안으로 흘러드는 배꼽, 즉 세계의 배꼽이기 때문이다. 따라서 세계의 배꼽은 연속적인 창조의 상징, 모든 사물 안에서 약동하는 소생의 연속적인 기적이 일어나게 하는 세계 보존의 신비인 것이다.

북캔자스주와 남네브래스카주에 사는 포니족(Pawnees)의 경우, 하코 (Hako) 의식 도중에 제관(祭官)은 발가락으로 땅에다 원을 그린다. 제

그림 8 위그드라실, 우주수(宇宙樹)(에칭, 스칸디나비아, 19세기 초)

관은 이렇게 말하는 것으로 보고되고 있다.

　　이 원은 둥지를 나타내고, 이를 발가락으로 그리는 것은, 독수리가 발로
둥지를 짓기 때문이다. 우리는 비록 새가 둥지를 짓는 것을 흉내 내고 있으
나 이러한 행위에는 또다른 뜻이 있다. 우리는 사람들이 살 수 있도록 세상
을 지어 준 티라와(Tirawa)를 생각하는 것이다. 높은 산에 올라 주위를 둘러
보면, 하늘이 사방에서 땅을 감싸고 있음을 볼 수 있을 것인즉, 바로 하늘이
감싸 준 이 둥근 공간 안에 사람이 사는 것이다. 그러므로 우리가 그린 것은
단지 둥지일 뿐만이 아니라 티라와 – 아티우스께서 모든 사람이 살 수 있게
만들어 주신 원을 나타내는 것이다. 원은, 또 친척, 부족, 종족을 대신 나타
내기도 한다.[46]

　하늘의 둥근 돔은 땅의 네 모서리에 놓이는데, 때로는 네 개의 왕상
주(王像柱)인 난쟁이, 거인, 코끼리, 거북이가 이를 버티고 있다고 했다.
이렇게 해서 생긴 것이 원적법(圓積法)이란 수학 문제의 전통적인 중요
성인데, 원적법에는 천상적인 것이 지상적인 것으로 변용하는 비결이
들어 있다. 가정의 난로, 신전의 제단은 땅이라는 바퀴의 중심이며, 만
유의 어머니의 자궁인바, 이 어머니의 불이 곧 생명의 불이다. 그리고
오두막 위쪽의 구멍(혹은 꼭대기, 첨탑, 돔의 정탑)은 하늘의 바퀴통, 혹
은 중심점인 태양문으로, 생명의 불에 사른 번제물의 냄새가 이 땅의
바퀴통에서 오르는 연기의 축을 따라 천상의 바퀴에 이르게 되듯이, 영
혼이 현재에서 영원으로 회귀하는 통로다.[47]
　이렇게 보면, 태양은 희생 제물로 풍성한, 끊임없이 새 음식으로 가
득 차는 신의 쟁반이고, 신의 살은 고기며, 신의 피는 마실 것이다.[48] 동
시에 태양은 인간에 대한 자양의 공급자다. 난로를 점화하는 햇빛은 신
적 에너지와 세계의 자궁과의 교합을 상징한다. 두 바퀴를 이어 주고

회전하게 만드는 축인 것이다. 태양문을 통한 에너지의 순환은 연속적
이다. 신은 이 태양문을 통하여 하강하고 인간은 이를 통하여 상승한
다. "나는 문이다. 누구든지 나를 거쳐서 들어오면 안전할뿐더러 마음
대로 드나들며 좋은 풀을 먹을 수 있다."[49] "내 살을 먹고 내 피를 마시
는 사람은 내 안에서 살고 나도 그 안에서 산다."[50]

　오늘날에도 신화 속에서 자라고 있는 문화에 대해 말할 것 같으면
그 문화 속의 자연과 문화 경관은, 그리고 인간 존재의 모든 면면은, 상
징적인 암시와 함께 싱싱하게 살아난다. 산과 숲은 저마다 초자연적인
보호자를 거느리고 있는데, 이러한 보호자들은 세계 창조에 관한 그곳
역사의 유명한 에피소드와 관련을 맺고 있다. 게다가 도처에는 독특한
성역이 있다. 영웅이 태어났고, 역사했고, 무(無)로 돌아간 곳이면 어디
든 표지가 서 있고 성역화되어 있다. 완전한 중심을 나타내고 고취시
키기 위해 거기에 사원이 세워지기도 한다. 까닭인즉, 이런 곳은 풍요
를 향한 돌파 지점이기 때문이다. 누군가 영원을 깨달았던 곳이기 때문
이다. 따라서 이런 장소는 보람 있는 명상의 촉매가 될 수도 있다. 이런
사원은 대체로, 중심에 있는 성역이나 제단을 영원한 자리(Inexhaustible
Point)의 상징으로 삼고, 세계의 지평선의 네 방향을 상징적으로 나타
낼 수 있도록 설계한다. 그래서 사원의 경내로 들어가 성역에 접근하는
사람은, 거기에 사원이 있게 한 영웅의 행적을 모방하게 된다. 이 참배
자의 목표는, 생명 지향, 생명 부흥 양식의 기억을 내부로부터 환기시
키는 한 수단으로서의 보편적인 패턴을 연습하는 것이다.

　고대 도시는 사원같이 건설되어 있다. 네 방향으로 네 개의 문이 있
고 정중앙에는 이 도시 건설자의 성역이 자리 잡는 것이다. 시민들은
이 상징에 갇힌 채 살고 일한다. 이와 같은 정신에서 국가적, 세계적 종
교의 판도도 모체인 도시의 바퀴통 주위로 밀집되어 있다. 로마를 중심
으로 한 서양의 기독교가 그렇고, 메카를 중심으로 한 이슬람교가 그러

프롤로그 ― 원질 신화

하다. 전 세계의 이슬람교도 사회에서 하루에 세 차례씩 행해지는 기도도 세계라는 바퀴의 살처럼 일제히 카바(Ka´bah)를 향한다. 이 행위는, 알라의 의지에 대한 개인 및 전부의 '복종(islam)'을 나타내는 살아 있는 거대한 상징이다. 『코란』이 이르듯이, "너희가 행하는바 진리를 보여 줄 수 있는 분은 그분이기 때문이다."[51] 부연하면 큰 사원은 어디에든 세워질 수 있다. 결국 '전체'는 도처에 있으며, 도처가 권능의 자리일 수 있기 때문이다. 신화에서는 한 자락 풀잎도 구제자의 모습을 할 수 있고, 이 방랑하는 구도자를 구도자 자신의 가슴속에 있는 지성소(至聖所, Sanctum Sanctorum)로 인도할 수 있는 것이다.

따라서 세계의 배꼽은 도처에 있다. 그리고 이곳은 존재의 근원이기 때문에 세상의 하고많은 선과 악을 두루 산출한다. 추한 것, 아름다운 것, 죄악과 미덕, 쾌락과 고통이 모두 이 세계의 배꼽의 공평한 산물이다. 헤라클레이토스는 "신에게는 모든 것이 공정하고 선하고 정당하지만, 인간은 어떤 것을 그르다고 하고 어떤 것을 옳다고 한다."[52]라고 말했다. 세계의 사원에서 섬김을 받는 대상은 늘 아름다운 것도, 늘 자비로운 것도 아니며, 덕이 높을 필요도 없다. 「욥기」에 나오는 신처럼 그들은 인간의 가치 척도를 저만큼 앞지른다. 마찬가지로 신화도 위대한 영웅을 위대한 도덕가로는 다루고 있지 않다. 미덕 역시 최고의 직관 앞에서는 케케묵은 훈장의 읊조림일 뿐이다. 직관은 짝짝으로 된 상대적 반대 개념을 초월한다. 미덕은 자기중심적인 자아를 완화시켜 범개인적(汎個人的) 중심성을 지향하게 한다. 하지만 이것이 성취된 뒤의 우리의 자아 혹은 남들의 자아의 고통이나 쾌락, 미덕이나 악덕은 무엇이라는 말인가? 그 모든 것을 통하여 초월적인 힘, 모든 것 안에 살고 모든 것 안에서 훌륭하며 모든 것 안에서 우리의 섬김이 타당한 힘이 감득되는 것이다.

일찍이 헤라클레이토스는 이렇게 주장했다. "닮지 않은 것이 상합하

그림 9 옴팔로스(황금 병, 트라키아 유물, 불가리아, 기원전 4~3세기경)

고, 서로 다른 것에서 가장 아름다운 조화가 이루어지며, 모든 것은 다툼에 의해 생겨난다."⁵³⁾ 또 시인 윌리엄 블레이크(W. Blake)도 비슷한 말을 한다. "사자의 포효, 이리의 울부짖음, 성난 바다의 광란, 그리고 피를 부르는 칼은 인간의 눈에는 과분한 영원의 편린들이다."⁵⁴⁾

이러한 난점은 요루발란드(서아프리카)의 익살스러운 신 에드슈(Edshu) 이야기에 잘 나타나 있다. 어느 날, 이 기묘한 신은 두 뙈기의 밭 사이로 난 길을 걸어가고 있었다. 이야기는 이렇게 계속된다.

프롤로그 — 원질 신화

그는 양쪽 밭에서 일하고 있는 두 사람의 농부를 보고 이 둘을 좀 골리기로 마음먹었다. 그는 한쪽은 붉은색, 다른 한쪽은 흰색, 앞은 초록색, 뒤는 검은색인 모자를 썼다. (이 네 가지 빛깔은 세계의 네 방향을 나타내는 빛깔이다. 즉 에드슈는 중심, 즉 세계의 축(Axis Mūndi), 혹은 세계의 배꼽의 화신이었다.) 평소에 친한 두 농부는 마을로 돌아갔는데, 마을에서 한 농부가 다른 농부에게 물었다.

"자네, 오늘 흰 모자를 쓰고 지나가던 노인을 보았는가?"

그러자 그 농부는 대답했다.

"무슨 소린가, 모자는 붉은색이었는데…….”

이 말에 첫 번째 농부가 나무랐다.

"천만에, 흰색이었네.”

그러나 두 번째 농부는 주장했다.

"내 이 두 눈으로 똑똑이 보았다.”

첫 번째 농부는 계속해서 우겼다.

"자네 장님이 되었거나 취했던 모양일세.”

사람들이 몰려왔다. 마침내 이 말씨름은 우격다짐으로 발전했다. 서로 칼을 빼 들고 으르렁대던 두 사람이 이웃 사람들 손에 끌려 재판을 받기 위해 추장 앞으로 갔다. 에드슈는 재판의 방청객 틈에 끼어 있었다. 추장이 어느 농부의 말이 맞는지 몰라 전전긍긍하자 이 익살스러운 노인은 정체를 드러내고는 자기가 장난을 좀 쳤다고 시인한 다음 모자를 보여 주며 이렇게 말했다.

"둘은 싸울 수밖에 없었지. 내가 그렇게 만들었으니까. 내가 가장 좋아하는 것은 남들을 싸우게 하는 것이니라.”[55]

도덕군자가 의분을 금치 못할 대목에서, 비극 시인이 연민과 공포를 동시에 느낄 대목에서, 신화는 삶 전체를 장엄하고 무시무시한 신곡(神

曲)으로 피워 낸다. 신화의 제신(諸神)이 웃는 웃음은 적어도 현실 도피자의 웃음이 아니라 삶 자체만큼이나 무자비한 웃음이다. 우리는 이것을 신, 즉 창조자의 무자비함이라고 보아도 좋을 듯하다. 이런 의미에서 신화는 비극적인 자세를 신경질적인 것으로, 도덕적인 판단을 근시안적인 것으로 보이게 만든다. 그러나 이 무자비함은, 우리가 보는 모든 것이 고통에 의해서는 손상되지 않는 끈질긴 힘의 그림자이지 다른 것이 아니라는 언질로 균형을 회복한다. 그러므로 이야기란 무자비하면서도 공포를 느끼게 하지 않는다. 요컨대 제때에 나고 죽는, 자기중심적이며 투쟁하는 자아들 속에서 자신을 보는 초월적인 익명성의 기쁨으로 가득 차 있는 것이다.

영웅의 모험

그림 10 에로스의 정원에 들어서는 프시케 (캔버스에 유화, 영국, 1903년)

1 출발

1 모험에의 소명

옛날 옛적, 직심스럽게 빌면 더러 이루어지는 것도 있던 시절에, 예쁜 딸을 여럿 둔 왕이 살았는데, 왕의 딸 중에서도 막내딸은 하도 예뻐서, 세상 구경이라면 할 만큼 한 태양도 이 막내딸의 얼굴을 비출 때면 오히려 제 얼굴을 붉힐 정도였다. 이 왕이 사는 성 곁에는 아주 깊은 숲이 있었고, 이 숲속 늙은 보리수 아래엔 샘이 하나 있어서 날씨가 더울 때면 왕의 막내딸은 숲속으로 들어가 이 시원한 샘가에서 놀곤 했다. 막내딸은 시간을 보낼 겸 황금 공을 하나 가지고 가서 던지고 받고 했는데 막내딸은 이 공을 참 좋아했다.

그러던 어느 날 이 황금 공은 하늘을 향해 벌린 이 막내 공주의 손바닥에 떨어지지 않고 손을 벗어나 한 번 땅에서 튀어오르고선 바로 샘으로 굴러갔다. 막내 공주는 눈으로 쫓았지만 공은 물속으로 자취를 감추었다. 샘은 깊었다. 하도 깊어서 그 바닥이 보이지 않았다. 막내 공주는 그만 울음을 터뜨렸다. 울음소리는 점점 커졌지만 누구 하나 달래려는 사람이 없었다. 이렇게 울고 있던 막내 공주는 자기를 부르는 목소리를 들었다.

"왜 그러세요, 공주님. 무슨 사연이 있어서 그리 슬피 우십니까? 돌멩이라도 공주님을 가엾게 여기겠습니다."

막내 공주는 목소리의 주인을 찾느라고 주위를 둘러보다 지지리도 못생긴, 큼지막한 대가리를 물 밖으로 내밀고 있는 개구리 한 마리를 발견했다. 공주는 개구리에게 이렇게 말했다.

"아, 첨벙이 너였구나. 다름이 아니라, 내 황금 공이 그만 샘 안으로 들어가 버려서 이렇게 울고 있단다."

"고정하시고, 그만 우세요. 도와드릴 수 있을 것 같아요. 하지만 공주님, 장난감을 찾아다 드리면 공주님은 저에게 무엇을 주시겠어요?"

개구리가 묻자 공주가 대답했다.

"개구리야, 네가 달라는 것이면 무엇이든지 주마. 내 옷, 내 진주와 보석, 내가 쓰고 있는 이 금관도 좋다."

개구리가 이 말을 듣고는 이렇게 대꾸했다.

"공주님 옷, 공주님 진주와 보석, 공주님 금관은 나는 싫어요. 공주님, 저를 보살펴 주시고, 저를 친구나 짝꿍으로 삼아 주시고, 공주님의 예쁜 식탁 옆에 앉게 해 주시고, 공주님의 황금 접시로 먹고, 공주님의 예쁜 그릇으로 마시게 해 주시고, 공주님의 예쁜 침대에서 함께 자게 해 주시면…… 이것만 약속하시면 내려가서 공주님의 황금 공을 가져다 드리지요."

"오냐, 그래. 내 공만 찾아 준다면, 네가 원하는 건 뭐든지 약속하지."

그러나 공주는 이런 생각을 했다.

'이 건방진 개구리가 뭐라고 떠들어 대는 거야. 물가에서 다른 개구리들과 놀기나 하지, 뭐, 인간의 친구가 되겠다니, 말이나 될 법한 일이야?'

개구리는 약속을 받아 내자 머리부터 첨벙 물속으로 들어갔다가 잠시 후에 나왔는데, 어느새 공을 물고 나와 풀밭에다 던졌다. 예쁜 공을 되찾아 신이 난 공주는 그 공을 집어 들고 종종걸음으로 내달았다. 뒤에서 개구리가 소리쳤다.

"잠깐만요, 공주님, 저도 데리고 가셔야죠. 저는 그렇게 빨리는 못 뛰어요."

하지만 공주 뒤에다 대고 고함을 질러 본들 무슨 소용이 있으랴! 공주는 들은 척도 않고 자기 집으로 돌아가서는, 그때쯤 다시 샘 속으로 돌아갔을 불쌍한 개구리를 까맣게 잊고 말았더라.[1]

이 동화는, 모험이 어떻게 시작되는가를 보여 주는 하나의 본보기다. 부지중에 저지른 실수는 단순한 우연으로 보이긴 하지만 뜻밖의 세계를 드러내고, 당사자는 이해하기 어려운 세력들과의 관계 속으로 끌려 들어간다. 프로이트가 밝혔듯이[2] 이러한 실수는 우연히 생긴 것이 아니다. 그것은 욕망과 갈등이 억압된 결과 나타난 것이다. 그것은 뜻밖의 샘이 만들어 낸, 삶의 표면에 이는 물결이다. 그리고 이 물결은 매우, 영혼 그 자체만큼 깊을 수 있다. 실수는, 운명의 시작에 해당되는 수도 있다. 이 동화에서 황금 공이 사라진 사건은, 공주에게 닥칠 어떤 운명의 첫 번째 조짐이고, 개구리는 두 번째, 무심결에 한 약속은 세 번째 조짐이다.

공주의 운명에 갑자기 영향을 행사하기 시작한 세력들은 가장 먼저 개구리의 형태로 모습을 드러내는데, 기적같이 등장하는 이 개구리의 존재는 '전령관'이라는 이름으로 부를 수 있다. 개구리가 등장하는 운명의 갈림길이 곧 '모험에의 소명'인 것이다. 전령관의 부름은, 여기 이 예화(例話)에서 보이듯이 구원에 이르는 길일 수 있으나 당사자 일대기의 후반에 이르러서는 죽음일 수도 있다. 전령관은 귀한 역사적 사명의 수행을 촉구할 수도 있다. 종교적 깨우침의 서광을 암시할 수도 있다. 비의(秘儀) 전수자가 이해하고 있는 바에 따르면, 전령관의 등장은, "자아의 각성(the awakening of the self)"[3]이라는 단계를 암시하고 있다. 동화에 나오는 공주의 경우, 전령관의 등장은 사춘기의 도래를 뜻한다. 그러나 크든 작든, 삶의 단계나 정도가 어디에 이르러 있든, 이러한 소명은 언제나 변용의 신비(mystery of transfiguration), 완성되면 곧 죽음과 탄

생에 이르는, 정신적 통과 의례 혹은 순간을 개막(開幕)한다. 지금까지
의 삶의 지평은 이제 너무 옷자라, 낡은 개념과 정서 패턴은 몸에 맞지
않는다. 바야흐로 또 하나의 문턱을 넘어야 할 때가 도래한 것이다.

　이러한 소명을 받는 장소로 전형적인 곳은 깊은 숲속, 큰 나무 아래,
샘가……. 운명의 힘을 전하는 전령관은 혐오감을 주는, 참으로 하찮은
모습으로 나타난다. 우리는 이러한 상황을, 세계의 배꼽에 대한 상징

그림 11 오시리스가 된 망자를 저승으로 데려가는 황소 형상의 아피스 (목조, 이집트, 기원전 700~ 650년경)

으로 인식한다. 작은 용(龍)인 개구리는, 머리로 세계를 버티는, 심연의 생성적, 조물주적 힘을 상징하는 지하 세계 뱀의 유아기적 대응물이다. 이 개구리는, 조금 전에 제가 살던 깊은 샘이 삼킨 황금 공을 들고 올라온다. 이 대목은, 태양을 물고 솟아오르는 동양의 중국 용, 혹은 장생불로의 복숭아 바구니를 든 젊은 불사의 신선 한 샹(Han Hsiang, 韓湘子)을 머리에 태운 개구리를 연상시킨다. 프로이트는, 불안한 순간은 어머니로부터 분리될 때의 고통(탄생하는 순간의 숨이 막히고, 피가 응어리지는 등)을 상기시킨다고 지적했다.[4] 거꾸로 말하면, 분리와 탄생의 순간은 불안을 야기한다. 부왕(父王)과 함께 누리던 특권과 행복으로부터 떨어져 나오려는 왕의 자식의 경우든, 에덴동산의 낙원을 떠날 만큼 성숙한 신의 딸 하와의 경우든, 사바 세계의 마지막 지평을 뛰어넘는 순간의 전심전력하는 미래 부처의 경우든 위험, 안심입명, 시련과 극복, 그리고 탄생이라는 신비의 기이한 신성(神性)을 상징하는 원형 이미지는 똑같다.

동화에 나오는 징그럽고 욕지기나는 개구리나 용은, 태양을 입에 물고 솟아오른다. 이 징그러운 뱀이나 개구리, 즉 징그러운 동물은 무의식 심층("하도 깊어서 그 바닥이 보이지 않"는)을 상징한다. 여기엔 징그럽고, 사랑이나 인정을 받지 못한, 미지의 혹은 지진한 요소, 원리, 그리고 생존의 본질이 우글거리고 있다. 이러한 것들은 수정(水精)이며, 트리톤(Triton)이며, 물의 수호신들이 사는 우화에 나오는 용궁(龍宮)의 진주며, 지하의 도깨비 나라를 밝히는 보석이며, 뱀처럼 땅을 괴고, 땅을 감싸는 불사(不死)의 바다에 있는 불씨며, 불멸의 밤을 꽃피우는 별이다. 용이 지키는 금덩어리며, 헤스페리데스(Hesperides)가 지키는 금단의 능금이며, 황금 양털의 보풀이다. 따라서 모험에의 소명을 알리는 전령관, 혹은 고지자(告知者)는 어둡고 징그럽고 무섭고 세상의 버림을 받은 존재인 것이 보통이다. 그러나 이 길을 따르면, 길은 낮의 벽을 통해 보석이 빛나는 밤으로 열린다. 혹 전령관은 우리 내부의 억압된 본능적 다산성(多産性)의 상징인 야수(우리가 잘 알고 있는 동화에서처럼), 또는 미지의 베일에 가려진 신비스러운 존재로 나타나기도 한다.

가령 아서왕 이야기를 보면 왕이 많은 기사들과 함께 사냥을 떠나게 되는 경위와 관련해서 이런 이야기가 나온다.

숲으로 들어가자마자 왕은 앞에 있는 거대한 수사슴을 발견했다. 아서왕은, 내 이 수사슴을 쫓으리라 마음먹고 말에 박차를 가했다. 왕은 한참 동안 말을 몰았는데, 그 기세가 자못 당당하여 곧 그 수사슴을 덮칠 것 같았다. 그런데도 왕의 추격은 시간을 오래 끄는 바람에, 달리던 말은 그만 제풀에 쓰러져 숨이 넘어가고 말았다. 호위병이 다른 말을 한 마리 몰고 왔다. 말도 죽고 수사슴도 숲으로 자취를 감추자 왕은 샘가에 앉아 깊은 생각에 잠겼다. 한동안 그렇게 앉아 있는데, 서른 마리 정도 되는 사냥개 짖는 소리가 들리는 것 같았다. 이때 그는 자기 앞으로 오는 괴상한 야수를 보았다. 듣도 보도 못한 야수였다. 야수는 샘가로 와서 물을 마셨다. 야수의 배에서 들리는 소리는 서른 쌍 정도의 사냥개가 짖으며 내닫는 듯한 소리였다. 그러나 야수가 물을 마시자 그 소리는 더 이상 나지 않았다. 그런데 야수가 그곳을 떠나자 또 그 소리가 났다. 왕은 이를 심히 괴이하게 여겼다.[5]

아니, 이런 이야기는(영국과는 엄청나게 멀리 떨어진) 북아메리카 평원에 살고 있던 한 아라파호족 소녀도 하고 있다. 소녀는 잎양버들 근처에서 고슴도치 한 마리를 발견했다. 소녀가 잡으려고 하자 고슴도치는 나무 뒤로 돌아가 나무를 오르기 시작했다. 소녀는 고슴도치를 잡으려고 나무로 올라갔다. 그러나 고슴도치는 자꾸만 올라갔다. 소녀는 결심했다.

그림 12 저승에서 오시리스와 함께한 매의 형상을 한 이시스 (석조, 프톨레마이오스 왕조 유물, 이집트, 1세기경)

"그래. 저놈의 빳빳한 고슴도치의 바늘이 갖고 싶다. 나무에 올라가 고슴도치를 잡자. 필요하면 꼭대기까지도 올라가겠다."

이윽고 고슴도치는 나무 꼭대기에 이르렀다. 그러나 소녀가 고슴도치 바로 뒤에 이르러 손을 내밀자 잎양버들이 갑자기 쑥 늘어났고 고슴도치는 계속해서 올라갔다. 아래를 내려다본 소녀는, 나무 아래 모여 어서 내려오라고 소리치는 친구들을 보았다. 그러나 고슴도치를 잡고 싶은 생각이 간절했던 데다 땅에서 너무 높이 올라간 게 무서워 소녀는 내려올 생각은 못하고 자꾸만 올라갔다. 아래에서 보면 조그만 점 하나로 보일 만한 높이까지 올라간 소녀는 고슴도치와 함께 마침내 하

1부 영웅의 모험

늘에 이르렀다.[6]

변형의 때가 무르익은 정신에는 이런 전령관이 자연스레 출현하곤 하는데 아래에 소개하는 두 사람의 꿈이 이를 드러내 보이고 있다. 첫 번째 예는, 새로운 세계에 적응하려는 어느 젊은이의 꿈이다.

나는 많은 양들이 풀을 뜯는 녹지에 있었다. 이곳은 '양의 땅'이다. 양의 땅에는 미지의 여성이 서서 내가 갈 길을 손가락질하고 있었다.[7]

두 번째 경우는, 결핵으로 친구를 잃은 어느 소녀의 꿈인데, 이 소녀 는 자기도 그 병에 걸릴까 봐 두려워하고 있다.

나는 꽃이 만발한 뜰에 있었다. 해는 핏빛으로 지는 참이었다. 내 앞에 검은 옷을 입은 젊은 기사가 나타나, 진지하고 그윽하면서도 한편으로는 무 시무시한 목소리로,
"나와 함께 가지 않으려오?"
이렇게 말하고는 내 대답이 떨어지기도 전에 손을 잡고는 나를 어디론가 데려가 버렸다.[8]

꿈에서든 신화에서든 갑자기 한 사람 생애의 새로운 시대, 새로운 단계를 암시하면서 이런 모험에 등장하는 인물은 더할 나위 없이 매력 적인 분위기를 갖는다. 주인공이 필연적으로 맞서야 하는, 무의식적으 로는 상당히 익숙해져 있는(의식적으로는 알지도 못할뿐더러 놀랍고 무서 운 존재로 여겨지는) 이 인물은 자기 정체를 밝힌다. 그리고 이때, 주인 공은 이전에 자신이 의미를 부여하던 사물이 이제 무가치하게 되어 버 리는 상황을 경험한다. 막내 공주의 세계에서처럼, 황금 공이 샘 속으

로 사라져 버리는 것이다. 그 뒤, 주인공은 잠깐이나마 일상의 생활로 되돌아오나, 생의 의미는 느끼지 못한다. 이때, 갈수록 강력해지는 일련의 조짐이 나타난다. 이 세계의 문학 가운데에서 모험에의 소명을 보여주는 가장 유명한 실례인, 아래에 소개할 '네 가지 조짐'의 전설에서처럼, 이러한 소명은 마침내 부정하지 못할 국면에 이른다.

미래의 부처인 젊은 고타마 샤캬무니 왕자는 노(老), 병(病), 사(死), 혹은 승려 생활에 대한 지식과 단절된 분위기 속에서 살았다. 아들이 행여 속세를 버리고 사문이 될까 봐 부왕(父王)이 아들을 극구 이러한 지식으로부터 보호하고 있었기 때문이었다. 부왕은, 고타마가 태어날 때, 장차 이 세계의 황제 아니면 부처가 될 것이라는 예언이 있었던 터여서 이런 조치를 취했던 것이었다. (왕통을 지켜야 한다는 편견에 사로잡힌) 부왕은 아들에게 세 채의 궁전과 4만 명의 무희를 내려 세상 잡사에 마음을 빼앗기지 않게 했다. 그러나 부왕의 이런 조처는 오히려 그 시기를 빨리 익게 했을 뿐이었다. 생각보다 빨리 이 젊은 왕자는 육체적 쾌락에 진력을 내고, 다른 경험에 목말라했기 때문이었다. 왕자에게 새로운 경험을 찾아 나설 준비가 되는 순간, 적당한 전령관이 때맞추어 나타났다.

모월 모일에 미래의 부처는 화원으로 나가고 싶어, 마부에게 마차를 대령하라고 일렀다. 마부는 웅장 화려한 마차를 끌어오고 희기가 흰 연꽃 같은 신다바 종 준마 네 마리에다 마구를 얹은 다음 미래의 부처에게 준비가 다 되었다고 했다. 미래의 부처는 신들의 궁전 같은 그 마차에 올라 화원으로 갔다.

"싯다르타 태자가 정각에 이를 때가 익었다. 우리가 그에게 조짐을 보여주어야겠다."

하고 신들은 생각했다. 그들은 자기네 무리 중 하나를, 이빨이 부러지고 머리가 흰 데다 구부러진 몸을 지팡이에 의지한 채 부들부들 떠는 노인으로 둔갑시켜 미래의 부처 앞에 나타나게 하되, 오직 태자와 마부만 이를 볼 수 있게 하였다.

미래의 부처가 마부에게 물었다.

"보아라, 이 사람이 누구냐? 머리카락을 보니 우리들 머리카락과 같지 않구나."

대답을 들은 태자는 또 이렇게 말했다.

"태어남을 탓해야겠구나. 태어난 사람이면 누구나 늙어야 하다니."

심히 심란해진 태자는 마차를 돌려 궁전으로 돌아가게 했다.

왕이 물었다.

"어찌하여 나들이 나간 내 아들이 이리도 일찍이 돌아왔느냐?"

마부가 대답했다.

"폐하, 저하께서는 노인을 보시었습니다. 노인을 보시었기 때문에 세간을 떠나시려 하고 있습니다."

"어째서 그런 말을 하느냐? 내 죽는 꼴을 보고 싶어 이러는 것이냐? 어서 잔치를 준비하여 내 아들 앞에 베풀게 하여라. 쾌락에 빠뜨려 놓으면 세간을 떠날 마음을 품지 못할 것이다."

왕은 곧 사방 5리 안에다 호위대를 풀었다.

또 모월 모일에 화원으로 나간 미래의 부처는 신들이 보낸 병자를 보고는 같은 질문을 한 다음 마음이 심란해져 궁전으로 돌아와 버렸다.

왕은 마부에게 같은 질문을 하고는 같은 명령을 내렸다. 즉 호위대를 늘려 사방 10리에다 푼 것이었다.

또 모월 모일, 화원으로 나간 미래의 부처는 신들이 미리 보내 놓은, 죽은 사람을 보고는 같은 질문을 한 다음 마음이 심란해져 궁전으로 돌아와 버렸다.

왕은 마부에게 같은 질문을 하고는 같은 명령을 내렸다. 즉 호위대를 늘려 사방 15리에 걸쳐 푼 것이었다.

또 모월 모일에 화원으로 나간 미래의 부처는 신들이 미리 보내 놓은, 조심스럽고 단정한 차림새를 한 사문(沙門)을 보고는 마부에게 물었다.

"이 사람은 누구인가?"

마부가 대답했다.

"저하, 이 사람은 세간을 떠나, 출가한 사문입니다."

이어 마부가 출가를 예찬하니, 미래의 부처가 보기엔 출가야말로 그에게 큰 위안을 주는 일 같았다.[9)]

이 신화적 여행의 첫 단계(우리는 이를 "모험에의 소명"이라고 불렀다.)는 운명이 영웅을 불렀고, 영웅의 영적 중심(重心)이 그가 속한 사회에서 미지의 영역으로 옮겨졌음을 암시하고 있다. 낙원일 수도 있고 위험의 도가니일 수도 있는 이 운명적인 영역은 여러 가지 형태로 다양하게 표상된다. 가령 오지, 숲, 지하 왕국, 해저, 천상, 비밀의 섬, 험한 산꼭대기, 혹은 꿈꾸는 상태로 표상되는 것이다. 그러나 이곳에는 항상 변환 자재하는 존재, 다형태를 취하는 존재, 뜻밖의 고통, 초자연적인 행위, 그리고 초현실적인 환희가 있다. 영웅은 자신의 의지력으로 모험을 시작할 수 있는데, 테세우스가 아버지의 도시 아테네에 도착하여, 미노타우로스의 놀라운 역사를 듣게 되는 상황이 이에 해당한다. 영웅은, 노한 해신 포세이돈이 보낸 바람에 밀려 지중해로 밀려 나간 오디세우스의 경우처럼, 호의적 혹은 악의적인 세력에 의해 방랑해야 하는 수도 있다. 동화에 나오는 공주가 그랬듯이, 모험은 우연한 실수로 시작될 수도 있다. 혹 무심코 거닐고 있는 와중에 우연한 현상이 허공을 헤매던 눈길을 돌려 사람의 내왕이 빈번한 길에서 엉뚱한 길로 인도할 수도 있다. 세계를 구석구석 뒤지면 또 다른 예는 얼마든지 찾아낼 수 있다.

위의 절에서도 그랬지만, 필자는 이 책 전반에 걸쳐 가능한 많은 예를 남김없이 소개

하려고 하지 않았다. 그렇게 한다고 해도 (가령 프레이저가 『황금 가지』에서 그랬듯이) 책만 두꺼워지지 원질 신화의 뼈대가 더 명확해지지는 않을 것이기 때문이다. 대신 각 절마다 이 세계 여러 곳에서 채집되는 대표적인 구전 중에서 놀라운 예를 실으려 했다. 이 책을 쓰면서 필자가 자료의 출처에 점진적인 변화를 주는 만큼 독자 여러분은 다양한 유형의, 갖가지 독특한 예화들을 대할 수 있을 것이다. 이 책의 말미에 이르면, 독자 여러분은 방대한 양의 신화를 읽게 될 것이다. 이 책에 나오는 모든 신화가 원질 신화의 모든 요소를 지니고 있는지 여부를 확인하고 싶은 독자라면, 각주에 실린 책들을 일별하면서, 방대한 이야기 가운데 몇 가지만 가볍게 읽어 보면 될 터이다.

2 소명의 거부

현실 생활에서는 자주, 신화나 민간전승에서도 드물지 않게 소명에 응하지 않는, 조금은 답답한 경우를 우리는 만난다. 다른 데 주의를 집중하고 있기 때문에 이러한 소명에 응하지 못하는 것이다. 소명에의 거부는, 모험의 반전을 가져온다. 타성이나, 힘에 겨운 일, 혹은 '문화'의 장벽 때문에, 모험의 주체는 의미심장한 긍정적 행동력을 잃고, 구원 받아야 할 대상이 되어 버리는 것이다. 모험의 주체가 누리던 화려한 세계는 메마른 돌멩이가 구를 뿐인 황무지가 되고, 그의 삶은 무의미해진다. 그렇긴 하나, 미노스 왕처럼 이 모험의 주인공 역시 초인적인 노력으로 예사롭지 않은 제국을 건설하는 데엔 성공할지 모른다. 그러나 무슨 집을 짓건, 그가 짓는 것은 죽음의 집이다. 자기의 미노타우로스를 숨기는 키클롭스 식 미궁일 뿐이다. 그가 할 수 있는 일은 스스로 새로운 문제를 만들어 내면서 파멸을 기다리는 것뿐이다.

너희는 불러도 들은 체도 않고,
손을 내밀어도 아랑곳하지 않는구나.

......

너희가 참변을 당할 때 내가 웃을 것이며,

너희에게 두려운 일이 닥칠 때 내가 비웃으리라.

두려움이 폐허처럼 덮치고,

참변이 폭풍처럼 몰아치며,

기막히고 답답한 일이 들이닥치면,

그제야 너희들은 나를 부를 것이다.

......

어리석은 자들은 나에게 등을 돌렸다가 파멸하고,

미련한 자들은 마음을 놓았다가 나동그라진다.[10]

예수가 지나감을 두렵게 여겨라, 그는 돌아오지 않을 것임이라.

(Time Jesum transeuntem et non revertentem.)[11]

세계 전역의 신화와 민화는, 거부한다는 것은 결국 제 이득이라고 생각되는 것의 포기를 거부하는 것이라고 지적하고 있다. 거부하는 자는 미래를 생과 사의 부단한 연속으로 생각하지 않고, 마치 현재의 이상과, 미덕과, 목적의 체계가 고정, 보장되어 있는 것처럼 여긴다. 미노스 왕은, 그가 속한 사회의 신의 의지에 복종한다는 의미로 희생을 드려야 하는 신의 수소를 사유물로 취했다. 자신이 경제적 이득이라고 여긴 것을 앞세운 것이다. 때문에 그는 자기에게 맡겨진 생의 역할을 감당하는 데 실패했고, 우리가 보았듯이 엄청난 불운을 겪어야 했다. 신성(神性)이 그 자신의 적이 된 것이다. 개인이 자기 자신의 신이기를 고집하면 신의 의지, 즉 자신의 자기중심적 체계를 파괴할 수 있는 힘인 신 자신은 괴물로 변하는 것이다.

나는 그에게서 도망쳤다, 밤과 낮으로.

나는 도망쳤다, 세월의 녹문(綠門)으로,

나는 도망쳤다, 내 마음 안 미궁의 미로 속으로.

눈물 속에서, 웃음을 참으며 나는 그로부터 몸을 숨겼다.[12]

　　인간은 밤이고 낮이고, 자신의 어지러운 심성의 폐쇄된 미궁 안에 있는 살아 있는 자기의 이미지인 신적인 존재에 쫓긴다. 문을 나가는 길은 막힌 지 오래다. 출구는 없다. 인간은 사탄처럼, 죽자고 자기 자신에게 매달린다. 이때 그가 있는 곳이 바로 지옥이다. 그게 아니면 떨어져 나와 신 안에서 마침내 절멸한다.

아, 사랑스럽되 눈멀고 약한 자여,

내가 바로 그대가 찾던 그이니라!

나를 몰아내던 그대는, 그대 내부로부터 사랑까지 몰아내었다.[13]

　　똑같이 숨막히고, 신비스러운 소리는 그리스의 신 아폴론에게서도 들을 수 있다. 아폴론은 평원에서 도망치는, 페네우스 강의 딸인 처녀 다프네를 뒤쫓는다. 그는 동화에서 공주가 개구리에게 그랬듯이 이렇게 외친다.

"오, 여정(女精)이여, 페네우스의 딸이여, 멈추시오! 그대를 쫓는 나는 그대의 원수가 아니오. 그대는 내가 누군지 모르오, 그래서 도망치는 것이오. 제발 걸음을 늦추어 주시오. 그래야 내가 따라잡을 수 있을 것 아니오? 어서, 걸음을 멈추고 그대를 사랑하는 이 몸의 정체를 물어보아 주시오."

　　이야기는 이렇게 계속된다.

아폴론 신에게는 하고 싶은 말이 더 있었지만 처녀는 계속 달아났다. 아폴론은 할 말도 다 하지 못했다. 달아나는 모습까지도 그에겐 아름답게 보였다. 바람이 다프네의 사지를 드러나게 했고, 맞바람이 다프네의 옷깃을 물결처럼 흐르게 했다. 긴 머리칼도 바람결에 뒤로 흩날렸다. 다프네의 아름다움은 도망치고 있어서 차라리 돋보였다. 그러나 추격전도 오래는 계속될 수 없었다. 사랑의 말을 전하는 데 시간을 낭비할 뜻이 없던 젊은 신은 오직 사랑으로 뜨거워져 전속력으로 달렸기 때문이었다. 골족 사냥개가 평원에서 토끼를 만난 형국이었다. 사냥개는 나는 듯이 달렸으나 토끼도 만만치 않았다. 금방이라도 따라잡아 이빨로 토끼의 뒷발을 물어뜯을 것 같았다. 그러나 토끼는 잡혔는지 안 잡혔는지 모르는 채 죽자고 달리기만 하니, 덕분에 다리는 날카로운 이빨을 피하고, 뒤따르던 사냥개 입은 하릴없이 허공을 물었다. 신과 처녀는 이렇게 달렸다. 신은 희망에 차 달렸고, 처녀는 공포에 질려 달렸다. 그러나 신이 사랑의 날개로 몰아치니 쉴 틈을 주지 않고 쫓으며, 도망치는 처녀의 어깨를 잡고 어깨에 치렁한 머리카락에 숨결을 쏟았다. 힘이란 힘은 모두 빠져 공포에 질린 창백한 얼굴을 하고, 처녀는 숨을 헐떡거리며 가까이 있는 아버지 강물을 보며 외쳤다.

"아버지여, 도와주소서. 아버지 강물에 아직 신성(神性)이 모자라지 않는다면, 원컨대 제가 자랑하던 이 아름다움을 변케 하든지 없이하여 주소서."

기도가 끝나는 순간 다프네의 사지는 굳어졌고, 부드럽던 옆구리는 보드라운 나무껍질로 덮였다. 이어 머리카락은 잎이 되고, 팔은 가지가 되었다. 그처럼 날래던 두 발엔 뿌리가 뻗어나고 머리는 나무 꼭대기가 되었으나 그 아름다움만은 여전했다.[14]

참으로 답답하고 한심한 결말이 아닐 수 없다. 태양이며, 시간과 성숙의 신인 아폴론은 더 이상 이 겁에 질린 사랑의 상대를 다그치는 대신 월계수를 가장 좋아하는 나무로 삼고 그 잎으로 관을 만들어 역설

그림 13 아폴론과 다프네 (아조, 콥트 유물, 이집트, 5세기)

적으로 승리자의 이마에 걸어 주게 했다. 처녀는 아버지의 상(像)으로
후퇴하여 거기에서 보호를 받았다. 어머니의 사랑에 대한 꿈 덕분에 아
내와의 생활을 청산하게 된 어느 불운한 가장의 경우와 같다.[15]

정신분석학 보고서에는 이런 위험한 유아기 고착(desperate fixation)

의 사례가 얼마든지 나온다. 이러한 사례들은, 당사자가 유아기적 자아 그리고 유아기적 정서 관계 및 이상의 틀을 벗어나지 못함을 보여 주고 있다. 당사자는 유아기의 벽에 갇혀 있다. 이 경우 아버지나 어머니는 문턱을 지키는 사람으로 버티고 있어서, 그들의 징벌을 두려워하는* 소심한 영혼은 문을 열고 외부 세계로 나오는, 재생을 경험하지 못하는 것이다.

융 박사는, 다프네 신화의 이미지와 아주 흡사한 꿈을 보고한 바 있다. 양의 땅에 있는 꿈을 꾼 바로 그 청년의 꿈이다.(이 책 72쪽) '양의 땅'이란, 말하자면, '미자립(未自立, unindependence)'의 땅이다. 그의 내면의 목소리는 이런 말을 한다.
"나는 먼저, 아버지로부터 벗어나야겠다."
그리고 며칠 뒤에는, "뱀 한 마리가 꿈꾸는 사람 주위에 원을 그리고, 꿈꾸는 사람은 땅에 단단히 뿌리박고 자란 나무처럼 서 있다."[16] 이것은, 고착시키려 드는 부모라는 용(龍)의 힘에 의해 그의 개체의 둘레에 그려진 신비스러운 주술적 원의 이미지이다.** 같은 방법으로, 브륀힐트(Brünhild)는 "최고신 오딘(all-father Wodan)"이 불로 그려 놓은 원에 갇혀 몇 년 동안이나 딸의 상태로 묶인 채 그 처녀성을 보호받는다. 브륀힐트는, 지크프리트가 올 때까지 영원 속에서 잠을 잔다.
(『잠자는 미녀』에 나오는) 어린 '덩굴장미'는 질투심 많은 마귀 할멈(무의식적인 악모(惡母) 이미지)에 의해 긴 잠이 든다. '덩굴장미'뿐만 아니라 전 세계가 잠든다. 그러나 '오랜 세월이 흐른 뒤' 마침내 이곳에 '덩굴장미'를 깨울 왕자가 도래한다.

---

* 프로이트의 거세 콤플렉스(castration complex).
** (신화에서는 이승의 물을 상징하는) 뱀은 다프네의 아버지인 하신(河神) 페네우스와 정확하게 일치한다.

막 집으로 돌아와 현관으로 들어가던 왕과 왕비(의식적인 선한 부모의 이미지)도 잠을 자기 시작했다. 장원 전체가 잠을 자기 시작했다. 말들은 마구간에서, 개들은 마당에서, 비둘기는 지붕에서, 파리는 벽에서 잠들었다. 그렇다. 벽난로 안에서 타오르던 불길도 가만히 멈추었으며, 끓고 있던 냄비 속 요리도 그대로 잠잠해졌다. 설거지하던 소년의 잘못을 벌하려고 머리채를 그러쥐던 요리사도 손을 놓고 그대로 잠들었다. 바람은 잠잠해지고 나뭇잎 한 장 일렁이지 않았다. 그런데 성 주위의 가시나무는 자라기 시작했다. 이 가시나무는 해마다 자라 마침내 장원 전체를 가두어 버렸다. 이 가시나무는 성보다 더 높게 자라 아예 성을 가려 버려, 지붕 위의 풍향계조차 보이지 않게 하고 말았다.[17]

옛날에 페르시아의 한 도시가 그대로 '석화(石火)'되어 버린 적이 있었다. 백성이 알라신의 부름을 거절했기 때문에 왕과 왕비는 물론 군대와 그 주민들까지 석화된 것이었다.[18] 롯의 아내는 뒤를 돌아보다가 소금 기둥이 되었다. 야훼에 의해 소돔에서 불려 나올 때의 일이었다.[19] 뿐만 아니라, 그리스도가 십자가를 지고 앞을 지날 때 길 옆에 서서 "더 빨리 걸어라, 너무 느리다." 하고 소리친 죄로 저주를 받아 최후의 심판 날까지 이 땅에 머물러 살게 되는 방랑하는 유대인 이야기도 있다. 모욕을 당한 구세주는 그를 돌아다보며, "나는 간다만 너는 내가 돌아올 때까지 이 땅에서 나를 기다려야 하리라." 하고 말했다.[20]

희생자의 일부는 (우리가 들은 대로) 영원한 저주에 묶이지만 일부는 구원을 받게 되어 있다. 브륀힐트는 적절한 영웅이 출현할 때까지 보호를 받았고, 덩굴장미 아가씨는 왕자의 구원을 받았다. 나무로 변했던 청년 역시 길을 가리키는, 미지의 길을 안내하는 신비스러운 안내자인 미지의 여인을 꿈꾸었다.[21] 주저한다고 다 길을 잃는 것은 아니다. 마음은 많은 비밀을 여축으로 간직하고 있다. 이러한 비밀은 필요치 않은 한 드러나지 않는다. 따라서 소명의 거부에 따르는 부정적인 상태가 뜻밖의 해방의 원리에 대한 행운의 계시일 수도 있다.

실제로 고의적인 내향성은 창조적인 정신의 고전적인 방편 중의 하나이고, 이를 효율적인 장치로 응용할 수도 있다. 이 방편은 심적 에너지를 심층으로 몰아 무의식적 유아기의 이미지 및 원형적 심상이라는 잃어버린 대륙을 활성화시킨다. 그 결과 의식의 분열이 다소간 일어날 수 있음도 물론이다. (신경증, 정신병, 겁을 집어먹은 다프네의 혼비백산이 그것이다.) 그러나 인격이 이 새로운 힘을 흡수하고 통합할 수 있으면 당사자는 자기의식의 초인간적인 단계 및 완전한 통제의 경지에 이를 수 있게 된다. 이것은 인도 요가 수련의 기본적인 원리다. 서양의 창조적인 정신도 이런 길을 걸어왔다.[22] 그러나 이러한 원리는 특정 요구에 따라 정확하게 기술될 수는 없다. 오히려 특정 사상(事象)에의 반응을 교묘하게, 그리고 철저하게 거부하되, 무언가를 기다리는 내적인 공허의 미지의 요구에 심층적으로, 고도로, 그리고 풍부하게 응하는 것이다. 일종의 주어진 삶의 방식에 대한 철저한 파업 혹은 폐기라고나 할까, 그 결과 변형의 힘은 문제를 새로운 수준의 국면으로 끌어내는 수가 있다. 그곳에서 문제는 어느 한순간 마침내 풀릴 수 있는 것이다.

이것이, 저 『아라비안 나이트』에 나오는, 카마르 알 자만(초승달) 왕자와 부두르(보름달) 공주의 모험이 상징하는 영웅 문제의 일면이다.

페르시아 샤리만 왕의 외동아들인 젊은 미남 왕자는 부왕의 끈질긴 제안, 부탁, 요구, 끝내는 명령까지 거부했다. 즉 남 하는 대로 아내를 얻으라는 아버지의 청을 거절한 것이다. 처음 이 이야기가 나왔을 때 청년은 이렇게 대답했다.

"오, 부왕이시여, 부왕께서는 저에게 결혼할 욕심도, 여자에게 영혼을 기울일 의향도 없다는 걸 아시면서도 그러십니다. 여자들의 교(巧)와 간(姦)에 대해서는 저도 많은 책에서 익히 읽고 많은 선인들로부터 익히 들었습니다. 한 가객은 이렇게 읊은 적이 있습니다.

여자를 일러 물으니 대답하겠노라.
나만큼 여자에 깊이 통달한 이 흔치 않으니
사내의 머리가 희어지고, 주머니가 빌 때면,
사내에겐 나누어 줄 사랑의 몫도 없다더라.

이런 노래도 있습니다.

여자에 등을 돌려야 알라신을 돈독히 섬길 수 있고,
여자에게 고삐를 잡히는 사내는 더 높이 오르려는 희망 따위 버려야 한다.
여자는 막으리라, 사내가 하릴없는 학문에 천년 세월을 보낼지언정.

시구 외우기를 마친 왕자는 말을 이었다.
"부왕이시여, 저는 부부 생활만은 결단코 받아들일 수가 없습니다. 차라리 죽음을 마시겠습니다."
아들에게서 이런 말을 들은 술탄 샤리만은, 눈앞에서 빛이 흑암으로 변하는 것 같아 몹시 슬펐다. 그러나 아들을 지극히 사랑하던 왕은 공연한 말을 되풀이하거나 화를 내지 않았고 여전히 극진한 사랑으로 아들을 대했다.
1년 뒤, 부왕은 아들에게 다시 이 부탁을 넣어 보았으나 아들은 몇몇 시인의 시구를 다시 입에 담으면서 여전히 거절했다. 이에 왕이 대신과 이 일을 상의하니, 대신은 이렇게 주청했다.

"왕이시여, 1년을 더 기다리십시오. 1년 뒤에 결혼 문제를 다시 꺼내고 싶으시면 사석에서 하지 마시고 대낮에 대신들과 장관들과 군대가 시립한 어전에서 하십시오. 모두가 모이면 사람을 보내시어 카마르 알 자만 세자 저하를 부르십시오. 저하께서 오시면, 대신과 장관과 고관과 장군들 앞에서 결혼 이야기를 꺼내십시오. 저하께서는 그들 때문에 심히 부끄럽고, 당혹할 터이니, 감히 폐하의 뜻을 거스르지 못하실 것입니다."

그때가 되자 샤리만 왕은 포고를 내어 고관대작을 모두 어전에 모이게 하고 아들에게 물었다. 고개를 숙이고 있던 왕자는 이윽고 고개를 들고는 젊은 혈기와 무례를 앞세워 이렇게 대답했다.

"저로서는 결혼할 수 없습니다. 차라리 죽음을 마시겠습니다. 부왕께서는 연세는 많으시되 도리는 두루 헤아리지 못하십니다. 이미 두 번이나 결혼 문제를 거론하셨고, 저는 두 번이나 고사하지 않았습니까. 이래 가지고서야 어찌 부왕께서 양 떼를 다스리기에 넉넉하다고 할 수 있겠습니까?"

이렇게 말하면서 카마르 알 자만 왕자는 화가 났던지 공손하게 뒤로 돌리고 있던 두 손을 앞으로 내밀고는 무엄하게도 부왕 앞에서 소매를 팔꿈치까지나 걷었다. 뿐만 아니었다. 왕자는 괴로운 심경에 어전에서 책임도 못 질 말을 했다.

왕은 왕자의 이런 망발이 고관대작의 눈앞에서 있었던 참이라 몹시 난감하고 창피했다. 그러나 역시 군왕의 위엄을 되찾은 왕은 아들을 끌고 나가 대죄(待罪)케 하라고 호령했다. 이어 그는 시립한 호위병에게 아들을 체포하라고 명령했다. 호위병이 아들을 붙잡아 포박한 뒤 왕 앞으로 끌고 나가자 왕은 아들의 팔을 뒤로 꺾게 한 뒤 자기 앞에 서게 했다. 왕자는 그제서야 무례를 저지른 줄 알고 공포에 질린 채 고개를 숙였으니 얼굴과 이마엔 땀방울이 구슬로 맺혀 있었다. 부끄러움과 정신적인 혼란으로 왕자는 몸을 제대로 가누지 못했다. 부왕은 아들을 꾸짖어 호령했다.

"헌헌장부가 되어서도 젖비린내 나는 아이의 허물을 못 벗은 너에게 화 있으라. 고관대작과 군사 앞에서 감히 나를 이렇게 능멸할 수가 있었더냐? 그러나 나 아닌 남이 너를 치죄(治罪)할 수는 없을 터. 네 지은 죄는 가장 비천한 나의 신민(臣民)조차도 부끄러이 여길 잘못임을 몰랐더냐?"

왕은 무사들에게 아들의 팔을 풀어 주게 한 다음 성채의 능보(稜堡)에다 감금케 했다. 그래서 무사들은 왕자를 낡은 탑으로 데려가 황폐한 방에다 가두었다. 이 방 한가운데엔 폐허가 된 우물이 하나 있었다. 무사들은 바닥을 쓸고 양탄자를 깨끗이 하고는 침대 위에다 자리 한 장, 모피 한 장, 방석 하나를 갖다 주었다. 무사들은 또 커다란 등 하나와 양초도 한 가락 가져왔다. 그 방은 대낮에도 어두웠기 때문이었다. 무사들은 왕자를 거기에 데려다놓은 다음 문 앞에 내시를 세워 파수를 서게 했다. 왕자는 침대에 몸을 던지고는 슬픔과 고통을 가누며, 부왕에게 무엄한 짓을 한 자기 자신을 꾸짖었다.

그러나 거기에서 까마득하게 멀리 떨어진 중국, 섬과 바다와 칠궁의 통치자인 가주르 왕의 딸도 이와 비슷한 상황을 겪었다. 공주의 미모가 소문에 오르고 그 이름과 행실이 이웃 나라에까지 돌자, 왕들은 이 공주의 부왕에게 사람을 넣어 서로 공주와 결혼하게 해 달라고 요구했다. 부왕은 딸과 이 문제를 상의했으나 그녀는 결혼이란 말 자체를 싫어한다면서 이렇게 대답했다.

"저에겐 결혼할 의향이 없습니다. 전혀 없습니다. 저는 왕녀이고, 남정네를 통치하는 여후(女候)인데 어찌 남자의 통치를 받을 수 있겠습니까? 그럴 생각은 없습니다."

공주가 청혼을 거절하면 거절할수록 구혼자들은 더욱 열이 나서 중국 내륙의 왕이란 왕은 모조리 공주의 부왕에게 공물과 귀물과 함께 청혼 편지를 보냈다. 부왕은 혼례를 승락하라는 충고와 함께 딸을 들볶았다. 딸은 버티다가 발칵 화를 내며 이렇게 소리쳤다.

"아버님, 결혼이라는 말을 한 번만 더 입에 올리시면 제 방으로 가서 칼을 방바닥에 세워 놓고 허리를 대고 눌러 칼끝이 제 등으로 나오게 하여 자진하고 말겠습니다."

이 말을 들은 왕은 눈앞이 캄캄해져 딸에 대한 사랑으로 가슴을 태웠다. 딸이 자결이라도 할까 두려워서였다. 왕은 한동안 딸의 문제와 구혼자들의 문제를 놓고 고민하다 딸에게 일렀다.

"네가 정 결혼을 마다할 작정이면 할 수 없구나. 드나들지 말고 한곳에 있게 할 수밖에……."

왕은 공주를 어느 집 방에 가두게 하고 열 명의 나이 든 여자들을 시녀로 두어 딸이 칠궁을 드나들지 못하도록 감시하게 했다. 왕은 한 걸음 더 나아가, 딸에게 진노하고 있음을 밝히는 편지를 왕들에게 보내고, 공주가 진(Jinn, 요괴)에 들렸음을 두루 알렸다.[23]

아시아 대륙을 사이에 두고 소명을 거부하는 영웅과 여걸, 운명지어진 이 한 쌍의 결합을 완성시키는 데 기적이 필요하다. 삶을 부정하는 마법을 깨울 힘은 어디에서 와 두 아버지의 분노를 삭일 수 있게 될까?

이 질문에 대한 대답은 세계 전역의 모든 신화에도 두루 통용된다. 『코란』에는 "구원할 수 있는 분은 알라신뿐"이라는 말이 자주 등장한다. 문제는 어떤 기적의 힘이 이를 가능케 할 수 있느냐는 것이다. 그 비밀은 바로 이 『아라비안 나이트』의 다음 단계에서 드러난다.

3 초자연적인 조력

소명을 거부하지 않은 모험 당사자는 영웅적인 편력 도중 첫 번째 보호자를 만난다. 노파나 노인의 모습으로 자주 등장하는 이 보호자는 모험 당사자가 곧 만나게 되는 용과 맞설 호부(護符)를 준다.

일례로 아프리카 동부 탕가니카의 와차가족은 키아짐바(Kiazimba)라는 어느 불쌍한 사내 이야기를 구전한다. 이 키아짐바는 해뜨는 나라를 찾겠다는 일념으로 고향을 떠났다. 너무 오래 여행하여 지칠 대로 지친 키아짐바가 절망적인 얼굴로 앞으로 가야 할 방향을 바라보며 우두커니 서 있는데 뒤에서 누군가가 다가오는 소리가 들렸다. 고개를 돌린 키아짐바는 꼬부랑 노파 한 사람을 발견했다. 노파는 가까이 다가와, 무엇 하는 사람이냐고 물었다. 키아짐바가 자초지종을 이야기하자 노파는 자기 옷을 벗어 키아짐바에게 걸쳐 주었다. 순간 키아짐바의 몸은 땅에서 날아올라 태양이 정오에 멈추었다가는 하늘 꼭대기에 이르렀다. 이때 일진 광음과 함께 한 떼의 사람들 무리가 동쪽에서 와서 그곳에 이르렀다. 그 가운데엔 대추장이 있었는데, 이 대추장은 그곳에 이르자마자 황소 한 마리를 잡아 무리와 함께 앉아서 먹었다. 노파는 이때 그 추장에게 키아짐바를 도와주라고 간청했다. 대추장은 키아짐바를 축복하고 고향으로 돌려보냈다. 키아짐바는 그 뒤로 잘 먹고 잘살았다고 전해진다.[24]

서남아메리카 인디언 종족의 민담에서 이런 인정 많은 보호자의 역할을 맡은 인물은 지주녀(蜘蛛女, Spider Woman), 즉 지하에 사는 거미 노파다. 나바호족의 쌍둥이 군신(軍神)이 아버지인 태양의 집을 찾아나서자마자 성도(聖道, holy trail)에서 만난 것도 바로 이 기이한 꼬마 노파다. 이야기인즉 이러하다.

두 소년은 거룩한 길을 따라 걸음을 재촉했는데 …… 해 진 직후 질나오틸 근방의 땅에서 연기가 솟아오르는 걸 보았다. 두 소년은 연기가 솟아오르는 구멍 가까이 갔다. 거기엔 지하의 방으로 통하는 굴뚝이 있었다. 구멍에서 밖으로 불쑥 튀어나온 연기에 새까맣게 그을린 사다리도 하나 있었다. 두 소년이 안을 들여다보자, 한 노파, 즉 지주녀가 위를 올려다보며 두 소년에게 말했다.

"어서 오너라, 얘들아, 어서 안으로 들어오너라. 너희들은 누구며, 어디로부터 함께 오느냐?"

두 소년은 아무 말 없이 사다리를 타고 내려갔다. 그들이 바닥에 이르자 지주녀가 또 물었다.

"너희 둘은 어디로 가고 있느냐?"

"어디라고 특별히 가는 곳은 없고요, 그래서 이리로 온 것입니다."

두 소년이 대답했다. 지주녀는 이 질문을 네 차례나 거듭했고 두 소년은 그때마다 같은 대답을 했다. 이윽고 지주녀가 다시 물었다.

"너희들 아버지를 찾아가는 모양이구나."

"그렇습니다. 아버지가 사시는 곳을 알면 얼마나 좋을까요?"

두 소년이 대답하자 노파가 말을 이었다.

"그렇구나, 너희 아버지 태양의 집까지 가는 길은 멀고 험하다. 도중에는 괴물도 많이 있을뿐더러 너희가 가도 너희 아버지는 달가워하지 않을 게다. 어쩌면 찾아왔다고 너희를 벌할지도 모르겠구나. 게다가 너희는 위험한 네 고비를 넘겨야 한다. 여행자들을 덮치는 바위, 여행자를 베어 버리는 갈대, 여행자를 갈가리 찢는 선인장, 여행자를 괴롭히는 끓는 모래밭을 지나야 하는 것이다. 하지만 내 너희에게, 이러한 장애를 이기고 능히 목숨을 보전할 선물을 주마."

노파는 말을 마치고 "이방 신들의 깃털"이라고 불리는 호부를 주었는데, 이 호부란 두 개의 산 깃털(살아 있는 독수리로부터 뽑아낸 깃털)을 붙인 굴렁쇠 하나와, 두 사람의 생명을 보전케 할 산 깃털 하나였다. 지주녀는 또 마법

그림 14 여행자들을 덮치는 바위, 여행자를 베어 버리는 갈대(북미 나바호족의 모래 그림, 1943년)

의 주문도 한마디 가르쳐 주었는데, 이 주문을 거듭 외면 적의 분노가 가라앉는다는 것이었다. 주문은 이러했다.

"네 발을 꽃가루와 함께 내려놓아라. 네 손을 꽃가루와 함께 내려놓아라, 네 머리를 꽃가루와 함께 내려놓아라. 그럼 네 발은 꽃가루, 네 손은 꽃가루, 네 몸은 꽃가루. 네 마음은 꽃가루, 네 음성도 꽃가루. 길이 참 아름답도다. 잠잠하여라. "25)*

영웅을 도와주는 노파나 요정 노파는 유럽의 민담에 자주 등장한다. 기독교의 성인전에서는 성모 마리아가 이 역할을 맡는다. 성모의 주선으로 성자는 천주의 자비를 얻는 것이다. 지주녀는 그 줄로써 태양의 운행을 통제할 수 있다. 우주 태모(宇宙太母, cosmic Mother)의 보호를 받는 영웅은 어떤 가해도 받지 않는다. 아리아드네의 실타래는 테세우스가 미궁의 모험을 무사히 마칠 수 있게 해 주었다. 이것은 단테의 작품

---

* 꽃가루는, 서남아메리카 인디언들이 믿는 심적 에너지의 상징이다. 이 꽃가루는 의식에서 악령을 몰아내고, 삶의 상징적인 길을 알아내는 데 널리 쓰인다.

에서 베아트리체와 성모라는 여성의 모습으로, 그리고 괴테의 『파우스트』에서는 그레첸, 트로이아의 헬렌, 그리고 성모로 나타나는, 영웅의 보호령(保護靈, guiding power)이다. 삼계(三界)의 위난을 안전하게 두루 거친 끝에 단테는 이렇게 기도한다. "성모여, 당신은 살아 있는 희망의 원천입니다. 성모여, 당신은 하도 크시고 은혜로우시어, 당신에게 의지할 길 없으되 은총을 갈망하는 자는 날개 없는 갈망을 날려 보내려는 자에 다름 아닙니다. 당신의 자비는, 구하는 자는 물론, 미처 구하지 못하는 자에게까지 두루 미칩니다. 당신 안에서 자비, 연민, 품위, 그리고 어느 피조물이든 그것이 가진 미덕은 모두 하나가 됩니다."[26]

이러한 존재는 숙명의 자비롭고 보호적인 힘을 표상하고 있다. 이러한 존재가 등장하는 환상적인 이야기는 곧 낙원의 평화에 대한 확신이자 약속이다. 모태 안에서 처음으로 경험했던 이 낙원의 평화가 여전히 유효하다는 약속이다. 낙원의 평화가 현재를 지탱케 하고 과거와 미래까지 주관하며(따라서 알파이자 오메가이며) 이것의 전능한 힘은 여러 단계에 이르는 삶의 문턱, 그리고 삶의 자각을 지나며 위험에 처하는 것 같아 보이지만 보호 세력은 항상 영혼의 지성소에, 심지어는 이 세상의 낯선 사건에 내재하거나 그 배후에 존재한다는 약속이다. 모험을 나선 당사자가 그것을 알고 그 존재를 믿기만 하면 시공을 초월한 안내자는 언제나 나타난다. 소명에 응답했고, 용기 있게 그 귀추를 계속해서 따라갔기 때문에 영웅은 모든 무의식의 힘을 자기 편으로 끌어들인다. 대자연(Mother Nature)은 항상 위대한 임무를 지원한다. 영웅의 행동이 그 사회가 예비하고 있는 것과 일치될 때, 그는 흡사 역사적 변화의 리듬을 타고 있는 듯한 느낌을 받는다. 러시아 원정에 즈음해서 나폴레옹은 이런 말을 했다.

"나는, 미지의 종국으로 떠밀리는 느낌을 받고 있다. 내가 그곳에 이르는 순간, 내가 불필요하게 되는 순간, 나를 갈가리 찢는 데는 한 입자

그림 15 단테를 이끄는 베르길리우스 (송아지 피지에 먹, 이탈리아, 14세기경)

의 원자면 충분하다. 그러나 그때까지는, 인류가 힘을 모두 합치더라도 나를 해칠 수 없을 것이다."[27]

종종 초자연적인 외부 조력자는 형태상 남성으로 나타난다. 동화에서, 영웅에게 나타나 영웅에게 필요한 호부(액막이)를 주거나 충고를 해 주는 것은 숲속의 난쟁이, 마법사, 은자, 목동, 혹은 대장장이인 것이 보통이다. 고급 신화에서는 이 역할이 인도자, 스승, 나룻배 사공, 영혼을 내세로 안내하는 안내자에게 주어진다. 그리스·로마의 신화에서 이러한 안내자는 헤르메스와 메르쿠리우스이고, 이집트에서는 토트(따오기, 혹은 개코원숭이 비슷한 신)이며, 기독교 문화권에선 성령이다.[28]

괴테는 파우스트에서 남성 안내자로 메피스토펠레스를 등장시키고 있는데, 이 경우처럼 사자적(使者的), 혹은 메르쿠리우스적 인물의 위험한 측면이 강조되는 일도 드물지 않다. 이 사자가 순진한 영혼을 꼬여 시련을 받게 하는 유혹자여서 위험한 것이다. 단테에서는 베르길리우스가 이 역할을 맡는다. 베르길리우스는 천국의 문턱에서 베아트리체에게 단테를 넘긴다. 보호자인 동시에 위험한 적이며 모성적이기도 하고 부성적이기도 한 이 후견(後見)과 방향 제시의 초자연적 원리는 그 내부에서 무의식의 모든 다의성(多義性)을 통합한다. 이는 우리의 의식적인 개성에 대한 별개의, 보다 광범위한 체계의 지원이 있음을 의미할 뿐 아니라 우리가 합리적인 목적이 위험에 처하는 것을 감수하면서까지 따르는 안내자의 불가사의한 힘을 뜻하고 있는 것이다.

다음 꿈은, 무의식 속에서 대응물이 융합하는 실례를 잘 보여 준다.

"나는 꿈속에서, 홍등가를 찾아 한 여자의 방으로 들어갔다. 내가 들어가자 여자는, 반라가 되어 안락의자에 누운 남자로 변했다. 남자는, '(내가 남자라도) 괜찮겠지?' 하고 말했다. 남자는 늙어 보였고, 구레나룻이 하얗게 세어 있었다. 그의 모습은 우리 아버지와 친한 친구였던 삼림관을 상기시켰다.[29] 스태클 박사는, "모든 꿈에는 양성적 경향이 있다. 양성 경향이 감지되지 않는다면 그것은 단지 잠재적인 꿈의 내용물 속에 감추어져 있기 때문이다."라고 지적했다.[30]

그런 조력자를 맞는 영웅은, 소명에 응답한 영웅일 경우가 보통이다. 실제로 소명은, 통과 제의의 사제가 접근하고 있음을 알리는 첫 번째 통고다. 그러나 "구원할 수 있는 분은 알라신뿐"이라는 말에서 보았듯

이, 영혼을 닫은 자들에게도 초자연적인 안내자가 오는 예가 있다.

이런 일은, 마치 우연처럼, 페르시아 왕자 카마르 알 자만이 감금된 고대의 버려진 탑루 안에서도 일어났다. 왕자가 잠을 자는 그 탑 안에는 로마 시대의 우물이 하나 있었고* 이 우물 안에는 저주받은 이블리스(Iblis)의 후손인 지니야(Jinniyah, 女精)가 살고 있었다. 지니야는 유명한 진(jinn, 요정)의 왕인 알 디미르야트의 딸 마이무나('행복을 나르는 자'라는 뜻)였다.

이 요정을, 동화에 나온 개구리와 비교해 보자. 진(남성은 지니, 여성은 지니야)은 마호메트 이전 아라비아의 사막과 광야를 누비던 무서운 도깨비였다. 털이 많고 흉측한, 때로는 타조나 뱀 같은 동물로 둔갑하는 진은 무방비 상태인 사람들에게는 위험한 존재였다. 예언자 마호메트도 이 이단적인 정령의 존재를 인정하고(『코란』 37: 158), 알라신 밑으로 세 종류의 지적 존재를 인정하는 마호메트 계율 안으로 통합했다. 세 종류의 지적 존재란, 빛으로 존재하는 천사, 신비스러운 불길로 존재하는 진, 이 땅의 진애(塵埃)로 존재하는 인간이 그것이다. 이슬람교에서 말하는 진은 형상을 마음대로 변화시킬 수 있으나 불이나 연기의 정(精)을 넘는 크기로는 둔갑할 수 없다고 했다. 따라서 진은 인간의 눈에도 보인다. 진에도 세 종류가 있으니, 곧 나는 진, 걷는 진, 헤엄치는 진이다. 이슬람교도들이 믿기로는 대부분의 진은 이슬람교의 참 믿음을 받아들였는데, 받아들인 진은 선하고, 받아들이지 않은 진은 악하다는 것이다. 악한 진은 타락한 천사와 손을 잡고 있는데 이 타락한 천사의 두목이 이블리스(절망한 자)인 것이다.

카마르 알 자만이 초저녁 잠을 한잠 자고 있는데 마이무나가 천사들의 이야기나 좀 엿들을 요량으로 로마 시대에 조성된 우물에서 날아올랐다. 그러나 우물의 입구까지 날아오른 마이무나는, 여느 때와는 달리 탑루 방에 불이 켜져 있는 걸 발견하고는 이상히 여겨 안으로 들어가 보았다. 여기에서 마이무나는 침대와 머리맡에는 초를, 발치에는 등을 놓은 채 잠들어 있는 인간의 모습을 보았다. 날개를 접고 침대 가까이까지 간 마이무나는 이불을 들치고 카마르 알 자만의 얼굴을 보았다. 마

---

*우물은 무의식의 상징이다. 앞의 「개구리 왕」 동화와 비교해 보라.

이무나는 너무 놀라고 기가 막힌 나머지 거의 한 시간이나 꼼짝도 않고 서 있었다. 제정신을 차린 마이무나는 한숨을 쉬며 이렇게 중얼거렸다.

"오, 위대한 알라신이여, 으뜸가는 창조주시여!"

마이무나는 믿음이 깊은 요정이었다.

마이무나는 스스로에게, 카마르 알 자만을 해치지 않겠노라고 약속했다. 뿐만 아니라, 그같이 황량한 곳에 있다가 혹 마이무나 자신의 친척들인 마리드[31]들에게 살해당하지 않을까 염려했다. 왕자에게 다가가 마이무나는 그의 미간에 입을 맞추고 이불을 다시 덮었다. 얼마 후 마이무나는 날개를 다시 펴고 하늘로 날아올랐다. 하늘의 바닥에 이를 때까지 높이높이 날아올랐다.

우연인지 숙명적인지, 하늘로 날아오르던 이프리타 마이무나는 옆에서 누가 날개를 퍼득거리는 소리를 들었다. 소리를 따라가 보니 그 날개의 임자는 다나시라는 이프리트*였다. 마이무나는 새매처럼 다나시를 향해 급강하했다. 다나시는 상대가 진의 왕의 딸인 마이무나인 것을 알고는 공포에 질린 나머지 날개를 떨면서 용서를 구했다. 그러나 마이무나는, 무슨 일로 한밤중 그 시각에 날아와야 했느냐고 다그쳤다. 다나시는, 중국의 내해에 있는 도서 지방, 그러니까 섬과 바다와 칠궁의 통치자인 가유르 왕의 영토에서 돌아오는 길이라고 말했다. 그는 말을 이었다.

"거기에서 나는 왕의 딸을 보았습니다. 알라신께서는 그 공주보다 더 아름다운 인간은 만들지 않았습니다." 그는 부두르 공주의 아름다움을 찬양하기 시작했다. "공주님 코는 잘 갈아 놓은 면도날 같고 뺨의 빛깔은 포도주빛, 아니면 핏빛 아네모네 같습니다. 입술은 산호나 빛나는 홍옥수(紅玉髓) 같고, 그

---

* 이프리트(Ifrit 혹은 Afreet, 여성일 경우에는 Ifritah)는 막강한 종류의 진(여성일 경우에는 지니야)을 일컫는다. 마리드는 그중에서 특히 세력이 강하고 위험한 종류의 진이다.

입술 안에 고이는 침은 오래된 포도주보다 감미롭습니다. 이를 마시면 지옥의 고통도 잊을 수 있을 것입니다. 혀는 움직였다 하면 기지와 현답이 물처럼 흘러나옵니다. 가슴은 보는 이의 가슴을 설레게 하기에 넉넉합니다.(이 가슴을 빚은 분에게 영광 있을진저!) 이 가슴 위로 매끄럽고 보드라운 두 팔이 뻗어 나와 있습니다. 시인 알 왈라한도 그녀를 이렇게 노래했습니다.

　　그녀의 손목은, 팔찌가 잡아 주지 않았다면,
　　은빛 빗물처럼 소매에서 흘러나오리.”

부두르 공주의 아름다움에 대한 예찬은 계속되었다. 다 들은 마이무나는 너무 놀란 나머지 입을 꼭 다물고 있었다. 다나시는 내친 김에 공주의 아버지인 막강한 임금, 궁전의 보화와 침궁, 그리고 공주가 결혼을 거절했다는 이야기까지 마저했다. 다나시는 이런 말도 했다.

“오, 공주님, 저는 매일 밤 부두르 공주님을 찾아가 그녀의 모습으로 제 갈증을 덜고, 그녀 미간에다 입을 맞춘답니다. 저는 그 공주님을 사랑하기 때문에 절대로 해치지는 않습니다.”

그는 마이무나와 중국으로 함께 날아가 그녀의 아름답고 사랑스러운 모습, 공주의 몸매가 얼마나 완전한 조화를 이루고 있는가를 보여 주고 싶다면서 이렇게 덧붙였다.

“연후에 공주님께서 저를 벌하시든지 노예로 만드시든지 마음대로 하십시오. 벌하시든 용서하시든 그것은 공주님 뜻대로 하실 수 있으니까요.”

마이무나는, 누가 이 세상에서 감히 다른 피조물의 아름다움을 찬양하고 있다는 게 아니꼬왔다. 자기가 조금 전에 카마르 알 자만의 수려한 면모를 보고 온 참이었기 때문이었다.

“웃기지 말아라…….”

공주는 다나시를 비웃고 나서 그의 얼굴에다 침을 뱉고는 말을 이었다.

"내 진실로 너에게 이른다. 오늘 밤 나는 한 젊은 분을 보았다. 너도 꿈에라도 그분 모습을 한번 보면 그 아름다움을 찬양하느라 침방울을 튀길 것이다."

마이무나는 카마르 알 자만의 미모를 한동안 찬양했다. 다나시는 부두르 공주보다 더 아름다운 사람이 어디에 있겠느냐면서 믿으려 하지 않자 마이무나는 함께 가서 그를 보도록 하라고 명령했다.

"말씀대로 따르겠습니다."

다나시가 대답했다.

이렇게 해서 두 요정은 카마르 알 자만이 감금된 방으로 날아갔다.

마이무나는 다나시를 침대 곁에 세워 두고, 카마르 알 자만의 얼굴로부터 비단 이불을 걷었다. 그의 얼굴은 떠오르는 태양처럼 영롱하고도 은은하게 빛났다. 한동안 자는 사람을 내려다보던 마이무나는 다나시를 돌아다보면서 이렇게 말했다.

"보아라, 이 저주받은 것아. 이래도 미친 수작을 더 하겠느냐. 나는 숙녀다만, 이분이 내 가슴을 이리도 뛰게 하는구나."

다나시가 응수했다.

"공주님, 알라신께 맹세코, 공주님 말씀에도 일리가 있습니다. 허나 남성다움과 여성다움은 다릅니다. 그럼에도 알라신의 은덕으로, 공주님의 이분은 아름다움으로 보나 사랑스러움으로 보나 기품으로 보나 완전성으로 보나 제가 사랑하는 분과 가장 어울립니다. 두 분이 같은 거푸집에서 나온 듯 보기가 좋습니다."

이 말을 들은 마이무나는 눈앞이 캄캄했다. 마이무나는 날개로 다나시를 몹시 쳤다. 어찌나 세게 쳤던지 다나시로서는 정신을 못 차릴 지경이었다. 마이무나가 명령했다.

"이 저주받은 것아, 내 너에게, 사랑하는 분의 더없이 준수하신 모습에 기대어 명하노니, 이 길로 날아가서 네가 그처럼 어리석게 사랑한다는 그 공주를 데려오너라. 서둘러 데려와 둘을 나란히 눕혀 놓고 보자. 어느 쪽이 아름다운지 곧 알게 되리라."

이렇게 해서 전혀 의식하지 못하는 사이에, 자기 삶을 거부하던 카마르 알 자만의 운명은 의식적인 의지의 협력이 없이도 완성되기 시작했다.[32]

4 첫 관문의 통과

다양한 형태로 인격화된 자신의 운명으로부터 안내와 도움을 받으면서 영웅은 모험의 영역으로 한 걸음 더 들어가 이윽고 한 단계 어려운 영역의 입구에서 '관문의 수호자'를 만나기에 이른다. 이러한 수호자는, 영웅의 현재 상황, 혹은 삶의 지평의 한계를 상징하면서 사방에서(위아래까지) 세계의 경계를 나타내고 있다. 이 수호자 뒤로는 어둠이며, 미지의 세계이며, 위험이다. 부모의 감시 밖이 아이들에겐 위험 지역이고, 사회의 보호 밖이 종족의 구성원들에겐 위험 지역인 것과 마찬가지다. 보통 사람들이면 여기에서 만족한다. 심지어는 표시된 경계선 안에 안주하는 것을 자랑스럽게 여기기까지 한다. 집단의 보편적 믿음이, 미지의 땅으로 첫발을 내딛으려 하는 사람을 두려움에 떨게 하는 것도 무리는 아니다. 따라서 중세기적 인식의 지평을 깨뜨린 대담한 콜롬버스 선단의 지도자들은 선원들(제 꼬리를 제가 물고 있는 신화의 뱀[33]처럼 우주를 감싸고 있는, 불멸의 존재인 끝없는 바다로 항해한다고 생각한)을 어린아이 다루듯이 어르거나 윽박지르지 않으면 안 되었다. 그들이 우화에 나오는 리바이어던, 인어, 용왕, 그리고 그 밖의 심해 괴물의 존재를 몹시 두려워하고 있었기 때문이었다.

세계 각 종족의 신화에는, 집단이 거주하는 지역 밖, 한적한 곳에 집단의 구성원을 협잡하는 위험한 존재를 많이 등장시킨다. 가령 호텐토트족에겐, 덤불이나 사구(砂丘)에서 더러 조우하는 도깨비가 있다. 이 도깨비의 눈은 발등에 있다. 그래서 앞을 보려면 손으로 땅을 짚거나 무릎을 꿇어 한 발을 들어야 한다. 그 자세에서 눈은 뒤쪽을 보게 되어 있다. 평소에는 늘 하늘만 향한다. 이 도깨비는 인간 사냥꾼으로, 인간을 만나면 손가락만큼이나 긴 이빨로 갈가리 찢어 버린다. 이 괴물은 떼를 지어 사람을 사냥하는 것으로 전해진다.[34] 또 하나 호텐토트족의 도깨비 중에는 '하이 우리(Hai-uri)'가 있는데, 이 도깨비는 가시덤불을 만나면 돌아가는 것이 아니고 타넘어 버린다.[35] 이 위험한 외다리, 외팔의 반인 괴물은, 팔다리가 없는 쪽에서 보면 보이지 않으며 세계 여러 곳에 있는 것으로 전해지고 있다. 중앙아프리카에서는 이런 반인 괴물이 조우한 사람에게 이렇게 말한다.

"이렇게 네가 나를 만났으니 마땅히 싸워야 한다."

만약 사람에게 지면 이 괴물은 "나를 죽이지 마십시오. 의술을 가르쳐 드리겠습니다." 하고 애원한다. 이렇게 되면 이 괴물과 싸워 이긴 사람은 용한 의사가 된다. 그러나 이 반인 괴물('이상한 것'이란 뜻인 '치루위'라고 불린다.)이 이기면, 진 사람은 죽임을 당한다.[36]

미지의 땅(황야, 밀림, 심해, 타향 등)은 무의식의 내용물이 자유롭게 투사되는 무대다. 근친상간 리비도(libido)와 부친 살해의 데스트루도(destrudo)는, 거기에서 폭력의 위협과 가공의 위험한 환희를 암시하는 형태로, 도깨비는 물론, 신비스러운 정도로 매혹적이고 향수를 유발할 정도로 아름다운 세이레네스(사이렌)로 개인과 사회에 다시 투사된다.

러시아 농민들이면 숲속의 '야성녀(Wild Women)'를 모르는 사람이 없다. 이들은 산속의 동굴에 사는데, 가재도구를 갖추고 사는 품이 인

간과 다르지 않다. 이들은 외모가 뛰어난 여성들로, 머리가 크고 머리
숱이 많으며 온몸이 털로 덮여 있다. 이들은 달리거나 아기에게 젖을
먹일 때면 젖을 아예 어깨 너머로 넘겨 버린다. 다닐 때는 떼를 지어
다닌다. 숲속의 나무 뿌리에서 추출한 고약으로 이들은 몸을 가꾸기도
하고 모습을 보이지 않게 하기도 한다. 이들은 춤을 좋아한다. 혼자서
숲속을 방황하는 사람을 간질여 죽이는 것도 좋아한다. 우연히 이들의
보이지 않는 춤판에 끼어든 사람도 죽는다. 그러나 이들에게 음식을 준
사람에 대해서는 곡식을 거두어 주거나, 베를 짜 주거나 아이를 보아
주거나 집을 청소해 주는 등의 호의를 베푼다. 길쌈을 도와준 소녀에겐
금으로 변하는 나뭇잎을 주기도 한다. 인간을 애인으로 삼는 것도 좋아
해서 종종 마을 총각들과 결혼한 적도 있는데, 살림을 잘하는 것으로
알려져 있다. 그러나 초자연적인 신부가 다 그렇듯이 남편이 혹 부부간
에 마땅히 지켜야 하는 예절을 무시하고 변덕을 부리면 종적을 감추어
버린다.[37]

그림 16 오디세우스와 세이레네스 (다양한 색으로 채색한 백색 레키토스의 세부 장식, 그리스, 기원전
5세기경)

위험하고 장난기가 있는 도깨비와 유혹의 원리가 선정적으로 결합된 또 하나의 실례가 바로 러시아의 '물 하르방(Water Grandfather)'인 '디예두시카 보디아노이(Dyedushka Vodyanoy)'다. 그는 둔갑술에 능한 변환 자재자로, 한밤이나 정오에 수영하는 사람을 물에 빠뜨려 죽이는 것으로 알려져 있다. 그는 물에 빠져 죽은 처녀나 폐적(廢嫡) 당한 처녀와 결혼한다. 그에겐 불행한 여자를 꾀는 아주 특별한 재능이 있다. 그는 달밤에 춤추길 좋아한다. 어느 때건 자기 아내가 아기를 낳으려 하면 산파를 찾으러 마을에 나타난다. 그러나 사람들은 그의 옷깃에서 물이 스며 나오는 소리로 그가 오는 것을 안다. 그는 대머리에다 배는 장구통배, 뺨은 불룩 튀어나와 있고 초록색 옷과 갈대 모자 차림으로 나타난다. 그러나 그는 아주 잘생긴 청년이나, 마을에서 익히 아는 명사의 모습으로 나타나기도 한다. 이 물의 수호자는, 뭍에서는 맥을 쓰지 못하지만 일단 자기 무대로 돌아가면 천하무적이다. 그는 깊은 강, 시내, 그리고 연못에 살지만 물레방아 가까이 오는 것도 좋아한다. 낮 동안에는 송어나 연어처럼 숨어 있지만 밤이 되면 물고기처럼 찰방거리며 수면으로 나와 강변에서 자기 물속 가축, 양, 말 따위에게 풀을 뜯게 하거나 물레방아 위에 앉아 치렁치렁한 초록색 머리카락이나 수염을 빗는다. 봄에 긴 동면을 마감하고 일어나면 강의 얼음을 깨뜨려 쌓아 둑을 만든다. 그는 물레방아 부수는 것을 좋아한다. 그러나 기분이 좋을 때면 어부의 그물로 고기를 몰아 주거나 홍수를 예보해 주기도 한다. 자기가 데려가는 산파에겐 금은으로 두둑하게 사례할 줄도 안다. 그의 아름다운 딸들은, 모두 초록색의 투명한 옷을 입은, 키가 크고 창백하고 어딘가 슬퍼 보이는 처녀들인데, 주로 물에 빠진 사람을 괴롭히거나 고문한다. 그들은 나무 위에 앉아 노래 부르는 것도 좋아한다.[38]

아르카디아의 신 판(Pan)은, 마을 경계 밖의 무방비 구역에서 사는 위험한 존재 중 가장 유명한 고전적 실례로 알려져 있다. 실바누스

(Sylvanus)와 파우누스(Faunus)는 이 판의 라틴 형태라고 할 수 있다.* 이 판은 목동의 뿔피리를 처음 만든, 말하자면 뿔피리의 발명자다. 판은 이 뿔피리를 불어 요정들을 춤추게 했다. 사티로스는 이 판의 남성적인 동반자이다.** 판은, 실수로 자기 영역을 침범한 인간을 괴롭히는데 이 때 인간이 판에 대해 갖는 감정은 '공황', 즉 갑작스럽고 근거 없는 두려움이다. (나뭇가지를 꺾는다든지 잎을 나부끼게 하는 따위의) 하찮은 실수 때문에 침입자의 마음속에는 가상적인 위험에 대한 자각이 싹튼다. 이때 침입자는, 공황 상태에서 자신의 무의식으로부터 탈출하려고 애쓰다 스러진다. 그러나 판은 자기를 섬기는 인간에게 자비를, 즉 자연의 건강법이란 은혜를 베풀기도 한다. 첫 소득을 바치는 농부, 목동, 어부에겐 풍요를, 자기의 성역에 올바른 방식으로 접근한 인간에겐 건강의 은혜를 베풀기도 하는 것이다. 뿐만 아니라 옴팔로스(Omphalos), 즉 세계의 배꼽에 대한 지혜를 내리기도 한다. 이 관문을 지나면 우주적 근원이라는 성역에 한발을 들여놓게 되는 것이다. 아폴론이 델포이 신전에서 여예언자를 통해 신탁을 내렸듯이, 리케이온(Lykeion)에서는 판의 사주를 받은 요정 에라토가 신탁을 주재했다. 플루타르코스는 이성을 뒤집어엎고 파괴적인 동시에 창조적인 어둠의 힘을 방출하는 신에 대한 '열광'의 실례 가운데서도, 키벨레의 황홀경, 디오니소스의 바쿠스적 광란, 무사이(뮤즈)에 의한 시적인 광란, 아레스 마르스의 전투적인 광란, 그리고 가장 격렬한 사랑의 광란을 열거하는데, 이 판 밀의(密儀)의 황홀경도 그중의 하나로 꼽고 있다.

중년의 기혼 신사 한 사람은 자기 꿈 이야기를 이렇게 하고 있다.

---

* 알렉산드리아 시대에는 판이 이집트 음경상(陰莖像)의 신인 민(Min)과 동일시되고 있었다. 이 민은 다른 무엇보다도 사막 길의 안내자였다.
** 트라키아인들의 '위대한 판'이라고 할 수 있는 디오니소스와 비교해 볼 것.

꿈속에서, 나는 신비스러운 정원으로 들어가고 싶었다. 그러나 정원 앞에 있는 경비병이 내 앞을 가로막았다. 나는 정원 안에 내 친구 엘자 부인이 있는 걸 보았다. 엘자 부인은 내 손을 잡고 문을 지나게 해 주려 했다. 그러나 그 경비병은 내 팔을 잡고 집으로 돌아가면서 이렇게 말했다.

"정신 차려! 들어가면 안 된다는 걸 알면서도 이래!"[39]*

이것은 관문 수호자의 첫 번째 특성, 즉 보호적인 일면을 밝혀 주는 꿈이다. 모험 당사자는 특정 구역의 수호자에게 도전하지 않는 게 좋다. 그러나 살아서든 죽어서든 새로운 경험역(經驗域)을 지나려면 같은 세력의 파괴적 측면을 극복하고 이 특정 구역을 넘어서지 않으면 안 된다. 안다만제도의 피그미족 언어에서 "오코주무"(oko jumu, '꿈꾸는 자, 꿈을 통해서 말하는 자')라는 단어는, 초자연적인 능력을 가지고 있어서 동류들과는 달리 대단한 존경과 경외의 대상이 되고 있는 자를 일컫는다. 이들이 가진 초자연적인 능력은 정글에서나 꿈속에서, 혹은 죽음과 재생의 체험을 통해 정령을 만나야만 얻을 수 있는 것이다.[40] 모험이란 기지의 세계에서 미지의 세계로 가는 것을 말한다. 이것은 어느 나라에서든 어느 시대든 마찬가지다. 이 기지의 세계와 미지의 세계를 가르는 경계선의 수호자는 극히 위험한 존재다. 그들과 만난다는 것은 그만큼의 위험 부담을 안아야 가능하다. 그러나 능력과 용기를 갖춘 사람 앞에서는 위험은 그 꼬리를 감추고 만다.

뉴헤브리디스 뱅크스제도에는 이런 이야기가 있다. 바위 위에서 낚

---

*스태클 박사의 지적에 따르면 경비병은, "의식 혹은 의식 내에 존재하는 제약과 도덕의 총화"를 상징한다. 스태클 박사의 글은 다음과 같이 계속된다. "프로이트 같으면 경비병을 '초자아(superego)'라고 할 것이다. 그러나 내가 보기엔 '내적 자아(interego)'일 뿐이다. 의식은 위험한 소망이나 비도덕적 행위의 틈입을 미리 막는 구실을 한다. 꿈에 나타나는 경비병, 경찰관, 관리는 대체로 이런 의미로 해석되어야 마땅하다."(Wilhelm Stekel, *Fortschritte und Technik der Traumdeutung*(Wien-Leipzig-Bern: Verlag für Medizin, Weidmann und Cie., 1935), pp. 37~38)

1부 영웅의 모험

시질하다 해 질 녘에 집으로 돌아오는 청년이 한 처녀를 만난다. 이야기는 이렇게 계속된다.

……머리에다 꽃을 꽂은 처녀는 벼랑 위에서 청년에게 손짓하며 올라오라고 한다. 청년이 걷던 길은 이 벼랑으로 이어져 있다. 청년은 그 처녀가 자기 마을 아니면 이웃 마을 처녀라고 생각한다. 그런데도 청년은 그 처녀가 필시 메(Mae)*일 거라고 생각하고 걸음을 멈춘 채 망설인다. 처녀를 자세히 관찰한 청년은 그제서야 처녀의 팔꿈치와 무릎 관절이 거꾸로 구부러지고 있는 걸 발견한다. 이로써 처녀의 정체가 밝혀지고 청년은 도망친다. 만일 청년이 용혈수 잎으로 이 요괴를 치면, 요괴는 본색을 드러내고 뱀이 되어 기어가 버린다.

이 뱀, 즉 메가 참으로 무서운 존재임에도 섬사람들은 이 뱀과 관계를 맺은 사람은 뱀의 주인으로 변한다고 믿는다.[41] 자기 생활권이라는 벽에서 한 발이라도 밖으로 나가는 영웅은 반드시 이런 괴물(몹시 위험하면서도 때로는 마법의 권능을 베푸는)과 만나야 한다.

동양의 이야기 두 가지를 더 들어 보자. 이 두 이야기는 영웅이 겪는 복잡한 관문 통과의 다의성과, 영웅의 공포는 완전한 정신적 무장 앞에서 사라지겠지만, 자기 능력을 과신하는 무모한 영웅이 이 관문 통과에는 실패할 수 있음을 보여 주고 있다.

첫 번째 이야기는 인도 북부 베나레스 출신의 어느 대상 우두머리에 관한 것이다. 이 대상 우두머리는 대담하게도 500대의 수레에다 화물을 가득가득 싣고 물 한 방울 구경할 수 없는 악마의 광야로 나아갔다. 물이 떨어질 위험을 진작에 계산한 그는 커다란 동이에다 물을 채우고

---

*짙은 색깔과 연한 색깔의 띠 무늬가 있는 물물뱀. 누구든 이 뱀을 보면 겁을 집어먹는다.

이를 수레에 싣게 한다. 합리적으로는 700리 사막길을 무사히 횡단하고도 남을 물이었다. 대상이 광야 한복판에 이르렀을 즈음, 그 광야에 살던 도깨비는 이렇게 생각했다.

'오냐, 이자들이 가진 물을 몰래 쏟아 버리게 하자.'

도깨비는 보기 좋은 수레를 한 대 만들고 순백의 기운찬 황소 여러 마리에게 끌게 한 다음 바퀴에다 진흙을 잔뜩 묻혔다. 도깨비는 이 수레를, 대상과는 반대 방향으로 몰았다. 도깨비는 또 앞뒤로 마귀 수행원들을 거느렸는데, 이 수행원들의 머리카락과 옷은 모두 물에 젖어 있었고, 목에는 파란 수련화, 흰 수련화 화환을 걸었으며, 손에는 붉은 연꽃, 흰 연꽃 송이를 든 채 물기가 많은 수련 줄기를 씹고 있었다. 마귀 수행원들의 몸에서는 물방울이 뚝뚝 듣고 있었고 옷에는 군데군데 진흙이 묻어 있었다. 대상의 무리와 마귀 수행원 무리가 만나 서로 길을 비킬 즈음 도깨비가 대상의 우두머리에게 다정하게 인사말을 건넸다.

"어디로 가십니까?"

마귀가 정중하게 묻자 대상의 우두머리가 말했다.

"우리는 베나레스에서 오는 길입니다. 허나 제가 보기에 귀인들은 파란 수련, 흰 수련 화환을 두르시고, 붉은 연꽃, 흰 연꽃을 손에 드신 데다, 수련 대까지 씹으시니…… 게다가 옷에는 물이 묻어 있고 몸은 진흙투성이시니 대체 어찌된 일입니까? 지나신 길에 혹 비를 맞으셨습니까? 파란 수련화, 흰 수련화, 붉은 연꽃, 흰 연꽃으로 덮인 호수라도 있었습니까?"

이 말에 도깨비가 대답했다.

"저기 저 짙은 숲이 보이지 않습니까? 저곳만 지나면 천지가 물입니다. 주야로 비가 내리니 웅덩이마다 물이 가득가득 고여 있습니다. 보이는 것은 모두 붉은 연꽃 흰 연꽃으로 덮인 호수랍니다."

도깨비는 수레가 한 대씩 지나는 걸 보며 다시 물었다.

"이 수레엔 무엇이 실려 있습니까? 저 수레엔요? 마지막 수레는 아주 무거워 보이는데, 대체 무엇을 실으셨습니까?"

대상의 우두머리가 대답했다.

"물을 실었습니다."

도깨비가 말했다.

"아, 물을 여기까지 날라 오셨다니 참으로 어지간하십니다. 하지만 이 지점만 지나면 이제 저런 짐은 가지고 다니실 필요가 없습니다. 항아리는 깨뜨려 버려야 짐이 가볍지 않겠습니까?"

도깨비는 이렇게 말하고는 대상의 시야에서 벗어나 도깨비의 성읍으로 되돌아왔다.

어리석은 대상 우두머리는 도깨비의 말을 좇아 항아리는 모조리 부숴 버리고 수레의 짐을 덜어 준 다음 앞으로 내몰았다. 그러나 앞길에서는 물 한 방울 구경할 수 없었다. 물을 마시지 못하자 수레 몰이꾼들은 갈증을 느끼기 시작했다. (해 질 녘까지 수레를 몬 그들은) 이윽고 수레에서 소를 풀어낸 다음 수레를 모아 원형 진을 만들고 소는 모두 수레바퀴에다 비끄러매었다. 소에게 먹일 물이 없었던 것은 물론이고, 사람이 먹을 죽이나 밥도 있을 턱이 없었다. 지칠 대로 지친 사람들은 여기저기 드러누워 잠이 들었다. 한밤중이 되자 도깨비들은 자기네 성읍에서 몰려나와 소든, 사람이든 닥치는 대로 살육하여 그 고기를 포식하고는, 뼈만 남기고 떠나 버렸다. 그 사지 뼈를 비롯, 온갖 뼈가 사방팔방에 어질러졌고 500대의 수레만 광야에 덩그렇게 남았다.[42]

두 번째 이야기는 유형이 조금 다르다. 이야기에는 유명한 스승[阿闍梨] 밑에서 갓 병학(兵學) 공부를 끝마친 어느 젊은 황태자가 주인공으로 등장한다.

왕자는 공부를 끝마치자 스승으로부터, 비법 전수자의 상징인 다섯 무기를 지닌 왕자〔五武器太子〕라는 칭호와 함께 다섯 가지 무기를 하사받았다. 태자는 스승께 인사를 아뢴 다음 이 다섯 가지 무기로 무장하고 부왕의 도성을 향해 길을 떠났다. 도중에 왕자는 어느 숲 어귀에 다다랐다. 그곳에 사는 주민들이 왕자에게 충고했다.

"태자 저하, 이 숲에 들어가시면 안 됩니다. 이 숲에는 "끈끈이터럭 도깨비〔粘毛夜叉〕"가 있습니다. 이 도깨비는 사람을 보는 족족 죽입니다."

그러나 태자는 갈기 세운 사자처럼 자신만만한 데다 겁이 없었다. 태자는 한 치 주저함도 없이 숲으로 들어갔다. 태자가 숲속에 이르렀을 때 도깨비가 그 모습을 드러냈다. 도깨비는 태자의 도착에 즈음해서 제 몸을 키웠는데, 키는 종려나무만 했고, 머리는 종 모양의 뾰족탑이 있는 큰 집만 했으며 눈은 바라문이 탁발하는 바루처럼 생겼고, 거대한 구근이나 봉오리 모양의 송곳니가 있었다. 도깨비의 입은 매의 부리 같았고, 배는 부스럼으로 덮여 있는 데다 손발은 푸르뎅뎅했다.

"어딜 가느냐? 서라! 너는 내 밥이다!"

도깨비가 외쳤다.

오무기 태자는 두려워하는 대신, 자기가 몸에 익힌 기예와 재주를 믿고 도깨비를 꾸짖었다.

"도깨비야, 내 이 숲으로 들어설 때 이미 각오하고 있었다. 허나, 그대가 나를 공격하는 것은 그대 뜻이니 어쩔 수 없다만, 그대 역시 각오는 해야 할 게다. 내가 독화살을 그대 살 속에다 박으면 그대는 그 자리에서 즉사할 것이기에 하는 말이다."

태자는 활에다 독 바른 화살을 먹이고는 도깨비를 향해 시위를 한 차례 당겼다. 그러나 화살은 도깨비의 털에 가 붙어 버렸다. 태자는 차례로 쉰 개의 화살을 날렸으나 화살은 모두 도깨비의 터럭에 가 붙었다. 이윽고 도깨비가 몸을 흔들자 화살은 후두둑 도깨비 발밑으로 떨어져 버렸다. 도깨비는 태자에게 다가오기 시작했다.

오무기 태자는 다시 한번 도깨비를 위협하고는 칼을 뽑아 힘차게 던졌다. 날이 석 자나 되는 칼은 똑바로 날아가 괴물의 터럭에 붙어 버렸다. 투창 공격 역시 실패로 돌아가자 태자는 곤봉을 던졌다. 곤봉도 예외는 아니었다.

곤봉 역시 터럭에 붙어 버리자 태자는 다시 한번 도깨비를 꾸짖었다.

"들어라, 도깨비야. 그대는 아직 내 이름을 들어 보지 못한 모양이구나. 나는 다섯 가지 무기를 지닌 태자다. 그대가 진 치고 있는 이 숲으로 들어오면서 나 역시 활과 칼 같은 무기는 애시당초 믿지를 않았다. 그래, 나는 이 숲으로 들어오면서부터 오직 나 자신에 의지하고자 했다. 내 이제 그대를 가루로 만들 테니 그리 알아라!"

태자는 자기 결심을 밝힌 다음 한소리 크게 지르면서 오른손으로 도깨비를 쳤다. 그의 오른손은 도깨비의 털에 붙고 말았다. 왼손으로 쳤지만 역시 터럭에 붙고 말았다. 이번에는 오른발로 걸어찼으나 역시 마찬가지, 왼발로 걸어찼으나 예외는 아니었다.

"오냐, 이번에 내 머리로 받아 네놈을 가루로 만들겠다!"

태자는 이렇게 외치고 머리로 받았지만 머리 역시 도깨비 터럭에 붙어 떨어지지 않았다.*

오무기 태자는 다섯 차례의 공격에 실패, 다섯 군데가 붙은 채 도깨비의 몸에 매달리게 되었다. 그런데도 태자는 놀라지도 두려워하지도 않았다. 한편, 도깨비는 도깨비대로 이런 생각을 했다.

* 다섯 무기를 지닌 왕자의 모험은, 민간전승에 자주 등장하는 보편적인 끈끈이 꼬마(tar-baby) 모티프의 가장 오래된 실례라는 지적이 있었다.(Aurelio M. Espinosa, 「끈끈이 꼬마 이야기의 기원과 역사에 관한 주석(Notes on the Origin and History of the Tar-Baby Story)」, *Journal of American Folklore*, 43(1930), 129~209; 「267개 판본에 기초한 끈끈이 꼬마 이야기의 근본적인 요소들에 대한 신분류(A New Classification of the Fundamental Elements of the Tar-Baby Story on the Basis of Two Hundred and Sixty-Seven Versions)」, *op. cit.*, 56(1943), 31\37; Ananda K. Coomaraswamy, 「Stick Fast 모티프에 대한 주석(A Note on the Stick Fast Motif)」, *op. cit.*, 57 (1944), 128~131 참조)

그림 17 벼락 모양의 투창을 든 바알 신 (석회암 비석, 아시리아 유물, 기원전 15~13세기경)

1부 영웅의 모험

'이는 필시 인간이라기보다는 사자, 아니 귀인임에 분명하다. 어쨌든 범인은 아니다. 나 같은 도깨비에게 붙잡힌 신세가 되었는데도 떨기는 커녕 눈썹 하나 까딱하지 않는구나. 내가 이 길목을 지킨 지 오랜데도 이 같은 자와 대적하긴 처음이다. 왜 두려워하지 않는 것일까?'

도깨비는 감히 잡아먹을 생각은 못하고 태자에게 물어보았다.

"젊은이여, 왜 두려워하지 않는가? 죽음이 목전에 이르렀는데 어찌해서 겁을 먹지 않는 것인가?"

태자가 이 물음에 대답했다.

"도깨비여, 왜 내가 두려워하겠는가? 태어나면 어차피 한 번은 죽게 되어 있는데 두려워할 까닭이 없지 않은가? 더구나 내 뱃속에는 벼락이라는 무기가 하나 더 있다. 그대가 나를 먹는다 하더라도 벼락은 삭이지 못할 것이다. 이 벼락은 그대 뱃속에서 그대를 갈가리 찢어 필경은 그대 목숨을 빼앗을 것이다. 결국 그대가 나를 먹으면 우리는 둘 다 죽게 되는 것이다. 그런데 내가 무엇을 두려워하겠는가?"

이제 독자들도, 다섯 가지 무기를 지닌 태자의 말뜻을 헤아렸으리라. 그가 자기 뱃속에 있다고 한 무기는 다름 아닌 '지혜'라는 무기였다. 실제로 이 젊은 영웅은 미래의 부처, 바로 그분의 전생이었다.

벼락(vajra)은, 속세의 허망한 현실을 분쇄하는 부처의 영적인 힘(불멸의 깨달음)을 의미하는 것으로, 불화(佛畵)에 자주 등장하는 중요한 상징의 하나다. 절대자(the Absolute), 혹은 아디 부다(阿提佛陀, Adi Buddha)가 티베트 상징에서는 Vajra-Dhara(티베트어로는 Dorje-Chang), 즉 "금강저를 쥔 사람(金剛手)"으로 표상된다.

고대 메소포타미아(수메르와 아카드, 바빌로니아와 아시리아)에서 전해 내려오는 신상(神像)도, 금강저와 같은 형태의 벼락을 쥔 모습을 보인다.(그림 62 참조) 이것은 후일 제우스에게도 그대로 계승되었다.

우리가 알기로는, 원시적인 종족의 전사들도 종종 자기 무기를 벼락이라고 일컫는다. "하늘에서처럼 땅에서도(Sicut in coelo et in terra)" 이루어지듯 입문한 전사는 천상적 의지의 대리자다. 그가 받는 훈련에는 육체적인 것과 정신적인 기예가 두루 들어 있다. 물리적인 힘이나 화학적인 독물과 마찬가지로 마력(벼락의 초자연적인 힘)은 그의 공격에 치명적인 에너지를 부여한다. 자신의 기예를 완성한 대가에겐 물리적인 무기가 필요하지 않을 수도 있다. 즉 마법의 언어면 되는 경지가 있는 것이다.

다섯 가지 무기를 가진 왕자의 비유는 이러한 주제를 예시하고 있다. 그러나 이 이야기는 자신의 경험적, 육체적 성격에 의존하거나, 이를 과신하는 자는 실패한다는 교훈도 더불어 주고 있다. 쿠마라스와미 박사는 이렇게 쓰고 있다.

"우리는 여기에서, 다섯 가지 감각을 상징하는 다섯 가지 무기, 즉 감각적인 경험에 휘말릴 수 있으면서도, 고유의 도덕적 힘으로 이를 제압하고는 자기 자신과 남을 해방시키는 영웅의 모습을 보는 것이다."[43]

질겁을 한 도깨비는 이런 생각을 했다.

'이 젊은이의 말은 사실이구나. 이 사자 같은 사내의 몸이라면, 내 위장이 아무리 튼튼하다고는 하나 강낭콩만 한 살 한 점도 삭이지 못할 터. 그러니 보내 줘야겠다.'

그는 오무기 태자를 보내 주었다. 미래의 부처는 그에게 법을 가르쳐 조복(調伏)시키고, 금욕하게 한 다음, 숲에서 보시를 받는 정령으로 화신케 했다. 도깨비를 깨우친 태자는 숲을 빠져나와 숲 어귀의 인간들에게 그 이야기를 들려주었다. 그러고는 가던 길로 걸음을 재촉했다.[44]

우리가 오감(五感)으로 집착하고 있는 세계의 상징, 그리고 육체적인 어느 기관에 의해서는 벗어날 수 없는 세계의 상징인 그 도깨비는, 미래의 부처가 덧없는 이름과 물리적인 성격의 다섯 가지 무기로 더 이상 자신을 지키지 못하고, 최후의 수단으로써 이름할 수 없고 보이지도 않는 여섯 번째의 무기로 바꾸어 대항하자 조복한 것이다. 이 여섯 번째 무기가, 명(名)과 형(型)이라는 현상계(現像界) 너머에 존재하는 초월적인 원리에 대한 앎이라는 천상적 벼락인 것이다. 여기에서 상황은 일전한다. 태자에게 도깨비는 붙잡히는 것이 아니라 그 손에서 풀려난다. 자신이 영원히 자유롭다는 사실을 기억해 낸 덕분이다. 뿐만 아니다. 현상계의 마력이 무너지자 도깨비는 금욕을 하게 된다. 금욕을 함으로써 그는 신(보시를 받을 자격이 있는 신적인 정령)이 된다. 세상을, 종국적인 것으로서가 아니라, 만물의 이름과 형태를 초월하는 동시에 거기 내재하는 어떤 것의 이름과 형태에 불과한 것으로서 이해할 때 세상이 그렇게 되듯이 그 역시 신적인 존재가 된 것이다.

쿠사의 니콜라스는, 인간의 시야로부터 하느님을 가리는 "낙원의 벽"은 "짝짝의 대립물의 일치"로 이루어져 있는데 그 문에는 "극도로 이성적인 정령"이 지키고 있어서 "이 이성적인 정령이 종복당할 경우에만 빗장이 풀린다."라고 쓴 바 있다.[45] 한 쌍을 이루는 대립물(즉 존재와 비존재, 생과 사, 미와 추, 선과 악, 감각 기관을 희망과 공포와 엮고, 행동 기관을 방어와 습득 행위와 연계시키는 그 밖의 양극성)은 여행자를 향해 서로 부딪쳐 오는 바위(Symplegades)이며, 영웅은 항상 이 길을 지난다. 이것은 세계 전역을 통해 익히 알려진 모티프다. 그리스인들은 이 모티프를 흑해에 있는 두 돌섬과 관련시키고 있다. 이 두 개의 바위섬은, 바람이 불면 충돌한다. 그러나 이아손은 아르고 선(船)을 타고 이 섬 사이를 지난다. 그 뒤로 이 두 섬은 충돌하지 않는단다.[46] 나바호 전설의 쌍둥이 영웅도 지주녀로부터 비슷한 장애물이 있다는 경고를 받지만, 도중의 꽃가루 상징과, 살아 있는 태양새로부터 뽑아낸 독수리 깃털에 힘입어 무사히 이 장애물을 극복한다.[47]

태양 문을 통하여 번제의 연기가 피어오르듯이, 영웅은 자아에서 해방되어 세계의 벽을 통과하는 것이다. 자아는 끈끈이 터럭에다 붙여 두고 영웅은 제 갈 길을 가는 것이다.

5 고래의 배

마법의 문턱을 넘는다는 것이, 곧 재생의 영역으로 들어가는 것이라는 관념은, 세계 어디서나 볼 수 있는 고래의 배라는 자궁 이미지가 상징하고 있다. 영웅은, 그 관문을 지키는 세력을 정복하거나 그 세력과 화해하는 대신, 그 미지의 힘에 빨려들어, 겉보기엔 죽은 것으로 나타나고는 한다.

> 물고기의 왕 미쉬나마(Mishe-Nahma)
> 분노를 못 이겨 수면으로 솟구치다
> 이윽고 햇볕 아래로 몸을 드러내고는,
> 그 큰 입을 벌려
> 쪽배와 히아와타를 삼켜 버렸다.[48]

베링해협의 에스키모들에게는 장난꾸러기 영웅(trickster hero) 까마귀 인간이 있다.

어느 날 이 까마귀 인간은 해변에 앉아 옷을 말리고 있다가 암고래 가 해변 쪽으로 다가오는 걸 보고는 이렇게 소리쳤다.

"고래야, 고래야,
다음에 또 숨을 쉬러 올라오거들랑
입은 벌리고 눈을 감아라."

그러고는 까마귀 옷을 입고 까마귀 가면을 쓴 채, 이 까마귀 영웅은 부시 막대기〔發火俸〕를 모아 겨드랑에 끼고 물 위로 날아갔다. 이윽고 고래가 올라왔다. 고래는 까마귀가 시키는 대로 했다. 까마귀는 고래의 입을 통해 식도로 들어갔다. 기겁을 한 고래는 몸을 뒤틀며 비명을 질렀다. 까마귀는 고래의 배 속에서 사방을 둘러보았다.[49]

줄루족에겐, 코끼리에 삼키운 두 아이와 그 어머니 이야기가 있다. 코끼리 배 속으로 들어간 어머니는 말했다.

"굉장한 숲과, 큰 강과 높은 고원을 보았다. 한쪽에는 바위가 많았는 데 여기에서는 많은 사람들이 마을을 건설하고 있었다. 개도 많았고,

가축도 많았다. 이 모든 것이 코끼리의 배 속에 들어 있었다."⁵⁰⁾

아일랜드의 영웅 핀 마쿨(Finn MacCool)은, 켈트 지역에서 '파이스트'라 알려진 것과 형태가 같은, 정체불명의 괴물에 삼켜졌다. 독일 소녀 '붉은 두건(Red Ridinghood)'을 삼킨 것은 늑대였다. 폴리네시아의 마우이(Maui)는 고조모인 히네 뉘 테 포(Hine-nui-te-po)에 의해 삼켜졌다. 제우스만은 예외지만 그리스의 모든 신들은 제우스의 아버지인 크로노스에게 삼켜지고 만다.

그리스의 영웅 헤라클레스는 아마존 여왕의 허리띠를 구해 고향으로 돌아오는 도중 트로이아에 들렀다가, 이 도시 전체가 해신 포세이돈이 보낸 괴물에게 고통당하는 것을 목격했다. 이 괴물은 해변으로 올라와 있다가 들을 지나는 사람들을 잡아먹고 있었던 것이었다. 왕의 딸인 헤시오네도 그 아비의 손에 의해, 괴물에 대한 화해의 공물이 되어 바닷가 바위에 묶여 있었다. 헤라클레스는, 정당한 대가를 받고 공주를 구하는 것에 동의했다. 시각이 되자 괴물은 수면으로 떠올라 그 거대한 입을 벌렸다. 헤라클레스는 괴물의 목구멍으로 뛰어들어 닥치는 대로 배 안을 난자하여 마침내 괴물을 죽이고 말았다.

세계 도처에서 채집되는 이러한 모티프는, 관문의 통과가 자기 적멸(自己寂滅)의 형태를 취한다는 교훈을 강조하고 있다. 이러한 모티프와 심플레가데스(충돌하는 바위섬)의 모험과의 유사성은 뚜렷하다. 그러나 여기에서는 영웅이 외부로의 관문, 즉 가시적 세계의 한계를 넘는 대신, 다시 태어나기 위해 안으로 들어간다. 이 들어감은 신도가 신전 안으로 들어가는 것과 일치한다. 신도는 이 신전 안에서, 자신은 불멸의 존재가 아니라 티끌에 불과하다는 자기 정체를 깨닫게 된다. 신전 안, 고래의 배, 세계라는 한정된 공간 건너, 위아래로 보이는 천상적 공간은 결국 하나다. 모두가 같은 것이다. 신전에 접근하거나 들어가는 자들이 기괴한 괴수, 즉 용, 사자, 마검을 든 괴물 살해자, 성난 난

그림 18 자식을 삼키는 사투르누스 (부분, 고야, 캔버스 위 석고에 유화, 스페인, 1819년)

쟁이, 날개 달린 소에 의해 보호를 받는 것은 바로 이 때문이다. 이러한 괴수들은, 내부의 한 차원 심화된 내적 침묵과 만날 준비가 되지 않은 자들을 지켜 주는 관문의 수호자들이다. 이들은, 인습 세계를 경계 짓는 신화적 도깨비, 혹은 두 줄로 난 고래의 이빨과 일치하는 존재들로서 신전 내부의 위험한 측면을 보여 주는 예비적인 경고의 화신이다. 이들은,

1부 영웅의 모험

신자가 신전으로 들어가는 순간 변형을 체험한다는 사실을 나타내 보인다. 이 순간 신도는 뱀이 허물을 벗듯 자신의 세속적 성격을 바깥에 벗어 둔다. 신전 안에서 신도는, 시간적으로는 이미 죽어 세계의 자궁, 세계의 배꼽, 지상의 낙원으로 돌아갔다고 말할 수 있겠다. 누구든 물리적으로 신전 수호자 앞을 지나갈 수 있다는 사실이, 이러한 괴물의 존재 자체에 대한 부정이 될 수는 없다. 침입자가 이 성전을 제대로 이해하지 못하는 한 들어오지 못한 것이나 다름없기 때문이다. 신의 존재를 이해

그림 19 벼락을 든 금강역사(목조에 채색, 일본, 1203년)

하지 못하는 사람은 신을 그저 괴물로만 본다. 따라서 그들은 신에 접근조차 할 수 없다. 그렇다면 비유적으로 보아, 신전으로 들어가는 것과, 고래의 입을 향한 영웅의 돌진은 같은 모험인 셈이다. 둘 다 생의 구심화 행위, 거듭나는 행위를 회화적 언어로 나타내고 있는 것이다.

아난다 쿠마라스와미 박사는 "존재를 그만두지 않고는 어떤 생명체든 보다 높은 차원의 존재를 획득할 수 없다."라고 썼다.[51] 영웅의 육신이 정말 죽고, 해체되고, 땅이나 바다 위로 뿌려지는 경우도 있다. 이집트 신화에 나오는 구세주 오시리스가 이 같은 경우다. 동생 세트는 그를 석관*에 넣어 나일강에 던졌다. 그러나 그는 다시 살아 돌아왔다. 동생 세트는 다시 형을 죽이고 그 시신을 열네 토막으로 나누어 온누리에다 두루 뿌렸다. 나바호족의 쌍둥이 영웅은 맞부딪치는 바위 사이뿐만 아니라, 여행자의 살을 베는 갈대 사이, 여행자의 살을 찢는 선인장 사이, 여행자를 괴롭히는 끓는 모래밭까지 지나지 않으면 안 되었다. 자아에의 집착을 끊은 영웅은 왕이 자기 궁궐에서 방방을 드나들 듯이, 삶의 지평을 넘나들거나 용의 뱃속을 드나들 수 있다. 누군가를 구원하는 힘은 여기에 있다. 그의 죽음과 회귀는, 현상계의 모든 대립쌍 사이에서, 해체된 불멸의 존재는 굳건하니 두려워할 필요가 없음을 드러내기 때문이다.

세계 전역에서, 용을 죽임으로써 삶이 비옥해지는 신비를 땅 위에서 드러내 보이는 역할을 수행했던 사람들은, 세트가 오시리스의 난자 당한 몸을 흩뿌린 것과 같이 자기 살점을 흩뿌리는 등, 세계를 개혁하기 위한 위대한 상징적 행위를 그 몸으로 짊어졌다. 가령 프리기아에서는 십자가에서 죽어 부활한 구세주 아티스를 기려, 3월 21일이면 소나무를 베어 어머니 여신 키벨레의 신전으로 가져온다. 성전에서는 양털로

---

*석관, 혹은 목관은 고래 배의 변형이다. 갈대 숲속의 모세와 비교해 보라.

만든 띠로 이 나무를 시신처럼 감싸 여기에다 오랑캐꽃 꽃다발을 건다. 다음에는 나무 한가운데 젊은이의 인형을 붙인다. 다음 날에는 나팔이 울리면서 애통의 의식이 열린다. 3월 24일은 피의 날(Day of Blood)로 되어 있다. 대사제는 팔뚝의 피를 내어 이를 제물로 삼는다. 하위 성직 자들은, 북, 호른, 피리, 제금의 소리에 맞추어, 무아지경에 빠져 춤을 춘다. 이 춤은 그들이 칼로 몸을 난자하고 뿌린 피가 제단과 나무를 적 실 때까지 계속된다. 수도사들은, 자기네들이 섬기는 신의 죽음과 부활 을 본떠 스스로를 거세하고는 혼절한다.[52]

이것은 미노스 왕이 포세이돈의 소를 자기 것으로 만들 당시에 치르기를 거부했던 희생제다. 프레이저가 지적했듯이 의식으로서의 국왕 가해(國王加害)는 고대 사회의 일 반적인 관례였다. 프레이저는 이렇게 쓰고 있다.

"남부 인도의 경우, 왕의 통치 기간과 생명은, 목성의 태양 공전 주기와 밀접한 관계 가 있다. 그러나 그리스에서는 왕의 운명은 매 8년 주기의 마지막 해에 달린 것으로 보 인다. …… 매 8년마다 미노스 왕에게 바쳐지기로 되어 있는 아테네의 일곱 청년과 일 곱 처녀가 다음 8년 주기를 위한 왕권의 재생과 관련이 있다고 보는 것은 지나친 억측 은 아니다."[53] 미노스 왕이 지내기로 되어 있는 수소의 희생제는 8년 주기의 마지막 해 에, 전통에 따라 미노스 왕 자기 자신이 희생되는 의미를 지니고 있다. 그러나 그는 자 기 자신의 대용물로 아테네의 선남선녀를 바친 듯하다. 미노스가 괴수 미노타우로스가 되고, 자기를 희생시켜야 하는 왕이 폭군이 되고, 모두가 자기 역할이 있던 제정 일치 국가가 모두 자기 사리사욕만 챙기는 상업 국가가 된 것도 바로 이 때문이었는지도 모 른다. 기원전 3000년대에서 기원전 2000년대까지, 그러니까 초기 제정 일치 시대 말기 의 고대 국가에서는 이러한 대속물의 희생제가 관례였던 듯하다.

비슷한 예로서 남인도 킬라카레 지역에서는 왕이 12년 치세를 마무 리짓는 해에 날을 잡아 엄숙한 제삿날로 삼는다. 이날에는 나무로 노천 무대를 꾸미고 위에는 비단 천 조각을 늘어뜨린다. 성대한 의식과 음악 에 맞추어 목욕재계한 왕은 신전으로 나아가 신을 경배한다. 이어서 노 천 무대로 올라간 왕은 백성들 앞에서 칼을 꺼내어 코, 귀, 입술 그리고 팔다리에서 되도록이면 많은 양의 살을 베어 낸다. 그는 베어 낸 살점

그림 20 이아손의 귀환 (적색으로 채색한 칼릭스, 에트루리아 유물, 이탈리아, 기원전 470년경)

을 사방으로 던지는데, 이런 행위는 출혈이 지나쳐 혼절할 때까지 계속된다. 혼절하기 직전, 그는 즉석에서 자기 목을 딴다.[54]

1부 영웅의 모험

그림 21 성 안토니우스의 유혹 (동판화, 독일, 1470년경)

2 입문

1 시련의 길

일단 관문을 통과한 영웅은 기묘할 정도로 유동적이고, 모호한 형태로 이루어진 꿈의 세계로 들어간다. 영웅은 이곳에서 거듭되는 시련을 극복하고 살아남지 않으면 안 된다. 신화 속 모험에서 가장 흥미롭게 다루어지는 부분도 바로 이 국면이다. 이 국면은, 기적적인 시험과 시련을 다룬 세계의 문학을 창출해 왔다. 영웅은 이 영역에 이르기 전에 만났던 초자연적인 조력자로 받은 충고와 호부(액막이), 그리고 그가 보낸 밀사로부터 도움을 받는다. 어쩌면 모험 당사자가 자신의 초인간적 여행 도정의 도처에 자비로운 권능이 있어서 자기를 도와준다는 사실을 깨닫는 시기가 바로 이 시기인지도 모른다.

'어려운 임무'라는 모티프의 실례 가운데서도 가장 널리 알려져 있고 또 가장 매력적인 것은 잃어버린 애인 쿠피도(에로스)를 찾는 프시케의 경우일 것이다.[1] 여기에서는 모든 기본적 역할이 역전된다. 즉 신랑이 신부를 찾으려고 애쓰는 대신 신부가 신랑의 사랑을 얻으려고 목을 늘이며, 엄부(嚴父)가 청년으로부터 딸을 지키려고 애쓰는 대신, 시

1부 영웅의 모험

기심 많은 어머니인 베누스(아프로디테)가 신부로부터 자기 아들 쿠피도를 감추려고 전전긍긍하는 것이다. 프시케가 베누스에게 아들 있는 곳을 가르쳐 달라고 애원하자, 베누스는 프시케의 머리채를 잡고 머리를 땅에다 사정없이 메치고는 엄청나게 많은 양의 밀, 보리, 기장, 양귀비 씨, 완두, 렌즈 콩, 그리고 붉은 콩을 무더기로 쌓아 놓고는 어두워지기 전까지 종류별로 골라내라고 명했다. 프시케는 개미 대군(大軍)의 도움을 받아 명령대로 했다. 그러자 베누스는 이번에는 위험한 숲의 도저히 접근할 수 없는 계곡에 사는 야생 양의 금모(金毛)를 모아 오라고 명했다. 이 양은 뿔이 날카롭고 이빨에는 독이 있었다. 그러나 이번에는 초록빛 갈대가 그 방법을 일러 주었다. 그 양이 지나는 길목의 갈대에 묻은 금모를 모으면 된다고 알려 준 것이다. 베누스 여신은, 잠들 줄 모르는 용이 지키고 있는 바위 꼭대기, 얼어 있는 샘에서 물 한 항아리를 길어 오라고 명했다. 이번에는 독수리가 다가와 이 도무지 불가능한 일을 도와주었다. 마지막으로 프시케는, 명계(冥界)의 심연으로 내려가 초자연적인 아름다움을 한 상자 가져오라는 명을 받았다. 그러나 높은 탑루가 프시케에게 명계로 내려가는 길을 가르쳐 주고, 카론에게 줄 동전과 케르베로스에 줄 뇌물까지 주어 그 길을 다녀오게 했다.

프시케의 저승 여행은, 동화나 신화에 나오는 영웅들이 겪었던 수많은 모험 중의 한 예에 지나지 않는다. 그중에서 가장 위험한 것은 북극 지방 사람들(라프족, 시베리아인, 에스키모 그리고 아메리카 인디언의 일부 종족)의 샤먼들이 병든 이들의 길 잃은, 혹은 빼앗긴 영혼을 찾으러 갈 때 하는 모험이다. 시베리아의 샤먼은 모험에 대비해 새나 순록, 즉 샤먼 자신의 영혼의 모습이며 자기 망령의 본체인 짐승을 상징하는 마법의 의상을 걸친다. 그의 북〔鼓〕은 곧 독수리, 순록, 말 같은 동물이다. 그는 이런 동물을 타고 날거나 달리는 것으로 되어 있다. 그가 든 지팡이 역시 그를 돕는 조력자 중 하나다. 거기에다 그는 보이지 않는 요정

그림 22 프시케와 카론 (캔버스에 유화, 영국, 1873년경)

을 거느린다.

  일찍이 라플란드(Lapland)로 갔던 한 여행자는 죽음의 나라를 향한 이 기이한 사자(使者)의 불가사의한 여행을 생생하게 그려 내고 있다.[2] 명계는 빛이 없는 곳이기 때문에, 샤먼의 이 의식은 어두워진 다음에 시작된다. 환자의 친구들과 이웃 사람들은 희미한 등잔불이 깜빡거리는 환자의 집에 모여 샤먼의 이 의식에 동참한다. 먼저 샤먼은 보호령(保護靈, helping spirits)들을 불러낸다. 이들은 샤먼의 눈에만 보인다. 예복을 입되 허리띠를 두르지 않고 두건을 쓴 여자 둘, 허리띠도 두건도 두르지 않은 남자 하나, 그리고 미성년 소녀 하나도 참여한다. 샤먼은 두건을 벗고 허리띠와 구두 끈을 늦춘 다음 두 손으로 얼굴을 가리고는 방 안을 돌기 시작한다. 그러다 별안간 샤먼은 난폭한 몸짓과 함께 부르짖기 시작한다.

"순록을 준비하고, 배를 대어라!"

이어서 샤먼은 도끼를 들고 제 무릎 근방을 찍는 시늉을 하다 세 여자 쪽으로 휘두른다. 그러고는 맨손으로 불속에서 타는 시뻘건 통나무를 꺼낸다. 이어서 샤먼은 세 여자 주위를 각각 세 번씩 돈 뒤에 '죽은 사람처럼' 폭삭 고꾸라진다. 의식이 끝날 때까지 누구든 이 샤먼에게 손을 대서는 안 된다. 샤먼이 최면 상태에서 휴식을 취하는 동안, 그 방에 있는 사람들은 샤먼에게 파리 한 마리 다가가지 못하도록 지켜 주어야 한다. 샤먼의 영혼은 육체를 떠나 신들이 사는 성산(聖山)을 둘러보고 있다. 둘러앉아 있던 여자들은 서로 속삭인다. 샤먼이 명계의 어디쯤에 가 있는지 알아맞히려고 하는 것이다.

여자들은, 샤먼이 명계의 어디쯤에 있는지 알아맞히지 못하는 수도 있다. 이 경우에는 샤먼의 영혼은 육체로 되돌아오지 못한다. 혹 떠돌아다니는 샤먼의 적의 영혼이 싸움을 걸거나, 헛길로 안내하는 수도 있다. 실제로 샤먼의 영혼이 제 육체를 찾아오지 못한 경우도 많다고 한다.[3]

여자들 중 누군가가 샤먼의 영혼이 있는 곳을 제대로 알아맞히면 샤먼은 한 손이나 한 발을 움직인다. 이 순간부터 그의 영혼은 육체로 돌아오기 시작한다. 샤먼은 나지막한 소리로 명계에서 들었던 말을 중얼거린다. 여자들은 이때 노래를 부르기 시작한다. 샤먼은 서서히 깨어나면서 환자의 병인과, 어떤 제물을 바쳐야 그 병이 나을 것인가를 말한다. 뿐만 아니라 환자가 완쾌될 때까지 걸리는 시간까지 예언하기도 한다.

이러한 의식을 접한 경험이 있는 다른 사람의 말을 들어 보자.

이 힘든 여행에서 샤먼은 수많은 장애물(pudak)을 만나게 된다. 샤먼은 이 장애물을 모두 극복해야 하는데 결코 호락호락한 상대가 아니다. 샤먼은 어두운 숲과 험한 산악 지대를 방황한다. 이 숲과 산에는, 여기에서 죽은 다른 샤먼이나 동물의 뼈가 흩어져 있다. 샤먼은 한동안 방황하다 땅에 파인 구멍 앞에 다다른다. 이 모험의 가장 어려운 국면은 여기서부터 펼쳐진다. 명계의 수령이 무시무시한 망령들과 함께 그의 앞길에서 입을 벌리는 것이다. …… 사자(死者)의 왕국을 지키는 자들을 달래고, 수많은 위험이 도사린 곳을 지난 샤먼은 이윽고 명계의 왕인 에를릭(Erlik)을 만난다. 에를릭은 호령하면서 샤먼에게 달려든다. 그러나 샤먼에게 수완만 있으면, 귀한 제물을 바치겠다는 약속으로 이 괴물의 화를 가라앉힐 수도 있다. 샤먼이 에를릭과 대화를 나누는 순간은 이 의식의 절정이면서도 가장 위험한 순간이기도 하다. 샤먼은 이 순간을 고비로 몽환에 빠져든다.[4]

게저 로하임 박사는 이렇게 쓰고 있다.

"우리는 모든 원시 종족에서 주술사가 사회의 중심을 이루고 있음을 볼 수 있다. 이 주술사가 신경증적 혹은 정신병적이거나, 아니면 그의 주술이 신경증이나 정신병과 같은 메커니즘에 바탕을 두고 있음을 확인하기는 그리 어렵지 않다. 인간의 무리는 집단의 이상(理想)에 따라 행동하는 법인데, 이 집단의 이상은 항상 유아기 상태에 뿌리를 두고 있는 것이다."[5] "이 유아기 상태란 성장의 과정이 진행됨에 따라 수정되고 역전되다가 현실에 적용될 필요가 있을 때 재수정된다. 그러나 이런 상태가 사라지는 것은 아니고, 여전히 거기에서 보이지 않는 생명 충동의 유대(libidinal tie)를 강화하고 있다. 이 유대가 없다면 인간의 집단은 존재할 수가 없다."[6]

따라서 주술사는, 그 사회 성인들의 심성에 내재하고 있는 상징적 환상 체계를 출몰시키는 역할을 하는 데 지나지 않는다. 박사는 또 이렇게 쓰고 있다.

"주술사란, 이러한 유아적 놀이를 주도하는 지도자이자, 공통의 불안이 가져다줄 수 있는 폐해를 막아 주는 피뢰침이다. 그들은, 사회의 구성원들이 사냥에서 성공하고 현실적인 어려움과 싸워 이길 수 있도록 잡귀와 대리 전쟁을 치르는 것이다."[7]

그러니까 어떤 사회에 속하는 사람이든지, 고의적으로든 타의에 의해서든 자기 정신의 미궁이라는 미로로 내려가 어둠 속을 헤매는 사람이면 누구든지 저 시베리아의 '푸닥'과 성산에 못지않은 (능히 여행 당사자를 삼켜 버릴 수도 있는) 상징적인 것들에 둘러싸여 있음을 발견하게된다. 신비주의의 용어로 말하자면 이것은 '자기 정화'로서, 정도(正道)의 두 번째 단계에 해당한다. 즉 감각이 "정화되고, 스스로를 낮추어" 모든 에너지와 관심이 "초월적인 것에 집중될"[8] 때인 것이다. 굳이 현대적인 의미의 어휘를 쓰자면, 우리 개인이 가진 과거의 유아적 심상이 분리, 초월, 변화하는 과정인 것이다. 우리의 꿈에는 아직까지도 시대를 초월한 위험, 괴물, 시련, 정체불명의 조력자, 그리고 우리에게 유익한 인물이 끊임없이 나타난다. 그들의 형태에 우리는 현재 상태의 모든 현상뿐만 아니라, 그 현상을 이기기 위해 우리가 취할 행동의 단서가 반영되어 있음을 본다.

분석을 받기 시작한 어느 환자가 꾼 꿈이다. "나는 캄캄한 동굴 앞에서 그 안으로 들어가려 한다. 그러나 나는 되짚어 나오는 길을 찾지 못할 것이라는 생각으로 전율했다."[9] 에마누엘 스베덴보리는 1744년 10월 19일과 20일 양일간 꾼 꿈을 이렇게 기록하고 있다. "나는 차례차례로 늘어선 괴수를 보았다. 그 괴수가 날개를 폈을 때 자세히 보니 모두 용이었다. 나는 그 위를 날았다. 그러나 사실은 용 한 마리가 나를 떠받쳐 준 것이었다."[10]* 그로부터 한 세기 뒤(1844년 4월 13일), 극작가 프

---

* 이 꿈에 대한 스베덴보리 자신의 언급은 다음과 같다. "날개를 볼 수 있기까지는 그 정체를 드러내

리드리히 헤벨(F. Hebbel)은 이렇게 쓰고 있다. "나는 엄청나게 센 힘에 의해 바닷속을 끌려다녔다. 거기엔 무시무시한 심연이 있고, 여기저기 붙잡을 수 있는 바위가 있었다."[11] 테미스토클레스는 꿈에 뱀 한 마리를 보았는데, 이 뱀은 그의 목으로 기어 올라와 얼굴에 닿자 그만 독수리가 되었다. 그 독수리는 발톱으로 그를 움켜쥐고는 하늘 높이 올라가 먼 곳으로 데려가서는, 갑자기 나타난, 전령(傳令)의 황금 지팡이 위에다 내려 주었다. 어찌나 살며시 내려놓는지, 그는 그때까지의 공포와 불안을 잊을 수 있었다.[12]

꿈꾸는 사람의 특수한 심리적 장애는 곧잘 놀라우리만큼 직접적이고 강렬한 방식으로 드러난다. 다음은 말을 더듬는 사람이 꾼 꿈이다.[13] "나는 산을 올라야 했다. 그러나 산에는 갖가지 장애물이 나를 기다리고 있었다. 나는 도랑을 건너기도 하고 울타리를 타넘기도 하다가 마침내 걸음을 멈추었다. 숨이 가빴기 때문이었다."

다음은 무안을 당할 때마다 얼굴에 땀이 나고 얼굴이 붉어지는 적면(赤面)공포증을 두려워하는 어느 소녀의 꿈이다.[14] "나는 잔잔해 보이는 호수 옆에 서 있었다. 그런데 느닷없이 광풍이 불어오고 물결이 일어, 내 얼굴은 흠뻑 젖고 말았다."

다음 꿈을 꾼 사람은 동성연애자였다. 길을 가로막은 빛줄기는 음경의 상징이었다.[15] "나는, 어두운 길을 따라, 앞서가는 소녀를 뒤쫓아갔다. 나는 뒤에서만 소녀의 모습을 보고 그 아름다움에 감탄했다. 강력한 욕망에 사로잡힌 나는 그녀를 따라잡았다. 그때 문득 샘에서 솟아난 듯한 빛줄기가 길을 가로막았다. 나는 잠을 깨었다. 가슴이 쿵쾅거렸다."

지 않는 이런 용은 거짓 사랑을 상징하고 있다. 나는 지금 이 주제로 글을 쓰고 있다."(Ježower, *Das Buch der Träume*, p. 490)

다음은 성 불구자였지만 정신분석가의 지시로 상당히 호전된 어느 남자의 꿈이다.[16] "나는 차에 탔지만 운전을 할 줄 몰랐다. 그래서 내 뒤에 앉아 있던 사내가 가르쳐 주었다. 운전이 제대로 되어 우리는 광장으로 나왔다. 광장에는 많은 여자들이 서 있었다. 내 애인의 어머니가 나를 반갑게 맞아 주었다."

다음 꿈을 꾼 사람은 처녀성을 잃고 고민하던 어느 처녀였다.[17] "돌 하나가 날아와 내 자동차의 앞유리를 깨뜨렸다. 이제 나는 폭풍우 속에 그대로 몸을 내맡긴 셈이었다. 눈물이 쏟아졌다. 이런 자동차로 목적지에 이를 수 있을까?"

다음 꿈을 꾼 사람은 저널리스트로 일하며 생활비를 벌어야 하는 시인이었다.[18] "나는 땅에 누워 있는 반 마리의 말을 보았다. 날개가 하나밖에 없어서 말은 일어나려고 애쓰는데도 일어나지 못했다."

다음은 성심리적 유치증(幼稚症)으로 고민하는 사람이 꾼 꿈이다.[19] "나는 갓난아이에게 깨물렸다."

스태클 박사는, 형이라는 존재 자체가 병인 환자도 소개하고 있다.[20] "나는 형과 함께 어두운 방에 감금당했다. 형은 손에 큰 칼 한 자루를 쥐고 있었다. 나는 형이 무서웠다.

'형은 나를 미치게 하고는 정신 병원으로 끌고 갈 거야.'

나는 형에게 말했다. 형은 심술궂게 웃으며 대답했다.

'너는 늘 나와 같이 있어야 해. 사슬이 우리 둘을 하나로 묶어 놓고 있거든.'

나는 내 발을 내려다보았다. 그제서야 나는 굵은 쇠사슬에 형의 발과 내 발이 묶여 있는 걸 알았다."

열여섯 살 난 소녀는 이렇게 꿈 이야기를 하고 있다. "나는 비좁은 다리 위를 지나고 있었다. 그런데 갑자기 다리가 무너지는 바람에 나는 물속으로 처박혔다. 경찰관이 바로 내 뒤를 이어 물속으로 들어와 튼튼한 팔로 나를 안아 둑까지 데려다 주었다. 나는 어쩐지 죽어 버린 것 같았다. 경찰관의 얼굴 역시 시체처럼 핼쑥해 보였다."[21]*

"꿈꾸는 사람은 철저하게 유리되어 깊은 지하 감방에 홀로 방치되어 있다. 그 방의 벽과 벽 사이가 점점 좁아지다가 이윽고 꿈꾸는 사람은 꼼짝도 하지 못하게 된다." 이러한 이미지는, 어머니의 자궁, 감옥 그리고 무덤의 이미지와 관련되어 있다.[22]

"나는 끝없는 복도를 지나는 꿈을 꾼다. 그러다 나는 조그만 방에 오랫동안 홀로 있게 된다. 꼭 공중목욕탕 같은 방이다. 사람들의 강요에 못 이겨 나는 그곳에서 나와 축축하고 미끌미끌한 갱을 지나 출구 쪽으로 열린, 조그만 격자문을 빠져나온다. 나는 새로 태어난 듯한 느낌을 맛보면서 이런 생각을 한다.

'이것은 정신 분석을 통한 나의 정신적 재생을 뜻하는 것이리라.'"[23]

우리의 선조들이 신화적 종교적 유산의 상징적 정신적 의식에 힘입어 극복해 왔던 심리학적 위험들을 오늘날 우리가(비신자인 경우, 아니면 신자라고 하더라도 계승받은 믿음으로 현실적인 삶의 문제를 납득할 수 없을 경우) 혼자서, 혹은 임시적이고 즉흥적이며 더러는 별 효과도 없는 지침을 받고 맞서야 한다는 데는 이견이 있을 수 없다. 이것이, 모든 신들과 악마들의 존재를 이성의 이름으로 부정한 '개화된' 현대인인 우리가 알고 있는 문제다.** 그러나 우리들이 이어받고 있고, 세계 각처에

---

* 스태클 박사는 이렇게 쓰고 있다. "여기에서 '죽는다'는 말은 곧 '산다'는 것을 뜻한다. 그녀는 살아나기 시작하고 경찰관은 그녀와 함께 '산다'. 두 사람은 죽을 때도 함께 죽는다. 이것은 동반 자살에 대한 항간의 환상 중 하나인 듯하다."

　이 꿈이 칼날처럼 좁은 다리라는 보편적 신화 이미지를 포함하고 있다는 것도 지적해 두어야겠다.(이 책, 34쪽의 '칼날'을 참조) 이러한 칼날은 란슬롯이 죽음의 왕 궁전에서 귀니비어 여왕을 구출하는 이야기에도 등장한다.

** 융 박사는 이렇게 쓰고 있다. "이것은 새로 생겨난 문제이다. 우리의 전(前) 세대 사람들은 모두 이런저런 형태의 신을 믿고 있었기 때문이다. 우리에게 심적 인자, 즉 무의식의 원형으로서의 신을 재발견하게 해 줄 수 있는 것은 상징체계의 철저한 붕괴뿐이다. …… 하늘은 우리를 위해 물리학자

서 수집된 신화와 전설에서, 우리는 우리가 아직은 인간임을 보여 주는 조짐을 찾을 수 있다. 그러나 귀를 기울이고 거기에서 무엇인가를 얻어내기 위해서는 자기 정화를 감수하고 항복하지 않으면 안 된다. 문제는, 그렇게 하려면 어떻게 해야 하느냐다. "그런데 앞서 간 자들이 당한 시련도 겪지 않고 너희는 지복의 낙원에 들어가려 하느냐."[24]

변형의 문을 지나는 통과의 주제를 다룬 신화 중 가장 오래된 것은 여신 이난나(Inanna)의 황천행을 다룬 수메르 신화일 것이다.

> '대천계(great above)'에서 '대황천(great below)'으로 떠날 결심을 했다.
> '대천계'에서 여신은 '대황천'으로 떠날 결심을 했다.
> '대천계'에서 이난나는 '대황천'으로 떠날 결심을 했다.
>
> 우리 여왕은 하늘을 버리고 땅을 버리고
> 황천으로 내려갔다.
> 이난나는 하늘을 버리고 땅을 버리고
> 황천으로 내려갔다.
> 왕좌도 버리고 신분도 버리고
> 황천으로 내려갔다.

이난나는 여왕의 복색에다 보석으로 몸을 치장했다. 허리띠에는 일곱 가지 섭리를 달고 있었다. 바야흐로 "불귀의 나라", 적이자 언니인 여신 에레쉬키갈(Ereshkigal)이 다스리는 죽음과 어둠의 황천으로 내려

의 우주 공간이 되어 주었고, 신이 사는 천상계는 과거지사를 돌이켜보는 추억의 장(場)이 되어 주었다. 그러나 '심장은 붉게 빛나고 있고' 은밀한 불안은 우리 존재의 뿌리를 갉아먹고 있다."(Jung, "Archetypes of the Collective Unconscious," par. 50)

갈 준비가 끝났다. 혹 언니가 자기를 죽일지도 모른다는 두려움에서, 이난나는 사자 닌슈부르(Ninshubur)를 하늘로 보내어, 자기가 사흘 안에 돌아오지 않으면 신들의 회당에서 함성으로 이 변고를 알리라고 일러 두었다.

이난나는 내려갔다. 이난나는 곧 청금석(靑金石)으로 만든 신전 앞에 이르렀다. 수문장은 이난나가 누구이며 왜 거기에 왔는지 알고자 했다. 이난나는 대답했다.

"나는 해가 뜨는 하늘의 여왕이다."

수문장이 물었다.

"그대가 해 뜨는 곳인 하늘의 여왕이라면 무엇하러 불귀의 땅으로 왔소? 행인이 한번 들어가면 되짚어 나올 수 없는 길인데, 그대는 무슨 수로 들어왔소?"

이난나는 형부인 구갈라나(Gugalanna)의 장례식에 참석하러 왔다고 대답했다. 수문장 네티(Neti)는, 에레쉬키갈에게 고하고 올 터이니 기다려 달라고 했다. 에레쉬키갈은 네티에게 이 하늘의 여왕에게 일곱 문을 열어 주라고 한다. 그러나 관례상 들어가는 자는 문을 하나씩 지날 때마다 옷을 하나씩 벗어야 한다.

정결한 이난나에게 수문장이 이르기를,
"이난나여, 어서 들어가시오."

첫 문을 지나매
'평원의 왕관'인 슈구라(shugurra)가 벗겨졌다.
"이것이 무슨 도리냐?"
"오, 이난나여, 황천의 율령은 완전한 것,
이난나여, 황천의 의식에 대해서는 묻는 것이 아닙니다."

두 번째 문을 지나매
청금색 홀장이 손에서 떨어져 나갔다.
"이것이 무슨 도리냐?"
"오, 이난나여, 황천의 율령은 완전한 것,
이난나여, 황천의 의식에 대해서는 묻는 것이 아닙니다."

세 번째 문을 지나매
목에 걸고 있던 청금석 목걸이가 벗겨져 나갔다.
"이것이 무슨 도리냐?"
"오, 이난나여, 황천의 율령은 완전한 것,
이난나여, 황천의 의식에 대해서는 묻는 것이 아닙니다."

네 번째 문을 지나매
가슴의 반짝이는 보석이 벗겨져 나갔다.
"이것이 무슨 도리냐?"
"오, 이난나여, 황천의 율령은 완전한 것,
이난나여, 황천의 의식에 대해서는 묻는 것이 아닙니다."

다섯 번째 문을 지나매
손가락의 금반지가 벗겨져 나갔다.
"이것이 무슨 도리냐?"
"오, 이난나여, 황천의 율령은 완전한 것,
이난나여, 황천의 의식에 대해서는 묻는 것이 아닙니다."

여섯 번째 문을 지나매
가슴의 흉갑이 떨어져 나갔다.

"이것이 무슨 도리냐?"
"오, 이난나여, 황천의 율령은 완전한 것,
이난나여, 황천의 의식에 대해서는 묻는 것이 아닙니다."

일곱 번째 문을 지나매
귀인의 옷은 모두 벗겨져 나갔다.
"이것이 무슨 도리냐?"
"오, 이난나여, 황천의 율령은 완전한 것,
이난나여, 황천의 의식에 대해서는 묻는 것이 아닙니다."

발가벗겨진 채 이난나는 왕좌 앞으로 인도되었다. 이난나는 공손하게 절을
했다. 황천의 일곱 판관, 즉 아눈나키(Anunnaki)는 에레쉬키갈의 왕좌 앞에
앉아 죽음의 눈길로 이난나를 노려보았다.

그들의 말, 영혼을 고문하는 그들의 말에
병든 여인은 시체가 되었고
시체는 형틀에 달렸다.[25]

고대의 상징체계에 따르면 빛과 어둠을 표상하는 자매, 즉 이난나와
에레쉬키갈은 두 얼굴의 한 여신이다. 그리고 그들의 반목은 어려운 시
련의 길을 의미한다. 신이든 여신이든, 남자든 여자든, 신화의 등장인
물이든 꿈을 꾸는 사람이든, 영웅은 적대자를 발견하고 삼키거나 그에
게 삼켜짐으로써 이 적대자(그 자신의 뜻밖의 자아)를 동화시킨다. 저항
은 하나씩 하나씩 차례로 사라진다. 영웅은 자신의 자존심, 미덕, 아름
다움, 삶을 팽개치고 도저히 용납할 수 없는 이 적대자에게 절을 하거
나 복종한다. 이윽고 영웅은 자신과 적대자가 사실은 둘이 아닌 하나임

1부 영웅의 모험

을 깨닫게 된다.*

이 시련은 첫 관문의 문제를 심화시키고 질문은 여전히 미제로 남는다. 자아가 스스로를 죽음에 내맡길 수 있느냐는 질문이다. 왜 그런가 하면, 주위에 있는 것은 머리가 많은 히드라(水蛇)이기 때문이다. 절단한 곳에다 비방을 쓰지 않는 한 하나를 자르면 두 개의 머리가 나타난다. 시련의 나라로 떠나는 일은 관문마다 시험이 있고, 깨달음의 순간들이 있는 길고 험한 여로의 시작일 뿐이었다. 이제 영웅은 몇 번이고 용을 죽여야 하고 위험한 장애물을 넘어야 한다. 그동안 영웅은 몇 차례의 예비적인 승리를 거두고, 일시적이긴 하나 무아의 경지를 체험하며, 이상향을 엿보게 된다.

2 여신과의 만남

모든 장애물이 극복되고 도깨비가 퇴치되었을 때 영웅이 치르는 마지막 모험은, 승리한 영웅과 세계의 여왕인 여신과의 신비스러운 혼례(神婚)로 표상된다. 이로써 영웅은 천저(天底), 천정(天頂), 혹은 땅끝, 우주의 중심점, 신전의 성소, 혹은 마음속의 가장 어두운 방 속에서 위기를 맞는다.

아일랜드 서부 사람들은 아직도 외로운 섬의 왕자와 투버 틴타이의 여왕 이야기를 한다. 에린 여왕의 병을 고치려는 외로운 섬의 왕자, 이 영웅적인 젊은이는 타오르는 요정의 샘인 투버 틴타이의 물 세 병을 구

---

*혹은, 제임스 조이스는 이렇게 표현하고 있다. "자연력이나 정신력의 양극적(hin-und-her) 현상에 대한 유일한 조건 및 수단으로서, 동일한 자연력이나 정신력에서 전개되고, 저들 반대 감정을 가진 것들을 연결함으로써 재결합하기 위해 분극화된 동등한 대립자들."(Joyce, *Finnegans Wake*, p. 92)

그림 23 신들의 어머니 (목조, 요루바족 에그바 유물, 나이지리아, 연대 미상)

하러 떠난다. 왕자는 도중에 만난 초자연적인 아낙네의 충고에 따라, 그녀가 준 더럽고 비루먹어 잔뜩 여위었지만 훌륭한 조그만 말을 타고, 불의 강을 건너고, 독수(毒樹)가 자라는 숲을 지난다. 바람같이 달리는 이 말은 순식간에 투버 틴타이 성에 이른다. 왕자는 말의 잔등에서 내려 열린 창을 통해 안으로 들어간다. 온전히 목적지에 이른 것이다.

1부 영웅의 모험

엄청나게 넓은 성안은 잠이 든 바다와 땅의 거인과 괴수로 가득했다. 거대한 고래, 길고 매끌매끌한 뱀장어, 곰, 그리고 갖가지 종류와 형태의 동물이 다 있었다. 거인과 괴수들 사이를 지나 왕자는 큰 계단 앞에 이르렀다. 계단을 오른 왕자는 한 방에 들어갔다. 방 안에 놓인 침대에는, 왕자가 지금까지 보아온 여자들 중에서도 가장 아름다운 여자가 잠들어 있었다.

'이 아가씨에게 볼일이 있는 건 아니지.'

왕자는 이런 생각을 하면서 다음 방으로 들어갔다. 이렇게 해서 왕자는 열두 개의 방을 차례로 지났다. 각 방에는, 그전의 방에 있는 미녀보다 더 아름다운 미녀가 자고 있었다. 그러니까 방을 하나씩 지날 때마다 미녀는 점점 더 아름다워지는 것이다. 왕자는 이윽고 열세 번째 방에 이르러 문을 열었다. 그러나 그 방에서 새어 나오는 금빛 섬광 때문에 왕자는 앞을 볼 수 없었다. 왕자는 그 빛에 눈이 익숙해지기까지 기다렸다가 안으로 들어갔다. 이 넓고 휘황찬란한 방 안에는, 황금 바퀴에 실린 황금 침대가 있었다. 바퀴는 끊임없이 돌았고, 침대 역시 밤이고 낮이고 쉬지 않고 돌았다. 침대에는 투버 틴타이의 여왕이 누워 있었다. 여왕의 열두 하녀가 아무리 아름다워도 여왕에 비하면 아무것도 아니었다. 침대 발치에는 투버 틴타이, 즉 타오르는 샘이 있었다. 샘에는 황금 뚜껑이 덮여 있었다. 이 샘은, 여왕이 누운 침대와 더불어 끊임없이 돌고 있었다.

"내 맹세코 이르거니와, 여기서 좀 쉬기로 하리라."

왕자는 이렇게 말하고는 침대로 올라가 엿새 밤낮을 거기에서 떠나지 않았다.[26)]

잠자는 여성은, 동화나 신화에 곧잘 여주인공으로 등장한다. 우리는 이미 브륀힐트와 '덩굴장미 아가씨'[27)]라는 형태로 등장하는 이런 여주인공을 만난 바 있다. 잠자는 여성은 미인의 본보기 중의 본보기며, 모든 욕망에 대한 응답, 모든 영웅의 지상적, 비지상적 모험의 은혜로운 최종 목표다. 뿐만 아니라 어머니며 누이며 애인이며 신부이기도 하다. 세상에 유혹하는 것, 기쁨을 약속해 주는 것이 있다면, 그것이 바로 잠자는 여성이 지향하는 존재의 예조(豫兆)에 해당한다. 이 존재는, 이 세상의 도시나 숲에 있지 않다면 적어도 우리가 깊이 잠들어 있을 때 찾아온다. 왜 찾아왔을까? 그녀의 존재가 바로 완전성이라는 약속의 화신이며, 조직화된 불완전한 세계 속에서 오랜 방황을 끝낸 뒤에, 한때 인류가 맛보았던 은혜를 다시 맛볼 수 있으리라는 영혼의 확신이며, 우리가 아득한 옛날에 그 사랑을 받던, 심지어는 맛보았던, 먹여 주고 보듬어 주는 '좋은' 어머니(젊고 아름다운)이기 때문이다. 세월은 우리와 그녀의 사이를 가로막았지만, 그녀는 영원한 잠에 빠져든 미녀처럼, 아직 우리의 속 영원의 바다 밑바닥에 거하고 있는 것이다.

그러나 우리의 심상이 기억해 낸 어머니가 항상 자비로운 것만은 아니다.

(1) 우리가 공격적인 환상을 투사하고 그러면서도 반격을 받을까 두려워하는, 무심하거나 이르기 어려운 어머니도 있고,

(2) 구속하고 금지하고 벌주는 어머니도 있으며,

(3) 자기에게 묶어 두기 위해 아이의 성장을 싫어하는 어머니도 있고,

(4) 존재한다는 사실만으로 위험한 욕망을 일으키게 하는(거세 콤플렉스) 바라던 어머니이긴 하나 가까이해서는 안 될 어머니도 있다.(오이디푸스 콤플렉스)

따라서 어머니 중에는, 성인의 유아기 기억이라는 은밀한 곳에 숨어 있다가 때로는 엄청난 힘을 행사하는 '나쁜' 어머니도 있다. 이런 어머니는 순결하면서도 고약한 아르테미스와 같은, 이를 수 없는 위대한 여신상으로 존재한다. 아르테미스(디아나)가 젊은 사냥꾼 악타이온을 철저하게 파멸시킨 예는 정신과 육체의 차단된 욕망의 상징 안에 얼마나 엄청난 공포가 도사리고 있는지 확연히 보여 준다.

악타이온은 우연히 정오에 위험한 여신의 모습을 대하게 되었다. 마침, 태양이 그 젊고 힘찬 상승을 멈추고 잠시 균형을 되찾았다가 다시 죽음을 향해 곤두박질치기 시작하는 운명적인 시각이었다. 악타이온은, 오전 사냥이 끝나자 동료들과 피투성이 사냥개들이 쉬고 있는 곳을 떠나 뚜렷한 목표 없이 방황하며 낯익은 숲과 벌판을 지난 뒤 이웃한 숲을 기웃거리고 있다. 그는 삼나무와 소나무가 울울창창한 계곡을 발견했다. 그는 호기심을 이기지 못하고 이 숲속으로 들어갔다. 숲속에

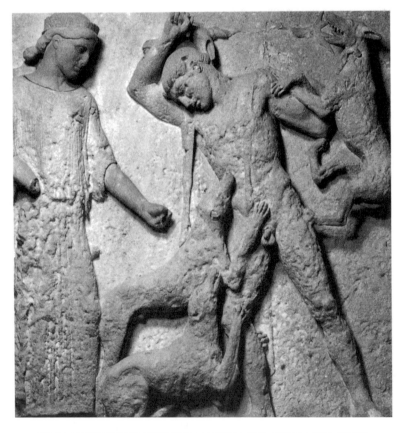

그림 24 디아나와 악타이온 (대리석 메토프, 고대 그리스 유물, 시칠리아, 기원전 460년경)

는 동굴이 있었는데, 이 안에는 조용히 속삭이며 솟는 샘과, 수초 자욱한 연못으로 흘러드는 실개천도 있었다. 이 그늘진 외딴곳은 바로 아르테미스의 휴식처였다. 마침 아르테미스는 알몸으로, 요정들에게 둘러싸인 채 목욕하고 있는 중이었다. 아르테미스는 창과 전통과 활은 물론 신발과 옷까지 벗어 두고 몸을 닦는 중이었다. 역시 옷을 벗은 요정 하나는 아르테미스의 머리를 땋고 있었고, 다른 몇몇은 큼지막한 항아리로 물을 퍼 아르테미스의 몸에 부어 주고 있었다.

방황하던 젊은 사내가 이 평온한 휴양지에 들이닥치자 찢어지는 듯한 여성의 비명 소리가 낭자했고, 요정은 속인의 눈길로부터 여주인의 알몸을 지키려고 아르테미스 주위에서 몸으로 벽을 만들었다. 그러나 아르테미스는 요정들보다 훨씬 키가 커 머리와 어깨는 그대로 드러나고 말았다. 청년은 아르테미스의 몸을 보았고, 그 눈길을 거두려 하지 않았다. 아르테미스는 활을 찾았으나 너무 멀리 있어서 급한 김에 손에 잡히는 것, 그러니까 물을 한 움큼 악타이온의 얼굴에 끼얹으며 외쳤다.

"네가 여신의 알몸을 보았다고 말하고 싶으면 얼마든지 하려무나."

그의 머리에서 사슴의 뿔이 돋았다. 목은 굵어지고 길어졌으며 귀는 뾰족하게 솟았다. 뿐인가, 두 팔은 길어져 사슴의 다리가 되었고, 손발은 굽으로 변했다. 질겁을 한 그는 한 차례 펄쩍 뛰어 보고는, 엄청나게 빠른 속도로 움직일 수 있는 데 놀랐다. 그러나 걸음을 멈추고 숨을 돌린 다음 물을 마시면서 맑은 호수에 비친 제 모습을 보고는 그만 기가 막혀 뒤로 물러서고 말았다.

이어 악타이온에게 무서운 운명이 덮친다. 악타이온 자신의 사냥개들이 커다란 수사슴 냄새를 맡고 숲속에서 악다구니를 쓰며 뛰어나왔다. 잠시 그 소리가 반가워 걸음을 멈추었던 그는 그만 공포에 사로잡혀 도망치기 시작했다. 사냥개 무리는 그 뒤를 따르며 거리를 좁혀 왔다. 이윽고 개들은 그의 발뒤꿈치까지 왔다. 맨 먼저 온 놈이 옆구리를 공격해 왔다. 그는 개들의 이름을 부르려 했지만 목 안에서 가르랑거리는 소리는 이미 인간의 목소리가 아니었다. 사냥개들은 그 무서운 이빨로 그를 쓰러뜨렸다. 그는 쓰러졌고, 사냥 친구들은 소리를 질러 사냥 개들의 기를 북돋우며, 마지막 숨통을 끊어 주려고 달려왔다. 악타이온이 도망치다가 죽음을 당하고 있음을 신통력으로 안 아르테미스는 편한 마음으로 쉴 수 있었다.[28]

만유의 어머니의 신화적 표상은 우주에 대해, 그 우주의 존재를 윤택하게 하고 지켜 주는 '좋은' 어머니의 속성을 부여한다. 이러한 환상은 저절로 생겨난다. 왜냐하면 어머니에 대한 어린아이, 주위의 물질 세계에 대한 성인의 자세에는 밀접하고도 노골적인 상응 관계가 존재하기 때문이다.[29] 그러나 많은 종교 전통에는 자신을 정화하고 안정을 유지하고 마음을 가시적 세계의 자연 속으로 입문시킬 목적으로 이러한 원형적 심상을 의식적으로 통제하는 교육적인 이용 방법이 전해져 왔다.

중세와 현대 인도의 탄트라 경전에서는 여신의 거처를 마니드비파(Mani-dvipa), 즉 보석의 섬이라고 부른다. 여신의 침상 겸 보좌는 소원을 이루어 주는 숲속에 놓여 있다. 섬의 해변에는 금모래가 깔려 있다. 이 해변의 금모래를 불사 영약의 바닷물이 조용히 쓰다듬는다. 여신은 생의 불길로 늘 붉다. 지구, 태양계, 먼 우주의 은하까지 이 여신의 자궁 안에서 팽창한다. 왜냐하면 이 여신이 세계의 창조자, 영원한 어머니, 영원한 처녀이기 때문이다. 이 여신은 포옹하는 것을 포옹하고, 자양하는 것을 살지게 한다. 그리고 살아 있는 모든 것의 생명이다.

힌두교의 성전(聖典, Śāstra)은 네 종류로 나뉜다. 즉, (1) 신의 직접적인 계시로 여겨지는 슈루티(Śrúti), 4책으로 된 베다(고대의 詠歌聖典)와 우파니샤드(고대의 철학서)가 여기에 든다. (2) 법통을 잇는 현자의 전통적인 가르침, 의식용 성무 교리(聖務敎理), 세간의 법 및 종규(宗規)를 포함하는 스므리티(Smṛti), 바가바드기타를 포함하는 유명한

힌두 서사시 「마하바라타」도 여기 속한다. (3) 힌두 신화 및 서사적 작품의 정수인 프라나(Praṇa)로 우주 창조, 신학, 천문학, 물리학적 지식을 다루는 것이다. (4) 신의 예배 및 초월적인 힘을 얻는 의식과 그 방법을 기술한 탄트라(Tantra)이다. 이 탄트라 중에는, 우주의 신 시바와 그 여신 파르바티에 의해 직접 계시된 것으로 믿어지는 극히 중요한 경전(Āgamas)이 있다. 따라서 "제5경(The Fifth Veda)"으로 불린다. 이 경전은 후일 힌두와 불교의 성화(聖畵) 양식에 큰 영향을 미친, 특별히 "탄트라(密敎)"라고 불리는 신비적 전통을 뒷받침하고 있다. 탄트라의 상징체계는 중세 불교와 함께 인도에서 티베트, 중국, 일본으로 퍼져 나갔다.

여신은 또 때가 되면 죽는 모든 것의 죽음이기도 하다. 나서 사춘기, 성년기, 장년기를 거쳐 무덤에 들어가기까지 전 존재의 순환은 여신의 지배 아래 이루어진다. 여신은 자궁이며, 무덤이며, 제 새끼를 먹는 돼지다. 이렇게 해서 여신은, 개인적인 어머니는 물론 우주적 어머니에 이르기까지, 기억 속의 어머니의 두 유형을 드러내면서 '선'과 '악'을 통합한다. 여신의 숭배자는 이 두 유형의 어머니를 똑같이 조용히 묵상해야 한다. 이러한 수행을 통해 숭배자의 정신은 유아기에 머물러 있는, 어울리지 않는 감상과 증오로부터 스스로를 정화하고, 유치한 인간이 자신의 행, 불행에 연결지어 멋대로 가른 '선'과 '악' 따위로 존재하는 게 아니라 본성의 법(法)과 상(像)으로 존재하는 불가해한 실재를 향해 그 마음을 열게 된다.

19세기의 위대한 힌두 비법 전수자인 라마크리슈나(1836~1886)는 우주의 어머니께 새로 지어 바친 캘커타 교외의 다크쉬네스와르 신전의 사제였다. 이 신전에 모신 형상은, 무섭고도 자비로운 이 여신의 양면성을 동시에 보여 주고 있었다. 여신의 네 팔은 우주적 권능을 상징했다. 즉 위 왼손에는 피 묻은 칼을 들고 있었고, 그 아래의 손은 참혹하게 잘린 인두(人頭)의 머리터럭을 거머쥐고 있었으며, 위의 오른손으로는 '두려워하지 말라'라고 손짓하고 있었고, 그 아래 손으로는 은혜를 나누어 주고 있었다. 목에 걸린 목걸이는 인간의 머리를 꿴 것이었고, 치마는 인간의 팔을 짜맞춘 것이었다. 긴 혀는 피를 찾아 낼름거렸다. 이 여신은 다름 아닌, 절대 절멸의 공포와, 비인격적이지만 모성적인 평화를 하나로 조화시키는 우주적인 권능, 우주의 전체성, 대립물의 조화였다. 변화 그 자체이자 시간의 강이자 생의 흐름인 여신은 동시에 창조하고 보존하고 파괴한다. 이 여신의 이름은 "검은 존재(the Black One)", 즉 칼리(Kālī)다. 별명은, "존재의 바다를 건네주는 나룻배"다.[30]

> 어느 조용한 오후, 라마크리슈나는 갠지스강에서 올라와 그가 명상하고 있는 숲으로 들어오는 아름다운 여자를 보았다. 그는 여자가 아이를 낳으려나 보다라고 생각했다. 곧 아기가 태어났고, 여자는 이 아이에게 젖을 먹였다. 그러나 여자는 무시무시한 존재로 변하여 그 무지무지한 입으로 아이를 깨물어 죽인 다음 씹어 삼키고는 갠지스강으로 들어가 모습을 감추었다.[31]

고도의 이해력을 갖춘 천재만이 이 숭고한 여신의 계시를 읽을 수 있다. 이해의 정도가 낮은 사람을 위해 여신은 그 신통력의 정도를 낮추어, 그들의 지진한 능력에 알맞는 형태로 나타나기도 한다. 정신적으로 준비가 되지 않은 사람이 여신의 모습을 본다는 것은 엄청난 재앙일 수 있다. 수사슴이 된 악타이온의 예에서 우리는 이미 이런 사실을 확인한 바 있다. 악타이온은 성자가 아니었다. 정상적인(유아기의) 욕망이나, 놀라움이나, 공포에 반응하는 인간으로서 엿보아서는 안 될 계시에 대해 전혀 준비가 되어 있지 않은 일개 사냥꾼에 지나지 않았다.

신화학의 심상 언어에서 여자는, 알려질 수 있는 것들의 전체성으로 표상된다. 알게 되는 존재가 곧 영웅이다. 영웅이 삶의 다른 형태인 입문의 과정을 진행함에 따라 여신의 형상은 그에게 일련의 변형 과정을 거친다. 여신은 영웅이 미처 이해할 수 없는 것을 약속할 수 있지만 영웅보다 위대할 수는 없다. 여신은 그를 유혹하고, 인도하고, 그의 발목

그림 25 먹어 치우는 칼리(목조, 네팔, 18~19세기)

에 채인 족쇄를 깨뜨리게 한다. 그리고 만일 영웅의 능력이 여신에 미치면 이 양자, 즉 아는 존재와 알려진 존재는 갖가지 제약에서 해방된다. 여성은 감각적인 모험의 정점으로 영웅을 인도하는 안내자다. 열등한 눈으로 보면 여신은 열등한 상태에 있는 것처럼 보이고, 무식한 눈으로 보면 범용하고 추악한 존재로 보인다. 그러나 여신은 자기 존재를 알아보는 자에 의해 해방된다. 지나치게 흥분한 상태에서가 아닌, 여신이 바라는 친절하고 침착한 상태에서 그 여신의 정체를 알아볼 수 있는 영웅은, 여신이 창조한 세계의 왕, 즉 인간으로 화신한 신일 수 있는 것이다.

가령 아일랜드 에오카이드 왕의 다섯 아들 이야기가 그렇다. 에오카이드 왕의 다섯 아들은 사냥하러 나갔다가 길을 잃고 말았다. 갈증을 견디지 못한 그들은 하나씩 차례로 물을 찾기로 했다. 퍼거스가 맨 먼저 떠났다.

이윽고 그는 샘을 발견했다. 샘 옆에는 노파가 서서 샘을 지키고 있었다. 노파의 행색은 이러하다. 머리끝에서 발끝까지 몸의 마디마디는 석탄보다 검고, 머리 가죽을 뚫고 나온 억센 잿빛 머릿단은 야생마의 꼬리에 비길 만하다. 초록빛의 초승달 같은 엄니는 둥글게 말려 올라가 귀밑에까지 이르러 있는데 날카롭기로 말하면 참나무 둥치라도 능히 자를 만했다. 눈은 검고 연기처럼 흐렸으며, 코는 심한 매부리코인데 콧구멍이 유달리 넓었다. 주름살이 깊게 패인 주근깨 가득한 배는 보기만 해도 구역질이 날 것 같았고, 굵은 발목과 넓적한 두 발 위의 정강이는 심하게 구부러져 있었다. 무릎은 큰 나무의 옹이 같았고 검푸른 손톱은 날카로웠다. 어쨌든 노파의 몰골은 보기만 해도 구역질이 날 정도로 추악했다. 왕자가 수작을 걸었다.

"제대로 찾은 모양이군요?"

노파가 대답했다.

"제대로 찾았어요."

"그대가 이 우물을 지키고 있나요?"

"그렇소."

"물을 좀 길어 가게 해 주지 않겠소?"

"어렵지 않지만, 대신 내 뺨에 입을 맞추어야 하오."

"그건 안 되겠는데."

"그럼 나도 물을 줄 수 없소."

"그대에게 입맞춤하느니 차라리 목말라 죽는 게 낫지."

젊은 왕자는 이 말만 남기고 형제들에게 돌아가 물을 떠 오지 못했다고 말했다.

올리올, 피아크라, 브라이언이 차례로 그 우물을 찾아 노파에게 물을 달라고 했지만 입맞춤만은 거절했다.

마지막으로 니알이 그 우물에 이르렀다.

니알은 노파에게 말했다.

"여인이여, 물을 떠 가게 해 주시오."

노파가 대답했다.

"물을 드리겠소. 대신 나에게 입맞춤해 주시오."

"입맞춤이 대수요? 그대를 껴안아 줄 수도 있소."

왕자는 노파를 껴안고 뺨에다 입을 맞추었다. 왕자가 입을 맞추고 물러서는데 보라, 화용월태, 세상 어디에 그같이 아름다운 여자가 있으랴 싶은 미녀가 바로 앞에 서 있는 게 아닌가! 머리에서 발끝까지 살결은 도랑에 쌓인 겨울의 마지막 백설 같았고, 팔은 포동포동하면서도 여왕의 기품을 갖추고 있었고, 손가락은 가늘었으며, 빛깔이 고운 다리는 곧고 길었다. 부드러운 흰 발과 땅 사이의 구두는 하얀 구리로 만든 것이었고, 입고 있는 망토는 진홍색의 가장 질이 좋은 양털로 만든 것, 가슴엔 하얀 은제 브로치가 달려 있었다. 진주 같은 이, 제왕의 풍모에 값하는 눈, 딸기같이 붉은 입술……. 왕자가 탄복한 나머지 중얼거렸다.

"아, 아름다움이 은하를 이루지 않았는가?"

"그렇습니다."

하고 여인이 대답했다.

"그대는 누구신가요?"

여인은 나지막한 소리로 대답했다.

"나는 왕도(王道, Royal Rule)라고 합니다. 타라(아일랜드)의 왕이시여! 내가 바로 왕도입니다. 가십시오. 물을 떠서 형제들 있는 곳으로 가십시오. 그대와 그대의 자손에게 왕위와 왕권이 영원할 것입니다……. 처음에는 그대역시 이 몸을 추악하고 야비하고 욕지기가 나는 노파로 보았다가, 이윽고 아름다움을 보셨습니다. 왕도 또한 이와 같습니다. 왕도란 싸움 없이, 치열한 전쟁을 치르지 않고는 손에 들어오지 않습니다. 그러나 왕의 그릇은 기품 있고 당당한 모습을 보여 줍니다."[32]

왕도가 그렇다니? 아니, 인생이 그렇다는 뜻이다. 마르지 않는 샘을 지키는 수호 여신은(퍼거스나 악타이온, 그리고 외로운 섬의 왕자도 이 여신을 발견한다.) 영웅에게, 저 중세의 음유 시인이나 궁정가인(宮廷歌人)이 말하던 이른바 '온유한 마음'을 요구한다. 여신은, 악타이온의 동물적 욕망으로도, 퍼거스의 결벽에 가까운 도사림으로도 파악되지 않았다. 오직 니알의 부드러움에 의해서만 그 정체가 드러났다. 이 부드러움을 일본의 10~12세기의 낭만적인 궁정시에서는 "아와레(憐憫, gentle sympathy)"라고 했다.

　　새들이 초록빛 숲 그늘에 깃들이듯
　　사랑은 온유한 마음속에 깃든다.
　　이치로 보면
　　사랑 이전에 온유한 마음이 없었고,

온유한 마음 이전에 사랑도 없었다.

태양이 솟을 때 빛도 발할지니

태양에 앞서 빛은 있을 수 없다.

불길은 그 속이 가장 뜨겁듯

사랑은 부드러움을 더 뜨겁게 타오르게 한다.[33]

(모든 여성에게 현현되는) 여신과의 만남은 사랑의 은혜(자비, 즉 운명에의 사랑)를 얻기 위해 영웅이 맞는 마지막 재능의 시험 단계다. 사랑이라는 이 은혜는 바로 삶을 영원성의 그릇으로 여기며 누릴 줄 아는 인생 그 자체이다.

이러한 문맥에서 보면, 모험 당사자가 청년이 아닌 처녀일 경우에는, 그 재능이나 아름다움이나 욕망으로 보아 불사신의 배우자가 되기에 마땅한 모습으로 나타난다. 천상의 남편은 그녀에게 하강하여, 원하든 원하지 않든 그녀를 자기와 동침하게 한다. 만일 여자가 이 배우자를 싫어했다면, 초자연적인 일이 일어나 그녀의 편견은 바로잡히게 되고, 그녀가 바라던 존재라고 생각되는 경우 그녀의 욕망은 평화를 성취한다.

높이 솟은 나무 위로 고슴도치를 따라 올라갔던 아라파호 인디언 처녀는 천상에 사는 사람들의 거처로 꾀임을 당했다. 마침내 거기에 올라간 인디언 처녀는 천상의 청년과 결혼하여 그 아내가 되었다. 고슴도치의 형상으로 나타나 그녀를 자기의 초자연적 거처로 유혹한 것도 바로 그 젊은이었다.

동화에 나오는 공주는, 우물가에서 개구리에게 거짓말을 하고 도망친 그다음 날, 누군가가 성문을 두드리는 소리를 들었다. 개구리가 성문 앞에 와, 약속을 지키라고 조르고 있었다. 개구리는, 공주가 자기를 싫어하는데도 식탁 앞 의자로 다가와 공주와 함께 조그만 황금 접시와 황금 잔에 든 음식을 함께 먹었고, 심지어는 공주의 조그만 비단 이부자리 안에서 함께 자야 한다고 졸라 대기까지 했다. 짜증이 몹시 났던 공주는 개구리를 집어 벽에다 메치고 말았다. 바닥에 떨어진 것은, 아, 개구리가 아니라 왕자였다. 눈길이 다정하고 아름다운 왕자였다. 이 대목에 이르면 결과는 뻔하다. 두 사람은 결혼한 뒤 화려한 마차를 타고 왕자의 나라로 가서 왕과 왕비가 된다는 것이다.

아니, 이렇게 되는 수도 있다. 프시케가 자기에게 맡겨진 어려운 문제를 모두 풀어 내자 제우스는 프시케에게 불사의 영약을 내려 주었다. 이렇게 해서 프시케는 사랑하는 애인 에로스와 더불어 완전한 천국에서 영원히 살게 되었다.

그리스 정교회와 로마 가톨릭 교회에서는 성모승천(聖母昇天, The Assumption) 대축일에 이와 같은 신비로운 결합을 찬미한다.

"성모 마리아는 왕중왕이 번쩍이는 보좌에 앉아 있는 천상의 신방(新房)으로 올라간다."

"오, 사려 깊은 성처녀시여, 아침같이 밝은 신이여, 어디로 가시나이까? 아름답고 다정하신 이여, 오, 시온의 딸이시여, 달같이 다정하시고 해같이 특별한 분이시여!"[34]

3 유혹자로서의 여성

세계의 여왕인 여신과의 신비적인 결혼은 영웅의 삶 전체가 완성되었음을 상징한다. 즉 여성이 곧 삶인데, 영웅은 이 삶을 알게 되었고, 이를 완성하게 되었다는 뜻이다. 그리고 영웅의 궁극적인 체험과 행위의 예비 시험이라고 할 수 있는 영웅의 시련은, 자각의 위기를 상징한다. 이 자각의 위기를 통해 영웅의 의식은 증폭되고, 어머니상의 파괴

그림 26 열리는 성녀 (Vierge Ouvrante, 목조에 채색, 프랑스, 15세기)

자, 즉 천생연분의 신부를 전적으로 받아들일 수 있게 되는 것이다. 이러한 과정을 거치면서 시련을 받는 당사자는 자기와 아버지가 동일하다는 사실과, 자기가 곧 아버지의 입장이 되었다는 사실을 깨닫는다.

이렇게 해 놓고 보니, 용어가 일반인에게 생소해서 영웅의 문제는 일반인의 삶과 무관해 보일지 모르겠다. 그러나 그렇지 않다. 삶의 상황을 수습하는 데 대한 실패는 결국 의식의 제약이 그 원인이다. 싸움이나 짜증은 무식한 자들의 미봉책에 지나지 않고, 후회는 때늦은 각성일 뿐이다. 세계 도처에 널린 영웅 신화에 나오는 영웅의 모험은 일반적인 양식으로, 어떤 계층에 속하는 사람에게든 그대로 적용된다. 그래서 광의의 술어로 공식화되어 있는 것이다. 우리는 이 일반적인 유형과의 비교에서 우리 자신의 입장을 밝혀내야 하고 이것을 우리는 우리를 가로막는 제약의 벽을 허물어뜨리는 데 필요한 길잡이로 삼아야 한다. 도깨비란 대체 누구이며 어디에 있는 것일까? 도깨비들이란, 자기 인간성의 미해결 수수께끼가 투영된 것이지 다른 것이 아니다. 그렇다면 이상(理想)이란 무엇인가? 그것은 개개인이 자기 삶을 파악하는 징후인 것이다.

현대의 정신분석가 진료실에서는, 영웅 모험의 각 단계가 환자의 꿈과 환각을 통해 재조명된다. 정신분석가는 조력자, 즉 입문식의 사제가 되어 환자의 자기 무지의 깊이를 잰다. 그리고 짜릿한 최초의 단계가 끝나면 환자의 모험은 항상 어둡고 무섭고 욕지기나고 마술 환등 속에서 보는 듯한 공포의 여행으로 진행되게 마련이다.

참으로 까다롭고 재미있는 것은, 이상적인 삶에 대한 의식적 견해가 실제의 현실적 삶과 잘 일치하지 않는다는 점이다. 일반적으로 우리는, 우리 자신의 본질을 이루는 것, 우리 친구들에게 내재해 있는 것, 고집스럽고 자기방어적이고 악취가 나고 탐욕적이고 음탕한 흥분 상태, 즉 우리 조직 세포의 본질을 인정하려 하지 않는다. 대신 우리는 이를 윤색하고 회칠을 하고 재해석하려고 한다. 그러면서 우리의 고약에 빠진 파리, 우리가 먹을 국에 빠진 머리카락을 누군가 다른 불유쾌한 사람의 허물로 돌리려 한다.

그러나 우리가 생각하는 것, 우리가 행하는 것에는 어차피 육욕의 냄새가 나게 마련이라는 것을 깨닫거나, 다른 사람을 통해 깨우치게 되었을 때 우리는 예외 없이 낭패의 순간을 경험한다. 삶, 사는 행위, 삶의 구조, 특히 삶의 괄목할 만한 상징인 여성은 더없이 순수한 영혼에게 도저히 참을 수 없는 것으로 다가온다.

이러한 순간의 대변자 햄릿은 그래서 이렇게 외치고 있다.

이 단단하디단단한 육체가 녹고,
누그러지고, 풀어져 한 방울 이슬이 되었으면!
영원의 신은 어찌하여
법으로 자기 학살을 금하셨는지! 오, 신이여, 신이여!
이 세상만사가
나에겐 진부하고, 짜증스럽고, 무익한 허섭스레기로 보이는구나.
싫구나, 참으로 싫구나, 자라서 씨앗을 맺을 이 잡초투성이의 뜰이. 고약하고 역겨운 것들이 모조리 차지했으니 어찌하다 이 지경이!³⁵⁾

왕비를 차지했을 때 오이디푸스가 맛보았던 순진한 기쁨이, 그 왕비의 정체를 알고부터는 극심한 정신적 고뇌로 바뀐다. 햄릿과 마찬가지로 그 역시 아버지의 도덕적 이미지로부터 공격을 받는다. 햄릿과 마찬가지로 오이디푸스도 이 세상의 온갖 아름다운 것들에 등을 돌리고, 그 근친상간의 악몽이 있는 세계, 부정(不貞)하고 사치스럽고 교정 불가능한 어머니의 세계보다 훨씬 높은 왕국을 찾아 어둠을 헤매는 모험가로 변한다. 삶의 배후에 있는 삶을 찾아 나서는 모험가는 그녀의 유혹을 물리치고, 현실 세계 너머에 존재하는 에테르(精氣) 속으로 날아 들어가야 한다.

신은 여러 차례 그를 불렀다.
여러 방향에서 동시에 불렀다.
"오, 오이디푸스여, 그대 오이디푸스여, 어찌하여 우리를 기다리게 만드는가?

너무 오래 지체했으니, 오너라!"[36]

오이디푸스-햄릿의 혐오감이 영혼을 괴롭히는 동안 세계, 육체, 그리고 특히 여성은 더 이상 승리의 상징이 아닌 패배의 상징 노릇을 한다. 금욕적, 청교도적, 세상에 대한 부정적인 윤리 체제는 극단적으로, 그리고 즉각 신화의 모든 이미지를 변용한다. 이렇게 되면 영웅은 육욕의 여신과 더 이상 순진한 평화에 안주할 수 없게 된다. 여신이 이 시점에 이르러 죄악의 여왕으로 보이기 때문이다.

힌두교의 수도승 샹카라차리야는 이렇게 쓰고 있다.

자기의 시체 같은 육신을 조금이라도 의식하면 그는 이제 순수한 사람이 아니다. 그는 생, 병, 사뿐만 아니라 자기 적들로부터도 고통을 받는다. 그러나 자신을 순수한 존재, 선의 정수, 부동의 존재라고 생각할 수 있는 순간, 그는 자유로워진다⋯⋯. 원래 타성적이고 추악한 존재인 이 육체의 모든 제약을 떨쳐 버리라! 육체는 더 이상 생각하지 말라. 한번 속에서 토한 것을(그대는 육체를 토해야 하니) 다시 생각하면 혐오감만 더해지느니.[37]

성인(聖人)들의 삶과 기록에 접해 온 서양인들에게 이것은 상당히 익숙해져 있는 관점이다.

성 베드로는 자기 딸 베드로닐라(Petronilla)가 지나치게 아름답다는 걸 알고는 하느님께 딸을 열병으로 앓아눕게 해 달라고 기도했고, 이 기도는 그의 뜻대로 이루어졌다. 어느 날 제자들과 함께 모인 자리에서 디도가 물었다.

"다른 병자들은 다 고쳐 주면서 어찌하여 저 베드로닐라는 침상에서 일어나게 하지 못하시는지요?"

그러자 베드로가 대답했다.

"딸아이의 저런 상태가 나에겐 불만스럽지 않기 때문이오."

그러나 이 말은 딸을 고칠 능력이 없다는 뜻은 아니었다. 베드로는 그 자리에서 딸에게 말했다.

"일어나라, 베드로닐라, 일어나 우리 시중을 들도록 하여라."

그러자 베드로닐라는 깨끗이 나은 몸으로 일어나 시중을 들었다. 그러나 시중 드는 일이 끝나자 아버지는 딸에게 말했다.

"베드로닐라야, 네 침상으로 돌아가거라."

딸은 다시 열병에 걸려 자리에 누웠다. 후일, 베드로닐라의 하느님에 대한 사랑이 완전해지자 아버지는 딸의 병을 말짱하게 고쳐 놓았다.

그즈음 플라쿠스라는 귀족 청년이 그녀의 아름다움에 반해 결혼을 졸랐다. 베드로닐라는 이렇게 대답했다.

"나와 결혼하고 싶거든 젊은 처녀들을 보내어 나를 당신 집으로 데려가게 하세요."

그러나 젊은 처녀들이 당도하자 베드로닐라는 금식 기도에 들어갔다. 성체(聖體)를 배령(拜領)한 베드로닐라는 다시 자리에 누워 사흘 뒤 하느님 곁으로 갔다.[38]

어린 시절, 클레보의 성 베르나르는 두통을 앓았다. 어느 날 젊은 여인이 찾아와 노래로 고통을 가라앉혀 주겠노라고 했다. 그러나 고집이 센 소년은 여자를 방에서 쫓아내 버렸다. 하느님이 그의 돈독한 믿음을 가상히 여겨 병을 고쳐 주시었다. 그는 곧 자리에서 일어났다.

고래로부터 인간의 적이었던 마귀가 어린 베르나르에게 그런 천품이 있다는 것을 알고는 그의 동정을 빼앗고자 함정을 만들었다. 그러나 베르나르는 어느 날 악마의 꼬임에 빠져 젊은 여자를 한동안 바라보다가는 심히 얼굴을 붉히고 얼음이 뜨는 연못 속으로 들어가 뼈마디가 얼 때까지 참회했다. 또 한 번은 잠이 들어 있는데 젊은 여인이 발가벗고 침대로 들어왔다. 여자가 다가

왔음을 깨달은 베르나르는 아무 말 없이 침대를 내주고는 침대 한 귀퉁이로 돌아누워 다시 잠을 잤다. 한동안 베르나르를 애무하던 여자는, 웬만한 일로는 부끄러워할 줄 몰랐는데도 불구하고 그만 일어나 줄행랑을 놓았다. 자신이 한 짓이 두렵고, 그 젊은이가 너무나 고결하다고 생각했기 때문이었다.

한번은 베르나르와 친구들이 어느 돈 많은 여인의 호의를 받아들여 그 집에 유숙했다. 주인 여자는 베르나르의 준수한 용모에 반한 나머지 동침의 욕심에 사로잡히고 말았다. 한밤이 되자 여자는 자기 침대에서 일어나 살며시 손님의 이불 밑으로 기어 들어갔다. 그러나 유혹이 가까이 와 있다고 생각한 베르나르는 고함을 질렀다.

"도둑이야, 도둑이야!"

여자는 후다닥 일어나 도망치고, 집안이 발칵 뒤집혔다. 모두가 일어나 불을 켜 들고 도둑을 찾았다. 찾아 봐야 도둑이 나타나지 않자 모두들 다시 잠자리에 들었다. 그러나 그 여인만은 잠을 이루지 못하고 뒤척거리다가 다시 일어나 베르나르의 이불 속으로 미끄러져 들어갔다. 베르나르는 다시 소리쳤다.

"도둑이야!"

다시 온 식구가 들고일어나 도둑을 찾았고, 도둑이 없자 잠자리에 들었다. 세 번째로 이 여인은 전과 똑같은 짓을 했다. 그러나 두려움 때문에 그랬는지 염치가 없어서 그랬는지 네 번째로는 시도하지 않았다. 다음 날 그 집을 떠나, 갈 길을 재촉하면서 동료들이 베르나르에게 무슨 연유로 도둑 꿈을 그리 자주 꾸게 되었느냐고 물었다. 이에 베르나르가 대답했다.

"정말 나는 도둑에게 당할 뻔했네. 안주인은 한번 잃으면 다시 찾을 수 없는 내 보물을 노리더란 말일세."

이 모든 일은 베르나르에게 독사와 함께 산다는 게 얼마나 어려운 일인가를 가르쳤다. 그래서 그는 세상을 등질 결심을 하고 시토 수도회에 들어갔다.[39]

그러나 수도원의 두꺼운 벽 안이라고 해서, 외딴 광야라고 해서 여성이라는 존재로부터 온전하다고는 볼 수 없다. 은자의 살이 뼈에 붙어 있고 그 맥박이 고동치는 한 삶의 이미지가 그의 마음에 폭풍을 일으키는 일을 막기 어렵다. 이집트의 테바이스 지방에서 근행하던 성 안토니우스는 그 당당한 풍모에 반한 여귀(女鬼)가 일으킨 관능적인 환각에 큰 시련을 당했다. 눈을 못 돌리게 하는 사타구니와, 손길을 기다리는, 터질 듯한 가슴을 가진 이런 유의 허깨비는 어느 시대를 막론하고 은자들을 애먹이는 존재로 알려져 있다.

오. 은자여. 아름다운 은자여! …… 그대 내 어깨로 손을 얹어 보아요. 불같은 화살이 그대 핏줄을 타고 지나는 것 같으리니. 아니, 내 몸의 가장 비천한 곳을 점유하시면, 제국을 정복한 것 이상의 격렬한 기쁨을 맛보시리니. 그대 입술을 더 가까이.[40]*

뉴잉글랜드 사람 코튼 마더는 이렇게 쓰고 있다.

약속의 땅으로 갈 때 거쳐야 하는 광야에는 불길 같은 비사(飛蛇)가 득시글거린다. 그러나 하느님이 보우하사, 아직까지 우리 앞길을 막고 우리 기를 완전히 꺾을 수 있는 놈은 없었다. 천국에 이르는 길에는 사자의 소굴과 표범의 산이 우리를 가로막고 있다. 끔찍한 마귀 떼도 있다. …… 우리는, 마귀의 무대이며 마귀의 목표이기도 한 이 땅, 시온을 향하는 사람들을 괴롭히는 마귀가 도둑 무리와 은거하고 있는 이 땅의 초라한 나그네다.[41]

---

*이 말을 하는 악령은 시바의 여왕의 혼령이다.—편집자 주

1부 영웅의 모험

4 아버지와의 화해

"하느님의 분노의 활이 굽혀지고 시위에 화살이 걸렸습니다. 정의가 여러분 가슴에 살촉을 겨누고 시위를 당깁니다. 한순간 화살이 여러분의 피를 마시게 하는 것은, 약속도 아니고 은혜도 아닌 하느님의, 노한 하느님의 의지일 뿐입니다."

이 말과 함께 조너선 에드워즈는 절체절명의, 아버지가 가진 악마적 측면을 노출시킴으로써 뉴잉글랜드 교인들의 간담을 서늘하게 했다. 그는, 신화적 시련의 이미지와 함께 그들을 회중석에다 묶어 놓았던 것이다. 청교도들은 우상을 금하고 있었지만, 그는 말로써 이를 대신했다.

조너선 에드워즈의 사자후는 계속되었다.

"분노는, 하느님의 분노는 둑에 갇힌 물과 같습니다. 물은 자꾸만 불어나고, 수위는 이제 더 이상 방치할 수 없는 단계에 이르렀습니다. 물은 오래 갇혀 있으면 오래 갇혀 있을수록 터질 때의 흐름은 거칠고 빠른 법입니다. 여러분의 사악한 행위에 대한 심판이 아직 내리지 않았다는 것을 기억하십시오. 하느님이 내리시는 복수의 홍수는 보류되어 왔습니다. 허나 그동안 여러분이 지은 죄악은 나날이 쌓여 가고 있었고, 따라서 여러분은 하느님의 분노를 나날이 쌓아 가고 있었습니다. 물은 끊임없이 차올랐고, 그 기운은 자꾸만 높아 갔습니다. 갇혀 있기 싫어하는 이 물의 기운, 아래를 향해 쏟아지려는 이 물의 기운을 저지하고 있는 것은 하느님의 의지에 다름 아닙니다. 하느님께서 수문에 댄 손을 거두시기만 하면, 수문은 곧 터지고 하느님 분노의 홍수는 걷잡을 수 없는 기세로 여러분에게 닥칠 것입니다. 여러분의 힘이 지금에 비해 일만 곱이 세져도, 아니, 지옥에 있는 가장 억세고 강한 악마의 힘보다 일만 곱이 세져도 이 물길을 막고 물의 기세를 저지하는 데엔 아무 도움이 되지 않을 것입니다……"

물로써 겁을 준 조녀선 목사는, 이번에는 불의 이미지로 돌아섰다.

"……여러분이 하찮게 여기는 거미나 벌레를 불 위에 쳐들고 있듯이 지옥의 나락 위에서 여러분을 떠받치고 계신 하느님은 엄청난 도발을 당하셨습니다. 여러분을 향한 그분의 분노는 불길로 타오르고 있습니다. 그분께서는 불길로 던지는 것 이외엔 아무짝에도 쓸모없는 하찮은 여러분을 내려다보고 계십니다. 여러분을 두고 보시기엔 그분의 눈길이 너무나 순수하십니다. 그분 눈으로 보시기에는, 가장 사특한 독사에 비해 일만 곱이나 보기 싫으신 것이 바로 우리들입니다. 여러분은, 사악한 역신이 왕자에게 역모를 꾀한 것 이상으로 그분의 뜻을 거역했습니다. 여러분을 저 불길로부터 지켜 줄 수 있는 것은 그분의 손밖에 없습니다…….

죄인들이여! 여러분은 하느님 분노의 불길이 이글거리는 곳에 걸린 한 가닥 가느다란 실에 달려 있습니다. 이 실은 언제 타 버릴지 모릅니다. 그런데도 여러분은 중보자(仲保者) 예수 그리스도에 뜻이 없습니다. 이제 아무것도 여러분을 지켜 줄 수 없습니다. 여러분이 가진 그 무엇도, 여러분이 해 온 일도, 여러분이 할 수 있는 일도 하느님을 말려 저 분노의 불길에 떨어지는 걸 막을 수 없습니다……."

이윽고, 잠깐이지만, 유일한 해결책인 재생의 이미지가 나타난다.

"……하느님 성령의 능력에 영혼을 의지하여 심정에 위대한 변화가 일어나게 하지 않는 여러분, 거듭나고 새 사람이 되어, 죄악의 구렁텅이로부터 새로운 상태로 일어서지 않는 여러분, 빛과 생명을 체험하지 않은 여러분은(얼마나 많은 부분에서 삶을 개선하고, 종교적 열의를 가지고 있으며, 가족과 친척에게 종교의 형식을 권면하고 있고, 하느님 안에 거하고, 그 안에서 엄격하게 살고 있든 상관 없이) 바로 이 하느님의 노하신 손 안에 있습니다. 이 순간 여러분을 저 영원한 파멸로부터 지키고 계시는 것은 바로 그분의 의지입니다."[42]

죄인을 화살에서, 홍수에서, 불길에서 지켜 주는 '하느님의 의지'는 전통적인 기독교 용어에 따르면 하느님의 '자비', 하느님의 '은혜', 심정의 변화를 일으키게 하는 '성령의 위대한 권능'이다. 대부분의 신화에서 자비와 은혜의 이미지는 정의와 분노와 마찬가지로 생생하게 표현된다. 이렇게 해서 자비와 분노 사이에 균형이 생기고, 인간은 파멸을 겪는 대신 어려움을 근근이 이겨 나간다. 시바는, 신도 앞에서 우주적 파멸의 춤을 추면서도 손으로는 '두려워 말라'라는 시늉을 한다.

"두려워 말라, 모두가 신 안에 거하리니. 오고 가는 형상(그리고 육신 역시)은 춤추는 내 팔다리의 한순간 휘저음이다. 나를 아는 데 무엇이 두려우랴?"

성사(聖事)의 불가사의, (예수 그리스도의 고난을 통하여, 혹은 부처의 명상에 의해 괄목할 만한 효력을 내는) 원시적인 호부나 액막이의 보호력, 신화나 동화에 나오는 초자연적인 조력자는 화살이나, 불꽃이나, 홍수가 사실은 보기보다는 무섭지 않은 것임을 알려 주는 인간의 자위 수단이다.

아버지의 무섭고 잔인한 측면은, 피해자의 에고가 투영된 것이다. 즉 지난날 존재했던 예민한 유아기의 장면이 전면으로 투사됨으로써 나타난 것이다. 교육적으로 백해무익한 이러한 우상 숭배에 집착한다는 것은 당사자를 죄의식에 빠지게 하고, 잠재적인 성인의 정신을 아버지, 그리고 결과적으로는 세상에 대한 온전하고 현실적인 견해로부터 당사자를 봉쇄하게 된다. '화해(atonement)', 즉 '하나되기(at-one-ment)'란 스스로 만들어 낸 두 마리의 괴물(신으로 보이는 용(초자아)*과 죄악으로 보이는 용(억압된 이드))을 포기함으로써 이루어지는 것이다. 그러나 이러자면 자아에 대한 집착을 버려야 하는데 이게 보통 어려운 일이 아니다. 당사자는 아버지가 자비롭다는 신념을 갖고 그 자비에 기대야 한

---

* 혹은 내적 자아(interego).(이 책 103쪽 각주 참조)

그림 27 창조 (부분, 프레스코, 이탈리아, 1508~1512년)

다. 이렇게 되면 믿음의 중심은 마음을 어지럽게 하는 신의, 비늘 부대 끼는, 갑갑한 옥죔에서 풀려나고, 믿음의 중심이 이동하면 무섭고 잔인한 측면은 사라진다.

이 웅변적인 이미지의 상징체계는 아난다 쿠마라스와미[43]와 하인리히 치머[44]가 자세히 설명하고 있다. 개략: 뻗고 있는 오른손은 북을 들고 있는데, 이 북을 친다는 것은 시간, 즉 창조의 으뜸 원리인 시간을 친다는 뜻이다. 뻗고 있는 왼손은 불을 들고 있는데 이 불은 창조된 세계를 파괴하는 불이다. 두 번째 오른손은 '두려워 말라'라는 손짓을 하고 있고, 두 번째 왼손은 들고 있는 왼발을 가리키고 있다. 이 손은 코끼리를 상징하는 모양을 취하고 있다.(코끼리는, '세상이라는 밀림을 헤쳐 나가는 존재', 말하자면 신적인 안내자다.) 오른발은 마귀인 난쟁이, 즉 '무지'의 등에 올려져 있다. 이는 신으로부터 물질에 이르는 영혼의 여행을 뜻한다. 그러나 왼발은 들리어 영혼의 해방을 상징하고 있다. 그런데 '코끼리 형상을 한 손'이 가리키는 왼발은 '두려워 말라'라고 한 이유를 보충 설명하고 있다. 신의 머리는, 창조와 파괴의 역동성 안에서도 조용하고 반듯하게 균형을 잡고 있다. 이 창조와 파괴의 역동성은, 팔의 흔들림과 천천히 구르는 오른 발꿈치의 리듬으로 상징된다. 이것은, 모든 사상(事象)의 중심은 항상 고요하다는 것

1부 영웅의 모험

을 뜻한다. 시바 신의 오른쪽 귀고리는 남자의 것이고, 왼쪽 귀고리는 여자의 것이다. 이는, 신이란 한 쌍의 대립물을 초월해서 존재한다는 것을 나타낸다. 시바의 표정에 떠올라 있는 것은 슬픔도 기쁨도 아니다. 그러나 그 모습은, 움직임을 주관하는 부동의 존재, 세상의 행복과 고통을 초월해 있으면서도 이 양자를 품고 있는 존재의 모습이다. 거칠게 요동하는 머리카락은 인도 요기의, 손질하지 않은 긴 머리카락을 연상시키는데, 이 머리카락이 목하 생명의 춤과 더불어 흩날리고 있다. 삶의 기쁨과 슬픔을 통해 배우고, 은둔의 명상을 통해 깨친 실체는, 보편적이고 비이원적(非二元的)인 존재 - 의식 - 행복이라는 동일한 실제의 두 가지 측면이기 때문이다. 시바의 팔찌, 팔 고리, 발목 고리, 그리고 브라만 사(絲)[45]는 살아 있는 뱀이다. 이는, 그가 뱀의 권능에 의지해 아름다움을 얻었음을 뜻한다. 뱀의 권능은, 신의 신비로운 창조 에너지로서 이 에너지는 신이, 우주와 그 안의 모든 존재에게, 우주와 그 안의 모든 존재로서의 자기를 현현하는 물질적, 형식적 원인이다. 시바의 머리카락 사이로는 죽음을 상징하는 두개골이 보이고, 파괴의 주(主)를 상징하는 이마의 장식, 세상에 그가 내리는 은총인 출생과 풍요의 상징인 초승달도 보인다. 그의 머리엔 흰 독말풀 꽃이 꽂혀 있다. 바로 독약을 만드는 풀이다.(디오니소스의 포도주와 미사에 사용되는 포도주와 비교해 보라.) 머릿단 속에는 여신 간지스의 작은 이미지도 숨겨져 있다. 이는, 그가 머리로 하늘에서 떨어지는 간지스의 충격을 받아 내어, 인류의 육체적 정신적 안식을 위해 이 생명과 구원의 물을 부드럽게 땅으로 흘리기 때문이다. 이 신의 춤추는 모습은 상징적인 글자인 옴(AUM), 즉 AUM(ॐ or 𑀑)으로 시각화할 수 있다. 이는 의식의 네 가지 상태와 그 체험의 장(場)을 나타내는 언어적 상징이다.(즉 A는 깨어 있는 의식 상태, U는 꿈의 의식, M은 꿈꾸지 않는 잠을 뜻하는데, 이 신성한 음절을 싸고도는 침묵은 언표(言表)되지 않은 초월성이다.[46] 이렇게 해서 신은 신도의 안팎으로 존재하게 된다.

이러한 형상은, 인각된 이미지의 기능과 가치를 보여 줌과 동시에, 우상 숭배자들에게 긴 설교가 필요 없는 까닭을 설명해 준다. 신도들은 깊은 침묵 속에서, 그리고 자기가 편할 때 이 천상적 상징의 의미에 젖을 수가 있다. 뿐만 아니라 참배자들도 신처럼 팔 고리와 발목 고리를 패용할 수 있는데, 이것들은 신이 한 것들과 같은 의미를 갖고 있다. 그러나 신도의 장식은 뱀 대신 불사를 상징하는 금(삭지 않는 금속)으로 만든다. 말하자면 불사가, 육신의 아름다움인 신의 신비스러운 창조의 에너지인 것이다.

삶의 갖가지 양상과 지역적 관습은 신인 동형의 다른 우상에서 유사하게 복제되고 번안되고 따라서 확인되고 있다. 이렇게 해서 삶 전체가 명상의 보조 수단이 되고 신도들은 항상 침묵의 설법 가운데서 사는 것이다.

영웅이, 조력자인 여성에게서 희망과 자신을 발견하는 것은 바로 이러한 시련을 통해서다. 여성의 마법(꽃가루라는 호부, 중재의 능력) 덕분에 영웅은, 자아가 송두리째 흔들리게 하는 아버지의 무서운 입문 의

그림 28 시바, 우주의 춤의 주(主)(청동 주물, 인도, 10~12세기경)

식 경험으로부터 보호를 받는다. 영웅은, 아버지의 끔찍한 얼굴을 믿을 수 없을 때 그 믿음을 다른 곳(즉 지주녀, 혹은 성모)에다 기울인다. 지원을 보장받은 영웅은 위기를 견디어 나가고, 결국에 가서는 아버지와 어머니가 서로를 투영하고 있지만 사실은 본질적으로 동일하다는 사실을 깨닫는다.

나바호족의 쌍둥이 전사는 지주녀의 충고와 호부를 받아 길을 떠난 뒤, 맞부딪치는 바위, 사람을 토막 내는 무서운 갈대숲, 걸리면 갈가리 찢기는 선인장밭, 끓는 사막이라는 험한 길을 지나 마침내 아버지인 태양의 집에 이른다. 문 앞에는 두 마리의 곰이 지키고 있었다. 두 마리의 곰은 쌍둥이 전사를 보고 으르렁거렸다. 그러나 그 지주녀가 가르쳐 준 주문을 외우자 곰은 잠잠해졌다. 곰에 이어, 한 쌍의 뱀, 바람, 번개가 차례로 쌍둥이를 위협한다. 이들은 마지막 관문의 수호자들이었다.* 그러나 미리 준비했던 주문을 외자 모두 잠잠해졌다.

옥으로 지은 태양의 집은 크고 넓었으며, 넓게 펼쳐진 강가에 서 있었다. 안으로 들어간 쌍둥이 전사는 서쪽에 앉은 여인, 남쪽에 앉은 두 미남 청년, 북쪽에 앉은 두 아름다운 처녀를 발견했다. 젊은 여자들은 아무 말 없이 쌍둥이 형제를 네 하늘 보따리에 싸서 시렁 위에 얹어 버렸다. 형제는 잠자코 있었다. 이윽고 문 위의 방울이 네 번 울리자 젊은 여자들이 외쳤다.

"우리 아버지가 오신다!"

태양을 지고 들어온 사나이가 등에서 태양을 내려, 그 방 서쪽 벽에 박힌 말뚝에다 걸자 틀라 틀라 틀라 틀라 하는 소리가 났다. 이윽고 그는 나이 든 여자에게 돌아서서 노기 띤 음성으로 물었다.

"오늘 여기에 들어온 두 녀석은 누구인가?"

---

* 이 책 130~133쪽에서 이난나가 지난 수많은 관문과 비교해 볼 것.

그러나 여자는 대답하지 않았다. 젊은 청년들은 서로의 얼굴을 바라보았다. 태양을 지고 들어왔던 사나이가 여전히 노기 띤 음성으로 여자에게 같은 질문을 네 차례 던지자 마침내 여자가 대답했다.

"말을 너무 많이 하지 않는 게 좋아요. 오늘 두 젊은이가 아버지를 찾는답시고 이리로 왔어요. 당신은 출타 중에 어느 집에도 들르지 않았고, 나 아닌 어떤 여자도 만나지 않았다고 했지요. 그럼 이 아이들은 누구의 아들이란 말인가요?"

여자는 시렁 위에 놓인 보퉁이를 가리켰고 두 아이는 보퉁이 안에서 의미심장하게 웃으며 서로의 얼굴을 바라보았다.

태양을 지고 들어왔던 사나이는 보퉁이를 시렁에서 내려 네 개의 보자기(새벽의 보자기, 푸른 하늘 보자기, 노란 석양빛 보자기, 어두운 하늘 보자기)를 끌렀다. 두 청년은 바닥으로 내려섰다. 그는 두 청년을 거머잡고는 동쪽에 서 있는, 흰 조가비로 만든 뾰족한 창에다 던져 버렸다. 두 청년은 마법의 깃털을 가지고 있는 덕분에 창에 꽂히지 않고 튕겨져 나왔다. 사내는 다시 둘을 잡아 남쪽에 있는 옥으로 만든 창, 서쪽에 있는 전복 껍질, 북쪽에 있는 검은 바위 위로 차례로 던졌다. 쌍둥이는 죽어라고 마법의 깃털을 움켜쥐고 있었기 때문에 던져지는 족족 튀어나왔다. 태양이 말했다.

"내 아들이라는 이 녀석들의 말이 사실이었으면 좋으련만……."

네 방향을 상징하는 네 가지 상징적 빛깔은 나바호족의 성화(聖畵)나 제의(祭儀)에서 중요한 역할을 차지한다. 네 빛깔이란 각각 동, 서, 남, 북을 상징하는 흰색, 노란색, 푸른색, 검은색을 말한다. 이것은 아프리카의 장난꾸러기 신 에드슈의 모자 빛깔, 즉 붉은색, 흰색, 초록색, 검은색에 해당한다.(이 책, 59~60쪽 참조) 왜냐하면 아버지 자체와 마찬가지로, 아버지의 집 역시 중심을 상징하기 때문이다.

두 쌍둥이 영웅은 이 네 방향의 상징으로 시험을 당한다. 즉 각각의 방위가 가진 결점과 제약 조건을 하나라도 지니고 있는지 여부를 시험당하는 것이다.

잔인한 아버지는 쌍둥이를 쪄 죽이려고 뜨거운 한증막 속에다 처넣었다. 쌍둥이는 바람의 도움으로 살아난다. 바람은, 이들을 도우려고 한증막 속으로 들어가, 쌍둥이가 숨을 공간을 마련해 주었던 것이다.

"그래, 애들은 내 아들이다."

쌍둥이가 나오자 태양이 말했다. 그러나 이 말 역시 책략이었다. 그는 여전히 쌍둥이를 골탕 먹일 계책을 세우고 있었던 것이었다. 마지막 시험 도구로는 독을 넣은 담뱃대가 등장했다. 그때 가시 돋은 벌레 한 마리가 쌍둥이에게 위험을 예고하고는 무엇인가를 입안에 넣게 했다. 쌍둥이는 아무 해도 입지 않고 서로 건네주기까지 하면서 담뱃대 안에 든 담배를 다 태웠다. 게다가 담배 맛이 그럴듯하다는 말까지 했다. 태양은 두 아들이 너무나 자랑스러웠다. 이제 만족한 것이었다. 그는 두 아들에게 물었다.

"내 아들아, 나에게 바라는 것이 무엇이냐, 왜 나를 찾아왔느냐?"

쌍둥이 영웅은 아버지 태양의 신뢰를 얻는 데 성공한 것이다.[47]

아버지가 세심한 주의를 기울여 갖가지 시련을 다 치른 자만을 집안으로 용납할 필요성은, 그리스의 유명한 이야기에 등장하는 파에톤의 불행한 행적이 잘 그려내 보이고 있다. 이디오피아에서 사생아로 태어난 파에톤은 아버지를 찾아 보라는 친구들의 조롱을 받자 페르시아와 인도를 지나 태양의 궁전을 찾아나선다. 어머니가 그에게, 아버지는 태양 마차를 모는 '포이보스(Phoïbos)', 즉 '빛나는 자'라고 일러 준 일이 있기 때문이었다.

태양의 궁전은 험한 산꼭대기에 있었는데, 궁전 전체가 금과 청동으로 마치 타오르는 불처럼 번쩍거렸다. 궁전의 박공은 빛나는 상아로, 이중문은 잘 닦인 은으로 만들어져 있었다. 자재도 좋았지만 그 만든 솜씨가 더욱 훌륭했다.

가파른 길을 올라간 파에톤은 마침내 궁전에 도착했다. 파에톤은 에

메랄드 보좌에 앉은 포이보스를 보았다. 보좌 옆으로는 시간, 계절, 일, 월, 년, 그리고 세기가 옹위하고 있었다. 대담한 젊은이이긴 하지만 파에톤은 문턱에서 발을 멈추지 않을 수 없었다. 인간의 눈으로는 그 엄청난 빛을 견딜 수 없었기 때문이었다. 아버지는 건너편에서 아들에게 말했다.

"왜 왔느냐? 파에톤, 누가 너를 아비의 아들이 아니라고 하겠느냐? 무엇을 원하느냐?"

아들이 공손하게 대답했다.

"아버님,(이렇게 불러도 좋겠습니까?) 포이보스 님이시여, 이 세상의 빛이시여. 만인이 저를 아버님의 친아들임을 알 수 있도록 징표를 보여 주소서."

이 위대한 신은, 빛나는 관을 벗어 옆으로 치우고 아들이 가까이 올 수 있게 했다. 그러고는 품속으로 맞아들였다. 그는 아들에게, 무슨 청을 하든 한 가지는 들어주겠노라고 맹세했다.

파에톤은 아버지의 마차, 즉 날개 달린 말이 끄는 그 마차를 하루만 몰아 보고 싶다고 청했다.

아버지는 아들을 타일렀다.

"네가 그런 것을 요구하다니, 내가 약속을 잘못한 게로구나."

그러고는 아들을 조금 떼어 놓고 그 요구를 취소시키려고 아들을 설득했다.

"몰라서 그랬을 테지만 너는, 내가 신들에게도 들어주지 못할 요구를 하고 있다. 신들도 모두 바라고 있긴 하나 저 불 마차를 몰 수 있는 신은 오직 나뿐이다. 제우스조차도 이 불 마차만은 몰 수가 없다."

포이보스는 알아들을 만큼 설득했다. 그러나 파에톤은 막무가내였다. 자기 맹세를 철회할 수 없었던 포이보스는 되도록 시간을 끌어 보려고 했다. 그러나 결국은 고집 센 아들에게 이 엄청난 마차를 맡기지 않을 도리가 없게 되었다. 불 마차는 바퀴 축, 뼈대, 바퀴는 금으로, 살은 은으로 만들어진 마차였다. 마차를 끄는 말의 멍에에는 감람석과 보석이 박혀 있었다. 시간은 이미 하늘의 마구간에서, 암브로시아(천상의 음식)를 듬뿍 먹고 불을 토하는 네 마리의 말을 끌어내고 있었다. 이어 시간들은 네 마리의 말에게 철거덕거리는 마구를 채웠다. 네 마리의 말은 앞발로 빗장을 건드려 댔다. 포이보스는 파에톤의 얼굴에 화상을 방지하는 고약을 발라 주고는 머리에다 예의 그 빛나는 관을 씌웠다.

그러고는 아들에게 충고했다.

"적어도 아비의 경고만은 명심하도록 하여라. 채찍질은 삼가고 고삐는 꼭 잡고 있어야 한다. 말은 채찍질하지 않아도 자진해서 달릴 것이다. 하늘의 다섯 권역을 지나는 길로 똑바로 들어서서는 아니된다. 왼편으로 비켜 가도록 하여라. 내가 지났던 바큇자국이 보일 것인즉 네 길잡이로 삼도록 하여라. 하늘과 땅이 똑같은 열을 받을 수 있도록 너무 높게도, 너무 낮게도 날지 않도록 하여라. 너무 높이 올라가면 하늘이 탈 것이요, 너무 낮게 내려오면 땅에 불이 붙을 것이어서 하는 소리다. 그 한가운데로 가는 것이 가장 안전할 것이다.

하지만 서둘러야 한다. 내가 너에게 이런 말을 하는 순간에도 밤은 이미 서쪽 해안의 제 목적지에 다다랐다. 우리가 갈 차례다. 보아라, 날이 밝아 오고 있다. 아들아, 네 힘에 의지하기보다는 행운이 네 길을 인도하게 하여라. 자, 이제 고삐를 잡아라."

바다의 여신 테티스가 빗장을 치우자 네 마리 말은 단숨에 내달았다. 말들은 발굽으로 구름을 밟고 날개로 대기를 휘저으며, 같은 동쪽 땅에서 인 바람보다 더 빨리 달렸다. 여느 때보다 훨씬 가벼워진 마차는 즉각 바닥 짐을 싣지 않은 배가 파도에 요동치듯 마구 흔들리기 시작했다. 기겁을 한 파에톤은 고삐를 놓치고 말았다. 그러니 길을 눈여겨볼 수 없는 것은 당연했다. 아무렇게나 파에톤을 올라앉힌 채 마차는 하늘로 치솟아 별자리들을 놀라게 했다. 큰곰자리와 작은곰자리가 그 불길에 그을렸다. 북극의 별들 사이에서 웅크리고 있던 뱀자리가 열을 받고 그 광포한 성미를 부리기 시작했다. 목동자리는 쟁기를 끌고 달아났고, 전갈자리는 꼬리를 흔들어 대었다.

한동안 이름 모를 하늘을 이리 치고 저리 박던 불 마차는 별들을 들이받고 땅 바로 위의 구름 속으로 뛰어들었다. 달은 몹시 놀란 얼굴로, 자기 밑을 달리는, 남매지간인 아폴론의 말들을 내려다보았다. 구름은 증발했고 땅은 불바다로 변했다. 산들은 불을 뿜었고, 도시는 성벽조차 찾아볼 수 없을 정도로 폐허가 되었으며 열방은 잿더미로 화했다. 이디오피아 사람들 피부가 새카맣게 된 것도 그즈음의 일이다. 열기 때문에 피가 피부 표면으로 몰렸기 때문이었다. 리비아는 사막이 되었고 나일강은 땅끝으로 도망치면서 그 머리를 감추어 버렸다. 나일강은 아직도 그 머리를 숨기고 있다.

손으로 그 열기를 가리고 있던 어머니 대지(데메테르)는 뜨거운 연기 때문에 콜록거리면서 큰 소리로, 만유의 아버지 유피테르(제우스)에게 세계를 지켜 달라고 소리쳤다.

"보소서, 하늘은 북극에서 남극까지 연기로 자욱합니다. 위대한 유피테르시여, 바다가 마르고, 이어 땅과 하늘이 황폐해진다면 우리는 저 태고의 혼란으로 되돌아가게 됩니다. 손을 쓰세요. 손을 쓰시어 우주를 지키세요. 아직 남아 있는 것들이라도 이 화염에서 건지세요."

전지전능한 아버지 유피테르는 황급히 신들을 불러모아, 빨리 손을 쓰지 않으면 모든 것이 잿더미가 될 것임을 역설했다. 그는 급히 천정점으로 올라가 오른손으로 벼락을 집어 귀 옆으로 힘껏 던졌다. 마차는 산산조각이 났고 말들은 혼비백산, 마차에서 풀려났으며 파에톤은 머리카락을 홀랑 그을리고 유성처럼 떨어져 갔다. 불붙은 그의 유해를 받아들인 것은 포강이었다.

그 땅의 수정(水精) 나이아데스 자매는 그의 분묘를 세우고 비문을 새겼으니 그 내용은 다음과 같다.

포이보스의 마차를 타고 가던 파에톤 여기 잠들다.
비록 실패했으되, 그 용기는 아주 가상하지 않은가.[48]

자식에 대해 지나치게 관대한 이 부모의 이야기는, 입문이 잘못된 이에게 삶의 역할이 주어질 경우 혼란이 올 수 있다는 옛사람들의 생각을 확인해 준다. 한 아이가 자라, 어머니 품속의 일반적인 행복을 떠나 어른의 특화된 행위들의 세계에 눈을 돌리게 될 때, 이 아기는 정신적으로 아버지의 세계를 엿보게 된다. 아버지는 아들에게는 미래 역할의 상징이요, 딸에게는 미래 남편의 상징이다. 알든 모르든, 그리고 사회의 지위가 어떻든 아버지란 존재는, 자식이 더 넓은 세계로 나갈 때 마땅히 거쳐 가는 입문식의 사제다. 어머니가 그때까지 '선'과 '악'을 표상하고 있었듯이, 지금부터는 아버지가 그 역할을 맡는다. 그러나 이 경우는 조금 복잡하다. 여기엔 새로운 경쟁자적 요소가 틈입한다. 즉 아들은 세계를 섭렵하는 데 아버지를 경쟁 상대로 삼고 딸은 섭렵된 세계 자체가 되는 데 어머니를 경쟁자로 삼는 것이다.

입문에 대한 전통적 인식은, 부모의 이미지에 대한 정서적 관련성을 철저하게 바로잡아 주면서 그가 살아갈 삶의 기술과 의무와 특권을 소개하려는 의도를 수렴하고 있다. 비법 전수자(아버지 혹은 아버지를 대신하는 사람)는, 유아기의 부적당한 카텍시스(cathexis, 리비도가 특수한 사람, 물건, 또는 관념을 향하여 집중 발현되는 현상)로부터 놓여난 입문자에게만 의식(儀式)의 상징을 베풀게 되어 있다. 이런 입문자라야 자기 강화라는 무의식적(혹은 의식적, 합리적일지도 모른다.) 동기나 개인적인 선호나 혹은 증오 때문에 정당하고 비개인적인 힘을 오용할 가능성이 없

그림 29 파에톤의 추락 (미켈란젤로, 양피지에 먹, 이탈리아, 1533년)

1부 영웅의 모험

을 것이기 때문이다. 이상적으로 말하자면, 입문의 영광을 입는 자는 자기 인간성을 모두 박탈당하고 비개인적인 우주적 힘을 대표하는 사람이 된다. 그는 이제 거듭난 자이며 그 자신이 곧 아버지다. 그는 이제 입문의 사제, 안내자, 태양을 향한 문 노릇을 할 능력이 있다. 요컨대, 선악에 대한 유아기 환상을 떨치고, 희망과 공포에서 놓여나 평화롭게 존재의 계시를 이해하고 우주 법칙을 엄숙하게 경험하는 세계로 들어갈 수 있도록 입문자를 인도하는 역할을 수행할 수 있게 된 것이다.

어느 소년은 꿈 이야기를 이렇게 했다.

"대포알에 사로잡히는 꿈을 꾼 적이 있다. 그들은 펄쩍펄쩍 뛰면서 소리를 지르기 시작했다. 나는 내가 우리 집 거실에 있는 걸 알고는 놀랐다. 거실에는 불이 있고, 그 위에는 끓는 물이 가득 든 주전자도 있었다. 그들은 나를 거기에다 처넣었는데, 요리사가 이따금씩 다가와 내가 익었는지 보느라고 포크로 찔러 대곤 했다. 이윽고 요리사가 나를 꺼내어 추장에게 주었다. 추장이 나를 물어뜯으려는 순간 나는 꿈에서 깨어났다."[49]

점잖은 어느 신사는 이렇게 진술했다.

꿈속에서, 나는 아내와 함께 식탁에 앉아 있었다. 식사 도중 나는 우리 둘째아이를 집어, 아무렇지도 않은 듯이 초록색 수프 접시에다 담갔다. 접시엔 뜨거운 물 혹은 뜨거운 액체가 담겨 있었던 것 같다. 꼭 닭요리처럼, 아주 잘 익은 채 나왔기 때문이었다. 나는 식탁의 빵 접시에다 요리를 놓고 칼로 잘랐다. 닭의 모래주머니 같은 부분만 빼고 거의 다 먹었을 때 나는 걱정스러운 얼굴로 아내를 보며 물었다.

"정말 이걸 먹어도 괜찮은 거야? 정말 저녁거리로 장만했던 거야?"

아내는 참한 눈쌀을 찌푸리면서 대답했다.

"워낙 잘 익어서, 어쩔 수가 없었어요."

마지막 한 조각까지 다 먹는 찰나 나는 꿈에서 깨어났다."⁵⁰⁾

　　괴물 아버지의 이 원형적인 악몽은 원시적인 입문의 시련에서 그대로 재현된다. 앞에서 보았듯이 오스트레일리아 먼진족은 소년들에게 처음에는 겁을 잔뜩 주어 어머니에게 보낸다. 위대한 아버지 뱀이 포피를 요구한다고 말하는 것이다.* 이 경우 여자들은 보호자 역할을 맡는다. 부락에서는 유를룽구르(Yurlunggur)라는 엄청나게 큰 뿔 나팔을 분다. 이 뿔 나팔은, 구멍에서 나온 위대한 아버지 뱀의 울음 역할을 한다. 남자들이 아이들을 데리러 오면 여자들은 창을 꼬나잡고 싸울 뜻을 나타내는 척한다. 소리를 지르며 울부짖기도 한다. 아이들이 붙잡혀 가 뱀에게 '먹힐' 것이기 때문이다. 남자들이 춤을 추는 삼각형 무대는 바로 위대한 아버지 뱀의 몸이다. 어른들은 소년들에게 여러 날 밤 동안 갖가지 토템 조상들을 상징하는 춤을 보여 주는 한편 세계의 질서를 설명하는 신화를 가르쳐 준다. 소년들을 가까운 마을이나 멀리 떨어진 종족에게로 긴 여행을 떠나보내기도 하는데 이는 남근을 숭배하던 조상들의 신화적 방황을 모방한 것이다.⁵¹⁾ 이런 식으로 그들은 위대한 아버지 뱀의 몸 '안에서' 어머니를 잃는 대신에 그 보상으로 얻게 될 새로운 세상을 소개받는다. 그리고 아이들은 자기 상상의 중심(즉 세계의 축)에다 젖가슴 이미지 대신 남근을 세운다.

　　이 기나긴 일련의 의식에서 절정을 이루는 것은 할례 집도자의 무시무시하고 고통스러운 공격을 통하여 남근을 그 포피로부터 해방시키는 대목이다.

"아버지(말하자면 할례 집도자)는 아이를 어머니로부터 분리시키는 역할을 한다."

* 이 책 21쪽 참조.

로하임 박사는 이렇게 쓰고 있다. "실제로 아이에게서 잘려 나가는 것은 어머니다……. 포피에 싸인 귀두는 곧 어머니 품속에 있는 아이인 것이다."[52]

엄격한 일신교적 신화에서 여성적인 요소가 완전히 사라진 지 오래인데도 오늘날 히브리, 이슬람교 의식에서 이 할례식이 전해 내려오는 것은 흥미로운 일이다. 『코란』에서 우리는 이런 구절을 읽을 수 있다. "신은, 다른 신을 그분과 함께 세우는 죄를 용서하시지 않는다. 이교도들은 알라신을 거들떠보지도 않고 여성 신들만 찾는다."[53]

가령 아룬타족의 경우, 과거와의 단절을 뜻하는 이 결정적인 순간이 오면 사방에서 소가 우는 소리가 들려온다. 시간적으로는 밤인데, 갑자기 무시무시한 불빛 속에서 할례 집도자와 그 조수가 나타난다.

소의 울음소리는 의식의 위대한 악령이 내는 소리이고, 집도자와 그 조수는 악령의 화신이다. 분노의 표시로 집도자와 조수는 수염을 깨문 채 두 다리를 벌리고 두 팔을 내민다. 두 사람은 꼼짝도 않고 서 있는다. 집도자는, 포피를 절단할 칼을 오른손에 든 채 앞에 서고, 조수는 바로 그 뒤에 바짝 붙어 선다. 즉 서로 몸을 붙이고 서는 것이다. 이어서 한 사나이가 방패를 머리에 얹어 균형을 잡으면서 불빛 속에서 나오는 동시에 양손의 엄지와 집게손가락을 퉁긴다. 소 울음소리가 커져 멀리 있는 여자와 아이들에게도 들린다. 방패를 머리에 얹은 자가 집도자 앞에 한쪽 무릎을 꿇고 앉으면 수많은 어른들이 소년 하나를 들어 소년의 다리를 앞으로 향하고 다가가 그 방패 위에다 얹는다. 이때 모든 사람들은 일제히 크고 깊은 음성으로 노래를 부른다. 수술은 신속하게 진행된다. 수술이 끝나면 무시무시한 집도자와 조수는 불빛이 밝혀진 곳에서 물러선다. 멍한 상태에서 채 깨지 않은 소년은 모여 선 사람들로부터 축하를 받는다. 즉 소년도 이제 그들의 일원이 된 것이다. 그들은 "잘했다. 너는 비명 한마디 지르지 않았다."라고 말한다.[54]

오스트레일리아 원주민의 신화를 보면, 초기 입문 의식에서는 모든 젊은이들이 죽음을 당한 것으로 되어 있다.[55] 따라서 이 의식은 연장자 세대에 의한 오이디푸스적인 공격을 극화한 것으로 보이며 할례 의식 역시 완화된 거세 의식이다.[56] 그러나 이 의식은 동시에 젊은 세대, 즉 세력 집단으로 발돋움하는 남성 집단에 의한 식인(食人) 및 살부(殺父) 충동과 함께 원형적 아버지의 자기희생적인 측면도 함께 보여 주고 있다. 즉 연장 세대가 상징적인 가르침을 베푸는 긴 기간 동안, 입문자는 연장 세대가 흘리는 신성한 피만을 먹고 살아야 하기 때문이다. 다음과 같은 흥미로운 구절을 읽어 보자.

원주민들은 기독교의 성찬식에 특히 관심을 보였다. 선교사들로부터 성찬식 이야기를 들은 그들은 대뜸 자기네들의 흡혈 의식과 비교하는 것이었다.[57]

저녁이 되면 모두 모여들어 종족의 우선순위에 따라 자리를 잡고 앉아, 소년을 그 아버지의 다리를 베게 하여 눕힌다. 소년은 절대로 움직이면 안 된다. 움직이면 죽는다. 아버지는 두 손으로 아들의 눈을 가린다. 소년은 만일 의식을 목격하면 아버지와 어머니가 죽게 된다고 믿는다. 나무로 만든 그릇이나 수피(樹皮) 그릇이 하나 소년의 외삼촌들 옆에 놓인다. 외삼촌은 팔을 가볍게 묶은 채 코걸이로 팔뚝을 찌르고 어느 정도 피가 찰 때까지 손을 그릇 위에 올려놓고 기다린다. 그다음 옆사람들도 차례대로 팔뚝을 찔러 그 그릇을 피로 마저 채운다. 이때 받은 피는 약 한 되 정도 된다. 소년은 이 피를 마신다. 토할지 모르니까 아버지가 소년의 목줄을 움켜쥐어 토하지 못하게 한다. 토하면 아버지, 어머니, 누이, 형제가 모두 죽는다. 나머지 피는 소년 위에다 뒤집어씌운다.

이때부터 약 한 달간, 소년은 사람의 피 이외의 음식을 먹어서는 안 된다. 이 피는 야밍가(yamminga)라고 하는데, 야밍가란 이러한 율법을 만든 신화적인 조상을 말한다. …… 피는 그릇 안에서 굳는 수도 있다. 그러면 의식을 집전하는 자가 코걸이로 굳은 피를 잘라 소년에게 먹이되 맨 가에 있는 두 토막을 먼저 먹인다. 토막은 똑같은 크기로 내어야 한다. 그러지 않으

면 소년은 죽는다.[58]

피를 흘린 자는 기절하거나, 출혈로 인해 한두 시간씩 혼수상태에 빠지는 일도 있다.[59] 이 의식의 또 다른 목격자는 이렇게 쓰고 있다. "옛날에는 (의식에서 입문자가 마시는) 이 피를 의식용으로 특별히 도륙 당한 사람들 것으로 썼고 그 시신의 일부를 먹기도 했다."[60] 로하임 박 사는 이렇게 지적하고 있다. "우리는 여기에서 원시의 아버지를 죽이 고 먹는 행위를 표현한 의식을 가장 잘 엿볼 수 있다."

어떤 기록에 따르면, 두 소년이 그만 보아서는 안 될 장면을 보고 말았다. 이 기록 을 직접 인용해 보자. "그러자 노인들이 각각 돌칼을 손에 들고 앞으로 나섰다. 두 소 년에게 다가간 그들은 소년들의 동맥을 따 버렸다. 잘린 동맥에서는 피가 쏟아져 나 왔고, 다른 사내들은 모두 소리를 질러 댔다. 두 소년은 바로 까무러쳤다. 늙은 주술사 (wirreenuns)는 돌칼을 그 피에 담갔다가 그 자리에 참석한 모든 사람들의 입술에다 차 례로 갖다 대었다…… 사람들은 이 의식의 희생자들의 시체를 요리했다. 의식에 다섯 차례 참석했던 사람은 모두 고기 한 덩어리씩 먹었다. 이러한 광경을 구경하는 것은 어 느 누구에게도 허용되지 않았다."[61]

이 벌거숭이 오스트레일리아 야만인들이 미개해 보일지 몰라도, 이 유서 깊은 정신적 유산의 체계를 오늘날까지 상속시킨 그들의 상징적 인 의식과 그 의식의 광범위한 흔적이 인도양을 접하는 땅과 섬에서뿐 만 아니라, 오늘날 우리가 특별히 우리 문화권으로 여기는 고대 문화 중심지의 유습에서도 발견된다는 것은 의심할 나위가 없다. 옛 사람들 이 얼마나 알고 있었는지, 우리 서양 관찰자들의 문헌들로써는 판단해 내기가 쉽지 않다. 그러나 오스트레일리아의 제의 형식을 우리가 익히 아는 고급문화의 제의 형식과 비교해 보면, 이 위대한 주제, 영원한 원 형, 그리고 영혼에 대한 원형의 작용이 동일하게 남아 있음을 확인할 수 있다.

오늘날 멜라네시아에 남아 있는 상징체계가 기원전 2000년대의 이집트-바빌로니아, 트로이아-크레타의 "미궁 콤플렉스(labyrinth complex)"와 놀라울 정도로 흡사하다는 주장을 보려면 John Layard의 *Stone Men of Malekula*를 참조할 것.[62] W. F. J. Knight는 말레쿨라의 "영혼의 지하 세계 여행"이 아이네이아스에 의한 지하 세계 여행, 그리고 바빌로니아 사람 길가메시의 여행과 분명히 관련이 있다고 지적했다.[63] W. J. Perry는 이집트에서 수메르, 오세아니아를 걸쳐 북아메리카로 이어지는 이러한 문화의 논리적 상관관계를 분명히 밝힐 수 있다고 생각했다.[64] 많은 학자들은 고대 그리스 문화와 오스트레일리아의 원시적인 입문 의식 사이엔 밀접한 관계가 있다고 지적했다.[65]

어떤 방법으로, 어떤 지역에서, 갖가지 고대 문명의 신화적, 문화적 패턴이 이 지구의 구석까지 전파되었는지는 분명하지 않다. 그러나 단언하거니와, 우리 문화 인류학자들이 연구한 이른바 '원시 문화' 중 자생적(自生的)인 것은 거의 없다. 오히려 원시 문화란, 전혀 다른 지역에서, 대개는 그리 단순하지 않은 풍토에서 그리고 다른 종족에 의해 발전한 풍습이 어느 지역에서 채용, 변질, 형식화한 것이라고 볼 수 있다.[66]

오라, 오, 디티람보스,
나의 이 남성의 자궁 속으로 들어가라.[67]

아들 디오니소스를 향한 벼락의 주재자 제우스의 이 외침은, 입문 의식에 관한 그리스 비의(秘儀)의 주선율로 들린다. "보이지 않는 무서운 가상(假象)으로부터 황소의 울음소리가 들리고, 북으로부터 공포에 젖은 대기 속으로 땅속 천둥 같은 광경이 펼쳐진다."[68]

죽음을 당했다 부활한 디오니소스의 별명이기도 한 이 "디티람보스"라는 말을, 그리스인들은 "두 문을 지난 사람", 즉 재생의 무서운 관문을 통과한 사람을 뜻하는 말로 이해했다. 그리고 우리는 이 주신(酒神, 식물의 재생, 달의 재생, 태양의 재생, 영혼의 재생과 관련되어 있고, 새해의 신이 부활하는 계절에 섬김을 받던)을 찬양하는 송가(頌歌, dithyrambos)와 어둡고 피비린내 나는 의식이 고대 그리스 비극의 제의적(祭儀的) 시작을 상징한다는 것도 알고 있다. 고대 세계에는 어디에나 그런 신화와 제의가 허다했다. 탐무즈, 아도니스, 미트라, 비르비우스, 아티스, 오시리스,

그리고 그들을 상징하는 갖가지 동물(염소와 양, 황소, 돼지, 말, 물고기, 그리고 새)들의 죽음과 부활을 비교 종교학도라면 누구나 알고 있다. 성령강림절의 악동, 그린 조지(Green George), 존 발리콘(John Barleycorn), 코스트루본코(Kostrubonko, 봄의 신)의 사육제 놀이나, 겨울몰이, 여름맞이, 크리스마스, 굴뚝새 죽이기 따위는 다분히 오락적 분위기에서 고대의 제의적 전통을 우리 시대의 달력으로 계승했다.[69] 그리고 기독교 교회(타락과 구원, 십자가형과 부활, 세례를 통한 '거듭남', 빰을 치는 견진 성사의 입문 의식, 살을 먹고 피를 마시는 상징적인 행위의 신화)를 통하여 우리는 엄숙하게, 때로는 효과적으로 입문의 권능을 비추는 이들 불사(不死)의 이미지에 합류한다. 이 땅에 살기 시작한 이래로 인간은 이러한 신성한 절차를 통하여 현상계에 대한 공포를 이기고 모든 것을 변모시키는 불사의 존재를 향한 희망을 획득할 수 있었다. "부정한 사람들에게 염소나 황소의 피와 암송아지의 재를 뿌려도 그 육체를 깨끗하게 하여 그들을 거룩하게 할 수 있다면, 하물며 성령을 통하여 당신 자신을 하느님께 흠 없는 제물로 바치신 그리스도의 피는 우리의 양심을 깨끗하게 하는 데나, 죽음의 행실을 버리게 하고 살아 계신 하느님을 섬기게 하는 데 얼마나 큰 힘이 되겠습니까?"[70]

동아프리카의 바숨봐족 사이에 전해 내려오는 민간 전설에는, 세상을 떠난 아버지를 만나는 사람의 이야기가 있다. 아버지는 죽음의 가축을 몰고 아들에게 나타나 넓은 굴 같은, 땅속으로 난 길로 아들을 인도했다. 이윽고 그들은 넓은 지역에 이르렀는데, 거기엔 사람도 더러 있었다. 아버지는 아들을 숨기고 잠이 들었다. 다음 날 아침 대추장인 죽음이 나타났다. 그의 한쪽 모습은 아름다웠지만 한쪽은 썩어 있어서 구더기가 땅으로 후두둑 떨어졌다. 추장의 수행원들은 그 구더기를 줍고 있었다. 수행원들이 물에 그 상처를 씻고 나자 죽음이 입을 열고 말했다.

"오늘 태어나는 자는, 장사하러 가면 강도를 만나 털릴 것이다. 오늘

아기를 배는 여자는 밴 아기와 함께 죽을 것이다. 오늘 밭을 가는 자가 있으면 그 곡식은 여물지 못할 것이다. 밀림으로 들어가는 자는 사자의 밥이 될 것이다."

죽음은 이 우주적인 저주를 내리고는 휴식에 들었다. 그러나 다음 날 아침에 다시 나타났다. 수행원들이 아름다운 쪽을 씻고 향유를 바른 다음 기름으로 문질러 주었다. 이 일이 끝나자 죽음은 복을 내렸다.

"오늘 태어나는 자는 재물의 복을 받을 것이다. 오늘 아기를 배는 여자는 천수를 누릴 아이를 낳을 것이다. 오늘 태어나는 아기는 시장으로 보내라. 장님과 상담을 벌일 듯하니 마땅히 봉을 잡을 것이다. 밀림으로 들어가는 자는 사냥이 순조로우리라. 내가 복을 내렸으니 코끼리가 걸릴지도 모른다."

이어서 아버지가 아들에게 일렀다.

"네가 오늘 여기에 이르렀으면 큰 복을 받았을 것이다. 허나 네가 가난하게 살 팔자인 것을 어쩌랴. 내일은 여기에서 떠나도록 하여라."

아들은 이튿날 집으로 돌아왔다.[71]

죽음의 주(主)인 지하 세계의 태양은, 날[日]을 내리고 날을 다스리는 빛나는 왕의 다른 면이다. 이런 말도 있다.

"하늘과 땅에서 너를 받쳐 주는 이가 누구냐? 죽은 자 가운데서 산 자를 일으키고 산 자 가운데서 죽은 자를 일으키는 이가 누구인가? 그럼 만물을 다스리고 단속하는 이는 누구인가?"[72]

우리는 노파에 의해, 정오의 태양이 머무는 천정점으로 간 와차가족의 가난한 사람 키아짐바의 이야기를 기억하고 있다.[73] 이 천정점에서 대추장은 그에게 복을 내렸다. 그리고 아프리카의 반대편 해안 지방[74]에서 전해지는, 싸움 붙이기가 취미인 장난꾸러기 신 에드슈 이야기도 기억하고 있다. 대추장과 에드슈는 무서운 형상을 한 같은 신의(神意)의 다른 얼굴이다. 이 단일한 신은 모순되는 개념, 즉 선과 악, 생과 사,

고통과 쾌락, 증여와 박탈을 두루 지니고 있다. 태양의 문을 지키는 이 신은 쌍쌍의 대립물의 원천이다.

"보이지 않는 세계로의 열쇠는 그와 함께하고 …… 결국 너도 그에게로 돌아간다. 돌아가면 너에게 네가 행한 모든 진실을 보여 줄 것이다."[75]

자기모순인 것처럼 여겨지는 아버지의 신비는, 선사 시대 페루의 신 비라코차(Viracocha) 이야기에도 나타나고 있다. 비라코차의 관(冠)은 곧 태양이다. 그는 양손에 벼락을 들고 있고 그의 눈에서는 세계의 계곡에 사는 생명을 소생시키는 비가 눈물로 흘러내린다. 비라코차는 만유의 신이며 만물의 창조자다. 그런데도 지구에 내린 그의 모습을 전하는 전설에는 그가 누더기 차림에 손가락질이나 받는 거지로 등장한다. 이 이야기는, 베들레헴 여관 문전을 기웃거리는 마리아와 요셉,[76] 그리고 바우키스와 필레몬의 문전에서 걸식하던 제우스와 헤르메스 이야기를[77] 상기시킨다. 뿐만 아니라 사람들이 알아보지 못하는 아프리카의 장난꾸러기 신 에드슈를 연상시키기도 한다. 이것은 신화에서 우리가 자주 만나는 주제다. 『코란』은 "어디로 돌아서든, 거기엔 알라신이 계시도다."[78]라는 말로 이를 암시하고 있다. 힌두교에서는 이렇게 말한다. "만물 속에 숨어 있어서 그 영혼이 빛을 발하지 않으나, 뛰어난 지력을 가진 명민한 자의 눈에는 보인다."[79]

그노시스 파의 격언에 따르면 "지팡이를 쪼개도 예수님이 거기 계신다."[80]

따라서 비라코차는 이런 식으로 자기가 어디에나 존재하고 있음을 천명하면서 지고한 만유의 신들에 동참한다. 게다가 태양신과 폭풍신을 합친 그의 존재는 우리에게도 낯설지 않다. 두 신의 특징이 두루 보이는(즉 폭풍신 야훼와 태양신 엘) 히브리의 야훼 신화를 통해 이미 우리는 알고 있는 것이다. 나바호족의 이야기에 등장하는 쌍둥이 전사의 아

그림 30 주술사(검은 먹으로 메운 바위 새김, 구석기 시대, 프랑스, 기원전 1만 년경)

버지도 이러한 신을 인격화한 것에 다름 아니다. 제우스는 물론이고, 불상의 특정한 형태 중에는 벼락이나 후광이 포함되어 있다는 점에서 부처 역시 여기에서 멀지 않다. 이러한 사실은, 태양의 문을 통해 우주로 쏟아져 들어오는 은혜는, 다른 존재를 징벌하면서도 그 자체는 파괴 불가능한 벼락의 에너지와 동일함을 뜻한다. 불멸의 존재가 내뿜는, 망상을 깨뜨리는 빛은, 창조하는 빛과 동일하다는 뜻이다. 자연계의 부수적인 양극성으로 설명하자면 이렇다. 즉 이글거리는 태양 안에서 타오

1부 영웅의 모험

그림 31 우주적 아버지, 울고 있는 비라코차(청동, 잉카 시대 이전의 유물, 아르헨티나, 650~750년경)

르는 불길은 폭풍을 일으키기도 하므로 한 쌍의 대립적인 원소인 불과 물의 배후 에너지는 동일하다는 것이다.

그러나 이 멋지게 각색이 된 페루 판(版) 만유의 신인 비라코차의 특징 가운데서도 가장 독특하고 감동적인 대목은, 비라코차 고유의 것인 저 눈물이다. 생수(生水)는 신의 눈물이다. 여기에서 "모든 생명은 슬프다."는 비관적인 어느 수도승의 통찰은, "생명은 살아야 한다."고 찬탄하는 아버지의 낙관적인 확신 속으로 수렴된다. 자기 손이 창조한 생명의 고뇌를 익히 자각하고, 자기가 창조한 자기 참해(自己慘害)적이고, 쾌락적이고, 분노에 떨고 있는, 미망의 우주 속의 혹심한 고통의 황무지와 머리를 터뜨리는 듯한 불길을 생생하게 의식하는 이 신은 삶이 삶을 점화시키는 행위를 승인한다. 정액의 사출을 보류하는 것은 멸종을 초래할 뿐이다. 그러나 이를 사출하는 것은 우리가 아는 세계를 창조함을 의미한다. 시간의 본질은 유동하며, 한순간 존재하던 것의 소멸이다. 그리고 생명의 본질은 시간이다. 그의 자비, 시간 속의 존재들에 대한 그의 애정으로 인해, 이 데미우르고스(조물주)적 인간 중의 인간은 저 격통의 바다를 편든다. 그러나 자기의 행위를 완전히 자각하고 있는 그가 사출하는 정액은 곧 그 눈에서 흐르는 눈물이다.

창조의 역설, 즉 영원으로부터 시간적 존재가 도래함은 아버지가 지니는 근원적인 비밀이다. 이것은 설명될 수가 없다. 따라서 모든 신학체계에는 배꼽, 즉 어머니인 생명의 손가락이 닿았던, 끝내 아무도 알 수 없는 아킬레스건(腱)이 있는 법이다. 영웅이란, 정확하게 그곳에서 자신을(그리고 자신이 속한 세계를) 뚫고 들어가, 그의 존재를 제약하는 매듭을 잘라야 하는 것이다.

아버지를 만나러 가는 영웅은 이 광대무변하고 무자비한 우주의 걷잡을 수 없는 비극이 어떻게 존재의 존엄성 속에서 완벽하게 인정받을 수 있는지 이해할 수 있을 때까지 공포를 무릅쓰고 영혼의 문을 열어야 한다. 영웅은 특수한 맹점을 가진 삶을 초월하여, 한순간이나마 그 근원을 투시한다. 그는 여기에서 아버지를 만나고, 둘은 화해에 이른다.

성서의 「욥기」에서 하느님은 "순박하고 진실하며 하느님을 두려워하고 악한 일을 거들떠보지 않는" 신실한 종에게 주어진 부당한 벌을 인간의 언어로든 그 어떤 방법으로든 정당화하지 않는다. 하인들이 갈데아 군병들에게 도둑을 당한 것이나, 아들딸이 무너지는 지붕에 깔려 죽은 것도 그들에게 죄가 있어서 그랬던 것은 아니었다. 그를 위로하러 온 친구들은 하느님의 심판에 독실한 믿음을 가진 사람들로 욥에게 무슨 허물이 있길래 벌이 내린 게 아니겠느냐고 했다. 그러나 정직하고 용기가 있었으나 더할 나위 없는 불행을 당한 욥은 자기에게 허물이 없다고 했다. 그러자 친구 엘리후는, 욥이 스스로를 하느님보다 더 공명정대하다는 것은 신을 모독하는 것이라고 공격했다.

야훼는, 폭풍 속에서 욥에게 대답하면서도 자신이 한 일을 윤리적으로 변호할 생각은 없고 욥에게, 하늘에서 하는 식으로 땅에서도 해야 한다면서 자기 존재를 과장해서 말하기만 한다.

> 대장부답게 허리를 묶고 나서라.
> 나 이제 물을 터이니 알거든 대답하여라.
> 네가 나의 판결을 뒤엎을 셈이냐?
> 너의 무죄함을 내세워 나를 죄인으로 몰 작정이냐?
> 네 팔이 하느님의 팔만큼 힘이 있단 말이냐?
> 너의 목소리가 천둥소리와 같단 말이냐?
> 그렇다면 권세와 위엄으로 단장하고
> 권위와 영화를 걸치고
> 너의 분노를 폭발시켜 보아라.
> 건방진 자가 보이거든 짓뭉개 주어라.

거드럭거리는 자가 보이거든 꺾어 버려라.

불의한 자는 짓밟아 버려라.

땅굴 속에 가두고 얼굴을 칭칭 감아 숨겨 놓아라.

그렇게 할 수 있다면 내가 알아주리라.

네가 자신의 힘으로 헤어날 수 있으리라고.[81]

여기에는 「욥기」 1장에 묘사된 사탄과의 내기에 대해서는 설명이나 언급이 없고 오직 일어난 사실에 대한 청천벽력 같은 탄핵의 시위만이 있을 뿐이다. 말하자면, 인간의 범주 밖에 있는 중심에서 비롯되는 하느님의 의지는 인간의 힘으로는 측량할 수 없다는 것이다. 이 범주야말로 「욥기」의, 전지전능한 야훼에 의해 완전하게 부서져, 끝까지 부서진 형태로 남는다. 그럼에도 불구하고 욥에게는, 야훼의 계시가 자기 영혼을 만족시켜 주는 것처럼 보인다. 욥은 끔찍한 불가마 안에서 견디는 용기와 전지전능한 신의 성격에 대한 일반적 개념 앞에서 결코 파괴나 굴복당하지 않음으로써, 친구들을 만족시키는 것 이상의 위대한 계시에도 맞설 수 있음을 증명한 영웅이었다. 우리는 그가 한 말을, 그저 두려움에 떠는 자가 한 말로만 해석할 수가 없다. 그의 말은 자기 합리화의 한 방편으로 '말로 전해진' 것을 능가하는 그 뭔가를 '목격한' 사람의 말이다.

"당신께서 어떤 분이시라는 것을 소문으로 겨우 들었는데, 이제 저는 이 눈으로 당신을 뵈었습니다. 그리하여 제 말이 잘못되었음을 깨닫고 티끌과 잿더미에 앉아 뉘우칩니다."[82]

위로하던 자들은 무색해진다. 욥은 새 집, 새 하인, 새 아들 딸을 상으로 받는다. "그 후 욥은 140년을 더 살면서 4대 손을 보았다. 욥은 이렇게 수를 다 누리고 늙어서 세상을 떠났다."[83]

아들이 아버지를 진정으로 이해할 나이가 되면 시련의 고뇌를 기꺼이 감수한다. 세상은 더 이상 눈물의 골짜기가 아닌, 행복이 기다리는

1부 영웅의 모험

현존의 영속적인 현현이다. 조너선 에드워즈와 그 추종자들이 알던 노기 충천한 신의 분노와는 대조적으로, 같은 세기의 눈물 겨운 동유럽의 게토(유대인 집단 거주 지역)에서는 다음과 같은 서정시가 흘러나왔다.

> 오, 만유의 주님
> 당신께 찬송을 바치렵니다.
> 어딘들 당신이 계시지 않겠습니까!
> 제가 지나는 곳이면 당신이 계시고,
> 제가 머무는 곳이면 당신이 계십니다.
> 오, 당신이여, 유일한 주님이시여.
>
> 잘되어도 당신께 감사드리고
> 못되어도 당신께 감사드립니다.
>
> 당신은 예전에 계시었고, 지금 계시며, 앞으로도 계실 것입니다.
> 당신은 우리를 다스리셨고, 다스리시며, 다스릴 것입니다.
>
> 당신은 하늘이며, 땅이십니다.
> 지극히 높은 곳도 채우시고,
> 지극히 낮은 곳도 채우시니,
> 내 어디에 가든 당신은 거기에 계십니다.[84]

5 신격화

티베트, 중국, 일본의 대승 불교에서 가장 영험이 있는 분으로 믿어지고 또 가장 많은 사랑을 받고 있는 보살은 연꽃을 들고 다니는 관세음보살(觀世音菩薩, Avalokiteśvara)이다. 이분은 존재의 구렁텅이에 빠져 고통받고 있는 모든 지각 있는 중생을 가엾게 여긴다고 해서 관세음보살, 즉 "대자대비로 굽어보시는 주(主)"라고 불린다. 티베트의 "기도구(祈禱具, prayer wheel)"와 징소리에 맞추어 수백만 번이나, 되풀이되는 기도인 "옴마니반메훔(妙法蓮花, 즉 연꽃 속에 보석이 있다.)"도 그 보살을 향한 것이다. 인간에게 알려진 신들 가운데 관세음보살만큼 많은 기도를 가납(嘉納)하는 신도 없을 것이다. 여기엔 이유가 있다. 즉 그는 인간으로서는 마지막으로 이 땅에 살다가 마지막 관문을 넘어서는 순간(이 순간만 넘어서면, 이름 붙여지고 경계 지어진 우주의 헛된 망상을 초월한 공(空)의 무량 세계가 열린다.)에 이를 작파해 버리고, 모든 중생을 정각에 이르게 한 연후에야 공(空)에 들겠다고 맹세했기 때문이다. 그 이후부터 그는 신의 은혜 안에서 중생을 돕는 존재로, 중생의 존재 안으로 삼투한다. 따라서 광대한 부처의 정신적 왕국 도처에서 그에게 하는 기도는 모두 가납된다. 그는 다양한 모습으로 일만 세계를 왕래하며, 그를 필요로 하는 중생, 기도하는 중생에게 나타난다. 그는 팔이 둘인 인간의 모습을 비롯, 팔이 넷, 여섯, 열둘, 혹은 천 개(千手觀音)인 초인간적인 모습으로 나타나기도 하는데, 왼손에는 늘 이 세상의 연꽃(蓮花, Lotus)을 들고 있다.

부처 자신처럼, 이 신과 같은 존재는 인간적인 영웅이 마지막 무지의 공포를 초월하고 획득하는 신적인 상태(divine state)의 한 본보기다. "의식의 외피가 벗겨져 나가, 모든 공포에서 자유로워지고 변화의 경계를 넘어서게 된"[85] 상태다. 이것은 우리 모두에게 잠재해 있는 해탈의 상태이며, 영웅이 됨으로써 누구나 획득할 수 있는 상태다. 즉 "만물에는 불성(佛性)이 있으니"[86] (같은 말을 달리 하자면) "일체의 존재는 자아가 없기 때문이다."

(스리랑카, 버마, 그리고 샴 지방에 남아 있는 불교인) 소승 불교는 부처를 인간적인 영웅, 대성인, 그리고 현자로 모신다. 그러나 (북방의 불교인) 대승 불교에서는 부처를 구세주인 대각자(大覺者), 우주적인 정각(正覺) 원리의 화신(化身)으로 파악한다.

보살은, 불성(佛性)의 경계에 든 귀인(貴人)이다. 소승 불교의 견해에 따르면, 환생하면 부처가 될 대성(大聖)이고, 대승 불교의 견해에 따르면, 우주적인 대자대비의 원리를 표상하는 일종의 구세주다. 산스크리트어의 '보살(bodhisattva)'은 '존재와 본질이 정각에 이른 자'란 뜻이다.

대승 불교는 수많은 보살과, 과거와 미래의 부처들에 대한 관념을 발전시켰다. 이들 보살들은 초월적인 유일한 아디 붓다(primal Buddha)[87]의 권능을 현현한다. 아디 부다는, 마법의 거품처럼 무존재의 공(空)에 걸린, 모든 존재의, 상상할 수 있는 한의 가장 고귀한 근원이며 궁극적인 경계다.

세상에는 도처에 보살(존재와 본질이 대각에 이른 자)이 있고, 보살의 광명을 받고 있지만, 세상이 보살을 안고 있는 것은 아니다. 오히려 보살이 세상, 즉 연꽃을 들고 있다. 고통과 쾌락은 그를 구속하지 못한다. 그가 고통과 쾌락을 극도로 평온한 상태에서 구속하고 있다. 우리 모두가 그와 같은 존재가 될 수 있기 때문에, 그라는 존재, 그의 형상, 혹은 그의 이름을 부르는 것 자체가 우리에겐 희망이다.

그는 8000날의 빛으로 짠 화환을 쓰고 있는데, 이 화환은 아름답기가 그지없다. 그의 몸은 자금(紫金)빛이다. 손바닥엔 500송이 연꽃의 빛깔이 어우러져 있는데, 각 손가락 끝에는 8만 4000개의 인장이 붙어 있고, 각 인장은 8만 4000가지 빛깔로 이루어져 있다. 그리고 각 빛깔은, 존재하는 만물을 비추는 8만 4000날의 은은한 빛으로 짜여 있다. 이 귀한 손으로 그는 만물을 쓰다듬고 다독거린다. 그의 후광은 갖가지로 변화한 형상의 500부처로 이루어져 있고 각각의 부처는 500보살을 거느리고 있으며 각각의 보살 역시 셀 수 없이 많은 신들이 수행하고 있다. 그가 땅에다 발을 디디면 곳곳에 흩어진 금강석과 보석의 꽃이 사방을 뒤덮는다. 그의 얼굴은 금빛이다. 보석으로 만든 그의

그림 32 보살(사원 깃발, 티베트, 19세기)

1부 영웅의 모험

관에는 키가 1000리에 이르는 부처가 서 있다.[88]

중국과 일본에서, 이 대자대비의 보살은 남성의 형상뿐 아니라 여성의 형상으로 표상되기도 한다. 중국의 "콴인〔觀音〕", 일본의 "쿠안논〔觀音〕"(극동의 성모)은 바로 이 세상을 내려다보는 대자대비한 보살이다. 극동의 불교 사원에는 예외 없이 이 관음보살상이 있다. 관음은, 범인〔凡人〕과 현자에게 두루 신성한 존재다. 왜냐하면 관음이 세운 맹세에는, 세상을 구제하고 세상을 버티는 심오한 직관이 포함되어 있기 때문이다. (결코 끝나지 않는) 시간이 끝나는 순간까지 잔잔한 영원의 강으로 뛰어드는 것을 포기하겠다는 각오로 열반의 문턱에서 걸음을 멈추었다는 것은, 겁(劫)과 찰나의 차이는 다만 표면적일 뿐이라는 자각을 표상한다. 합리적인 마음에 의해 느껴지는 이 차이는, 한 쌍의 대립물을 초월한 정신의 완전한 지식 안에서는 용해되어 버린다. 이때 체득되는 것은, 찰나와 영원이, 같은 경험에 대한 두 가지 측면들, 즉 동일의 비이원적(非二元的)이고, 표현할 수 없는 것에 대한 두 가지 측면들이라는 사실이다. 즉 영원의 보석이 탄생과 죽음의 연꽃 속에 들어 있다는, "옴마니반메훔"인 것이다.

여기에서 먼저 주의해서 보아야 하는 것은 보살의 양성구유적(兩性具有的, androgynous) 성격, 즉 남성인 관세음과 여성인 관음의 성격을 동시에 갖추고 있다는 것이다.

신이 남성과 여성의 성격을 두루 갖추는 예는, 신화의 세계에서는 그리 생소하지 않다. 이러한 신들은 항상 불가사의한 모습으로 신화에 떠오른다. 이러한 신들은 마음을, 객관적인 체험을 초월한 상징적 영역, 이원성이 존재하지 않는 영역으로 인도한다. 만상의 창조자이며 그릇인 주니족의 최고신 아워나윌로나는 남성으로 지칭되는 때도 있긴 하나 사실은 양성적인 신이다. 중국 역사의 시원인 성녀 타이유완〔聖女太元〕은

그림 33 관세음보살 콴인(목조에 채색, 중국, 11~13세기)

남성적 원리인 양(陽)과 여성적 원리인 음(陰)을 두루 갖추고 있다.

밝고 능동적이고 남성의 원리인 양(陽)과, 어둡고 소극적이고 여성의 원리인 음(陰)은, 그 상호 작용으로 형상이 있는 모든 세계(만물)를 구성하고 그 기저에 있다. 이 음양은 하나로 어우러져 '도(道, Tao)', 즉 존재의 근원과 원리를 빚어낸다. '도'란 '길' 혹은 '방법'이란 뜻이다. '도'는 자연, 운명, 우주 질서의 '방법' 혹은 '진로'다. 즉 절대자의 현현인 것이다. 따라서 '도'는 '진리'이며 '바른 행실'이기도 하다. '도'로서의 음양은 ☯의 꼴로 나타난다. '도'는 우주의 바탕을 이룬다. '도'는 만물에 깃들어 있다.

2세기의 그노시스 파 기독교인들의 기록이나, 중세 유대인 신비주의자들은 육(肉)으로 된 말씀(Word Made Flesh)을 양성구유적으로 나타내고 있는데 아담의 여성적 측면이 이브라는 형태로 옮겨 가기 전, 그러니까 갓 창조된 아담의 상태가 바로 이와 같다는 것이다. 그리스 신화에서는 헤르마프로디토스(雌雄同體: 헤르메스(Hermes)와 아프로디테(Aphrodite)의 자식인 Hermaphroditos)[89]뿐만 아니라 사랑의 신 에로스(플라톤에 따르면 "으뜸 신")[90]도 남성과 여성을 동시에 갖춘 신이었다.

하느님은 "당신의 모습대로 사람을 지어 내셨다. 하느님의 모습대로 사람을 지어 내시되 남자와 여자도 지어"[91] 내셨다. 그렇다면 하느님 형상이 어떠했느냐는 의문이 떠오를 수 있다. 그러나 이런 의문에 대한 답은 이미 분명하게 내려져 있다. 즉 "찬양할지라, 거룩하신 이께서 첫 사람을 지어 내실 때, 그를 양성으로 만드셨다."[92]는 것이다. 여성성을 떼어 내 별개의 형태로 만들었다는 사실은 완전성에서 이원성으로의 타락을 상징한다. 이어서 선악의 이원성이 나타내고, 하느님이 걸으시던 낙원에서의 추방이 있고 낙원의 벽이 세워졌다는 것은 당연한 순서다. 낙원의 벽은 "짝짝의 대립물의 일치(coincidence of opposite)"[93]로 이루어져 있는데, 이제 인간은 이 낙원의 울타리에 의해 하느님을 보는 것뿐만 아니라 하느님 형상에 대한 회상으로부터 단절되었다.

이것은 많은 나라에서 발견되는 신화에 대한 성서적 각색이다. 이 신화는 창조의 신비를 상징으로 나타내는 기본적인 방법을 보여 주고 있다. 여기에서 창조의 신비란, 즉 영원성이 시간성으로 발전하고, 하나가 둘에 이어 다수로 분열하며, 둘의 재결합으로 새 생명의 세대가 나타나는 것이다. 이 이미지는, 우주 발생적 순환(cosmogonic cycle)[94]의 시작에 나타나는데, 영웅의 모험이 막바지에 도달하여 낙원의 벽이 허물어지고, 신의 형상이 다시 나타나고, 지혜가 다시 원상으로 회복되는 순간에도 동일한 타당성을 갖고 나타난다.[95]

　눈먼 선견자 테이레시아스는 남성이자 여성이었다. 그의 눈은 대립물이 쌍을 이루는 빛의 세계의 불완전한 형상에 대해서는 멀어 있었지만 그래도 그는 자기의 어둠 속에서 오이디푸스의 운명을 읽었다.[96]
　시바는 배우자인 샤크티와 한몸으로 결합(시바는 오른쪽, 샤크티는 왼쪽)된 채 "반녀(半女)의 주(主)"라는 뜻인 아르다나리시바라로 현현한다.[97] 아프리카 및 멜라네시아의 조상 이미지는 어머니의 젖가슴과, 아버지의 수염 그리고 성기가 합쳐진 형상으로 나타난다.[98] 오스트레일리아에서는 할례 다음 해에, 완전한 남성이 되고자 하는 입문자는 두 번째의 제의적 수술을 받는다. 이 두 번째 수술은 절개 수술이다.(성기의 밑부분을 요도 속까지 절개하여 흉터를 만드는 것이다.) 이 흉터는 "페니스 자궁(penis womb)"이라고 불린다. 이것은 남성의 질(膣)을 상징한다. 영웅은 의식(儀式)을 통하여 남성 이상의 어떤 존재가 되는 것이다.[99]
　의식용 치장으로 몸에 칠하거나, 새의 깃털을 몸에 붙이는 데 필요한 피는 아버지들이 자기의 절개 수술 부위에서 뽑아낸다. 그러니까 그 흉터를 다시 찢고 피를 뽑는 것이다.[100] 이 피는, 여자의 질에서 나온 월경혈, 남자의 정액, 그리고 오줌과 물과 남성의 젖을 동시에 상징한다. 피가 흘러내린다는 것은 곧 피를 흘린 아버지가 삶의 원천과 자양을 내부에 지니고 있음을 나타낸다.[101] 즉 그들과 영원히 마르지 않는 세계의 샘은 동일한 것이다.[102]
　위대한 아버지 뱀의 부름은 아이를 놀라게 했고, 어머니는 아이의 보호자였다. 그러나 이윽고 아버지가 왔다. 그는 미지의 신비로 아이를 인도하는 안내자이자, 비의의 전수자였다. 어머니와 누리던 유아기라

그림 34 양성(兩性)을 두루 갖춘 인류의 조상 (목조, 말리, 20세기)

는 아이의 낙원에 침입한 아버지는 원형적인 적이다. 이때부터 아이에게 있어서 평생토록 모든 적은 (무의식의 세계에서) 아버지를 상징한다. 그래서 "살해당한 것은 모두 아버지"[103]가 되는 것이다. 여기서부터 머리를 자르는 습속이 있는 사회(가령 뉴기니에서처럼)에서는 복수전을 통해 얻은 머리 자체를 숭배하는 풍조가 생겨났다.[104] 뿐만 아니다. 전쟁을 일으키고 싶은 충동도 여기에서 비롯된다. 아버지를 죽이고 싶은 충동이 끊임없이 집단 폭력으로 발전하는 것이다. 그런 사회나 종족 집단 내에 있는 노인들은 토템 의식이라는 심리적 마법으로 자라나는 아들 세대로부터 자위(自衛)를 도모한다. 그들은 도깨비 같은 존재로서의 아버지를 연출하는 한편, 자식들을 먹여 살리는 어머니기도 함을 아들들에게 드러낸다. 새로운 대규모 낙원은 이렇게 해서 이루어진다. 그러나 이 낙원은, 아직도 조직적인 공격 계획이 세워지고 있는 전통적으로 적대하던 종족이나 인종은 끼워 주지 않는다. 아버지·어머니적인 모든 '선한' 요소는 집단의 평화로 수렴되고 '악한' 모든 것은 외부로 투사된다. 다음과 같은 구절을 보라.

"저 할례받지 않은 블레셋의 녀석이 도대체 누구이기에 살아 계시는 하느님께서 거느리시는 이 군대에게 욕지거리를 하는 겁니까?"[105]

"저 적군에 대한 추격을 늦추지 말라. 너희들이 고통스럽다면 저들 역시 고통을 받고 있을 것이다. 허나 너희들에겐 알라신의 희망이 있으나 저들에겐 없다."[106]

토템이나 종족, 인종 단위의 신앙 집단, 그리고 공격적인 선교를 펼치는 신앙 집단은 사랑으로 증오를 정복하는 심리적 문제의 부분적인 해결책만을 나타낸다. 여기에서는 부분적으로밖에는 해결되지 않는다. 에고는 이러한 집단 안에서 소멸되지 않는다. 오히려 강화된다. 무리의 구성원들은 자기 자신의 문제만 생각하는 게 아니라 자신이 속한 무리 전체에 헌신할 길을 모색하게 되는 것이다. 이러는 사이에 나머지 사람들(그러니까 인류의 대부분)은, 그 구성원들의 동정과 보호와는 상관없는 세계로 밀려난다. 왜냐하면 나머지 사람들은 그들이 믿는 신의 보호권 밖에 있기 때문이다. 이어서 사랑과 증오의 두 원리가 서로 헤어지는 극적인 상황이 발생한다. 인류의 역사에는 이러한 예가 얼마든지 있다. 이렇게 되면 인간은 자기 마음을 정화하는 대신 세계를 정화하고

1부 영웅의 모험

싶어진다. 성도(聖都)의 율법은 이제 구성원의 집단(종족, 교회, 국가, 계층)에만 적용되고, 이윽고, 재수가 없어서 이웃이 된 할례받지 않은 자, 야만인, 이교도, 토인, 혹은 이방인에 대한 성전(聖戰)의 기치가 오른다.(양심에 거리끼기는커녕 경건하게 예배라도 드리는 기분으로 기치를 올리는 것이다.)[107]

세계는 서로 싸우는 무리들로 가득 차 있다. 이 모두가 토템, 국기, 그리고 집단의 숭배자들이다. 심지어는 기독교 국가라고 불리는 나라들도('세계의' 구원자를 따르기는커녕) 지엄하신 그들의 주(主)가 가르친, 에고, 에고의 세계, 그리고 에고의 종족 신의 정복과 동의어라고 할 수 있는 무조건적인 사랑을 실천하기보다는, 식민지주의적 야만성과, 너 죽고 나 죽자 식 전쟁의 선수로 역사에는 더 잘 알려져 있다. 그들의 주는 이렇게 가르치지 않았던가?

그러나 이제 내 말을 듣는 사람들아, 잘 들어라. 너희는 원수를 사랑하여라. 너희를 미워하는 사람들에게 잘해 주고 너희를 저주하는 사람들을 축복해 주어라. 그리고 너희를 학대하는 사람들을 위하여 기도해 주어라. 누가 뺨을 치거든 다른 뺨마저 돌려대 주고 누가 속옷을 빼앗거든 겉옷마저 내어 주어라. 달라는 사람에게는 주고, 빼앗는 사람에게는 되받으려고 하지 마라. 너희는 남에게서 바라는 대로 남에게 해 주어라. 너희가 만일 자기를 사랑하는 사람만 사랑한다면 칭찬받을 것이 무엇이 있겠느냐? 죄인들도 자기를 사랑하는 사람은 사랑한다. 너희가 만일 자기한테 잘해 주는 사람에게만 잘해 준다면 칭찬받을 것이 무엇이겠느냐? 죄인들도 그만큼은 한다. 너희가 만일 되받을 가망이 있는 사람에게만 꾸어 준다면 칭찬받을 것이 무엇이겠느냐? 죄인들도 고스란히 되받을 것을 알면서 꾸어 준다. 그러나 너희는 원수를 사랑하고 남에게 좋은 일을 해 주어라. 그리고 되받을 생각을 말고 꾸어 주어라. 그러면 너희가 받을 상이 클 것이며, 너희는 지극히 높으신 분의 자녀가 될 것이다. 그분은 은혜를 모르는 자들과 악한 자들에게도 인자하시다. 그러니 너희의 아버지께서 자비로우신 것같이 너희도 자비로운 사람이 되어라.[108]

이 성구를 다음에 소개하는 기독교도의 편지와 비교해 보라.

존경하여 마지않는 존 히긴슨 씨께.

'웰컴'호라는 배가 출항했습니다. 여기엔, 괴수인 불량배 두목 W. 펜이라는 자를 위시해 100명 이상의 '퀘이커 교도'를 자칭하는 이교적인 불평 분자들이 타고 있습니다. 주 의회는 범선 '돌고래'호의 말라키 허스코트 선장에게 밀명을 내려 케이프 코드 부근에 잠복해 있다가 앞에서 말한 펜이라는 자와 이단적인 승무원들을 체포하여 주님께 영광을 돌리고 주님께서 이 신천지의 흙 위에서 이단자들의 예배로 웃음거리가 되지 않게 하도록 조처했습니다. 이들 전부를, 노예 값이 좋은 바르바도스로 데려가 럼주와 설탕으로 바꾸어 버릴 수도 있습니다. 이로써 우리는 사악한 자들을 벌하여 주님을 기쁘시게 하는 동시에 주님의 종과 주님의 백성까지 기쁘게 할 수 있을 것입니다.

서기 1682년 주 안에서
코튼 마더[109]

우리가 일단 세계의 원형들에 대한 편협스러운 교회적, 종족적, 국가적인 해석의 선입견을 홀가분하게 벗어던지게 되면, 우리가 전수받아야 할 최상의 도리는, 자신을 방어하기 위해 서슴없이 이웃을 공격하는, 누구에게만 자애스러운 아버지의 도리가 아님을 이해하는 게 가능해진다.

구세주가 전해 주었고, 많은 사람들이 듣고, 기뻐하고, 힘써 전파했지만 실천만을 끝내 꺼렸던 복음은 하느님은 사랑이며, 하느님은 사랑을 받을 수 있고, 받아야 하며, 모든 인류는 예외 없이 그의 아이들임을 가르치고 있다.[110] 자질구레한 신조(信條), 예배의 방법, 교회 행정 조직의 설립 같은 비교적 사소한 문제들(서양 신학자들은 여기에 너무 집착한 나머지 이를 무슨 중요한 종교 문제인 양 떠빈다.)은 주요 가르침에 대해

1부 영웅의 모험

부수적인 역할을 유지하는 한 현학적인 올가미에 지나지 않는다. 그러나 부수적인 역할에서 그치지 않는 경우 퇴영적인 효과를 발휘하기도 한다. 즉 아버지의 이미지를 토템의 차원까지 퇴영시키기도 한다. 기독교 세계에서 일어났던 것도 바로 이것이었다. 우리는, 우리 모두 중에서 하느님이 누구를 가장 좋아하는지를 결정하거나 알 자격이 있다고 생각한다. 그러나 하느님의 가르침은 좀 더 엄격하다. "남을 판단하지 말아라. 그러면 너희도 판단받지 않을 것"[111]이라는 구절을 보아 그렇다. 전문 성직자들의 행동과는 상관없이 구세주의 십자가는 한 국가의 깃발이라기보다는 민주적인 상징이다.[112]

칼 메닝거 교수는 유대교 랍비, 개신교의 목사, 가톨릭의 신부가 이따금씩 개괄적인 그들의 이론적인 차이에서는 화해하는 일이 있으나, 영생과 관련된 종규(宗規)나 규정에 관한 논쟁이 시작되면 그만 사정없이 갈라서고 만다고 지적했다.[113] 이 대목에서 메닝거 박사는 이렇게 쓰고 있다.

"여기에 이르러서도 교회 강령은 모두 완벽하다. 그러나 이러한 종규나 규정이 무엇인가를 확실히 아는 자가 없다면 이 모든 것은 한낱 말장난이 되고 만다."

이 문제에 대한 해답은 라마크리슈나가 이미 내린 바 있다.

"신은 각기 다른 신도, 시대, 국가에 맞추느라고 서로 다른 종교를 만들었다. 여러 가지 교리는 곧 여러 가지의 길이다. 그러나 길은 신이 아니다. 물론 전심전력으로 어느 길이든 따라가면 누구든 신에 이를 수 있다. …… 설탕을 입힌 빵을 가로로 먹든 모로 먹든 무슨 상관인가! 어떻게 먹든 달콤하기는 마찬가지 아닌가."[114]

기독교 국가의 전통인 세계 구원의 말씀과 상징의 궁극적이고 비판적 의미에 대한 이해가, 성 아우구스티누스가 "악마의 도시(Civitas Diaboli)"에 대한 "신의 도시(Civitas Dei)"의 성전(聖戰)을 선포한 이래 격동의 몇 세기 동안 몹시 어지러워졌기 때문에, 세계 종교(우주적 사랑의 교리)의 의미를 알고자 하는 현대인은 마땅히 다른 위대한(그리고 훨씬 오래된) 우주적 친교(universal communion)로 마음을 열지 않으면 안 된다. 즉 근원적인 말씀이 평화, 모든 존재에 대한 평화를 지향하는 부처의 우주적 친

교에 관심을 가져야 하는 것이다.

이슬람교는 여기에서 언급하지 않겠다. 이 이슬람교 역시 교리에서 성전을 가르치고 있어서 왜곡되었기 때문이다. 여기에서나 저기에서나 우리가 참으로 싸워야 할 전장은 지리적인 전장이 아니라 심리적인 전장임을 아는 사람이 많은 것은 사실이다.(Rumi의 "'목 자른다'는 것이 무엇이냐? 성전에서 욕망을 죽인다는 것"이라는 말과 비교해보라.)[115] 그러나, 그럼에도 불구하고 마호메트와 기독교 교리의 통속적, 정통적 표현은 너무나 잔인해서 웬만큼 읽어서는 두 종교가 사랑의 실현을 겨냥하고 있음을 알아내기 어렵다.

성자이며 시인인 밀라레파(Milarepa)의 노래 두 편에서 가려 뽑은 다음의 티베트 시구는 교황 우르바누스 2세가 제1차 십자군 원정을 부르짖고 있을 당시에 쓰인 것이다.

> 육계(六界) 미망의 도시 가운데
> 으뜸가는 소인(素因)은 악업에서 나온 죄악과 우매함이다.
> 여기서 중생은 좋고 싫음을 따르니, 언제 평등을 알 틈이 없다.
> 오호라, 좋고 싫음의 무상함이여.[116]
> 만상이 본래 비었음을 알면,
> 그대 마음에 대자대비가 일어나리라.
> 그대와 남이 다르지 않음을 알면
> 남을 섬길 수 있으리라.
> 남을 능히 섬겨 내면
> 나를 만날 수 있으리라.
> 나를 만나면 불성에 이르리라.[117]

"만상이 본래 비었다.(空, śūnyatā)"라는 말은, 한편으로는 현상계의 무상을 가리키고 다른 한편으로는, 현상계에서 얻은 하찮은 경험으로 불멸의 존재를 파악하는 것은 옳지

못하다는 말이다.

> 공(空)한 천상의 광휘 안에는
> 사상(事象)의 그림자도 관념도 없다.
> 그런데도 앎에 막힘이 없으니
> 놀라워라, 불변의 공이여.[118]

무한한 사랑이며, 전능한 보살인 관세음이 지각 있는 모든 존재를 포용하고, 굽어보고, 또 그 존재 안에 거하기 때문에, 모든 존재의 마음 안에는 평화가 있다. 오래 써서 부서져 버린 벌레의 섬약한 날개도 그는 굽어본다. 그는 날개의 온전성과 붕괴(崩壞) 자체이기도 하다. 희미한 미망의 그물 안에서 자기를 고문하고, 자기를 속이고, 그 그물에 엉김으로써 부단히 일어나는 인간의 번뇌, 해탈의 비밀이 제 속에 있는데도 이를 깨닫지도, 제 것으로 만들지도 못해 좌절하는 인간의 번뇌. 그는 그것도 굽어본다. 그리고 그는 그것 자체이기도 하다. 중생보다 나은 천사, 중생보다 못한 야차와 불행한 사자(死者)들, 이들 모두가 보살의 보석 손에서 나오는 빛살에 끌려 보살에게로 간다. 그리고 그들이 보살이고, 보살이 그들이다.

은하계 건너 은하계, 우주의 세계 건너 세계를 비롯한 모든 존재의 지평(은하수를 경계로 한 지금의 이 우주뿐만 아니라 공간 끝까지 뻗어 있는)에서 무한한 공(空)의 바다를 헤치고 생명을 얻었다가 거품처럼 사라지는, 묶이고 족쇄에 채인 의식의 중심, 이것의 무량 곱절, 무한한 되풀이, 수많은 생명, 때리고 죽이고 미워하고 승리 이상의 평화를 바라며 자신의 팽팽한 고리 속에 갇힌 채 고통받는 군상. 이 모두가 만상을 한눈에 보고, 공(空)의 본질을 본질로 삼고, "대자대비로 굽어 보시는 주(主)"의 자식이며, 무상하면서도 무궁무진한, 세계에 대한 길고 긴 꿈에 등장하는 허상이다.

그러나 이분의 이름은 "내면에서 보이는 주(The Lord Who is Seen Within)"이기도 하다.* 우리는 모두 보살 이미지의 그림자다. 우리 내부의 고통은 바로 저 신적인 존재다. 우리와 저 보호자인 아버지는 한몸이다. 이것은 구원의 통찰이다. 우리가 만나는 사람은 모두 우리 보호자인 아버지다. 그러니 이 무지하고 유한하고 자위적이고 고통받는 육신이 다른 육신(적)으로부터 위협을 받을 경우에도 그 적 또한 신이라는 걸 알아야 한다. 도깨비는 우리 기를 꺾지만, 유능한 후보자인 영웅은 '사나이답게' 입문한다. 보라, 그 도깨비가 바로 아버지였다. 우리는 그의 안에 있고, 그는 우리 안에 있다.[119]

우리의 보호자인 사랑하는 어머니는 우리를 저 위대한 아버지 뱀으로부터 보호해 줄 수 없었다. 어머니가 준 필멸의, 현실적인 육체는 그의 무서운 힘 안으로 빨려들었다. 그러나 죽음은 끝이 아니었다. 새 생명, 새로운 탄생, 새로운 존재의 지식이(따라서 우리는 이 몸만으로 사는 게 아니고, 보살처럼 모든 몸, 세상의 모든 육신으로 산다.) 우리에게 주어졌다. 저 아버지가 바로 어머니, 즉 재생의 자궁이었던 것이다.[120]

양성적인 신의 요체가 바로 이것이다. 양성적 신은, 입문 의식이라는 주제의 궁극적 신비다. 우리는 어머니 품에서 끌려나와 조각조각으로 촌단(寸斷)된 다음 세계를 적멸시키는 도깨비의 몸 안으로 동화된다. 이 도깨비에게 있어서 고귀한 모든 형상과 존재는 오직 제물일 뿐이다. 그러나 이어서 우리는 기적적으로 재생한다. 이때의 우리는 과거의 우리가 아닌, 그 이상의 존재다. 신이 종족적, 인종적, 국가적, 혹은 분파적 원형이라면 우리는 그 신에 의해 사역당하는 전사들이다. 그러나 신

---

* Avalokita(觀)는 '굽어본다' 혹은 '보인다'는 뜻이다. Isvara(自在)는 '주'라는 뜻이다. 따라서 Avalokitésvara는 '(대자대비로) 굽어보시는 주'인 동시에 '내면에서 보이는 주'이다.(산스크리트어에서는 a와 i가 겹치면 e가 된다.) W. Y. Evans-Wentz, *Tibetan Yoga and Secret Doctrines*(London: Oxford University Press, 1935), p. 233, 각주 2를 보라.

이 우주 자체의 주인이라면, 우리는 전사에서 한 걸음 더 나아간 존재, 즉 모든 인간이 한 형제임을 깨달은 존재다. 어느 경우든 유아기의 부모 상(像)과 선악에 대한 관념을 뛰어넘는 것은 마찬가지다. 재생한 우리에겐 욕망도 공포도 없다. 우리 자체가 곧 우리가 욕망하고 공포했던 대상이 되어 버린 것이다. 모든 신들, 보살, 부처가, 세상이라는 연화를 든 이의 후광 안에 있듯 그렇게 우리 안에 있는 것이다.

그러므로,

> 어서 야훼께로 돌아가자!
> 그분은 우리를 잡아 찢으시지만 아물게 해 주시고,
> 우리를 치시지만 싸매 주신다.
> 이틀이 멀다 하고 다시 살려 주시며,
> 사흘이 멀다 하고 다시 일으켜 주시리니,
> 우리는 다 그분 앞에서 복되게 살리라.
> 우리는 알게 되리라.
> 그분을 알고자 한다면.
> 어김없이 동터 오는 새벽처럼 그는 오시고,
> 가을비가 내리듯
> 봄비가 촉촉이 뿌리듯 그렇게 오시리라.[121]

보살에 대한 첫 번째 경이로움은 바로 이것, 즉 보살이라는 존재의 양성구유적 성격이다. 이 보살과 만남으로써 표면상 대립적으로 보이는 신화적 모험이 서로 만난다. 대립적인 모험이란 여신과의 만남, 그리고 아버지와의 화해다. 여신과의 만남의 과정에서, 입문자는(『브리하다란야카 우파니샤드』에서 이르고 있듯이) 남성과 여성은 둘이 아니라 "쪼개진 완두의 두 쪽"[122]임을 깨닫고, 아버지와의 화해 과정에서는, 아버지는 성(性)을 선행하며, '그'라는 대명사는 말의 방편일 뿐이고, 부자 관계의 신화는 곧 지워질 유도선(誘導線)에 지나지 않는다는 사실을 깨닫는다. 두 가지 경우 모두 영웅은, 그가 찾으려고 온 것이 곧 자기 자신임을 깨닫는다.(아니, 기억한다.)

보살 신화에서 주목해야 할 두 번째 경이로움은, 보살이 삶과, 삶으로부터 해탈의 차이를 없애고 있다는 사실이다. 이것은 보살이 열반 nirvāṇa을 단념한다는 사실로 상징되고 있다. 열반이란 말은, "탐욕과 성내는 것과 어리석음〔貪瞋癡〕이라는 세 겹의 불〔三毒〕을 끈다."는 뜻이다. 독자들은 기억할 것이다. 보리수 밑에서 부처가 유혹을 받던 대목(이 책, 44~46쪽)에서 카마마라는 미래의 부처를 적대했다. 이 카마마라는 "욕망과 적의", 혹은 어리석음을 일으키는 마술사인 "사랑과 죽음"이다. 카마마라는 다름 아닌 세 겹 불의 화신, 마지막 시련에서 나타나는 마지막 고비의 화신, 열반을 향하여 여행하는 우주적 영웅이 극복해야 하는 마지막 관문의 수호자다.

산스크리트어 동사 nirvā는 '꺼지다'라는 뜻이다. 불이 타오르는 것을 멈춘다는 뜻이다. 기름이 떨어짐에 따라 삶의 불길이 잠잠해지듯이, 마음이 제어되면 그 마음의 주인은 '열반의 평화', '신 안에서의 자포자기'에 이른다. 평화에 도달하는 것은, 불길에다 기름을 끊음으로써인데, 이를 달리는 '이해를 초월한다'고도 일컫는다.[123] 자포자기(despiration)란 말은 산스크리트어 nirvāṇa를 로마 자(字)로 꾸민 것이다. nir의 의미는 '밖으로, 멀리, 떨어져'이며 vāna는 '날려 보내진, 불려 날아간'이다. 따라서 nirvāṇa는 '불려 꺼진, 나가 버린, 소멸된'이란 뜻이다.

우주를 움직이는 힘인 세 겹 불의 마지막 여신(餘燼)의 결정적인 순간까지 버텨 낸 구세주는 홀연 거울에 둘러싸인 듯이 범인(凡人)과 같이 살고자 하는 원초적인 육체적 의지, 정상적인 욕망과 적의가 인도하는 대로, 현상적인 원인과 결과와 방법에 둘러싸여 살고자 하는 의지의 마지막 환상을 목격한다. 뜻밖의, 마지막 육신의 불길이 그를 공격

한 것이다. 이것은, 불길이 다시 타느냐 꺼지느냐가 결정되는, 모든 것이 달린 순간이었다.

이 유명한 전설은, 동양의 신화, 심리학, 형이상학 간의 밀접한 관계를 보여 주는 훌륭한 사례이다. 이 전설에 등장하는 생생한 상징은, 내부 세계 및 외부 세계가 상호 관련되어 있다는 학설을 제공한다. 독자들은 이미 혼의 역학에 대한 이 고대 신화적 이론이 현대 프로이트 학파의 주장과 흡사한 데 놀랐을 것이다. 프로이트 학파의 용어에 따르면, 삶의 욕망(불교의 '카마' 즉 '욕망'과 일치하는 '에로스' 혹은 '리비도')과 죽음의 욕망(불교의 '마라', 즉 '적의와 죽음'과 일치하는 '타나토스(thanatos)' 혹은 '데스트루도(destrudo)')은 내부에서 인간을 움직이는 한편, 주위 세계에 생기를 불어넣는 두 개의 추진력이다.[124] 뿐만 아니라 욕망과 적의를 분출시키는 무의식적 기저의 망상은 이 두 가르침 속에서 심리 분석(산스크리트어의 "비베카(viveka), 遠離")과 조명(산스크리트어의 "비드야(vidyā), 곧 五明")에 의해 추방당한다. 그러나 이 두 가르침(전통적인 것과 현대적인 것)의 목적은 같지 않다.

정신분석학은, 무의식적으로 빗나간 욕망과 적의 때문에 비현실적인 공포와 애증의 이중 감정에 시달리는 환자를 치료해 주는 기술이다. 이러한 증상에서 놓여난 환자는 보다 현실적인 공포나 적의, 성적 혹은 종교적 행위, 사업, 전쟁, 유희, 가사 등 그가 속한 문화가 맡기는 일을 비교적 만족스럽게 해 나갈 수 있다. 그러나 고의로 자기가 속한 집단이나 구역을 벗어나 어렵고도 위험한 여행을 시작한 사람은 이러한 관심사마저 오류에서 기인했다고 여긴다. 따라서 종교적인 가르침의 목적은 개인을 일반적인 미망의 상태로 되돌려놓는 것이 아니라 그 미망으로부터 떼어 놓는 것이다. 종교는 욕망, '에로스(eros)'와 적의, 즉 '죽음(thanatos)'을 바로잡는 방법을 통해서가 아니라(이렇게 되면 새로운 미망의 상태가 만들어질 뿐이다.) 저 유명한 불교의 팔정도(八正道)의 가르침에 따라 충동을 뿌리째 '꺼 버리는' 방법을 통해서 그 목적을 달성한다. 불교의 팔정도는, 이치를 올바르게 보는 정견(正見), 정견으로 본 이치를 올바르게 생각하는 정사유(正思惟), 진실한 지혜로 구업(口業)을 닦는 정어(正語), 잘못된 행동이 없게 하는 정업(正業), 정당한 법으로 살아가는 정명(正明), 꾸준히 매진하는 정정진(正精進), 진실한 지혜로 정도를 생각하는 정념(正念), 진실한 지혜로 선정에 드는 정정(正精)이다.

마지막 "미망과 욕망과 적의의 적멸(寂滅)"(즉 열반)과 더불어 마음은, 그 자신을 생각과 동일시하지 않게 된다. 생각은 사라지는 것이다. 이런 참된 경지에 들어간 마음은 안식을 얻는다. 상태는 육체가 사월 때까지 계속된다.

> 별, 어둠, 등잔, 환영, 이슬, 거품, 꿈, 섬광, 그리고 구름.
> 이런 것들을 마땅히 보이는 그대로 보아야 한다.[125]

그러나 보살은 삶을 포기하지 않는다. 생각을 초월하는 진리(이는 언표할 수 있는 것이 아니어서 '공'이라고만 불린다.)의 안쪽에서 다시 바깥의 현상계를 바라보면서 보살은 이미 안에서 깨달은 동일한 존재의 바다를 바깥에서도 지각한다.

"형상(色)은 빈 것(空)이며, 빈 것은 즉 형상이다. 빈 것은 형상과 다르지 않고 형상은 빈 것과 다르지 않다. 형상이라고 하는 것 그것은 빈 것이며, 빈 것이라고 하는 것 그것은 형상이다. 관념, 이름, 개념 그리고 지식 역시 마찬가지다."[126]

기존의 자기 확신, 자기방어, 자기중심적 에고의 미망을 억눌렀기 때문에, 그는 같은 적멸의 안팎을 안다. 그는 밖에서 방대한, 생각을 초월하는 공(空)의 시각적인 측면을 본다. 에고, 형상, 지각, 언어, 개념, 지식에 대한 체험은 그 위에서 전개된다. 그는 제 악몽에 쫓기며 스스로

1부 영웅의 모험

겁에 질린 존재를 자비로이 여긴다. 그는 일어나 그들에게로 돌아와 에고를 초월한 중심으로서 그들과 함께 거한다. 에고를 초월한 그를 통하여 '공'은 자체를 현현한다. 이것이 바로 그의 위대한 '대자대비로운 행위'다. 왜냐하면 이 행위로 인해 중생은, 자신의 욕망과 적의와 미망이라는 세 겹의 불을 끈 자에게 이 세상이 바로 열반임을 깨닫기 때문이다. 이러한 사람은 모든 이의 자유을 위해 '선물의 물결'을 쏟아낸다. "이러한 속세의 삶이 곧 열반이 겨냥하는 바다. 이 양자는 털끝만큼도 다를 바 없다."[127]

그렇다면, 환자를 소생시키는 치료의 현대적인 목적은 고대의 종교적 수련을 통해서도 달성될 수 있다는 말이 된다. 다만 보살이 지나온 여로의 주기가 클 뿐이다. 세상으로부터의 출발은 오류가 아니라 여행의 첫출발이다. 이 먼 여로에서, 우주 순환의 심오한 적멸을 깨치면 깨달음에 이르는 것이다. 이러한 이상은 힌두교에도 익히 알려져 있다. 삶에서 자유로워진 사람(jīvan mukta), 욕심이 없고 대자대비하고 현명한 사람이 "요가로 자아를 통일하고 만사 평등하게 보면 일체 만유 속에서 자아를 보고 자아 속에서 일체 만유를 본다. …… 절대의 마음으로 만유 안에 있는 나를 우러러 섬기는 사람, 그런 사람은 세속의 삶이 어떠하든 신 안에서 사는 사람이다."[128]

어느 유학자(儒學者)가 불조법통(佛祖法統)의 28대 조사(祖師)인 달마(Bodhidharma)에게 "마음을 편케 해 주십시오." 하고 청했다.

"좋아, 그러마, 너의 마음을 이리 가져오너라."

달마가 대답했다.

"그게 문젭니다, 찾을 수가 없습니다."

유학자가 말했다.

"너의 소원은 이루어졌다."

유학자는 달마의 말뜻을 알아듣고 편안한 마음으로 그곳을 떠났다.[129]

그림 35 달마 (명주에 물감, 일본, 16세기)

영원한 생명이 그들 안에 깃들여 있음을 알 뿐만 아니라 그들과 만물이 사실은 영원한 생명임을 아는 사람은 소원을 성취시키는 나무 숲에 거하며 불사의 영주(靈酒)를 마시고, 들리지 않는 도처의 영원한 화음을 듣는다. 이들을 일러 신선(immortal)이라고 한다. 중국과 일본의 도교 신봉자들이 그린 풍경화는 이 천상적인 지상계를 즐겨 나타낸다. 네 종류의 자비로운 동물, 즉 봉황, 일각수, 거북이, 그리고 버드나무 숲, 대숲, 오얏나무 숲을, 그리고 성역에서 가까운 성산(聖山)의 안개 속을 노니는 그림이다. 등은 굽었지만 정신만은 영원히 젊은 선인(仙人)들은 산봉우리에서 명상하거나, 이상한 상징적인 동물을 타고 불사의 흐름을 건너거나, 남채화(藍采和)의 피리 소리를 들으며 찻잔을 들고 담소하다 말고 홍소를 터뜨린다.

중국의 선인들 중 지상 낙원의 여선(女仙)으로 여긴 여신 서왕모(四王母), 즉 "거북이의 황금의 어머니"가 있다. 이 여선은 향기로운 꽃, 보석의 홍벽, 황금의 벽에* 둘러싸인 채, 곤륜산(崑崙山)에 있는 궁전에서 산다. 서왕모는 서풍(西風)의 진수로 빚어져 있다. 정기적인 "복숭아 잔치"(복숭아가 익었을 때만 열리는데, 이 복숭아는 6000년에 한 번씩 익는다.)에 초대받은 내객들은 보옥의 호숫가에 있는 정자와 별관에서 황금의 어머니의 딸들로부터 대접을 받는다. 아름다운 샘에서는 물이 솟는다. 손님들은 봉황의 골수, 용의 간을 비롯한 갖가지 고기를 맛본다. 복숭아(天桃)와 술은 불사를 약속한다. 보이지 않는 악기가 연주하는 음악, 필멸의 인간이 아닌 불사의 신선이 부르는 노래가 들린다. 눈에 보이는 처녀들의 춤은, 찰나에 누리는 영원의 기쁨을 표상한다.[130]

일본의 다례(茶禮)는 도교 신봉자의 지상 낙원의 정신을 그 근간으로 한다. '세련미의 집(數寄屋)'이라고 불리는 다실(茶室)은 시적인 직관의 순간을 감안해서 세운 가건물이다. '무위의 집'이라고도 불리는 이 방에는 장식이 배제된다. 혹 그림이나 꽃꽂이가 잠시 놓이는 경우는 있다. 다실이 있는 건물은 '파격(破格)의 집'이라고 불린다. 불상칭(不

---

* 이것이 바로 낙원의 벽이다. 이 책, 112쪽 및 189~190쪽 참조. 우리는 지금 그 안에 있다. 서왕모는 낙원을 거닐고, 자기 모습대로 남자와 여자를 빚은 주님(「창세기」 1:27)의 여성적 측면이다.

그림 36 일본의 다례: 무위의 집 (사진: 조지프 캠벨, 1958년)

相稱)의 파격은 움직임을 암시한다. 의도적인 미완성 공간은, 보는 사람의 상상력을 촉발하는 공간이다.

손님은 뜰길을 따라 들어와, 허리를 구부리고 문을 들어서야 한다. 이어서 그림이나 꽃꽂이, 소리를 내며 물이 끓고 있는 주전자에 예를 표하고 바닥에 정좌한다. 다실의 절제된 단순성의 지배 아래에서는 극히 단순한 물건조차 신비스러운 아름다움을 자랑하는 동시에 침묵 속에 세속적 존재의 비밀을 숨기고 있다. 손님은 이러한 경험을 자신과 관련지어 묵상할 수 있다. 다도 모임에 참석한 사람들은 축소된 우주에 대해 명상하고, 자신과 불사의 선인의 보이지 않는 관계를 깨닫는 것이다.

위대한 다도의 달인(達人)은 천상적 경이를 체험된 순간으로 만드는 데 힘썼다. 이어서 이 경험은 그 다실에서 가정으로 확산되고, 가정에서는 국가로 침윤했다.[131] 1854년 페리 제독이 도착하기 전, 길고도 평화로운 도쿠가와 막부 시대(德川幕府時代, 1603~1867)가 계속될 동안 일본인들의 생활 구조는 몹시 형식화되어 있어서 사소한 존재도 영원의 의식적 표현으로 다루어졌고 사방이 성소였다. 이와 비슷한 예로 동양 전역, 고대 세계 그리고 콜럼버스 이전 시대의 아메리카에서 사회와 자연은 표현할 수 없는 것을 상징했다. "나무, 바위, 불, 물, 이 모든 것은 살아 있다. 이러한 무정물(無情物)은 우리를 보고 있고 우리가 무엇을 필요로 하는지 안다. 우리에게 의지할 것이 없을 때, 문득 그 존재를 드러내고 우리에게 말을 거는 것이 바로 이러한 무정물들이다."[132] 어느 나이 많은 아파치가 한 말이다. 불교도들은 이것을 "무정물의 설법"이라고 부른다.

성스러운 갠지스 강가에서 쉬고 있던 어느 힌두교 행자가 자신의 발을 시바 상징 위에다 올려놓고 있었다.(신과 그 배우자의 결합을 상징하는 것으로, 남근과 음문(陰門)이 결합되어 있는 "링감-요니" 위에 올리고 있었던 것이다.) 지나가던 성직자가 이 행자의 방자한 소행을 보고 말로 꾸짖었다.

"감히 발을 올려 신의 상징을 능욕하느냐?"

그러자 행자가 대답했다.

"정말 미안합니다. 원컨대 제 발을 들어 그런 성스러운 "링감(男根像)"이 없는 곳에다 놓아 주시겠습니까?"

성직자는 그 행자의 발목을 잡아 오른쪽으로 올렸다. 그러나 그 발을 땅에다 놓는 순간 땅에서 남근상이 솟아올라 그 발을 받쳐 주었다. 다시 옮겨 보았으나 결과는 마찬가지였다.

"옳거니!"

그림 37 링감-요니 (석조, 베트남, 9세기경)

　성직자는 태도를 바꾸어 그 방자한 성자에게 예를 표하고 가던 길을 갔다.*

　보살 신화의 세 번째 경이로움은, 첫 번째 경이로움(양성적인 형상)이 두 번째 경이로움(찰나와 영원의 동일성)의 상징이라는 것이다. 신적인 차원의 언어로 일컬을 때 시간의 세계란 곧 위대한 어머니의 자궁이다. 아버지에 의해 끼쳐진 생명은 그 안에서 어머니의 어둠과 아버지의 빛으로 합성된다.[133] 우리는 어머니 안에서 배태되어, 아버지로부터 격리

---

　*임제선(臨濟禪)의 비조 임제가 어릴 적에, 밖에 나가기가 무서워 법당 안에서 방뇨하자 스승이 몹시 꾸짖었다. 어째서 거룩한 부처님 계신 곳에서 방뇨하느냐는 꾸중을 듣자 임제가 되물었다. "그럼 부처님이 계시지 않는 곳을 일러 주십시오. 거기에 가서 누겠습니다."──옮긴이 주

1부 영웅의 모험

된 채 산다. 그러나 우리가 때가 와서 그 시간의 자궁을 빠져나오면(영원으로의 탄생이다.) 우리는 아버지의 손으로 넘어간다. 현명한 자는 그 자궁 속에서도, 자기가 아버지에게서 와서 아버지에게 돌아가고 있음을 안다. 그보다 더 현명한 자는, 아버지와 어머니가 본질적으로 하나라는 것까지 안다.

이것이 바로 부처와 보살이 각기 그들이 가진 여성적 측면과 결합되어 있는 티베트의 이미지가 주는 의미다. 이 이미지는 많은 기독교 비평자들에겐 망측하기 짝이 없는 것이었던 듯하다. 이러한 명상의 촉매를 보는 전통적인 시각 중의 한 시각에 따르면, 여성적 형상, 즉 티베트어의 '윰(yum)'은 찰나로, 남, 즉 '얍(yab)'은 영원으로 보아야 한다. 이 양자의 결합은 이 세계를 창출한다. 이 안에서는 만물이 찰나적인 동시에 영원하며, 만물이, 스스로를 아는 남성이자 여성인 신의 형상에 따라 창조된다. 입문자는 명상을 통해 자기 내부에 있는 이 형상들 중의 형상(yab-yum)에 대한 기억 속으로 끌려든다. 때로는 남성상은 입문의 원리와 방법의 상징을 의미하기도 한다. 이 경우 여성상은 입문 의식의 목적이 된다. 그러나 이 입문 의식의 목적은 열반(영원)이다. 이렇게 남성과 여성 양자가 번갈아 찰나와 영원으로 마음속에 그려져야 한다. 말하자면 이 양자는 같은 것이고, 각자가 그 둘이며, 이원적인 형상(yab-yum)으로 보이는 것은 환상 때문이지만 이것이 또한 깨달음과 다르지 않다는 것이다.

이와 비교해서 힌두의 여신 칼리[134]는 배우자 시바 신의 부복한 형상 위에 서 있는 것으로 자주 나타난다. 융이 연금술의 언어를 빌려 "위대한 결합의 신비(mysterium coniunctionis)"라고 한 이것은 세계 전역의 신화 속에서 일반적으로 나타나는 모티프이지만 특히 동양에서 두드러진다. 칼리는 정신의 수련을 뜻하는 죽음의 칼을 휘두른다. 피가 뚝뚝 흐르는 인간의 머리는, 칼리를 위해 목숨을 버리는 자는 진리에 이를 것이라고 신도에게 말한다. '두려워 말라'는 몸짓과 '은혜를 내린다'는 몸짓은, 칼리가 자기 자녀를 보

그림 38 시바 위에 올라선 칼리 (종이에 과슈, 인도, 연대 미상)

호하고 있고, 우주적 번뇌의 쌍을 이루는 대립물은 실상과 다른 것이며, 영원을 향한 자에게는, 비록 여신 자신이 시바를 짓밟고 있으나 사실은 그 시바의 꿈에 지나지 않듯이, 찰나적인 '선'과 '악'의 환영도 실은 마음의 그림자에 지나지 않음을 가르치고 있다.

　보석의 섬의 여신 밑에는 신의 두 가지 측면이 나타나 있다.[135] 즉 여신과 화합하여 고개를 들고 있는 측면은 창조적, 낙관적 측면이며 고개를 돌린 것은 내재적, 자재적 신의 본질(deus absconditus)의 측면이다. 이 측면은 사건과 변화를 심지어는 양성구유적 비밀의 신비까지 초월하여 무위적이고 가면적(假眠的)이며 비어 있다.[136]

　　이것은 대립물의 벽이 허물어지고 입문자가, 당신의 모습대로 사람을 지어내되 남자와 여자로 지어낸 신의 시계(視界) 안으로 받아들여진다는 위대한 모순에 대한 진술이다. 남성의 형상 오른손에는 그 자

　　　　　　　　　　　　　　　　　　　　　　　　　　　1부 영웅의 모험

신과 쌍을 이루는 벼락이 있고 왼손에는 여신을 상징하는 방울이 있다. 벼락은 질서이자 영원성이며, 방울은 '교화된 마음'이다. 방울 소리는 피조물 가운데 순수한 정신을 가진 자들이 듣는 영원의 아름다운 소리다. 따라서 이 소리는 내면의 소리다.[137]

실제로 이와 똑같은 방울은 기독교 미사에서 성별(聖別) 선언의 능력을 통해 하느님이 빵과 포도주에 강림할 때 사용된다. 기독교도들이 읽는 의미도 동일하다. 즉 Et verbum caro factum est*는, 곧 "보석이 연화 속에 있다.(Om mani padme hum)"인 것이다.

『카우시타키 우파니샤드(*Kauṣītaki Upaniṣad*)』 1:4, 범천(梵天)의 세계에 도달한 영웅에 대한 다음과 같은 글과 비교해 보라. "마차를 모는 이가 두 개의 마차 바퀴를 내려다보듯, 그는 밤과 낮, 선한 행위와 악한 행위, 그리고 모든 대립물의 쌍을 내려다본다. 선한 행위와 악한 행위를 넘어 신을 아는 이는 바로 신에게로 간다."

이 장(章)에서는 다음과 같은 개념들이 등식을 이루었다.

공(空)	세계
영원	찰나
열반	삼사라〔世界〕
진리	미혹
정각(正覺)	연민
신	여신
적	친구
죽음	탄생
벼락	방울

---

* "말씀은 곧 육(肉)"이라는 뜻이다. 마리아의 자궁에 예수가 수태되었음을 노래한 도고 기도(禱告祈禱)의 한 절.

보석   연화

주체   대상

얍   읍

양(陽)   음(陰)

도(道)

절대 부처

보살

지반 무크타(자유로워진 사람)

육으로 된 말씀

6 홍익(弘益)

외딴섬의 왕자는 잠든 투버 틴타이 여왕의 황금 침대 곁에서 엿새 밤 엿새 낮을 보냈다. 이 침대는 끊임없이 도는 황금 바퀴 위에 올려져 있어서 밤이고 낮이고 멈추는 일 없이 돌고 또 돌았다. 이레째 되는 날 아침 그는 이런 생각을 했다.

"이제 이곳을 떠날 때가 되었구나."

그래서 그는 샘으로 내려가 불타는 샘에서 물을 길어 병 세 개를 채웠다. 황금으로 된 방에는 황금 식탁이 있고 황금 식탁 위에는 양다리와 빵 한 덩어리가 있었다. 에린의 백성 모두가 열두 달 동안 그 식탁의 음식을 먹어도 양다리와 빵은 먹기 전과 조금도 다름이 없을 터였다.

왕자는 식탁 앞에 앉아 빵과 양다리를 뜯어 먹었다. 그러나 빵과 양다리는 여전히 그대로였다. 그는 일어나 물병을 자루 안에 챙겨 넣고 그 방을 나서면서 이런 생각을 했다.

"내가 이대로 가 버리면 여왕은, 자고 있을 동안 누가 다녀간지 모를 것이다. 그냥 가 버리는 것은 부끄러운 일이 아닌가."

그래서 그는, 에린 왕과 외딴섬의 여왕 사이에서 난 아들이 투버 틴 타이의 황금 방에서 엿새 밤낮을 머물고 불타는 샘에서 물 세 병을 긴 고, 황금 식탁의 음식을 먹었노라는 내용의 편지를 썼다. 이 편지를 여왕의 베개 밑에 넣은 그는 열린 창으로 나가 여위고 비루먹은 말을 타고는 온전히 숲 사이를 빠져나가 강을 건넜다.[138]

여기에서 이 모험이 쉽게 끝났다는 것은 주인공이 초인간이며, 원래가 왕의 재목이었음을 뜻하고 있다. 영웅이 모험을 쉽게 끝내는 예는, 여러 동화나 육화(肉化)한 신의 행위에 관한 전설에 자주 등장한다. 보통 영웅 같으면 모진 시련을 겪을 터인데도 선택된 자는 별 방해도 받지 않고, 또 실수도 저지르지 않는다. 샘은 세계의 배꼽이고, 불타는 물은 파괴할 수 없는 존재의 본질이며, 돌고 있는 침대는 세계의 축이다. 만상이 잠드는 성(成)은, 꿈속에서 의식이 도달하는 궁극의 심연이다. 이 심연은 개인의 삶이 미분화(未分化) 에너지 속으로 해소되는 지점이다. 해소되어 버리면 곧 죽음이다. 불이 꺼진다는 것 역시 죽음을 상징한다. 먹어도 먹어도 없어지지 않는 음식은 끊임없이 생명을 부여하고 형체를 만드는 우주적 근원의 권능을 상징한다. (유아기의 환상에서 나온) 이 음식의 모티프는 신화에 등장하는 신들이 벌이는 '풍요한 잔치(cornucopian banquet)' 이미지의 동화판 이야기이다. 여신과의 만남과, 불의 도둑질이라는 두 상징적 행위의 만남은 신화 영역에서의 신인 동형 동성의 능력을 선명하게 나타내 보이고 있다. 이러한 상징은 그 자체가 목적이 아니라, 불멸하는 생명의 술, 젖, 양식, 불, 그리고 영광의 수호자, 권화(權化) 혹은 시혜자까지 나타내고 있다.

이러한 비유적 표현은, 반드시라고는 할 수 없겠지만 대체로 심리학적 관점에서 해석되어도 무방할 듯하다. 유아의 초기 발전 단계에서는, 세월의 흐름과 무관한 상태의 '신화적인 징후'가 관찰되기 때문에 하는 소리다. 이러한 징후는, 어머니의 품을 떠날 즈음 아이를 괴롭히는, 자기 육체가 파괴당할지도 모른다는, 환상에 대한 반작용과 끊임없는 저항으로 나타난다.[139] 아이들은 짜증스러워하는 반응을 보이고, 어머니와 관련된 것이면 무엇이든지 찢어 버리는 환상을 갖는다……. 이윽고 아이는 이러한 충동에 대한 보복을 두려워하게 된다. 자기 내부의 모든 것을 쏟아 버리게 될지도 모른다는 두려움을 느끼게 되는 것이다.[140] 자기 몸의 고결성에 대한 갈망, 원상 회복의 환상, 내적 외적인 '나쁜' 힘에 대한 보호와 불가괴성(不可壞性)의 은밀하고도 깊은 요구가 심성을 형성시키기 시작한다. 이러한 결정적 인자는 후일 성인이 된 다음의 신경증적, 혹은 정상적인 일상의 삶, 정신적인 노력, 종교적 신념, 제의적 관습에 그대로 남게 된다.

가령 원시 사회의 핵이라 할 수 있는 주술사라는 직업은 "일련의 방어 기제로, 자기의 미숙한 육체가 파괴당할지도 모른다는 환상에서 비롯된다."[141] 오스트레일리아에는 정령들이 주술사의 내장을 꺼내고 그 안에다 자갈, 수정, 밧줄, 혹은 능력을 부여받은 작은 뱀을 넣었다고 믿는 종족이 있다.[142]

주술사의 첫 번째 방어 공식은 불편한 환상을 상기함으로써 감정을 정화하는 해제 반응(abreaction, 나의 내부가 이미 파괴당했다.)으로, 이어 이에 대한 반대의 반응을 보이는 반동 형성(reaction-formation, 이제 내 안에는 썩을 만한 것도, 배설물도 없고 오직 썩지 않는 수정만 있을 뿐이다.)이 나타난다. 주술사의 두 번째 방어 공식은 이를 투사(projection)하는 것이다. 즉 '너의 몸에 들어가고자 하는 것은 내가 아니라 사람들 몸속에 병원체를 쏘아 넣은 다른 마법사'라는 것이다. 세 번째는 복원(restitution)이다. 즉 '나는 사람들의 내부를 파괴하려는 것이 아니고 복원하려는 것'이다. 그러나 이와 동시에 어머니로부터 떨어져 나온, 귀중한 육체적 내용물에 대한 환상의 원초적 요소가 이 치료 행위에 도입된다. 즉 빨아내거나, 문질러 지움으로써 환자로부터 무엇인가를 끌어낸다는 것이다.[143]

불가괴성에 관련되는 또 하나의 이미지는 신령한 '생령(double)'에 대한 민간의 관념에도 나타나 있다. 즉 외적인 영혼은 현재의 육신이 손상되더라도 시달림을 받지 않고, 인간의 손이 닿지 않는 먼 곳에 안전하게 존재한다는 것이다.[144] 어느 도깨비는 이런 말을 했다.

"나의 죽음은 여기에서 먼 곳에 있으므로 찾기가 어렵다. 아주 넓은 바다에 섬이 하나 있는데, 그 섬에는 푸른 참나무가 자란다. 그 참나무 밑에는 쇠로 만든 궤짝이 하나 있고 그 궤짝 안에는 작은 바구니가 하나 있다. 그 바구니 속에는 토끼가 한 마리 들어 있고, 그 토끼 안에는 오리가 한 마리 있으며, 그 오리 뱃속에는 알이 하나 들어 있다. 그 알을 찾아내어 깨뜨리면 나 역시 죽으리라."[145]

이 도깨비의 말을, 사업에서 성공을 거둔 어느 여류 사업가의 꿈과 비교해 보자.

나는 어떤 외딴섬에서 오도 가도 못할 지경에 이르렀다. 가톨릭 신부 역시 나와 같은 입장이었다. 그는 사람들이 건널 수 있도록 이 섬에서 저 섬으로 널 빤지를 놓는 중이었다. 우리가 다른 섬으로 걸어갔을 때, 나는 어느 여자에게 내가 어디 갔느냐고 물었다. 그 여자는, 내가 몇몇 잠수부와 함께 물속에서 잠수를 하고 있다고 대답했다. 나는 섬의 내륙 깊숙이 들어갔다. 거기엔 보석이 가득한 아름다운 연못이 있었다. 또 다른 내가 어느새 잠수복을 입고 그 연못 안에 들어가 있었다. 나는 거기 선 채 나 자신을 굽어보았다.[146]

힌두 이야기 가운데는, 바다의 밑바닥, 태양의 연화가 피는 땅에서 자기의 생령을 찾아내어 잠에서 깨워 주는 사람과 결혼하고자 했던 어느 왕의 딸에 관한 어여쁜 이야기가 있다.[147] 오스트레일리아의 입문 의식을 마친 원주민은 결혼 뒤 할아버지에게 이끌려 성스러운 동굴로 가서 우의적(寓意的)인 무늬가 새겨진 조그만 나무판을 구경하게 된다. 할아버지는 그에게 이렇게 말한다.

"이것은 너의 육체다. 이 목판과 너는 한몸이다. 이를 다른 곳으로 가져가지 말라. 그렇지 않으면 너는 고통받으리라."[148] 1세기의 마니교(敎)나 그노시스 파에서는, 축복받은 영혼이 천국에 이르면 그 영혼을 위해 보관해 두었던 '빛의 옷'을 든 성인과 천사를 만난다고 가르친다.

불멸의 존재에게 주어질 수 있는 최고의 은혜는 바로, 영원히 젖과 꿀이 흐르는 땅에 거하는 것이다. 즉 이런 땅이다.

> 예루살렘과 함께 즐거워하여라.
> 예루살렘을 사랑하는 자들아, 기뻐 뛰어라.
> 예루살렘이 망했다고 통곡하던 자들아,
> 이제 예루살렘과 함께 기뻐하여라.
> 너희가 그 품 안에 안겨 귀염받으며,
> 흡족하게 젖을 빨리라.
> 그 풍요한 젖을 빨며 흐뭇해하리라.
> 야훼께서 말씀하신다.
> "나 이제 평화를 강물처럼 예루살렘에 끌어들이리라.
> 젖먹이들은 그 젖을 빨고 그 품에 안겨 다니고,
> 무릎에서 귀염을 받으리라."[149]

그림 39 사자의 영혼에게 빵과 물을 주는 이시스 신 (이집트, 연대 미상)

　육체와 영혼의 양식, 마음의 평화는 다름 아닌 만병통치약, 즉 마르지 않는 젖꼭지가 내리는 은혜다. 올림포스산은 그 끝이 하늘에 이르도록 솟아 있고, 제신과 영웅들은 거기에서 암브로시아(ambrosia, α는 '不', βροτός는 '死', 즉 신들이 먹는 불로불사의 음식)로 잔치를 벌인다. 오딘(odin)의 산장에서는 43만 2000명의 영웅이 모여, 암염소 헤이드룬(Heidrun)의 유방에서 흘러내리는 젖과 함께, 먹어도 먹어도 줄어들지 않는 사크림니르(Sachrimnir), 즉 우주적인 돼지(Cosmic Boar)의 고기를 포식한다. 헤이드룬은 세계의 물푸레나무(World Ash)인 위그드라실(Yggdrasil) 잎을 먹는다. 동화적인 에린 동산에서, 불사의 투아하 데 다난(Tuatha Dé Danann)은 마나난(Mananán)의 재생하는 돼지를 먹고 귀브네(Guibne)의 맥주를 퍼마신다. 페르시아에서는, 하라 베레자이티산(Mt. Hara Berezaiti) 꼭대기에 모인 신들이 생명나무인 가오케레나 나무(Gaokerena)에서 뽑아낸 불사주 하오마(haoma)를 마신다. 일본의 신들은 사케〔酒〕를 마시고, 폴리네시아 신들은 아베(ave)를 마시며, 아스테카의 신들은 선남선녀의 피를 마신다. 야훼로부터 구원을 받은 자들은 천상의 낙원에서 먹어도 먹어도 줄어들지 않는, 맛있는 베헤못

(Behemoth)과 레비아단(Leviathan)과 지즈(Ziz) 고기를 먹으며, 천국의 네 군데 강에서 퍼올린 달콤한 물을 마신다.[150]

우리 모두가 무의식 속에 간직하고 있는 유아기적 환상은, 불멸의 존재를 상징하는 것으로 끊임없이 신화와 동화와 교회의 가르침에 반영되고 있는 듯하다. 이러한 현상은, 마음이 이러한 이미지와 더불어 안식을 찾는다는 뜻에서, 그리고 옛부터 익히 알려져 있었던 것을 떠올리게 한다는 의미에서 바람직한 것이다. 그러나 이와 동시에, 마음이 유아기적 환상은 상징 속에 안주하고 그것을 초월하고자 하는 모든 노력에 열렬히 저항하기 때문에 방해가 되기도 한다. 세상을 온통 경건하게 만들어 버리는, 유치한 행복에 젖어 있는 무리와 진정으로 자유로운 무리 사이에는 엄청난 심연이 존재한다. 여기에서 상징은 무너지고 초월 당한다. 지상의 천국을 떠나면서 단테는 이렇게 쓰고 있다.

들고 싶은 마음 간절한 그대들은 작은 쪽배에 타고, 노래하며 가는 나의 배를 뒤따르는구나. 돌아서서 떠나온 물가를 굽어보라.

나를 잃으면 길을 잃을지도 모르니, 바다 한가운데로 깊숙이 들어가지 마시라. 내가 지나는 물은 일찍이 아무도 건넌 바 없다.

미네르바가 나에게 영감을 주고, 아폴로는 내 길을 인도하며, 아홉 뮤즈는 내게 곰자리 별들을 일러 준다.[151]

이것이 바로 생각이 무용해지고, 이곳을 지나면 모든 느낌이 죽는 경지다. 산을 오르려는 사람들이 내렸다가 돌아갈 때 다시 타는 산악 지대 철도의 종착역 같은 곳이어서, 여기엔 산을 좋아하나 고산의 위험이 두려워 산을 오르지 못하는 무리가 있다. 그들은 이곳에서 산에 올라갔다 온 이들과 이야기를 나눈다. 상상의 세계 너머에 존재하는, 말로 다할 길 없는 천복의 가르침은, 어린 시절에 상상했던 것과 비슷한 옷으로 위장하고 우리에게 다가올 수밖에 없다. 그래서 동화는 겉으로는 다분히 황당해 보인다. 순수한 심리학적 해석이 위험할 수 있는 것도 바로 이 때문이다.

정신분석학의 주제를 다룬 출판물은 상징의 원천인 꿈과 그 상징의 무의식 속에서의 의미, 그리고 정신에 대한 효과와 작용까지 분석한다. 그러나 위대한 거장들이 그러한 상징을 의식적으로, 비유에 이용했다는 사실은 무시된다. 더구나 과거의 위대한 거장들은 여과되지 않은 환상을 짐짓 계시로 착각한 신경증적 환자(물론 그리스 로마의 위대한 거장들은 접어 두고)라는 무언의 가정까지 엿보인다. 같은 뜻에서 많은 문외한들은 정신 분석의 결과를 프로이트 박사의 이른바 '호색적인 마음'의 산물이라는 생각까지 한다.

유아기적 심상의 익살이 형이상학적 교리의 신화적 해석에 붙여질 때 얼마나 정교해질 수 있는가는 저 유명한 동양 세계 신화에서도 잘 나타난다. 이 신화는, 불사약을 놓고 거인과 신들이 벌이는 원초적 전쟁의 힌두 판이라고 볼 수 있다. 아득한 옛날 땅의 신 카샤파(Kaśhyapa) 즉 '거북 인간'은, 다크샤(Daksha) 즉 '미덕의 주(主)'의 딸 열셋과 결혼했다. 다크샤는 카샤파 이전 시대 천지를 창조한 개조(開祖)였다. 이 딸들 가운데 디티(Diti)는 거인들을, 아디티(Aditi)는 신들을 낳았다. 그런데 오랜 집안 싸움 끝에 카샤파는 많은 아들을 잃었다. 그러나 거인들의 대사제는 금욕과 명상으로 '만유의 주' 시바의 사랑을 얻었다. 시바는 그 대사제에게 죽은 자를 소생시킬 수 있는 능력을 주었다. 거인들은 이 능력 덕분에 큰 힘을 얻었는데, 다음 전쟁에서는 신들이 이를 알아냈다. 그들은 혼란의 와중에서 전전긍긍하다가 고위 신들인 브라마와 비슈누에게 호소했다.

그림 40 배우자를 대동한 브라마, 비슈누와 시바 (채색 세밀화, 인도, 19세기 초)

각각 창조의 신, 수호신, 파괴의 신인 브라마, 비슈누, 시바는 힌두교의 삼위일체로 하나의 창조적 물질의 작용의 세 가지 측면을 표상한다. 기원전 7세기 이후, 이 세 신들 중 비교적 그 중요성이 떨어지던 브라마는 비슈누의 창조적인 대리자로 변했다. 따라서 오늘날의 힌두교는 두 주요 분파로 나누어 있다. 즉 하나는 창조자이며 수호자인 비슈누를 섬기는 파와, 영원에다 영혼을 통합시키는 세계의 파괴자 시바를 섬기는 파가 그것이다. 그러나 이 양자는 결국 하나다. 오늘날의 신화에서, 불로불사의 약을 얻을 수 있는 것은 이 양자의 합동 작전을 통해서만 가능하다.

브라마와 비슈누는, 이 골육상잔을 잠시 중단하되, 서로 힘을 합쳐 불사의 은하수를 저어 '불로불사의 영약' 아므리타(a는 '不', mṛta는 '死')를 만들 수 있도록 거인들의 도움을 청하라고 했다. 자기네들이 우월해서 이 일을 맡긴다고 생각한 거인들은 기꺼이 와서 합류했다. 이렇게 해서 세계 순환의 네 시대에 걸친 역사적인 공동 작업이 시작되었다. 젓는 막대로 선정된 것은 만다라산(Mount Mandara)이었다. 뱀의 왕 바수키(Vāsuki)는 교반기(攪拌器)의 줄이 되는 데 동의했다. 비슈누 자신은 거북이의 형상으로 은하수에 뛰어들어 등으로 산의 밑바닥을 받치기로 했다. 뱀이 산을 몸으로 감자 신들은 한쪽을, 거인들은 다른 쪽을

1부 영웅의 모험

잡았다. 그러고는 천 년을 저었다.

바다 표면에서 맨 먼저 떠오른 것은 칼라쿠타(Kālakuta), 즉 '검은 꼭 대기'라고 하는 검고 유독한 연기였다. 이 칼라쿠타는 죽음의 권능이 극도로 응축된 결정이었다.

"나를 마시라."

하고 칼라쿠타가 말했다.

이를 능히 마실 수 있는 자가 나타나기까지 교반 작업은 더 이상 진 행될 수 없었다. 그들은 멀리서 이를 구경하던 시바에게 부탁했다. 그 는 깊은 명상에 빠져 있다가 이를 해지(解止)하고 은하수를 교반하는 곳으로 다가왔다. 죽음의 정기를 한 잔 뜬 그는 이를 입안에다 쏟아붓 고 요가의 힘을 빌려 삼켰다. 그의 목은 퍼렇게 변했다. 시바가 닐라칸 타(Nīlakantha), 즉 '푸른 목'이라고 불리게 된 것은 이때부터였다.

교반은 다시 계속되었다. 이윽고 무한히 깊은 곳으로부터 권능 의 결정체인 고귀한 형상들이 나타나기 시작했다. 압사라스 요정 들(Apsaras)이 나타났고, 행운의 여신인 락슈미(Lakṣmi), 우카이쉬라 바스(Ucchaiḥśravas) 즉 "큰소리로 운다"는 이름의 백마, 카우스투바 (Kaustubha)라는 진주, 그리고 열세 가지에 이르는 그 밖의 형상들이 나타났다. 마지막으로 나타난 것은 손에 생명의 감로잔(甘露盞)인 달을 든, 신들 중에서도 가장 재주가 용한 의사 단반타리(Dhanvantari)였다.

이제 이 귀중한 감로를 사이에 두고 맹렬한 쟁탈전이 벌어졌다. 거 인들 중 하나인 라후(Rāhu)는 감로 한 모금을 훔쳐 먹다가 채 삼키기도 전에 목을 잘렸다. 그래서 몸은 썩었지만 머리는 영생하게 되었다. 이 머리는, 달을 따라잡으려고 그때부터 영원히 달을 좇아 하늘을 떠다니 게 되었다. 라후가 달을 따라잡으면 잔이 그 목으로 들어갔다가 나오는 데, 이것이 월식이다.

신들의 강점을 최대한으로 살리는 데 착안한 비슈누는 아름다운 무희로 둔갑했다. 무희는, 탐욕스러운 거인들이 자기에게 넋을 놓고 있는 동안 불사주의 잔인 달을 집어 잠시 거인들을 놀린 다음 이를 신들에게로 넘겼다. 다시 막강한 영웅으로 변신한 비슈누는 신들의 편에 가담하여 거인들을 쳐부수고 이들을 명계(冥界)의 바위산과 어두운 골짜기로 쫓아 버렸다. 이렇게 해서 신들은 이 세계 중심에 있는 수미산(Sumeru) 꼭대기의 아름다운 궁전에서 영원히 불사주를 즐길 수 있게 되었다.[152]

익살은, 보다 직설적이고 감상적인 신학의 분위기와 구분되는 철두철미 신화적인 것의 시금석이다. 우상으로서의 신들의 존재는 존재 그 자체에서 끝나지 않는다. 그들이 연출하는 유쾌한 신화는 마음과 정신을 그들 수준으로 향상시키는 것에서 그치지 않고 그들을 지나 그 배후의 무(無)에 이르게 한다. 이 무의 경지에서 보면 삼엄한 신학적 교리는 교육적인 미끼에 지나지 않는다. 이러한 신학적 교리의 기능은 무능한 지성을, 구체적인 사실과 사상(事象)의 덩어리로부터 비교적 순화된 공간으로 이행시킨다. 이 공간에서는, 궁극적인 은혜로 모든 존재(천상적, 지상적, 혹은 악마적인 것까지)는 덧없고 주기적인, 행복과 불안에 관한 단순한 유아적 꿈과 비슷한 상태로 변해 보인다. 티베트의 어느 라마승은 서양에서 온, 이 방면에 생소하지 않은 이의 질문에 이렇게 대답했다.

"어떻게 보면, 이들 신들은 실재하지만 달리 보면 이들은 실재하지 않는 것입니다."[153] 고대 탄트라의 정통적인 가르침에 따르면 "눈에 보이는 이 모든 신들은 정도(正道)에서 일어나는 갖가지 사상을 표상하는 상징에 지나지 않는다."[154]는 것이다. 현대 정신분석학파의 이론[155]에서도 그와 같이 설명한다. 교화된 여행자가 마침내 눈을 들어 성부, 성자, 성신의 시현(示顯)을 뚫고 영원한 빛을[156] 바라볼 수 있게 되는 단테의 마지막 시구에서 암시하는 것 역시 이 같은, 신학을 뛰어넘는 통찰과

일맥상통한다.

이렇게 해서 신들과 여신들은 원초적인 상태의 궁극적인 존재가 아닌, 불로불사 영약의 화신이나 그 수호자로 파악된다. 따라서 그들과의 만남을 통해 영웅이 얻으려는 것도 그들 자체가 아니라 그들의 영광, 말하자면 그들의 불로불사적 존재를 가능케 하는 권능이다. 이 기적적인 에너지 본질만이 불멸적인 존재이며, 도처에서 이 에너지를 현현시키고 나누어 주고 표상하는 신들의 이름과 형상은 가변적인 것이다. 이것이야말로 제우스와 야훼와 궁극적인 부처의 벼락, 비라코차의 비가 내리는 풍요의 은혜, 성별식(聖別式) 미사의 방울이 고지(告知)하는 덕목[157]이며, 성자와 현자가 도달하는 궁극적인 깨달음의 광명이다. 이 에너지의 수호자들은 이를 충분히 검증된 자에게만 허락한다.

그러나 신들은 지나치게 잔혹하고 지나치게 조심스러울 때가 있다. 이럴 경우 영웅은 그 불로불사의 영약을 손에 넣기 위해 속임수를 써야 한다. 프로메테우스의 문제가 바로 이것이었다. 이런 경우에는 최고신이라도 심술궂고, 생사 여탈권을 쥔 도깨비로 나타난다. 따라서 이 신을 속이거나 죽이거나 이 신과 화해하는 영웅은 구세주로 칭송을 받는 것이다.

폴리네시아의 마우이(Maui)는 불의 수호자 마후이카(Mahu-ika)를 찾아갔다. 억지로라도 마후이카의 보물인 불을 얻어 인간에게 주기 위해서였다. 거인 마후이카에게 달려간 마우이는 이렇게 말했다.

"이 땅에 흐트러진 검불을 치우자. 그래야 우리가 정다운 맞수로서 정정당당하게 한바탕 겨루어 볼 것이 아니냐?"

마우이는, 위대한 영웅인 데다 여러 가지 재주를 갖춘 술사(術士)였다.

마후이카가 물었다.
"그래, 무엇으로 우리 힘을 겨룬단 말이냐?"

"던지기로 겨루자."

마우이가 대답했다.

마후이카가 동의하자 마우이는 누가 선공하느냐고 물었다. 마후이카는 자기가 먼저 던지겠노라고 했다.

마우이가 응낙하자, 마후이카는 마우이를 집어 공중으로 던져 올렸다. 공중으로 던져진 마우이는 마후이카의 손 안에 떨어졌다. 마후이카는 높이높이 올라가라는 노래를 부르며 다시 마우이를 던져 올렸다.

마우이가 공중으로 올라가자 마후이카는 다음과 같은 주문을 외었다.

1계(界)까지 올라가거라.

2계까지 올라가거라.

3계까지 올라가거라.

4계까지 올라가거라.

5계까지 올라가거라.

6계까지 올라가거라.

7계까지 올라가거라.

8계까지 올라가거라.

9계까지 올라가거라.

10계까지 올라가거라.

마우이는 공중에서 몇 차례 공중제비를 넘다가 떨어지기 시작했다. 결국 마우이는 마후이카 바로 옆에 떨어졌다.

"고작 그거냐?"

마우이가 물었다.

마후이카가 소리쳤다.

"고작 그거라니? 그럼 그대는 고래를 하늘로 날아오르게 할 수 있다는 것이냐?"

"내가 해 보리라."

마우이가 대답했다.

마우이는 마후이카를 잡아 공중으로 던지며, 높이높이 올라가라는 노래를 불렀다.

마후이카가 공중으로 떠오르자 이번에는 마우이가 주문을 읊기 시작했다.

1계로 올라가거라.

2계로 올라가거라.

3계로 올라가거라.

4계로 올라가거라.

5계로 올라가거라.

6계로 올라가거라.

7계로 올라가거라.

8계로 올라가거라.

9계로 올라가거라.

공중으로 끝없이 올라가거라.

마후이카는 공중제비를 넘으며 떨어지기 시작했다. 그가 땅에 닿을 즈음 마우이는 주문 하나를 더 읊었다. "하늘로 올라갔던 자는 거꾸로 떨어질지어다."라는 주문이었다.

마후이카는 떨어졌다. 공이가 절구를 박듯 머리로 땅을 박고 마후이카는 죽고 말았다.

영웅 마우이는 거인 마후이카의 목을 자르고, 저 불꽃이라는 보물을 차지했다. 그는 이 불을 세상 사람들에게 나누어 주었다.[158]

그림 41 괴물을 퇴치하는 영웅들: 다윗과 골리앗의 혈투, 지옥의 정복, 삼손과 사자의 격투
(판화, 독일, 1471년)

메소포타미아권(圈)에서 불로불사약을 구하는 성서 시대 이전의 이
야기로 가장 유명한 것은 수메르의 성읍 에렉의 전설적인 왕 길가메시
의 이야기일 것이다.* 길가메시는 불로초인 양갓냉이를 구하러 길을 떠
났다. 산기슭을 지키는 사자와, 하늘을 떠받치는 산의 수호자인 전갈
인간을 무사히 거친 길가메시는 산속으로 들어가 이윽고 꽃과 열매와
보석이 지천으로 깔린 천국의 동산에 이르렀다. 이곳을 지난 그는 또
세계를 둘러싸고 있는 바다에 도착했다. 바닷가의 동굴에는 이슈타르
여신의 화신인 시두리 사비투(Siduri-Sabitu)가 살고 있었다.

이 여자는 모습을 감춘 채 길가메시의 앞을 막았다. 그러나 길가메시
가 사정을 이야기하자 시두리 사비투는 모습을 드러내고, 불로불사의
영약을 구하러 다니는 대신 인간 세상의 기쁨에 만족하라고 충고했다.

> 길가메시여, 왜 이렇듯 헤매는가?
> 그대가 찾아다니는 것은 나타나지 않을 터인데.
> 신들이 인간을 삼길 때,
> 인간에게 죽을 운명을 매기고,
> 그 생명을 자기네 손에 붙였다.
> 길가메시여, 산해진미를 배불리 먹고,
> 주야로 그대 일신을 즐기되,
> 나날을 흥겨운 잔치로 보내라.
> 주야로 희롱하며 즐거워하라.
> 머리 감고, 몸을 씻고,

---

* 길가메시의 모험에 대해서는 T. H. 가스터의 『세상에서 가장 오래된 이야기』(이용찬 옮김, 평단문화
사, 1985)를 참조하기 바람. 이 책에는 그 밖에도 바빌로니아, 아시리아, 히타이트, 가나안 지역의
점토판으로 전해져 내려오는 이야기들 12편이 들어 있는데, 원역자는 이야기들이 낭송되었을 당시의
상황과 오늘날의 독자들의 정서적 분위기를 최대한도로 살려 각색해 주고 이야기 하나하나마다 유사
모티프를 지닌 제 민족의 설화와 비교 해설해 주고 있다. ──옮긴이 주

호의호식을 탐하여라.

그대 손을 잡는 아이를 바라봐 주고

그대 아내를 그대 품 안에서 복되게 하라.

이 전설의 표준 아시리아 판본에서 빠져 있는 이 구절은 그 이전의 바빌로니아의 단편본에 나온다.[159] 무녀(巫女)의 충고가 쾌락주의적이라는 지적은 흔하다. 그러나 이 구절이 고대 바빌로니아인들의 도덕 철학이 아닌, 입문의 시험을 상징하고 있다는 것을 간과하면 안 된다. 몇 세기 뒤 인도에서도 어느 제자가 스승에게 영생불사의 비밀이 무엇이냐고 묻자 이 스승은 현세적 삶의 쾌락에 진력할 것을 권한다.[160] 그럼에도 끈질기게 물음을 되풀이하는 자만이 다음 단계에 입문할 수 있다.

그러나 길가메시가 부득부득 고집을 부리자 시두리 사비투는 그에게 관문의 통과를 허락하고 도정의 위험을 일러 주었다.

무녀 시두리 사비투는 길가메시에게 뱃사공 우르사나피(Ursanapi)를 찾으라고 했다. 길가메시는, 추종자 무리에 둘러싸인 채 숲속에서 나무를 패고 있는 우르사나피를 발견했다. 길가메시가 이들 추종자들(이들은 '삶을 즐기는 자들', '돌로 된 자들'이라고 불렸다.)을 물리치자 뱃사공은 죽음의 강 저쪽까지 건너게 해 달라는 길가메시의 청을 응낙했다. 이 항해에는 한 달 반이 걸렸다. 뱃사공은 길가메시에게 절대로 물을 건드리면 안 된다고 일렀다.

이제 그들이 건너가고 있는 피안은 원초적인 홍수*의 영웅 우트나피쉬팀이 아내와 더불어 영생불사의 평화 안에 안주하는 땅이었다. 멀리서, 망망대해를 홀로 저어 오는 일엽편주를 바라보는 우트나피쉬팀의 마음에 문득 한 점 의혹이 일었다.

---

* 성경에 나오는 노아 홍수의 바빌로니아 판.

1부 영웅의 모험

어찌하여 '돌로 된 자들'의 배가 유린당하고,
나를 섬기지 않는 자가 저 배를 타고 온다더냐.
이리로 오는 자는 인간이 아니란 말이냐.

길가메시는 피안에 오르자마자 원로에게서 장황한 홍수 이야기를
들어야 했다. 이어 우트나피쉬팀은 객을 재웠다. 객인 길가메시는 엿새
동안이나 잤다. 우트나피쉬팀은 아내에게 빵 일곱 덩어리를 굽게 하여,
배 옆에서 자는 길가메시의 머리맡에다 놓아두게 했다. 이윽고 우트나
피쉬팀이 건드리자 길가메시는 잠을 깼다. 피안의 주인은 뱃사공 우르
사나피에게, 손님을 어느 연못에서 목욕시키고 새 옷을 갈아 입히라고
일렀다. 길가메시가 목욕하고 새 옷으로 갈아입자 우트나피쉬팀은 길
가메시에게 불로초의 비밀을 일러 주었다.

길가메시여, 내 그대에게 비밀을 일러 주고
몇 가지 가르침을 베풀겠노라.
저 풀은 벌판의 덩굴장미 같은바
장미 가시 같은 저 가시가 그대의 손을 찌를 것이나
그대가 저 풀을 손에 넣으면
떠나온 땅으로 되돌아갈 수 있으리라.

그 풀은 우주적인 바다의 바닥에서 자라고 있었다.
우르사나피는 영웅 길가메시를 태우고 다시 바다로 나왔다. 길가메
시는 발에다 돌을 달고 물속으로 들어갔다. 그가 천신만고를 이기고 물
속으로 들어가고 있는 동안 뱃사공은 배 안에 남아 있었다. 깊이를 알
수 없는 바다의 밑바닥에 이른 그는, 손을 찌르는 저 풀을 뜯고, 발목에
매단 돌을 푼 다음 다시 수면으로 떠올랐다.

그림 42 불멸의 생명을 상징하는 나뭇가지 (설화석고 벽 조각, 아시리아, 기원전 885~860년경)

영웅은, 물길을 되짚어 나올 때도 물을 건드리면 안 된다는 경고를 받았으나 이 시점에서는 금기에 구애받지 않고 물속으로 들어갈 수 있다. 이는 영원한 섬의 주인 내외를 방문하고 얻은 권능 덕분이다. 홍수 영웅인 우트나피쉬팀 - 노아는, 원형적인 아버지 상(像)이다. 세계의 배꼽인 이 섬은 그리스 - 로마의 '축복받은 섬'의 전신(前身)이다.

그가 수면으로 오르자 뱃사공은 그를 다시 배 안으로 맞아들였다. 길가메시는 환호작약하며 뱃사공에게 이렇게 말한다.

> 우르사나피여, 이것이 그것이었구나.
> 인간이 얻으면 끝없는 힘을 얻는다는.
> 내 이 풀을 기름진 땅 에렉으로 가져가리라.
> 이 풀을 "다시 젊어지게 하는 풀"이라고 명명하노니,
> 내 이 풀을 먹고 회춘하리라.

그들은 바다를 건넜다. 해변에 이르자 길가메시는 시원한 웅덩이에서 몸을 씻고 그 옆에서 쉬었다. 그러나 그가 잠들어 있을 동안 뱀이 그 풀의 향내를 맡고 다가와 풀을 물어 가 버렸다. 이 풀을 먹은 뱀은 허물을 벗고 젊음을 되찾는 능력을 갖게 되었다. 그러나 잠을 깬 길가메시는 퍼질고 앉아 통곡하니, "눈물이 그의 콧등을 타고 내렸다."[161]

오늘날까지도 육체적 장생불사는 여전히 인간을 유혹하고 있다. 1921년에 쓴 버나드 쇼의 『므두셀라 시대로 돌아가라』는 이 같은 주제를 현대의 사회생물학적 우화로 표현했다. 이보다 400년 전에는, 후안 폰세 데 레온(Juan Ponce de Léon)이라는 고지식한 사람이 젊어지는 샘물이 있다는 '비미니(Bimini)' 땅을 찾아다니다가 플로리다를 발견한 일도 있다. 그보다 또 200년 전에는 중국의 철학자 코 홍(葛洪)이 불사의 환약을 만든답시고 기나긴 반평생을 보냈다.

코 홍은 이렇게 쓰고 있다.

그림 43 보살(석조, 캄보디아, 12세기)

1부 영웅의 모험

진짜 진사(辰砂) 서 근과 백밀(白蜜) 한 근을 잘 섞은 다음 볕에 잘 말린다. 이 잘 마른 덩어리를 환으로 만들 수 있을 때까지 불에다 잘 볶는다. 환약이 다 만들어지면 삼씨(大麻種子)만 한 이 환약을 매일 아침 열 개씩 먹는다. 한 해만 장복하면 센 머리가 다시 검어지고 썩은 이가 다시 돋으며 몸이 매끄러워지고 윤기가 난다. 노인이라도 이 약을 장복하기만 하면 젊은이로 회춘하기 어렵지 않다. 끈기 있게 이 약을 먹는 자는 영생을 얻으니 죽는 법이 없다.[162]

코 홍의 친구 한 사람이 어느 날 이 외로운 철학자를 찾아가 보았더니 코 홍은 간데없고 그의 옷만 남아 있더라고 했다. 노인은 가 버린 것이었다. 그러니까 불사의 선계로 떠나 버린 것이었다.[163]

육체의 불로불사를 구하는 것은 전통적인 가르침을 오해한 데서 기인한다. 가장 간단한 방법은, 눈동자를 크게 해서, 육체와 그 종자(從者)인 개성이 더 이상 시야를 가리지 못하게 하는 것이다. 이렇게 되면 불로불사는 현실로서 체험된다. "그것이 여기에 있다. 그것이 여기에 있다."[164]의 경지인 것이다.

만물은 나아가고, 일어나고, 되돌아온다. 나무는 꽃을 피우나 오직 뿌리로 되돌아가기 위함이다. 뿌리로 되돌아감은 정일(靜溢)을 찾음이다. 정일을 찾음은 천명으로 합일함이다. 천명에 합일함은 영원에 합일함이다. 영원을 아는 것은 깨달음이요, 영원을 깨닫지 못하면 혼란과 마(魔)가 인다.

영원을 알면 이해력이 넓어지고, 이해력이 넓어지면 포용력이 넓어진다. 시야가 넓어지면 귀함을 얻는다. 귀함이란 천상적인 것과 다름 아니다.

천상적인 것이 도(道)다. 도는 영원이다. 여기에 이르면 육체가 썩는 것도 두려워할 바 아니다.[165]

일본에는 "인간이 재물을 내려 달라고 기도하면 신들이 웃는다."라는 속담이 있다. 신도에게 내리는 은혜는 그 신도의 처지와 그가 발원 (發願)한 소망에 준하여 내려진다. 은총이란, 개별적 경우에 맞추어 차 감된 삶의 에너지의 상징에 지나지 않는다. 흥미로운 점은 신의 은총을 입고 있는 영웅이 완전한 깨달음의 은총을 구할 수 있음에도 장수의 은혜와, 이웃을 시해할 무기, 혹은 자식의 건강 등을 구하곤 한다는 것 이다.

그리스에는 미다스 왕 이야기가 있다. 미다스 왕은 디오니소스로부 터 무엇이든지 한 가지 소원은 꼭 이루어 주겠노라는 약속을 받았다. 미다스 왕은, 자기가 만지는 것은 모두 금이 되게 해 달라고 말했다. 은 총을 입은 왕이 지나가면서 시험 삼아 참나무 가지를 만져 보았더니 곧 금가지로 변했다. 돌을 집어도 금으로 변했고, 사과를 집으니 금덩 어리가 되었다. 몹시 황홀해진 그는 이 기적을 자축할 잔치를 준비하게 했다. 그러나 그가 잔치상 머리에 앉아 고기를 집자 고깃덩어리는 금덩 어리로 화했다. 그의 입술에 닿자 포도주는 황금 액체로 변했다. 이 세 상 어느 누구보다 그가 사랑하는 딸이 수심에 잠긴 아버지를 위로하러 나왔으나 이 딸 역시 아버지가 껴안는 순간 아름다운 금상으로 변하고 말았다.

개인적인 한계를 넘는 고통은 곧 정신의 성숙에 따른 고통이다. 예 술, 문학, 신화와 밀교, 철학, 그리고 수련은, 모두 인간이 자기 한계의 지평을 넘고 드넓은 자각의 영역으로 건너게 해 주는 가교인 것이다. 차례로 용을 쓰러뜨리고, 관문과 관문을 차례로 지남에 따라, 영웅이 간절한 소망을 비는 신의 모습은 점점 커져, 이윽고 우주 전체에 가득 차게 된다. 영웅의 마음은 마침내 우주의 벽을 깨뜨리고 모든 형상(모 든 상징, 모든 신성(神性))의 경험을 초월하는 자각에 이르게 된다. 이것 이 바로 불변의 공(空)에 대한 자각이다.

단테가 정신적 모험을 마지막 한 걸음까지 마치고 천상의 장미에 싸인 삼위일체 신(Triune God)의 상징적 환상 앞에 섰을 때도 마찬가지다. 성부, 성자, 성신의 형상을 두루 경험한 그에게도 아직 한 가지 경험이 더 유보되어 있었다. 그는 이렇게 쓰고 있다. "베르나르가 내게 눈짓과 함께 저 위를 보라는 듯 미소 짓고 있었지만 나는 이미 그가 시키는 대로 하고 있었다. 나의 눈이 점점 밝아지면서 저 지존의 빛줄기 속으로 자꾸만 빨려들었기 때문이었다. 이때부터 내가 본 환상은 말로 할 수 없었으니 말이 그 나타난 바에 승복하고 기억 또한 압도당했다."[166]

"눈이, 말이, 마음이 하릴없다. 우리는 이를 알지 못한다. 이를 남에게 가르칠 방도도 알지 못한다. 이는 이미 알려진 바와도 같지 않고, 알려지지 않은 것까지 초월해 있다."[167]

이것은 최고의, 그리고 궁극적인 시련이다. 영웅의 시련일 뿐만 아니라 신 자신의 시련이기도 하다. 여기에서는 이름 붙일 수 없는 것에 인간의 탈을 씌운 것에 불과했던 성자와 성부가 동시에 적멸에 든다. 한 사람의 삶의 에너지에서 비롯된 꿈속의 허구적인 형태들이 그 단일한 힘의 다양한 분열과 갈등을 반영하듯, 지상적인 것이든 천상적인 것이든 이 세상의 모든 형체는 불가해한 신비, 즉 원자를 조립하고 별들의 궤도를 통제하는 권능을 가진 우주적 힘을 반영한다.

생명의 원천은 개인의 핵이며, 인간은 자기 내부에서 그것을 찾아낸다. 말하자면 인간이 자기 내부의 뚜껑을 열어젖힐 수 있을 때 그렇다. 게르만족의 이교 신 오딘은 이 무한한 어둠 속의 지식을 가린 빛의 장막을 걷어내기 위해 한쪽 눈을 내놓고, 고난의 시련을 감내했다.

> 나는 비바람 몰아치는 나무에
> 꼬박 아흐레 밤을 걸려 있었던 듯하다.
> 나는 창에 상하여, 나 자신인 오딘에게 바쳐졌다.
> 뿌리가 무엇인지 아무도 모르는 그 나무 위에서.[168]

보리수 아래에서 얻은 부처의 승리는 이러한 행위의 동양적인 일례라고 할 수 있다. 그가 마음의 칼로 우주의 거품을 찌르자 거품은 흩어져 무화(無化)됐다. 전통 종교 신앙의 대륙, 하늘, 지옥 같은 자연적 경험 세계는 그 세계 속 신들과 마귀의 개념과 함께 일거에 폭발했다. 그러나 기적 중의 기적은 폭발한 뒤에도 재생되고 부활하여 참 존재의 광휘로 영광을 얻었다는 것이었다. 실제로 부활한 하늘의 신들은 그들을 꿰뚫고 그들의 생명이자 근원인 무(無)에 이르렀던 영웅 인간을 목청을 드높여 찬양했다.

세계의 동쪽 구역에선 깃발과 기치의 기드림은 세계의 서쪽 구역으로 휘날렸다. 마찬가지로 세계의 동쪽 구역에선 깃발과 기치의 기드림은 동쪽으로 휘날렸다. 세계의 북쪽 구역에 선 깃발과 기치의 기드림은 남쪽으로 날렸고, 남쪽 구역에 선 깃발과 기치의 기드림은 북쪽 구역으로 휘날렸다. 땅의 바닥에 세운 깃발과 기치는 브라마 세계(Brahma-world)에 이르기까지 기드림이 휘날렸다. 브라마 세계의 깃발과 기치는 기드림이 땅바닥에까지 이르렀다. 일만 세계에 걸쳐 꽃피는 나무는 꽃을 피웠고, 과일나무는 과일의 무게로 휘청거렸다. 둥치 연화는 둥치에 연화를 피웠고, 가지 연화는 가지에 연화를 피웠으며, 덩굴 연화는 덩굴에 연화를 피웠고 가공(架空) 연화는 하늘에다 꽃을 피웠으며, 줄기 연화는 바위 사이에서 일곱 송이씩 짝지어 피어났다. 일만 세계의 질서는 공중으로 던져진 꽃다발, 아니면 두꺼운 꽃의 융단 같았다. 천체 간 공간에서, 그때까지 7개의 태양도 비추어 내지 못하던 10만 리 길이의 지옥은 이제 빛의 홍수에 잠겼다. 깊이 100만 리에 이르던 바다는 이제 단물로 바뀌었다. 강은 스스로 흐름을 돌아다보았고, 배내 소경은 광명을 찾았다. 배내 귀머거리는 듣기에 이르렀고, 배내 앉은뱅이는 사지의 힘을 얻었으며 사로잡힌 자들은 모두 풀려났다.[69]

그림 44 탕자의 귀환(캔버스에 유화, 네덜란드, 1662년)

3 귀환

1 귀환의 거부

　근원으로 침투함으로써, 혹은 남성이나 여성, 인간이나 동물로 화신한 자의 은혜를 입음으로써 영웅의 임무가 수행되었다고 하더라도 모험 당사자인 영웅은 아직 생을 역전시키는 전리품을 가지고 귀환하는 모험을 치러야 한다. 원질 신화의 규준인 완전한 순환 체계는 영웅에게 지혜의 시문(詩文), 황금 양털, 혹은 잠자는 미녀를 인간의 왕국으로 데려오는 또 한 번의 수고를 시작할 것을 요구한다. 그래야 이 은혜가 사회, 국가, 천체, 아니면 일만 세계를 재생시키는 데 환원될 것이기 때문이다.

　그러나 영웅이 이 책임을 회피한 예는 너무나 많다. 심지어는 부처까지도 정각(正覺)이라는 승리를 얻은 뒤에 이 소식이 대중에게 전해질 수 있을지 여부를 의심했고, 성자들 중에는 천상적인 무아지경에서 몰(沒)한 성자가 많은 것으로 보고되고 있다. 실제로 많은 영웅들이, 불로불사 여신의 축복받은 섬에 아예 영원히 눌러앉아 버린 것으로 전해진다.

고대 힌두의 전사이자 왕인 무추쿤다(Muchukunda)의 감동적인 이야기가 있다. 그는 아버지의 왼쪽 겨드랑이에서 태어났다. 그의 아버지가 실수로, 브라민(Brahmin)이 그의 아내에게 주려고 마련해 놓은 수태약(受胎藥)을 마셔 버렸기 때문이었다.*

이 기적의 상징체계에 걸맞게, 남성적 자궁의 산물인 어머니 없는 이 아이는 훌륭하게 자라나 왕 중의 왕이 되니, 신들이 악마들과의 대전에서 패퇴하여 울분을 삼키다 그를 찾아가 도움을 청하기에 이르렀다. 그가 신들을 도와 악마를 물리치고 대승을 거두자, 신들은 그 천상적 기쁨을 이기지 못하고, 그의 소원이 무엇이든 한 가지는 이루어 주겠노라고 했다. 하지만 그 자신이 이미 전능에 이른 그와 같은 왕에게 소원이 당키나 할 것인가? 은혜 중의 은혜를 내린들 인간 중에서 으뜸가는 인간인 그에게 무슨 생색이 나랴? 이야기인즉, 무추쿤다 왕은 전쟁을 치르느라 몹시 지쳐 있었다. 그는 끝없이 자게 해 주되, 어떤 인간이든지 깨우려 드는 자가 있다면 일별(一瞥)에 불타서 잿더미가 되게 할 수 있도록 해 달라고 신들에게 말했다.

신들은 이 소원을 가납해 주었다. 무추쿤다 왕은 산의 자궁 깊숙이 들어앉은 동혈에서 잠이 들어 자그마치 한 겁(劫)을 잤다. 무(無)로부터 인간이라는 종족과 문명과 세계가 태동하여 다시 무로 돌아갔지만, 이 만세 전의 왕은 의식하(意識下)의 천복 안에서 만세 전과 다름없이 자고 있었다. 프로이트 학파에서 말하는, 변동하는 자아 체험의 극적인 시간적 세계 아래 잠긴 무의식 상태에서, 이 만세 전의 노인은 시간을 초월하여 잠 속에서 영원히 삶을 지속했다.

이윽고 그가 깨어날 날이 왔다. 그러나 깨어남과 더불어 영웅의 순회의 문제에, 그리고 최고의 소원으로 영원한 잠을 택했던 이 전능한 왕

---

* 이것은 양성적 비법 전수자인 아버지에 의한 재생을 합리화하기 위해 덧붙인 설명이다.

의 불가사의한 요구에 새로운 관점을 제공할 엉뚱한 전기가 찾아왔다.

세계의 주(主) 비슈누는 크리슈나란 이름의 아름다운 청년으로 화신해 있었는데, 당시 크리슈나는 인도 땅을 사악하고 광포한 종족으로부터 구해 내어 왕위에 올라 있었다. 태평성대가 계속되던 가운데 북서쪽에서 갑자기 야만인 무리가 침공해 왔다. 크리슈나 왕은 그들과 맞섰다. 그러나 크리슈나는 신성(神性)으로 일거에 전쟁을 싱겁게 끝내 버렸다. 무기도 놓고 연화의 화환 하나만 목에 건 그는 성채에서 나왔다. 이어서 그는 적의 왕을 꼬드겨 자기를 사로잡아 보게 하려고 동혈 속으로 들어갔다. 그를 추격해 동혈로 들어간 야만인의 왕은 누군가가 거기에 누워 잠들어 있는 걸 발견했다.

"오라, 이놈이 나를 꼬여 이 동혈로 들어오게 하고 저는 잠자는 척하고 있구나."

그는 이렇게 생각하고 앞에 누워 있는 자를 걷어찼다. 누워 있던 자는 잠을 깼다. 바로 무추쿤다 왕이었다. 잠을 깬 무추쿤다 왕은, 창조와 세계의 역사, 소멸의 주기가 수없이 되풀이될 동안 감고 있던 눈을 천천히 떴다. 그의 첫 시선이 닿은 것은 적국의 왕이었다. 적국의 왕은 횃불처럼 타오르다 곧 잿더미가 되었다. 무추쿤다는 두 번째 시선을 목에다 연화의 화환을 건 아름다운 젊은이에게 향했다. 그러나 이 젊은이의 모습은 무추쿤다 왕을 놀라게 했다. 무추쿤다 왕은 크리슈나를 둘러싸고 있는 광휘로 대번에 그가 신의 화신임을 알아본 것이었다. 무추쿤다는 구세주 앞에 무릎을 꿇고 다음과 같은 기도를 올렸다.

내 주님이신 신이시여. 인간으로 살고 업을 쌓을 때 저는 닥치는 대로 살고 닥치는 대로 업을 쌓았습니다. 인간이 나고 죽기를 여러 번 할 동안 저는 어디에서 멈추어야 할지, 어디에서 쉬어야 할지도 모르는 채 그저 뛰고 괴로워했습니다. 저는 근심을 기쁨으로 잘못 알았습니다. 사막 위로 나타나는 신기루를 시원한 샘물로 알았습니다. 제가 기쁨을 잡으면 손 안에 남는 것은 고통뿐이었습니다. 왕의 권능, 지상의 소유, 부와 권력, 벗과 자식들, 아내와 추종자들 이 모든 존재는 제 오감을 홀렸습니다. 저는 이 모든 것을 원했습니다. 이런 것들이 저에게 복을 준다고 믿었기 때문이었습니다. 그러나 제 것이 되는 순간부터 이 모든 것들은 그 본성을 벗고 불길이 되었습니다.

이윽고 저는 제 길을 찾아 신들과 어울리게 되었는데, 그분들은 저를 동아리로 맞아 주셨습니다. 그러나, 어디에서 끝납니까? 안식은 어디에 있습니까? 신들을 비롯한 이 세상의 모든 피조물은 모두, 주님이신 신이시여, 당신의 손으로 꾸미신 계략에 지나지 않았습니다. 그 피조물들이 태어나고, 고통을 받고, 나이를 먹고, 죽는 헛된 순환을 되풀이하는 것은, 그 때문이었습니다. 전생을 마감하고 환생하기 전 그들은 죽음의 주재자와 맞서다 갖가지 정도의 고통을 겪습니다. 이 모두가 당신에게서 온 것입니다.

내 주님이신 신이시여, 저 역시 당신의 희롱에 말리어 이 세상의 제물이 되고, 허물의 미로를 방황하고 자아의식의 그물에 걸려 허우적거렸습니다. 이제 원하옵건대, 당신의 (끝없고 자비로운) 실재를 피난처로 삼아 이 모든 것에서 자유롭게 하소서.

떠나려고 동굴을 나오던 무추쿤다는, 사람들의 키가, 그가 잠들기 전보다 줄어 있는 것을 발견했다. 사람들 사이에서 그는 거인이었다. 그는 그 동굴에서 나와 높은 산으로 올라간 다음 고행에 들어갔다. 이 고행만이 모든 존재의 형상과의 마지막 인연으로부터 그를 해탈로 이르게 할 터였다.[1]

다른 말로 하자면, 무추쿤다는 회귀하는 대신 이 세상으로부터 한 차원 더 떨어진 곳으로 물러서기로 마음먹었다. 누가 감히 그의 결심이 무분별하다고 할 것인가?

2 불가사의한 탈출

승리한 영웅이 여신이나 신의 축복을 획득하고, 그가 속한 사회를 구원할 불사약을 가지고 원상 복귀할 대목이 되면, 영웅 모험의 이 최종 단계에서 초자연적인 후원자에 의한 지원이 따르는 법이다. 그러나 만일 전리품이 그 수호자의 의지에 반한 상태에서 영웅의 손에 들어갔거나, 영웅의 귀환 의사가 신이나 악마의 찬성을 얻지 못할 경우에는 이 신화 주기의 마지막 단계에서는 격렬한, 때로는 익살스러운 추격전이 벌어진다. 마법의 장애물이 신비스러운 것이면 신비스러운 것일수록, 영웅의 도피가 교묘하면 교묘할수록, 이 탈출과 저지의 양상은 그

그림 45a 메두사의 머리를 갖고 달아나는 페르세우스를 뒤쫓는 고르곤 세 자매 가운데 하나 (적색으로 채색한 암포라, 그리스, 기원전 5세기경)

1부 영웅의 모험

그림 45b 자루에 메두사의 머리를 담아 달아나는 페르세우스 (적색으로 채색한 암포라, 그리스, 기원전 5세기경)

만큼 복잡해진다.

  가령 웨일스 사람들의 입에 곧잘 오르는 물 밑 나라 영웅 귀온 바크 (Gwion Bach)는 파도 아래 있는 땅으로 갔다. 정확하게 말하면 그는 웨일스 북부 메리오네스셔의 발라 호수 바닥에 있었다. 이 호수 바닥에는 고대의 거인 대머리 티지드(Tegid)와 아내 카리드웬(Caridwen)이 살고 있었다. 카리드웬은, 한편으로는 곡식과 풍요의 수호자요, 다른 한편으로는 시와 학문의 여신이었다. 카리드웬에겐 거대한 주전자가 있었는데 그녀는 여기에다 과학과 영감을 넣어 끓이려 했다. 요술 책의 도움을 빌려 카리드웬은 주전자에다 시커먼 혼합물을 놓고 불 위에 얹어 1년간 끓이면, 영감의 진국이 딱 세 방울 나오게 되어 있었다.

카리드웬은 우리의 영웅 귀온 바크에게는 이 반죽을 젓게 했고, 장님인 모르다(Morda)라는 사나이에겐 주전자 밑의 불을 돌보게 했다.

카리드웬은 1년 하고도 하루 동안 잠시도 쉬지 말고 반죽을 젓고 불을 돌보아야 한다고 일렀다. 그동안 카리드웬은 천문 서적에 따라 매일 정례적으로 영험이 있는 약초를 모았다. 한 해가 거의 다 갈 무렵인 어느 날, 카리드웬이 약초를 다듬으며 주문을 외우고 있는데 문득 주전자에서 영험이 있는 진국 세 방울이 흘러나와 바크의 손가락에 떨어졌다. 워낙 뜨겁던 참이라 귀온 바크는 엉겁결에 손가락을 입술로 가져갔다. 그러다 보니 이 영약 방울을 핥아먹게 되었고, 이를 먹은 그는 미래를 예견하는 권능을 얻게 되었지만, 그때부터 카리드웬으로부터 자기 자신을 지킬 일이 큰일이었다. 카리드웬은 재주가 무궁무진했기 때문이었다. 신변의 위험을 느낀 그는 서둘러 고향 땅으로 도망치기 시작했다. 주전자는 터져 두 조각이 나 버렸다. 세 방울의 영약이 흘러나와 버리면 주전자 안에는 독액밖에 남지 않게 되는데 그 독액이 주전자를 삭혀 버린 것이다. 이 독액은 시냇물로 흘러 들어갔고 귀드노 가란히르(Gwyddno Garanhir)의 말들이 시냇물을 먹고 죽으니 그때부터 이 시냇물은 "귀드노 말의 독액"이라는 이름으로 불리게 되었다.

곧 카리드웬이 달려와 한 해 동안의 수고가 물거품이 되었다는 걸 알았다. 화가 난 카리드웬은 장작개비를 집어 장님 모르다의 머리통을 갈겼는데 얼마나 세게 갈겼던지 눈알이 튀어나와 뺨 위로 흘러내렸다. 장님이 항변했다.

"잘못 아셨습니다. 저에겐 아무 죄도 없습니다. 저 때문에 이런 일이 생긴 건 아닙니다."

그러자 카리드웬이 말했다.

"네 말이 옳다. 내 영약을 훔친 놈은 귀온 바크다."

이어 카리드웬은 바크를 뒤따라 달렸다. 카리드웬을 본 바크는 산토끼로 둔갑하여 도망쳤다. 그러나 카리드웬이 사냥개로 둔갑해 따라가니 형세가 급박했다. 강에 이르자 바크는 물고기로 둔갑했다. 그러나 카리드웬은 수달로 둔갑해 뒤쫓았다. 절박하게 쫓기던 바크는 이번에는 새로 둔갑해 물 위로 날아올랐다. 카리드웬도 지지 않고 매로 둔갑해 추격하니 그에겐 숨 돌릴 사이가 없었다. 매가 덮치는 순간 바크는 창고 앞의 타작 마당을 보고 그 밀 속으로 뛰어들어 한 알의 밀알로 둔갑했다. 카리드웬은 시커먼 수탉으로 변신, 발로 다른 밀알을 헤치고 변신한 귀온 바크를 찾아내어 쪼아 먹어 버렸다. 그런데 카리드웬이 바크를 9개월 동안이나 몸속에 넣어 두었다가 낳고 보니 그 용모가 하도 준수하여 죽일 마음이 내키지 않았다. 그래서 카리드웬은 바크를 가죽 부대에 넣어 4월 29일에 바다로 던져 신의 자비에 맡겼다.[2]

"탈리에신" 편을 통해 전해지는 귀온 바크의 이야기는 샬럿 게스트 부인이 1838년에서 1849년 사이 네 권으로 번역하여 출간한 웨일스 지방 소설집 *The Mabinogion*을 통하여 우리에게 전해진다. 탈리에신, 즉 '서부 지방 최대의 시인'은 후일의 문학에서 '아서왕'이 된 당시의 족장과 함께 6세기에 실재했던 역사적인 인물일 가능성이 있다. 당시 시인의 전설과 작품은 13세기의 필사본인 『탈리에신의 서(書)』에 남아 있는데, 이 필사본은 네 권의 고대 웨일스 책 중의 한 권이다.

Mabinog(웨일스 말)은 시인의 도제이다. Mabinogi, 즉 '청소년 교육'이란 말은, mabinog에게 가르치는 전통적인 교육 자료(신화, 전설, 시 등)를 뜻한다. Mabinog는 이를 의무적으로 암기해야 했다. Mabinogi의 복수(複數)인 mabinogion은, 샬럿 게스트 부인이 『고대의 책』에서 11개의 소설을 번역하고(1838~1849) 붙인 책 이름이다.

스코틀랜드나 아일랜드의 경우와 마찬가지로, 웨일스의 시적 전승은 기원이 오래고 양적으로 풍부한 이교 켈트 신화에서 내려온 것이었다. 이러한 전승은 기독교 선교사와 연대기 작가들(5세기 이후로)이 변형, 재생시켰다. 그들은 옛이야기를 채록하고 눈물 겨운 노력을 기울여 이를 성경에 맞추어 개작했다. 10세기, 주로 아일랜드에서 꽃피었던 눈부신 로맨스 창작의 시대는 이러한 전승을 당대의 중요한 활력소로 바꾸어 놓았다. 켈트 지방의 시인들은 기독교 유럽의 궁전으로 퍼져 나갔고, 켈트 신화의 주제는 이교도인 스칸디나비아 음송 시인들에 의해 회자되기도 했다. 아서왕 전설의 바탕을 비롯하여 유럽 동화의 상당 부분은 서양 로맨스 최초의 창작 시대인 이 시대까지 거슬러 올라간다.[3]

그림 46 토끼로 변한 귀온 바크를 쫓는, 사냥개로 변한 카리드웬(석판화, 영국, 1877년)

영웅이 도망치는 대목은 민간전승에서 즐겨 다루는 부분이다. 이 부분은 갖가지 생생한 형태로 발전해 왔다.

가령, 이르쿠츠크(시베리아)의 부랴트족 이야기를 들어 보자. 부랴트족 전설에 따르면, 그들 최초의 샤먼 모르곤 카라(Morgon Kara)는 워낙 영험이 있는 샤먼이어서 죽은 자의 영혼도 능히 육체에 되돌릴 수 있다고 했다. 죽음의 신이 이를 괘씸하게 여겨 천상의 최고신에게 이를 탄원했고 최고신은 이 샤먼을 한번 다루어 보려고 마음을 정했다. 최고신은 어느 사내의 영혼을 거두어 병 속에 넣고 엄지손가락으로 병 주둥이를 막았다. 영혼을 빼앗긴 사내가 병이 들자 친척들은 모르곤 카라에게 이를 알렸다. 샤먼은 달아난 영혼을 찾아 온갖 곳을 다 뒤졌다. 숲속, 물속, 산속, 사자(死者)의 나라를 두루 뒤진 그는 마침내 무고(巫鼓)를 타고 천상으로 올라갔다. 그는 천상에서 오랫동안 사라진 영혼을 찾아 헤맸다. 결국 그는 천상의 최고신이 병 속에 무엇인가를 넣고 엄지손가락으로 틀어막고 있는 걸 보았다. 상황을 미루어 헤아린 그는, 그병 속에 든 것이 바로 그가 찾아 헤매던 영혼이라는 결론에 이르렀다. 꾀 많은 샤먼은 말벌로 둔갑했다. 말벌은 최고신에게 다가가 있는 힘을

1부 영웅의 모험

다해 이마를 쏘았다. 최고신은 몹시 놀란 나머지 병 주둥이에서 손가락을 뽑았고 그 틈에 갇혀 있던 영혼은 빠져나왔다. 이윽고 최고신은, 병을 빠져나온 영혼과 함께 북을 타고 다시 하계로 내려가려는 샤먼 모르곤 카라를 발견했다. 이 경우 샤먼의 도망은 성공리에 끝나지 못했다. 화가 머리끝까지 오른 최고신은 샤먼이 타고 앉은 북을 둘로 쪼개 버림으로써 샤먼이 가진 권능을 줄여 버렸다. 이렇게 해서, 원래 두 장의 가죽을 붙이던 샤먼의 북은 (부랴트족의 이 이야기에 따르면) 이때부터 한 장만 붙이게 되었다고 한다.[4]

영웅의 도망에서 흔히 사용되는 것은 뒤에 남은 다른 사물들이 영웅 대신 대답하여 추격을 지연시키는 수법이다. 뉴질랜드의 마오리족 사이에는 다음과 같은 전하는 이야기가 있다. 어느 날 일터에서 돌아온 어부는 자기 아내가 두 아들을 삼켜 버렸다는 것을 알았다. 아내는 마루에 누운 채 신음하고 있었다. 남편이 왜 그러느냐고 묻자 아내는 몸이 아프다고 대답했다. 남편은 두 아들은 어디에 있느냐고 물었다. 아내는 아이들이 놀러 나갔다고 대답했다. 그러나 어부는 아내가 거짓말하고 있다는 것을 알았다. 남편은 마법을 써서 아내를 토하게 했다. 아이들은 산 채로 다시 나왔다. 일이 지경에 이르자 남편은 아내가 두려워 견딜 수 없었다. 그래서 틈만 나면 아이들을 데리고 도망치기로 마음먹었다.

마녀인 아내가 물을 길으러 가자 남편은 마법을 써서 아내가 다가가는 족족 물이 줄어들고 말라붙게 만들었다. 아내는 물을 길으러 더 먼 곳으로 가지 않으면 안 되었다. 남편은 마을의 오두막집들, 마을 가까이에서 자라는 숲, 쓰레기 더미, 그리고 산꼭대기에 있는 사원에게, 아내가 부르면 자기 대신 대답해 달라고 부탁했다. 부탁을 마친 그는 서둘러 두 아이를 카누에 태우고 돛을 올렸다. 이윽고 아내가 돌아왔다. 아내는 집안에 아무도 보이지 않자 남편을 불러 보았다. 처음에는 쓰레기 더미가 대신 대답했다. 아내는 소리가 나는 방향으로 가 다시 불렀다. 다음엔 오두막집들이 대답했고 이어서 나무들이 대답했다. 차례차례 마을의 모든 것들이 그녀의 부름에 대답하자 당황한 그녀는 사방팔방으로 뛰어다녔다. 이윽고 지친 그녀는 땅바닥에 주저앉아 흐느끼다가 그제야 남편이 자기를 따돌린 것을 알았다. 그녀는 산꼭대기 사원이 있는 곳으로 올라가 바다를 내려다보았다. 카누는 이미 수평선 저쪽에서 가물거리고 있었다.[5]

영웅이 도망치는 대목에서 또 하나 자주 등장하는 방법은, 도망치는 영웅이 끊임없이 장애물을 던져서 적이 추격하는 것을 지연시키는 수법이다.

어린 오누이가 샘가에서 놀다가 그만 샘에 빠지고 말았다. 그 샘에는 마귀할멈이 살고 있었다. 마귀할멈이 오누이에게 말했다.

"이제 내 너희들을 잡았구나. 이제 너희들은 내 대신 일을 해야 한다."

마귀할멈은 오누이를 데려가, 동생인 소녀에게 헝클어진 아마 실 한 꾸러미를 주어 이 실을 감게 하고, 바닥 없는 물동이로 물을 길어 오게 했다. 소년에게는 무딘 도끼로 나무를 찍게 했다. 오누이에게 주는 음식이라고는 돌멩이처럼 딱딱한 빵 한 덩어리씩이 고작이었다. 오누이는 견딜 수 없어서 도망칠 기회를 노렸다. 그러던 어느 일요일, 오누이는 마귀할멈이 교회에 간 사이에 도망쳤다. 교회가 파하고 집으로 돌아온 마귀할멈은 오누이가 도망간 것을 알고는 화가 머리끝까지 난 나머지 오누이를 추격하기 시작했다.

오누이는 멀리서 마귀할멈을 보고 있었다. 마귀할멈이 가까이 오자 동생은 머리 빗는 솔을 던졌다. 이 솔은 땅에 떨어지는 즉시 산으로 변했다. 이 산에는 수십만 개의 강모(剛毛)가 거대한 나무처럼 솟았다. 마귀할멈은 이 산을 오를 수 없었다. 그 틈에 오누이는 도망쳤다. 그러나 어떻게 지나왔는지 마귀할멈은 어느새 오누이 뒤에 바싹 붙어 추격하고 있었다. 이번엔 소녀가 빗을 던졌다. 빗은 땅에 떨어지자마자 수십만 개의 빗살이 솟은 거대한 산으로 변했다. 그러나 마녀는 이 산을 넘는 방법을 알았다. 오누이는 있는 힘을 다해 도망쳤지만 마녀는 어느새 오누이 바로 뒤까지 추격해 와 있었다. 소녀는 거울을 던졌다. 거울은 땅에 떨어지자마자 거대한 거울 산으로 변했다. 이 거울 산은 너무 미끄러워 마귀할멈도 오르지 못했다.

"오냐, 내 집으로 돌아가 도끼를 가지고 다시 와서 이 거울 산을 둘로 쪼개 놓으리라."

마귀할멈은 이렇게 생각하고는 집으로 돌아가 도끼를 가지고 와서 거울 산을 부쉈다. 그러나 오누이는 이미 멀리 도망쳐 있었다. 마귀할멈은 할 수 없이 다시 샘으로 되돌아갔다.[6]

심연의 권능에는 섣불리 도전하면 안 된다. 동양에서는, 엄격한 지도와 감독 없이 심리를 자극하는 방식의 요가를 수련하는 것은 몹시 위험하다고 가르친다. 수련자의 명상은 그 발전 단계에 따라 통제되지 않으면 안 된다. 그래야 수련자의 상상력은 데바타(devata: 수련자의 수준에 알맞는 신성)에 의해 각급 단계에서 보호를 받을 수 있다. 이러한 단계를 거쳐 정신을 수련한 다음에야 수련자에게는 홀로 초월의 경지로 나아갈 수 있는 순간이 온다. 융 박사의 견해를 들어 보자.

교리적 상징의 유용한 기능은, 신이 짓궂게 나서지 않는 한 신의 직접적인 체험으로부터 개인을 보호해 준다는 것이다. 그러나 그가 집과 가족을 떠나 너무 오랫동안 혼자 방황하고, 심연의 거울을 너무 깊이 들여다보면, 재앙과 같은 무서운 만남이 다가올 수 있다. 그러나 이때에도 수세기 동안 꽃피어 왔던 전통적인 상징체계는 영약으로 작용하여, 살아 있는 신의 치명적인 공격 무대를 교회라는 신성한 공간으로 우회시킬 수도 있다.[7]

공포에 질려 혼비백산 도망치는 영웅이 추격자 쪽으로 던진 불가사의한 장애물(자기방어적 해석, 원리, 상징, 정당화 같은 것)은 공격해 오는 천상의 사냥개의 속도를 지연시키거나 흡수하여, 영웅을 그가 얻은 전리품과 함께 안전하게 고향으로 귀환시킬 수가 있다. 그러나 영웅이 물어야 하는 통과세가 늘 가벼운 것만은 아니다.

장애물 통과 중에서도 가장 어려웠던 것은 그리스의 영웅 이아손의 경우였을 것이다. 이아손은 황금 양털을 구하러 떠났다. 수많은 전사들을 실은 훌륭한 배 아르고 선(船)을 바다에 띄우고 그는 흑해 방향으로 항해했다. 도중에 많은 위험과 조우하는 바람에 항해가 지연되긴 했으나 마침내 보스포러스에서 멀리 떨어진 아이에테스 왕의 궁전이 있는 도시에 이르렀다. 이 궁전 뒤, 잠자지 않는 용이 지키는 숲속에는 황금 양털이 있었다.

왕의 딸 메데이아는 이 멋진 방문자에게 마음을 빼앗기고 말았다. 메데이아의 아버지가 이 영웅 이아손에게, 황금 양털을 주는 조건으로 불가능에 가까운 일을 맡기자 메데이아는 이아손에게 마법의 액막이를 주어 이 일에 성공하게 했다. 그 일이란, 입으로는 불을 뿜고 발은 놋쇠로 된 두 마리 황소에다 쟁기를 메워 밭을 간 다음 거기에다 용의 이빨을 뿌리고, 용의 이빨을 뿌리면 나타나는 무사들을 상대하는 것이었다. 그러나 이아손은 메데이아의 액막이를 몸과 갑옷에 바른 덕분에 황소에 쟁기를 메워 밭을 가는 데 성공했다. 밭에다 뿌린 용의 이빨에서 무사들이 나왔을 때도 이아손은 메데이아가 준 돌멩이 한 개를 그들 가운데로 던졌다. 돌멩이를 던지자 무사들은 자중지란, 서로를 살륙했다.

이아손에게 완전히 반한 메데이아는 그에게 황금 양털이 걸려 있는 참나무를 가르쳐 주었다. 양털을 지키는 용은, 등에 창날 같은 비늘이 나 있고, 세 갈래의 혀, 구부러진 독니를 가진 무서운 놈이었다. 그러나 이아손이, 메데이아가 준 약초의 즙을 두어 방울 뿌리자 용은 잠들어 버렸다. 이아손은 그 황금 양털을 손에 넣어 도망쳤다. 메데이아도 그와 동행했다. 이아손은 곧 아르고 선을 바다로 몰았다. 왕이 이내 추격을 시작했다. 아이에테스 왕의 배가 이아손의 배보다 속도가 빠르다는 것을 안 메데이아는 이아손에게, 데리고 온 자기 동생 압시르토스를 죽여 시신을 토막 낸 다음 바다에 던질 것을 간청했다. 이아손은 시키는 대로 했다. 아이에테스 왕은 난자당한 아들의 시체를 수습하여, 이를 장사 지내려고 배를 돌렸다. 그동안 아르고 선은 순풍에 돛을 달고 그곳을 빠져나왔다.[8]

일본의 고대 사건의 기록인 『코지키〔古事記〕』에는 또 하나의 가슴 아픈 이야기가 나온다. 그러나 이야기의 의미는 전혀 다르다. 태고의 신 이자나기는 죽은 누이이자 배우자인 이자나미를 황천으로부터 구해 내기 위해 저승으로 내려갔다. 이자나미는 저승의 문에서 이자나기를 만나 주었다. 이자나기는 이렇게 말했다.

"귀하신 이여, 내 사랑하는 누이여, 나와 그대가 만들던 땅은 아직 완성되지 못했으니, 어서 돌아가야 하오."

그러자 이자나미가 대답했다.

"왜 진작 오시지 않았습니까? 애통합니다. 저는 이미 이 황천의 음식을 먹었습니다. 그러나 사랑하는 오라버니시여, 귀하신 이께서 이곳에 들어오심에 감격하여 저도 돌아가고 싶습니다. 저승의 신들과 이 일을 의논해 보겠습니다. 조심하십시오, 저를 보시면 안 됩니다."

이자나미는 저승의 궁전으로 들어갔다. 그러나 이자나미가 궁전에 너무 오래 있었기 때문에 이자나기는 더 이상 기다릴 수 없었다. 그는 자기 머리카락 왼쪽에 꽂혀 있던 빗의 가장자리 살 하나를 꺾어 여기에다 불을 붙여 들고 들어가 보았다. 그가 본 것은 구더기가 하얗게 슬어, 썩어 가고 있는 이자나미였다.

몹시 놀란 이자나기는 물러섰다. 이자나미가 소리쳤다.

"지존께서는 저에게 치욕을 안기셨습니다!"

이자나미는 저승의 추녀를 보내어 그를 뒤쫓게 했다. 도망치던 이자나기는 머리에서 검은 댕기를 풀어 던졌다. 댕기는 땅에 떨어지자마자 포도가 되었다. 추격자는 포도를 먹느라고 걸음을 멈추었다. 그 틈을 타서 이자나기는 있는 힘을 다해 도망쳤다. 그러나 추녀는 추격을 계속해 이자나기를 따라잡으려 했다. 이자나기는 머리 오른쪽에서 빗살이 많고 촘촘한 참빗을 뽑아 던졌다. 참빗은 땅에 떨어져 죽순이 되었다. 추녀가 그 죽순을 거두어 먹을 동안 이자나기는 또 도망쳤다.

일이 이렇게 되자 이자나미는 여덟 명의 천둥 신에다 1500명의 저승의 용사들을 딸려 오라비를 추격하게 했다. 이자나기는 허리에 차고 있던, 열 뼘 길이의 칼〔十支刀〕을 휘두르며 도망쳤다. 그러나 황천 용사들은 여전히 추격을 계속했다. 이승과 저승의 경계에 이르렀을 때, 이자나기는 길 옆 복숭아나무에서 세 개의 복숭아를 따 들고 군사가 가까이 올 때까지 기다렸다가 던졌다. 이승의 복숭아에 얻어맞자 황천의 군사들은 돌아서서 도망쳐 버렸다.

이자나미는 마지막으로 몸소 나섰다. 이자나기는, 천 명의 장정이 힘을 합해야 능히 들어 올릴 수 있는 바위를 들어 길을 막았다. 이자나미와 이자나기는 이 바위를 사이에 두고 작별 인사를 나누었다. 먼저 이자나미가 말했다.

"오라버니이신 이자나기 님이시여, 미고도〔尊〕께서 이렇듯 못하실 일을 하셨으니, 향후 미고도의 땅 백성을 매일 천 명씩 데려오겠습니다."

이 말에 이자나기는 이렇게 응수했다.

"내 사랑하는 누이, 이자나미여, 그대가 그렇게 나오신다면, 나는 매일 1500명의 여자에게 아이를 끼치겠소."[9]

이자나미는 이자나기가 창조의 세계를 넘어 사멸의 세계로 한 발을

1부 영웅의 모험

들여놓았기 때문에, 오라버니이자 배우자인 이자나기를 구해 주려 했던 것이었다. 이자나기는, 보아서는 안 될 것을 보는 순간 죽음의 실상을 알게 되고 말았다. 그러나 생의 의지로 충만해 있던 그는 창조의 세계와 사멸의 세계 사이에 거대한 바위 같은 장막을 쳤다. 그때부터 이 바위는 우리의 눈과 무덤 사이에 존재하고 있다.

　이 극동의 전설이 우리에게 시사하고 있는 것처럼, 그리스의 오르페우스와 에우리디케 신화, 그리고 세계 전역에서 채집되는 수백 가지의 비유적 전설들은, 영웅에게 실패의 기록이 있다고 하더라도, 저 무서운 관문 너머로부터 연인과 함께 귀환할 가능성이 있음을 암시한다. 두 세계의 상호 관계를 불가능하게 하는 것은 언제나 사소한 실수, 즉 인간의 약점이라는, 사소하나 치명적인 증세이다. 그래서 인간은, 사소한 일만 피하면, 모든 것이 잘 풀려 나갈 것이라는 터무니없는 믿음을 가지고 있다. 폴리네시아인의 모험극에서, 대개 주인공들은 도망에 성공한다. 그리스의 사티로스극 「알케스티스(Alcestis)」에서도 주인공은 황천에서 귀환하지만 초인간적인 힘에 의한 것이어서 그 뒷맛은 개운치 않다. 도망에 실패하는 신화는 우리에게 비극이지만, 성공하는 신화는 신용하기가 어렵다. 그러니 단일 신화가 완성될 수 있으려면 우리는 여기에서 인간적인 실패나 초인간적인 성공이 아닌, 인간적인 성공을 읽을 수 있어야 한다. 귀환의 문턱에 도사리고 있는 위기가 중요한 문제일 수 있는 것은 바로 이 때문이다. 그럼 먼저 초인간적 상징으로 이 문제를 다루어 보고 나서, 역사 속을 살고 있는 인간을 위한 가르침이 무엇인지 검토해 보기로 하자.

3 외부로부터의 구조

영웅은 외부의 지원을 빌려 초자연적 모험에서 귀환하는 수가 있다. 말하자면 이 세계가 합세하여 그를 도울 수도 있는 것이다. 외부 세계가 이렇게 하는 것은 힘겹게 도달한 지복의 땅을 포기하고 자기를 흩뜨려야 하는 각성 상태를 택하기가 쉬운 노릇이 아닐 터이기 때문이다. 옛말처럼 "세상을 버린 자가 이 땅에 다시 돌아오려 하겠는가? '거기'에 남아 있으려 하지 않겠느냐."는 것이다.[10]

그러나 어디에 있든지, 그가 살아 있는 한, 생명은 그를 부른다. 그가

그림 47 오시리스의 부활(석조, 프톨레마이오스 왕조 유물, 이집트, 기원전 282~145년경)

1부 영웅의 모험

속해 있던 모듬살이는 그 모듬살이를 떠나 있는 자를 질투하여, 영웅이 안주하고 있는 집 문을 두드리기 마련이다. 만일 영웅(무추쿤다 같은)이 거부하면, 문을 두드린 무리는 불쾌한 충격을 경험한다. 그러나 영웅이, 죽음과 유사한, 절대적인 상태의 행복 속에 잠겨 귀환이 단지 지연된 경우 문을 두드린 자들은 영웅을 구출하고자 하게 되고, 영웅은 이들의 행동을 통하여 원래 속해 있던 모듬살이로 귀환한다.

에스키모의 라벤(Raven, '까마귀'라는 뜻) 이야기를 들어 보자. 까마귀는 부시 막대를 들고 암고래의 뱃속으로 들어간 순간, 자신이 아주 아름답게 꾸며진 방 문 앞에 와 있음을 깨닫는다. 방 저쪽에는 등잔이 하나 밝혀져 있다. 그는 그 등잔 옆에 아름다운 처녀가 앉아 있는 것을 보고 놀란다. 방 안은 깨끗하고 건조했으며, 천장은 고래의 등뼈로 되어 있고, 벽은 고래의 갈비뼈로 되어 있었다. 등뼈 옆의 관에서는 기름이 방울방울 등잔으로 떨어지고 있었다.

까마귀가 그 방으로 들어가자 처녀는 그를 올려다보며 외쳤다.

"무슨 수로 여기까지 왔습니까? 인간으로 여기에 온 것은 당신이 처음입니다."

까마귀가 그때까지의 일을 얘기하자 처녀는 그에게, 자기의 맞은편 자리를 내어주었다. 이 처녀는 다름 아닌 고래의 '이누아(inua)', 즉 '영혼'이었다. 이누아는 손님에게 딸기와 기름을 음식으로 내어놓고 자기가 그 전 해에 딸기를 구한 방법을 설명했다. 까마귀는 이누아의 손님으로 나흘 동안 고래의 뱃속에 머물렀다. 이 동안 까마귀는 천장의 고래 등뼈 옆에 붙은 대롱이 무엇인지 확인해 보고 싶은 욕심이 있었으나 이를 애써 누르고 있었다. 이누아는 방을 나갈 때마다 그 대롱을 만지지 말라고 일렀다. 그러나 나흘째 되는 날 이누아가 밖으로 나가자, 까마귀는 대롱에서 떨어지는 기름방울을 받아 혀로 핥아 보았다. 달콤했다. 그는 이런 짓을 되풀이하다 성에 차지 않아 떨어지는 기름방울을 하나도 놓치지 않고 받아 먹었다. 그러나 맛을 들이고 나니 기름방울 떨어지는 속도는 너무 느리게 느껴졌다. 까마귀는 그래서 대롱을 한 토막 뜯어내어 먹었다. 이 순간 기름이 파도처럼 그 방으로 밀려들어 등잔불을 꺼 버렸다. 동시에 방이 앞뒤로 몹시 흔들리기 시작했다. 이러한 방의 요동은 나흘이나 계속되었다. 까마귀는 이 요동과 사방에서 진동하는 엄청난 굉음에 지쳐 쓰러졌다. 그러나 그것도 한순간 그랬을 뿐, 주위는 다시 조용해졌고 방도 요동을 멈추었다. 까마귀가 가장 중요한 동맥을 잘랐기 때문에 고래가 죽어 버린 것이었다. 이누아는 되돌아오지 않았다. 고래의 시체는 파도에 의해 해변으로 밀려났다.

그러나 까마귀는 고래의 뱃속에 갇힌 신세가 되고 말았다. 고래의 뱃속에서 빠져나갈 궁리를 하는 까마귀의 귀에 두 사람이 이야기를 나누는 소리가 들려왔다. 이 두 사람은 고래의 등 위에서 두런거리다가 마을 사람들을 부르러 갔다. 오래지 않아 마을 사람들은 고래의 등에다 구멍을 내었다.*

사람들이 우르르 몰려와 고기를 잘라 해변으로 가지고 올라갔다. 까마귀는 그들 눈에 띄지 않게 빠져나왔다. 그러나 해변에 오른 까마귀는 고래의 뱃속에 부시 막대를 두고 왔다는 걸 깨달았다. 그는 입고 있던 까마귀 옷과 가면을 벗었다. 마을 사람들 눈에, 괴상한 동물 가죽을 몸에 두르고 작업 현장으로 다가오고 있는, 몸집이 작고 새카만 사람이 보였다. 사람들은 그의 행색을 기묘하다고 생각했다. 까마귀는 일을 거들어 주겠다면서 소매를 걷어부치고 작업에 가담했다.

얼마 후, 고래 배 안에서 작업하고 있던 사람이 소리쳤다.

---

* 영웅이 고래의 뱃속에 들어 있는 대개의 신화에서는, 새들이 고래의 옆구리를 쪼아 먹음으로써 영웅이 구조된다.

1부 영웅의 모험

"아니 이게 도대체 무엇인가! 고래의 뱃속에 부시 막대가 들어 있다니!"

까마귀가 이 말을 받아 대답했다.

"이건 참으로 해괴한 조짐이구나. 언젠가 내 딸은, 사람들이 가른 고래의 배 안에서 부시 막대가 나오면, 가른 사람 대부분이 죽는다고 예언하더라. 나는 도망쳐야겠구나."

까마귀는 소매를 내리고 도망치기 시작했다. 사람들도 앞을 다투어 도망쳤다. 까마귀는 얼마 후에 그 자리로 되돌아와 혼자서 그 고기를 모두 먹어 치웠다.[11]

일본의 신토(神道) 전설(『코지키』가 쓰인 8세기 당시에 이미 옛이야기)에는 중요한 신화가 나온다. 바로 이 세계가 갓 창조된 시기에 천상의 바위 산(天石窟)에 은거하던 아름다운 태양의 여신 아마데라스(天照)가 그 모습을 나타낼 당시의 이야기다.

외국에서 전래한 '부처의 도(道)'와는 달리, 일본인들의 전통적, 국민적 종교인 '신들의 도' 즉 신도(神道)는, 윤회에서 해탈하게 하는 권능(가령 보살이나 부처의)과는 전혀 다른, 삶과 관습을 지켜 주는 존재(지역의 정령, 조상의 힘, 영웅, 천황, 살아 있는 부모, 살아 있는 자식)를 섬기는 종교다. 그 예배 방법은 마음을 정결케 하고 또 정결한 마음을 유지하는 일이다. 즉, "목욕재계란 무엇인가? 이는 성수(聖水)로 몸을 씻음이 아니요, 바르고 도덕적인 길을 따름[12]"이며, "신을 기쁘게 하는 것은 바른 덕과 진심을 따름이지 많은 제물을 바치는 일이 아닌[13]" 것이다.

아마데라스, 즉 황실의 여 선조는 수많은 민간의 신들 중에서도 으뜸가는 신이지만, 한편으로는 눈에 보이지 않고 초월적이면서도 내재적인 우주신의 최고 화신이기도 하다. "800만 명의 신도, 세계의 처음부터 끝까지 존재하는, 영원히 사는 신적인 존재, 우주 만상의 위대한 통일체, 하늘과 땅의 원초적인 존재인 유일신 구니도고다치 노 가미의 갖가지 화신에 지나지 않는다."[14] "아마데라스는 고천원에서 기휘(忌諱)하며 어떤 신을 섬기는 것일까? 아마데라스는 미적 정화 작용을 통하여 자기 내부의 신적인 미덕의 계발에 힘쓰는 등 신으로 내재하고 있는 자기 자신의 자아를 섬김으로써 신성에 귀일하고 있었다."[15]

신은 만물에 내재하기 때문에, 부엌의 냄비나 접시에서 천황에 이르기까지 만상은 신으로 여겨져야 마땅하다는 것, 이것이 신도(神道), 곧 '신의 길'이다. 천황은 최고위에 있기 때문에 최대의 존경을 받지만 이 존경이라고 해서 만상에 대한 존경과 그 유(類)가 다른 것은 아니다. "엄숙한 신은 그 스스로를 현현하되, 나뭇잎 한 장, 풀잎 한 장에 있어서도 그러하다."[16] 신도에서의 존경은, 만상에 내재하는 신성(神性)에 대한 것이다. 순수성은, 여신 아마데라스의 신성한 자기 숭배라는 엄숙한 전형을 좇아 신성의 현현을 자기 안에 유지하는 것이다. "침묵으로 모든 비밀을 낱낱이 보고 있는 보이지 않는 신과 더불어, 인간의 마음은 은밀히 교감하도다."(메이지 천황의 시에서)[17]

이 이야기는, 천복 상태에서 다시 세상에 나오기를 꺼리는 영웅의 한 예를 보여 주고 있다. 아마데라스의 남동생 스사노오[素盞鳴, 바람의 신]는 아주 못된 짓을 일삼았다. 아마데라스는 이 남동생을 구슬리는 것은 물론이고 때로는 도를 넘는 잘못까지 저질러도 용서해 주었으나 스사노오는 여전히 누이의 논을 짓밟고 누이가 세운 질서를 어지럽히는 등 악행을 단념하지 않았다. 마침내 스사노오는 아마데라스의 직실(織室) 천장에다 구멍을 내고, "가죽을 거꾸로 벗긴 알록달록한 천마(天馬)"를 몰아넣기까지 했다. 그 바람에 바쁘게 신들의 옷을 짓고 있던 직녀신들은 너무 놀라 모두 죽어 버리고 말았다.

이에 몹시 상심한 아마데라스는 천계로 들어가 하계로 통하는 문을 닫고 은거했다. 그러나 이는, 아마데라스로서 차마 못할 짓이었으니 아마데라스의 은거, 즉 태양의 은거는, 제대로 창조가 끝나지도 못한 우주의 종말을 뜻하는 것이었기 때문이었다. 아마데라스의 은거와 함께, 천계의 벌판(高天原)과 하계의 갈대밭은 흑암에 잠겼다. 악령이 세상에 창궐하고 재앙의 조짐이 도처에서 고개를 들었다. 수많은 신들이 웅성거리는 소리는 오월 쉬파리 떼 소리를 방불케 했다.

결국 800만에 이르는 신들은 천계의 강바닥에 모여 그중의 한 신인 "생각을 두루 하는 신(오모이가네)"에게 대책을 강구할 것을 요구했다. 이들의 토론에서 강구한 대책은 바로 아마데라스 여신에게 거울과 칼과 옷을 바치는 것이었다.

그림 48 천석굴에서 나오는 아마데라스(목판화, 일본, 1860년)

그들은 큰 나무를 세우고 이를 보석〔八坂瓊玉〕으로 장식한 뒤 수탉을 모아다 계속하여 울게 했다. 그들은 또 모닥불을 피우고 전례문(典禮文)도 읽었다. 여덟 자에 이르는 거울〔寶鏡〕을 나뭇가지에 건 그들은 젊은 여신 우즈메로 하여금 춤까지 추게 했다. 이런 분위기에서 800만 명의 신들은 웃고 떠들며 놀았는데 그 웃음소리가 어떻게나 컸던지 "다카마가하라〔高天原〕"가 다 흔들렸다.

천석굴에 있던 태양의 여신 아마데라스는 이 소리를 듣고 크게 놀랐다. 아마데라스는, 신들이 왜 그렇게 떠들어 대고 있는지 몹시 궁금했던 나머지 천석굴 문을 조금 열고 내다보며 물었다.

"내가 고천원과 갈대밭을 물러나 천석굴로 은거함으로 인하여 세상이 흑암에 묻혀야 하거늘, 우즈메가 저렇듯 춤을 추고 800만 신이 저렇듯 웃으니 무슨 연유인고?"

우즈메가 대답했다.

"아마데라스 님보다 더 밝은 신이 이렇듯 빛나니 어찌 기뻐 날뛰지 않으리오."

우즈메가 이렇게 대답하고 있을 동안 두 신이 아마데라스 앞에다 보경을 들이대었다. 더욱 놀란 아마데라스는 문에서 조금 더 빠져나와 거울을 들여다보았다. 그때 힘이 센 신이 손을 잡아 아마데라스를 끌어내었고, 다른 신이 문에다 금줄〔시메나와, 締繩〕을 걸며 소리쳤다.

"이것보다 깊숙이는 들어가시지 못합니다."

이리하여 고천원과 갈대 평원은 다시 밝아졌다.[18] 이렇게 해서 태양은 뭇 생명체가 그렇듯이 밤이 되면 잠시 쉬러 들어가지만 아마데라스는 이 시메나와 때문에 천석굴로 완전히 들어갈 수는 없게 되었다.

남신이 아닌 여신으로서의 태양 모티프는 고대로부터 내려온 드물고 귀한 신화 모티프로 한때 세계에 널리 확산되어 있었던 것으로 보인다. 남아라비아의 위대한 모성신(母性神)은 바로 여성적 태양인 일라트(Ilat)다. 독일어에서 '태양'은 여성 명사인 '디 조네(die Sonne)'다. 시베리아와 북아메리카에도 태양을 여성으로 다루는 이야기가 더러 수집되기는 한다. 이리에게 먹혔다가 사냥꾼에 의해 구출되는 붉은 모자(Red Ridinghood) 동화에서도 우리는 아마데라스의 경우와 비슷한 모험의 메아리를 희미하게나마 감지할 수 있을 듯하다. 이러한 흔적은 세계 도처에서 발견되나, 아득한 옛날의 신화가 아직까지도 문화 속에 존재하고 있는 예는 일본 이외의 나라에서는 찾아볼 수 없다. 즉 일본의 미카도〔天皇〕는 아마데라스 손자의 직계손들이며, 아마데라스는 황실의 여자 선조로서, 지금도 거국적인 신도〔神道〕 전통에 의해 최고신의 하나로 섬김을 받고 있다. 이 아마데라스의 모험에서 우리는, 잘 알려져 있는 남성 태양 "신"의 경우와는 조금 다른 인상을 받는다. 사람들은 신들에게 빛 자체를 준 것에 대한 고마운 마음과 그 빛을 통하여 사물을 볼 수 있게 된 데 대한 고마운 마음을 표시했을 터인데, 이것이 바로 당시 여러 민족들이 갖고 있던 신앙심의 특징일 것이다.

그러나 거울과 칼과 나무의 의미는 분명하다. 여신의 모습을 반영해, 비현현(非顯現)의 은거 상태에서 밖으로 이끌어 낸 거울은 세계, 곧 반영된 형상의 장(場)을 상징한다. 거울을 통하여 신은 자신의 영광을 보고 기뻐하는데 이 기쁨은 현현 혹은 '창조'의 행위를 유발시키는 자극제가 된다. 칼은 벼락에 해당한다. 나무는, 열매를 맺고 소원을 성취시킨다는 의미에서 '세계의 축'이다. 이 나무는, 기독교도들이 동지(冬至, 크리스마스)에 가정에 장식하는 나무와 같은 것이다. 동지는 태양이 귀환하는 순간, 혹은 재생하는 순간이다. 동지에 집 안에다 나무를 장식하는 풍습은, 현대 독일어로는 여성 명사인 '태양(Sonne)'을 섬기던 게르만 이교도들 제사에서 유래한 유쾌한 풍습이다. 우즈메의 춤과 신들의 환성은 사육제에 해당한다. 최고신의 은거로 뒤죽박죽이 되어 있는 상태이지만, 최고신의 재등장이 임박하였기에 활기를 되찾게 된 것이다. 다시 나타난 여신 뒤에다 친 금줄 '시메나와〔締繩〕'는, 빛의 귀환이라는 기적의 자비로움을 상징한다. 이 '시메나와'는 일본 민간 종교의 전통적 상징 중 가장 중요하고 의미심장하고, 또 웅변적인 상징이다. 사원이나 신사의 입구에 걸리고, 설날이면 거리에 내걸리는 이 시메나와는, 귀환의 문턱에 있는 세계의 원기 회복을 의미한다. 기독교의 십자가가 죽음의 심연을 향한 신화적 통로를 뜻하는 웅변적인 상징이라면 '시메나와'는 부활의 소박한 상징이다. 십자가와 '시메나와'는 두 세계, 즉 존재와 비존재 세계를 구획하는 경계의 신비를 상징하는 것이다.

아마데라스는, 사원의 점토판에 설형 문자로 기록된 고대 수메르의 최고 여신 이난나의 동양판이라고 할 수 있다. 우리는 이미 이 이난나를 따라 지하세계로 내려가 본 바 있다. 이난나, 이슈타르, 아스타르테, 아프로디테, 베누스…… 이들은 모두 서양 문화가 전개됨에 따라 시대별로 같은 여신에게 붙여진 다른 이름이다. 그러나 이들 이름은 태양이 아닌 동명(同名)의 행성 및 달, 하늘, 지구와 관련되어 있다. 이집트에서 이난나는 큰개자리의 시리우스 별의 여신이 되었다. 해마다 밤하늘에 나타나는 이 별자리는, 강 유역을 비옥하게 하는 나일강의 범람을 예고해 주었다.

　이난나가 하늘에서 내려와, 지옥으로 내려간 것을 기억해 둘 필요가
있다. 지옥은 이난나가 대극하는 자매인 죽음의 여왕 에레쉬키갈의 영
토다. 이난나는, 만일에 돌아오지 않으면 자기를 구하러 오라는 전갈과
함께 사자(使者) 닌슈부르를 뒤에 남겨 두었다. 지옥에 이른 이난나는
발가벗은 채 일곱 판관(判官) 앞에 섰다. 판관들이 노려보자 이난나는,
우리가 앞에서 검토했듯이, 시체로 변했고 이 시체는 화형주(火刑柱)에
걸렸다.

　　사흘 밤 사흘 낮이 지난 뒤,*
　　이난나의 사자 닌슈부르,

그림 49　부활하는 여신(대리석 조각, 이탈리아/그리스, 기원전 460년경)

---

*기독교의 「사도신경」에 나오는 말, "십자가에 못 박혀 죽으시고, 장사한 지 사흘 만에 죽은 자 가운
데서 다시 살아나시며……"와 비교해 보라.

유리한 증언을 알고 있는 이난나의 사자
유리한 판결을 끌어낼 줄 알고 있는 이난나의 심부름꾼,
이난나를 위해 항변을 하늘에 미치게 하고
이난나를 위한 고함으로 법정을 울리게 했다.
이난나를 위해 신들의 처소 안을 내달았다.
오로지 이난나를 위해 누더기 차림을 하고
오직 엔릴(Enlil)의 처소 에쿠르(Ekur)로만 달려갔다.

이로써 여신에 대한 구조가 시작된다. 이는 자기가 들어가려는 영역의 힘을 매우 잘 알고 자신을 다시 살려 낼 비방을 미리 마련해 놓은 경우이다. 닌슈부르는 먼저 엔릴 신에게 달려갔다. 그러나 엔릴 신은 이난나가 천상 세계에서 지하 세계로 내려온 이상, 지하 세계에는 지하 세계의 법이 있다고 주장한다. 닌슈부르는 이어 난나(Nanna) 신을 찾아 갔다. 그러나 난나 신은 이난나가 천상 세계에서 지하 세계로 내려온 이상 지하 세계에도 지하 세계의 법이 있다고 말한다. 닌슈부르는 엔키(Enki) 신을 찾아갔다. 그러자 엔키 신이 대책을 세워 주었다. 엔키는 두 개의 무성(無性) 형상을 만들고 이들에게 '생명의 양식'과 '생명의 물'을 준 다음, 지하 세계로 내려가 이난나의 시체에다 이 양식과 물을 예순 번 뿌리라고 일렀다.

엔릴은 수메르의 천신(天神), 난나는 달의 신, 엔키는 물의 신 및 지혜의 신이다. 이 점토판에 설형 문자가 새겨질 기원전 3000년대 당시, 엔릴은 수메르의 만신 가운데 최고신이었다. 그는 화를 잘 내었다. 홍수를 보낸 것도 바로 그였다. 난나는 그의 아들들 중 하나였다. 신화에, 자비로운 신 엔키는 조력자의 역할로 등장하는 게 보통이다. 이 엔키는 길가메시는 물론이고 홍수 영웅인 아타르하시스 – 우트나피쉬팀 – 노아의 후원자다. 엔키 대(對) 엔릴의 모티프는, 그리스 로마 신화의 포세이돈 대 제우스(넵투누스 대 유피테르)에 대응한다.

화형주에 걸린 시체 앞에 이르자 불길을 두려워하면서도
예순 번 생명의 양식을 뿌리고, 예순 번 생명의 물을 뿌리자
이난나가 살아났다.

이난나가 저승에서 솟아오르자
아눈나키는 도망쳤다.
저승에 있던 자는 누구나 저승에 평화로이 남아 있을 수 있었다.
그러나 이난나가 저승에서 솟아오르자
죽은 자들이 다투어 앞장섰다.
이난나가 저승에서 솟아오르니
갈대 같은 작은 마귀들,
점토판 필기구 같은 큰 마귀들,
이난나에게 다가와
손에 막대기를 들고 앞서거니,
허리에 무기를 차고 따르거니 했다.
이난나를 앞선 자들,
이난나를 앞선 자들은
양식도 물도 모르는 자들이더라.
뿌린 밀가루도 먹지 않고,
바친 포도주도 마시지 않고,
사내에게서는 아내를 빼앗고,
어미로부터는 그 품 안에 안긴 아이를 빼앗는 자들이더라.

이 섬뜩한 귀신 무리에 둘러싸인 채 이난나는 수메르 땅의 도시를
방랑했다.[19]
서로 멀리 떨어진 문화권에서 채집한 이 세 가지 예화(까마귀 인간,

1부 영웅의 모험

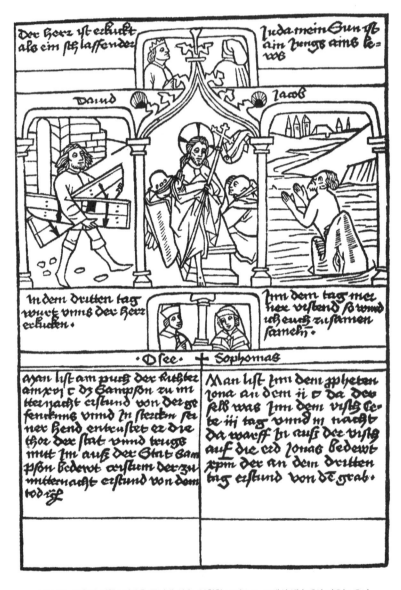

그림 50 영웅의 재현: 성문을 뜯어낸 삼손, 부활한 그리스도, 고래의 뱃속에서 나오는 요나
(판화, 독일, 1471년)

아마데라스, 그리고 이난나)는 외부로부터의 구조 상황을 충분하게 그려내고 있다. 이 세 예화에서, 주인공의 시련에 계속해서 동참해 온 초자연적인 힘은 마지막 단계에서도 여전히 작용한다. 영웅은 의식을 잃지만 무의식은 평정을 되찾고 영웅은 원래 그가 살던 세계로 되살아난다. "불가사의한 탈출"에서 그랬던 것처럼, 영웅은 자아를 붙잡고 놓지 않는 대신 자아를 잃어버리고 조력자의 은혜로 자아를 되찾는다.

이제 우리는 이 여행의 마지막 고비에 이르렀다. 여기에 이르기까지의 모험은 서곡에 불과했다. 말하자면, 신화 영역에서 일상 현실로 귀환하는 영웅의, 역설적이고 험난한 관문 통과의 서곡에 지나지 않는다는 것이다. 외부로부터 구조를 받든, 내적 충동에 따라 살아나든, 신들의 안내를 받든, 영웅에게는, 부족한 사람들이 스스로를 완전하다고 착각하고 있는, 오래 잊고 있던 곳으로 애써 얻은 전리품(홍익)을 가지고 돌아가야 할 단계가 남는다. 뿐만 아니다. 천신만고 끝에 얻은, 자아를 파괴하고 생을 구원하는 영약을 가지고 돌아가 원래 속해 있던 사회와 맞서면서 그들의 이치를 따지는 신문과 서릿발 같은 증오와 맞서야 한다. 뭐가 뭔지 영문을 모르는 선한 사람들까지 설득하지 않으면 안 된다.

4 귀환 관문의 통과

두 세계, 곧 신의 세계와 인간의 세계는, 삶과 죽음, 밤과 낮처럼 서로 다르다는 말로밖에는 설명할 수 없다. 영웅은 우리가 아는 세계에서 암흑의 세계로 들어간다. 이 암흑의 세계에서 영웅은 그 모험을 완성할 수도 있고, 거기에 갇힘으로써 우리들로부터 사라져 버릴 수도 있고, 엄청난 위험에 직면할 수도 있다. 영웅의 귀환은, 그 저승에서의 귀환을 말한다. 이승과 저승은 그럼에도 불구하고 사실 하나의 세계다. 신화나 상징을 이해하는 중요한 열쇠는 바로 이것이다. 신들의 세계는 우리가 아는 세계의 잊혀진 부분이다. 기꺼이 이 일을 맡든 어쩔 수 없이 맡게 되든, 영웅의 행위는 곧 이 잊혀진 부분의 탐험을 의미한다. 일상생활에서 중요하게 보이던 두 세계의 가치나 차이는, 지금까지 전혀 다른 것으로 인식하던 '타자'와 '자아'를 동화시키는 동시에 사라져 버린다. 식인 도깨비 이야기에서 보았듯이, 자격 미달인 개인에게 지워지는 초월적인 경험이라는 짐은 자기 개성의 상실에 대한 공포가 전부일 수 있다. 그러나 영웅에 값하는 인간은 대담하게 쳐들어가 마귀할멈이 여신이 되고, 용이 신들의 번견(番犬)이 되는 것을 목격한다.

그러나 정상 상태로 깨어 있는 의식의 관점에서 보면, 심층에서 솟아난 지혜와, 속세에서 유용한 분별 사이에는 이해하기 어려운 모순이 존재한다. 그래서 미덕에서 득실 계산이 파생하고, 그 결과 인간의 존재는 타락한다. 순교는 성자나 하는 것이지만, 범인에게도 그들 나름대로 중요한 것은 있는 법인바, 이런 것들을 들의 백합처럼 멋대로 자라게 버려둘 수는 없다. 베드로는 겟세마네 동산에서 세계의 창조자이며 이를 보존하는 주를 지키기 위해 칼을 뽑는다.[20] 초월의 세계에서 보내진 은총은 하찮은 것으로 취급되어 버리니, 다른 영웅이 나와 말씀을 새롭게 설명할 필요가 절실해진다.

하지만, 인류가 약삭빠르면서도 우매했던 몇 천 년 세월을 통해 수십만 번 제대로 가르쳐졌지만 그릇 이해된 것을 어떻게 다시 가르친단 말인가? 이것이야말로 영웅의 궁극적인 숙제다. 빛이 있는 세상의 언어로, 언어가 무용한 저 암흑 세계를 어떻게 표현할 것인가? 어떻게 해야 2차원의 평면으로 3차원의 형상을 나타낼 것이며, 다차원의 의미를 3차원의 이미지로 나타낼 수 있단 말인가? 한 쌍의 대립물에 대한 정의의 시도가 무의미한데, 어떻게 '그렇다'와 '그렇지 않다'는 말로 이를 나타낼 수 있단 말인가? 오로지 감각의 배타적 증거에만 급급하는 일반인에게 어떻게 저 만유의 근원인 공(空)을 설명한단 말인가?

수많은 실패의 사례가, 생을 긍정하는 관문의 통과가 얼마나 어려운가를 실증하고 있다. 귀환하는 영웅이 당면하는 첫 번째 문제는, 더할 나위 없이 만족스러운 성취의 체험을 겪은 이후에 덧없는 삶의 기쁨과 슬픔, 진부한 일상과 소란한 외설스러움을 현실로 받아들이는 문제다. 왜 그런 세상으로 되돌아와야 할까? 헛된 정열에 소진된 범상한 남자와 여자에게 왜 초월적인 은혜의 체험을 그럴싸한 것, 혹은 흥미로운 것으로 보이게 해야 하는 것일까? 밤에 꿈으로 꿀 때엔 중요하게 보이다가도 밝은 대낮에 생각하면 하찮게 여겨지는 것들이 있다. 그래서 시인이나 예언자는 맨정신의 배심원들 앞에서 바보 취급을 당한다. 사회를 악마에게 넘겨 버리고, 저 자신은 천상의 바위 굴에서 문을 닫고 은거하는 편이 쉽기는 쉽다. 그러나 그사이 어느 정신적 산과의(産科醫)가 ‘시메나와’를 쳐 놓고 퇴로를 차단했다면, 시간 속에서 영원을 표상하고, 시간 속에서 그 영원을 지각하는 작업은 피할 수가 없는 것이다.

립 밴 윙클 이야기는, 귀환하는 영웅이 처하는 미묘한 상황을 보여 주는 전형적인 이야기다. 립 밴 윙클은, 매일 밤 잠자리에 들 때 그러하듯이 무의식적으로 모험의 영역으로 들어갔다. 힌두교도들은, 깊은 잠 속에서 자아는 통일되고 따라서 지복을 누린다고 주장한다. 그래서 깊은 잠을, 주관과 객관의 구별이 없는 "순지 상태(純知狀態, cognitional state)"[21]라고 하는 것이다. 그러나 야간에 근원적인 흑암의 세계 방문을 통해 우리가 원기를 얻고 정신을 충전시킨다고 해서 우리 삶 자체가 그로 인해 개혁되는 것은 아니다. 잘못하면 립 밴 윙클처럼 그 경험을 증거할 아무것도 손에 쥐지 못한 채 수염만 텁수룩하게 길러 돌아오는 것이다.

그는 총을 찾느라 주위를 둘러보았다. 그러나 깨끗하게 닦고 기름칠한 엽총이 있던 자리에서 그가 발견한 것은 다 썩은 안전 장치, 녹슨 총신, 그리고 벌레 먹은 개머리판뿐이었다……. 일어서서 걸어 본 그는 운동 부족으로 관절이 뻣뻣하게 굳어 있다는 것을 알았다……. 마을로 들어오면서 그는 많은 사람들을 만났으나 안면이 있는 사람은 하나도 없었다. 마을 사람이면 모르는 사람이 없는 그에게는 그게 그렇게 놀라운 일일 수 없었다. 마을 사람들이 입은 옷도, 그의 눈에 익은 옷과는 모양이 달랐다. 마을 사람들 역시 놀란 듯한 얼굴로 그를 바라보았다. 그들은 립 밴 윙클에게 시선을 던질 때마다 자기네들의 턱을 쓰다듬었다. 수많은 사람들의 이런 동작을 지켜본 립 밴 윙클은 자기도 그들처럼 턱을 쓰다듬어 보았다. 그제서야 그는 자기 수염이 한 자나 자라 있는 것을 알았다……. 립 밴 윙클은, 자신과 주위의 세계가 무엇에 홀린 것은 아닐까 의심하기 시작했다.

텁수룩한 회색 수염, 녹슨 엽총, 곰삭은 옷차림……. 이 기이한 그의 차림에 아녀자들이 모여들었다. 곧 술집에서 정치 토론에 열을 올리던 사람들도 모여들었다. 그들은 립 밴 윙클 주위에 모여 머리끝부터 발끝까지 훑어보았다. 정치운동가 한 사람이 다가와 립 밴 윙클을 한쪽으로 데려간 다음 어느 쪽에 표를 던졌느냐고 물었다. 립 밴 윙클은 멍한 얼굴을 하고 상대를 바라보기만 했다. 키가 작고 몹시 수선스러운 다른 사람이 그의 팔을 잡은 채 발뒤꿈치를 들고는 그의 귀에다 입술을 대고 연방주의자인지 민주주의자인지 물었다. 립 밴 윙클은 그 질문의 의미를 알지 못했다. 날카롭게 접힌 삼각모를 쓴, 아는 체하고 거들먹거리기를 좋아할 듯한 노신사 하나가 군중을 헤치고 나섰다. 그는 립 밴 윙클 앞에 우뚝 서서 한 손은 허리에다 대고 한 손은 지팡이 위에 얹었다. 그의 날카로운 눈매와 뾰족한 모자는 그의 영혼을 꿰뚫고 있는 것 같았다. 노신사는 점잖은 말투로, 투표장에 총을 멘 채 거들먹거리는 것은, 마을에서 유혈극을 일으키려는 저의가 있기 때문이 아니냐고 물었다. 몹시 당혹한 립 밴 윙클은 이렇게 소리쳤다.

"가만, 신사 여러분, 나는 바로 이 마을 사람으로, 보다시피 보잘것없고 말재주도 없는, 국왕의 신민이올시다. 국왕 만세!"

그러자 몰려와 있던 사람들이 함성을 올렸다.

"왕당파다! 왕당파의 스파이다! 모두 피하라! 저놈을 쫓아내라! 저놈을 끌어내라!"

뾰족 모자를 쓰고 거들먹거리던 노신사는 가까스로 군중을 수습했다.[22]

립 밴 윙클의 경우보다 더욱 맥 빠지는 것은 아일랜드의 영웅 오이신(Oisin)의 운명이다. '청춘의 나라' 공주와 기거하다 귀환한 영웅 오이신의 경우는 어떤가?

오이신은 립 밴 윙클보다는 한 수 위였다. 그는 모험의 땅에서도 스스로를 의식할 수 있었다. 그는 의식적으로(깨어 있는 상태에서) 무의식의 왕국(깊은 잠)으로 내려갔고 잠재의식적 경험치를 깨어 있는 자신의 인격에 통합시킬 수 있었다. 그는 다른 사람이 되어 있었다. 그러나 이와 같은 유리한 조건 때문에 그에게 부과되는 귀환의 어려움은 그만큼 더 컸다. 그의 전인격은 시간이 존재하지 않는 영역의 형식과 형상에 동화되어 버린 다음이어서, 시간이 존재하는 곳의 형식과 형상의 충격 때문에 좌절한 것이다.

핀 마쿨의 아들 오이신은 어느 날 부하들과 함께 에린의 숲으로 사냥하러 갔다. 그는 여기에서 '청춘의 나라' 공주를 만났다. 오이신의 부하들은 사냥감을 쫓아 먼저 가 버린 다음이어서 오이신은 사냥개 세 마리만 데리고 뒤처진 판이었다. 청춘의 나라 공주라는 신비스러운 존재는 아름다운 여인의 몸에 돼지 머리를 한 모습으로 나타났다. 공주는, 자기 머리는 드루이드교(Druidism)의 저주를 받아 그렇게 된 것이나, 오이신이 자기와 결혼하는 순간 원래 머리로 되돌아온다고 말했다. 이 말에 오이신은 이렇게 대답했다.

"그대의 상황이 그러하고, 나와의 결혼이 그 저주를 풀 수 있는 게 사실이라면, 내 어찌 그대 머리를 더 이상 돼지 머리로 둘 수 있으리오."

결혼하자마자 공주의 돼지 머리는 원래의 머리로 바뀌었다. 두 사람은 청춘의 나라인 "티르 나 노그"로 갔다. 오이신은 그곳의 왕이 되어 몇 년을 좋이 살았다. 그러던 어느 날 오이신은 초자연적인 신부에게 말했다.

"에린으로 가서 내 아버지와 가신들을 만나고 왔으면 좋겠소."

아내가 대답했다.

"가시는 것은 좋으나 가서 에린 땅에 발을 내려놓으면 다시 저에게로 돌아올 수 없습니다. 에린 땅에 발을 내려놓는 순간 당신은 눈먼 노인이 될 것입니다. 대체 여기에 오신 지 몇 년이나 되었다고 생각하십니까?"

"한 3년 되었을 것이오."

오이신이 대답했다.

"저와 함께 이곳으로 오신 지 벌써 300년이 되었습니다. 꼭 에린에 가시겠다면 이 백마를 드릴 테니 타고 가십시오. 그러나 백마에서 내려 에린 땅을 밟는 순간 백마만 이리로 달려오고 당신은 초라한 노인으로 그곳에 남을 것입니다."

"돌아올 테니 염려 마시오. 오지 않겠다고 우길 이유가 없지 않소? 그러나 에린 땅에 있는 아버지, 내 아들, 내 친구를 다시 한번 보고 싶은 마음은 억누를 수 없소. 내 기필코 그들을 만나 보아야겠소."

아내는 오이신에게 백마 한 필을 마련해 주면서 일렀다.

"이 백마가, 뜻하시는 대로 당신을 모셔다 드릴 것입니다."

오이신은, 백마가 에린 땅에 닿을 때까지 잠시도 쉬지 않고 달렸다.

이윽고 먼스터의 노크 패트릭에 이른 그는 소 떼를 모는 어떤 사내를 만났다. 소 떼가 풀을 뜯는 벌판에는 넓고 평평한 돌이 한 장 있었다.

"이리 와서 이 돌을 뒤집어 보시겠는가?"

오이신이 목동에게 말했다.

"당치 않습니다. 제가 어떻게 그걸 뒤집을 수 있겠습니까? 저 같은 장정 스물이 모여도 안 될 것입니다."

목동이 대답했다.

오이신은 그 돌 옆까지 말을 달려가 한 손으로 그 돌을 잡아 뒤집었다. 그 돌 밑에는, 바다 조개처럼 둥그렇게 꼬부라진 페니언 기사단(the Fenians)의 커다란 뿔 나팔(borabu)이 들어 있었다. 에린의 페니언 기사단 기사 중 누구든지 이 뿔 나팔을 불면, 어느 곳에 있든지 모든 기사들이 그곳으로 모이게 되어 있었다.

페니언 기사단의 기사들은 핀 마쿨의 부하들로, 모두가 거인들이다. 핀 마쿨의 아들인 오이신은 한때 페니언 기사단에 속한 기사였다. 그러나 그들의 시절은 간 지 오래였고 그곳 주민들도 옛날의 그런 걸물들은 아니었다. 이런 고대 거인족 전설은 세계 어느 나라의 전승에서도 찾아볼 수 있다. 가령 이 책, 240~242쪽에서 다룬 무추쿤다 왕의 신화가 그렇다. 히브리 족장들이 장수를 누렸다는 사실도 이런 거인족 전설과 무관하지 않다. 가령 아담은 930년을 살았고, 셋은 912년, 에노스는 905년을 살았다.[23]

"자네, 그 뿔 나팔 좀 집어다 주겠나?"

오이신이 목동에게 물었다.

"안 됩니다. 저는 물론이고, 다른 사람도 저 뿔 나팔을 들어 올리지 못할 것입니다."

목동이 대답했다.

이렇게 되자 오이신은 뿔 나팔 가까이 말을 몰아 손을 내밀어 그 뿔 나팔을 집어 들었다. 그러나 불고 싶은 충동을 누를 길 없었다. 그는 모든 것을 잊고 몸을 기울여 한 발로 땅을 딛고 말았다. 순간 백마는 어디론가 사라지고 오이신은 땅바닥에 누운 눈먼 장님으로 둔갑했다.[24]

천국에서의 1년이 지상에서의 100년에 해당한다는 등식은, 신화에 자주 등장하는 모티프다. 100년이라는 주기는 전체성을 의미한다. 360도라는 원의 중심각도 전체성을 뜻한다. 힌두교의 푸라나(Purāṇa)에 따르면, 신들의 1년은 인간의 360년에 해당한다. 올림포스의 관점에서 보면, 지구의 역사는 순환 주기의 조화로운 형상을 드러내 보이면서 영겁토록 흘러갈 뿐이다. 인간의 눈으로 보면 이러한 세계는 변화와 죽음으로 보이고, 신들의 눈으로 보면 불변하는 형상, 곧 끝없는 세계일 뿐이다. 그러나 문제는, 직접적인 지상의 고통과 기쁨을 무릅쓰고 어떻게 이 같은 우주적 관점이 유지되겠느냐는 것이다. 속세의 지식이라는 과일 맛은 정신의 집중점을 영겁의 세계에서 말초적 위기의 순간으로 옮겨 놓는다. 이렇게 되면 균형은 무너지고 정신은 비트적거리며 이윽고 영웅은 타락하고 만다.

영웅과 땅의 직접적인 접촉을 단절시키면서도 그 세상 사람들 사이로 돌아다닐 때 탈 수 있는 절연 수단으로서의 백마는, 초자연적인 권능을 가진 자가 취하는 경계 조치의 생생한 실례라고 할 수 있다. 멕시코의 황제 몬테주마(목테주마라고도 한다.)는 발로 땅을 딛지 않았다. 그는 늘 중신들의 어깨에 무등을 타고 다녔는데 혹 내려야 할 때엔 땅바닥에다 두꺼운 융단을 깔고 그 위를 걸었다. 페르시아 왕도 자기 궁전에서는 늘 양탄자 위만 걸었다. 다른 사람들은 이 양탄자 위를 걸을 수 없었다. 외출할 때도 늘 마차에 타고 있거나 말 잔등에 앉아 있었지 결코 땅을 딛는 일은 없었다. 옛 우간다의 왕들이나 모후, 그리고 왕비들도 그들이 살던 곳 밖으로는 절대로 발을 내딛지 않았다. 혹 여행이라도 해야 할 때면 그들은 버펄로족 장정의 어깨 위에 올라타고 여행했다. 우간다 왕이나 모후나 왕비의 행차에는 늘 교대할 버펄로족 장정들이 몇 명씩 따라붙었다. 왕은 장정의 목 위에 타고 양다리를 어깨로 내린 뒤 장정의 겨드랑이에 발을 끼웠다. 오래 견디어 지친 장정은 다음 장정에게 왕을 넘겨주되, 그 발이 땅에 닿게 하는 일이 없었다.[25]

제임스 조지 프레이저 경은, 신에 버금가는 사람은 발로 땅을 밟지 않는다는 사실을 다음과 같이 설명하고 있다.

신성성(神聖性), 주술력, 터부, 혹은 신성한 인물, 또는 터부가 되어 있는 인물에게 충만하다고 믿어지는 신비스러운 힘의 성질에 대해, 고대 철학자들은, 그 명칭이 무엇이든 간에 라이덴 병(瓶)에 전기가 충만해 있듯이 신성한 인물에 충만해 있는 물질적 실체 혹은 액체라고 생각했다. 그리고 라이덴 병의 전기가 양도체와 접촉하는 경우에 방전하는 것처럼, 신성한 인물 속에 충만한 이 신성성, 주술력도, 훌륭한 양도체와 다름없는 대지와의 접촉으로 방전, 고갈되어 버린다고 믿는 것이다. 따라서 신성한 인물이나 터부가 되어 있는 인물은 이 신성성, 주술력이 방전, 고갈되지 않도록 땅과 접촉하지 말아야 하는 것이다. 결국 이러한 인물에게 그 신성한 실체가 목구멍에 이르기까지 충만되어 있도록 하려면, 전기 용어를 빌려 말해서, 이러한 인물과 대지 사이엔 절연체가 있어야 한다는 것이다. 많은 예에서 우리는, 신성한 인물의 절연은 그 자신만을 위해서가 아니고 그가 속한 사회를 위한 예방책으로 권장되고 있음을 확인할 수 있다. 말하자면 신성한 미덕에는 일촉(一觸)에 즉발(卽發)하는 고폭성(高暴性)이 있어서, 터지거나 방전하거나 누출되지 않도록 예방책을 강구할 필요가 있다는 것이다.[26]

이러한 예방책에 심리적인 변명이 가세하고 있음은 의심할 나위도 없다. 나이지리아 정글에서 야회복을 입고 있는 영국인은, 자기가 그렇게 행동하는 데엔 이유가 있다고 생각한다. 초특급 리츠 호텔 로비를 서성거리는 텁석부리 예술가는 질문을 받기가 바쁘게 자기의 특이한 성벽을 설명할 것이다. 성직자 법의의 칼라는 그가 강단에 서는 사람임을 보여 준다. 20세기의 수녀들은 중세 차림 그대로 거리를 나다닌다. 아내가 낀 반지는, 다분히 그런 의미에서의 절연체다.

서머싯 몸의 이야기는, 백인으로서의 의무를 짊어진 자들이 야회복이라는 금기를 무시했을 때 그들에게 어떠한 변신이 일어나는지 그리고 있다. 많은 민요는, 반지를 파기하는 일이 얼마나 위험한가를 노래한다. 그리고 신화(가령 오비디우스가 『변신 이야기』라는 개론서에 모아 둔 수많은 신화 같은)는 고도로 집적된 전력의 중심과, 주위 세계의 비교적 낮은 전압의 전력장(電力場) 사이의 허술하던 절연체가 갑자기 무력해질 때 생기는 충격적인 변화를 몇 번이고 되풀이하여 상기시키고 있다. 켈트족 및 게르만족의 민간전승에 따르면, 꼬마 난쟁이나 요정은 해가 뜨면 막대기나 돌로 바뀐다.

자기 모험을 완성하기 위해서, 귀환한 영웅은 세계의 충격을 견디어야 한다. 립 밴 윙클은 무엇을 체험하고 왔는지 알지 못한다. 따라서 그의 귀환은 한낱 우스개로 끝나고 만다. 오이신은 자신의 저승 체험을 알고 있지만, 자기의 중심이 저승에 있다는 걸 잊어버렸기 때문에 역시 전락하고 만다. 카마르 알 자만은 그중에서도 가장 다행스러운 경우에 속한다. 그는 깨어 있는 채로 깊은 잠이라는 천복의 은혜를 체험했고, 믿어지지 않는 모험을 입증하는 확실한 액막이를 지니고 빛의 세계로 귀환했기 때문에 일상의 엄연한 환멸에 직면하고도 자기 확신을 잃지 않을 수 있었던 것이다.

카마르 알 자만이 탑루 안에서 잠을 자고 있을 동안 두 마리의 진(요정), 즉 다나시와 마이무나는 먼 중국 땅으로부터 섬들과 바다와 칠궁(七宮)을 다스리는 나라 공주를 그곳으로 데려왔다. 부두르 공주였다. 두 진은 여전히 잠을 자고 있는 이 공주를 페르시아의 왕자 바로 옆에다 눕혔다. 그러고 나서 이불을 걷고 두 사람, 즉 페르시아 왕자와 중국 공주의 얼굴을 바라보았다. 둘은 흡사 쌍둥이 같았다.

다나시가 한숨을 쉬며 말했다.

"오, 알라신에 맹세코, 우리 아가씨 쪽이 더 아름답군요."

그러나 카마르 알 자만을 사랑하던 여정(女精) 마이무나가 고개를 가로저었다.

"그렇지 않아, 왕자 쪽이 더 아름다워."

둘은 옥신각신했다. 이 논쟁은, 다나시가 공정한 심판관을 찾아 물어보자고 할 때까지 계속되었다.

마이무나가 발로 땅을 굴렀다. 그러자 애꾸눈, 곱사등에다 피부가 울 긋불긋한 도깨비 하나가 나타났다. 눈은 세로로 길게 찢어져 있었고 머리에는 일곱 개의 뿔이 달려 있었다. 머리카락 네 가닥은 발치에 치렁거렸으며, 손은 쇠스랑 같고, 다리는 돛대 같았다. 손톱은 사자의 발톱, 발은 야생 나귀의 발굽을 방불케 했다. 괴물은 마이무나 앞에서 땅에다 입을 맞추고 하명하실 일이 무엇이냐고 물었다. 서로 상대의 팔을 베고 침대에 누운 채 잠들어 있는 두 젊은 사람을 가리키며, 마이무나는 누가 더 아름다운지 가려 달라고 말했다. 도깨비는 두 사람의 아름다움에 넋을 놓고 한참을 들여다보다가 마이무나와 다나시에게 이렇게 말했다.

"알라신에 맹세코, 두 분은 우열을 가리기 어려울 정도로 아름답습니다. 게다가 한 분은 남자, 또 한 분은 여자여서 누가 더 아름다운지 말씀드릴 수가 없습니다. 하지만 방법은 있습니다. 두 분을 차례로 깨워 봅시다. 물론 한 분이 깨어 계실 동안에 다른 한 분은 잠들어 계셔야 합니다. 깨어나신 분은 상대에게 정을 느낄 것입니다. 정을 더 깊이 느끼는 분이 지는 것으로 합시다."

이 제안이 받아들여졌다. 다나시는 한 마리 벼룩으로 둔갑하여 카마르 알 자만의 목을 깨물었다. 잠을 깬 카마르 알 자만은 물린 곳을 긁으며 옆을 둘러보았다. 그제서야 그는 옆에 누운, 숨결은 사향보다 향기롭고, 피부는 솜보다 더 보드라운 공주를 보았다. 그는 몹시 놀라면서 벌떡 일어나 앉았다. 왕자는 공주를 찬찬히 뜯어보았다. 그러고는 상대가 다름 아닌 진주나 태양, 아니 멀리서 바라본, 굳건한 벽 위의 돔

같이 아름다운 젊은 여자임을 알고 희희낙낙했다.

카마르 알 자만은 공주를 깨우려고 했다. 그러나 다나시는 공주의 잠을 더욱 깊게 하여 깨어나지 못하게 했다. 왕자는 공주를 흔들면서,

"오, 사랑스러운 이여, 일어나 나를 좀 보아요."

하고 속삭였다. 그러나 공주는 꼼짝도 하지 않았다. 카마르 알 자만은, 부두르 공주가 다름 아닌, 부왕이 자기에게 조르던 결혼 상대자라고 생각하고는 크게 기뻐했다. 그러나 왕자는, 부왕이 어디엔가 숨어 자기를 감시하고 있을까 두려워 몸을 사리며, 공주의 손가락에 끼어 있는 반지를 뽑아 자기 손에 끼우는 것으로 만족했다. 도깨비와 다나시는 왕자를 다시 재웠다.

카마르 알 자만이 보인 반응과 부두르 공주가 보인 반응은 대조적이었다. 부두르 공주는, 누가 엿보고 있다는 생각은 전혀 하지 않았다. 아니 누가 엿보고 있다고 하더라도 두려워하지 않았으리라. 더구나 독기를 품은 마이무나가 공주를 깨울 때 다리 깊숙이 민감한 곳을 몹시 깨물었던 것이다. 남자가 옆에 있는 데다, 그 남자가 이미 자기 반지까지 끼고 있는 것을 본 아름답고, 품위 있고, 귀한 이 공주는 그를 깨워 자기에게 무슨 짓을 했는지 물어보지도 않았다. 왕자에 대한 사랑과, 드러난 그의 육체가 깨워 놓은 욕정으로 달아오른 공주는 자제를 잃고, 주체할 수 없는 정열의 절정을 맛보았다. 이 이야기는 이렇게 계속된다.

여자의 욕정은 남자의 욕정보다 더 사나운 법. 이윽고 공주는 자기가 품었던 욕정을 깨닫고 자기 자세를 수습했다. 공주는 자기 자신의 태도를 몹시 부끄럽게 여겼다. 공주는 그의 손가락에 끼어 있던 그의 반지(그가 뽑아 간 자기 반지가 아닌)를 뽑아 자기 손가락에 끼고는 그의 입술 안쪽과 손, 온몸에 고루 입을 맞추었다. 이윽고 공주는 한 손을 그의 목 밑으로 넣고 다른 한 손으로도 그의 어깨를 안아 자기 젖가슴 쪽으로 바싹 당긴 채 그의 옆에 누워 잠이 들었다.

따라서 공주와 왕자의 아름다움 겨루기에서는 공주, 즉 다나시 편이 진 셈이다. 부두르는 중국으로 옮겨졌다. 다음 날 아침 아시아 대륙을 사이에 두고 각각 잠에서 깨어난 두 사람은 좌우를 둘러보았다. 그러나 옆에 누가 있을 리 만무했다. 두 사람은 시종들을 들볶으며 미친 듯이 날뛰었다. 카마르 알 자만은 몸져누웠다. 부왕은 그의 침대 머리맡에 앉아 눈물과 한숨으로 지샜다. 그는 아들의 머리맡에서 떠나지 않았다. 그러나 부두르 공주는 감금당했다. 부왕은 그녀의 목에다 쇠사슬을 걸어 궁성의 어느 방 창가에다 매어 놓은 것이었다.[27]

덧없는 만남과 헤어짐, 이것이야말로 전형적인 사랑의 고통이 아닌가. 한 영혼이 제 운명을 고집하고, 세상의 감언에 저항할 때 그의 고통은 더욱 고통스러워진다. 위험도 마찬가지다. 그러나 이미 감각 세계 저편에서는 여러 세력이 작용을 하고 있을 것이다. 세계 여러 구석에서 벌어지는 일련의 사건들이 점점 서로를 끌어당겨 결국 기적 같은 우연이 피할 수 없는 운명을 성사시킬 것이다. 평온한 장소에서 자기 영혼의 다른 부분과 만났음을 상기시키는 신비스러운 반지는 영웅이 립 밴 윙클과 달리 그곳에 간 사실에 대해 깨어 있음을 시사한다. 이 반지는 또, 일상의 현실은 저승의 현실을 배반하지 못한다는, 생시의 믿음을 재확인해 준다. 이 반지는, 두 세계를 통합해야 하는 영웅의 의무를 상징한다.

카마르 알 자만의 기나긴 이야기 가운데 아직 다 하지 못한 부분은 운명이 일상의 삶으로 구체화되는 완만하면서도 놀라운 역사를 담고 있다. 그러나 이 운명이 모든 이에게 다 구체화되는 것은 아니다. 오직 안으로 뛰어들어 이를 체험하고, 반지를 얻어 다시 현실로 귀환한 영웅에게만 가능하다.

5 두 세계의 스승

　세계의 경계를 넘나드는, 말하자면 시간을 초월한 세계인 저승과, 일상적인 세계인 이승을 두루 돌아다니는 자유(그것도 한 세계의 원리로 다른 세계를 오염시키지 않되, 한 세계의 선으로써 다른 세계의 존재를 깨우치면서)는 거장들의 재능에나 어울리는 자유다. 니체는, 우주적인 춤의 신(Cosmic Dancer)은, 한곳에 붙박혀 있지 않고 이곳저곳을 가볍게 떠돌아다닌다고 주장한다. 물론 한 번에 한곳에서만 말을 할 수 있다. 그렇다고 해서 다른 관점에서의 통찰이 불가능하다고 할 수는 없다.

　신화는, 이와 같이 손쉬운 세계 간 이동의 신비를 하나의 이미지로 굳혀 내보이지는 않는 편이다. 그러나 하나로 내보일 경우, 그 순간은, 마땅히 소중하게 다루어지고 고구되어야 할 귀중한 상징인 것이다. 그리스도가 변모한 당시의 순간이 바로 이런 순간이다.

　예수께서는 베드로와 야고보와, 야고보의 동생 요한만을 데리고 따로 높은 산으로 올라가셨다. 그때 예수의 모습이 그들 앞에서 변하여, 얼굴은 해와 같이 빛나고 옷은 빛과 같이 눈부셨다. 그리고 난데없이 모세와 엘리야가 나타나 예수와 함께 이야기하고 있었다. 그때에 베드로가 나서서 예수께
　"주님, 저희가 여기에서 지내면 얼마나 좋겠습니까! 괜찮으시다면 제가 여기에 초막 셋을 지어 하나는 주님께, 하나는 모세에게, 하나는 엘리야에게 드리겠습니다."
하고 말하였다.*
　베드로의 이 말이 채 끝나기도 전에 빛나는 구름이 그들을 덮더니 구름 속에서,

---

*베드로는 다른 제자들과 함께 겁에 질려 무슨 말을 해야 좋을지 몰라 엉겁결에 그렇게 말했던 것이다.(「마가」 9:6)

"이는 내 사랑하는 아들, 내 마음에 드는 아들이니 너희는 그의 말을 들으라."
하는 소리가 들려왔다. 이 소리를 듣고 제자들은 너무도 두려워서 땅에 엎드렸다. 예수께서 그들에게 가까이 오셔서 손으로 어루만지시며,

"두려워하지 말고 모두 일어나라."
하고 말씀하셨다. 그들이 고개를 들고 쳐다보았을 때는 예수밖에 아무도 보이지 않았다.

예수께서 제자들과 함께 산에서 내려오시는 길에,

"사람의 아들이 죽었다가 다시 살아날 때까지는 지금 본 것을 아무에게도 말하지 말아라."
하고 단단히 당부하셨다.[28]

신화가 이 한순간의 이야기 속에 모두 들어 있다. 예수는 안내자이며, 길이며, 초월적인 세계, 귀환의 동반자다. 제자들은 그의 비의 전수자들이다. 그러나 그 신비를 통달한 자들이 아님에도 두 세계를 일거에 수렴하는 역설적 체험으로 안내받는 자들이다. 베드로는 겁에 질린 나머지 중언부언한다.[29] 그들 앞에서 육(肉)은 변하여 말씀이 되었다. 그들은 엎드려 고개를 숙이고 있었는데 일어났을 때는, 이미 문이 닫힌 뒤였다.

여기에서 분명히 알아 두어야 할 것은, 이 영원의 순간이, 카마르 알자만 개인의 운명적인 사랑의 실현을 훨씬 넘어서 있다는 사실이다. 여기에는 두 세계의 문턱을 넘나드는 훌륭한 통로가 있을 뿐만 아니라, 우리는 여기에서 심연을 꿰뚫어 보는, 심오한, 참으로 심오한 안식(眼識)을 발견할 수 있다. 개인적 운명의 특이성은 이러한 환상의 동기도 주제도 아니다. 이 환상은 한 사람이 아닌, 세 증인 앞에서 펼쳐졌다. 따라서 심리학적인 용어로는 설명될 수 없는 현상이다. 물론 무시해 버릴 수도 있다. 그러한 일이 실제로 일어났을까 하고 의심할 수도 있다. 그

러나 의심한다고 해서 뾰족한 수가 생기는 것은 아니다. 지금 우리가 관심 갖는 것은 상징체계이지 역사성은 아닌 것이다. 우리는 립 밴 윙클, 카마르 알 자만, 혹은 예수 그리스도가 실제로 존재했는지 여부에 관심을 갖는 것이 아니다. 우리의 주의를 끄는 것은 그들의 '이야기'다. 더구나 이런 이야기는 세계 도처(수많은 영웅과 함께)에 깔려 있기 때문에, 보편적 테마를 짊어지고 있는 지역적 인물이 역사적으로 실재했는지 여부는 부수적인 문제에 지나지 않는 것이다. 이런 이야기에서 역사성을 강조하면 혼란이 생길 뿐이다. 즉 암시적 메시지를 어지럽게 할 뿐인 것이다.

그렇다면 변모의 이미지는 어디로 향하고 있는가? 이것이 우리가 물어야 할 질문이다. 그러나 종파적이 아닌 보편적인 토대 위에서 이 질문을 다루기 위해 우리는 변모라는 원형적인 사건의, 마찬가지로 유명한 또 한 가지 사례를 살펴볼 필요가 있다.

다음 이야기는 힌두교 『신의 노래』, 즉 『바가바드 기타』*에서 취한 것이다. 이 대화에 등장하는 주인공, 아름답고 젊은 크리슈나는 우주신 비슈누의 화신이고, 아르주나(Arjuna) 왕자는 그의 제자이자 친구다.

아르주나가 말했다.

"주님, 저에게 그럴 신심(信心)이 있다고 여기시면, 요가의 왕이시여, 당신의 거룩한 모습을 보이소서."

주가 일렀다.

나의 모습은 수십만 가지니, 그 종류와 형상이 가지각색이니라. 볼지어다, 모든 신들과 천사들을. 일찍이 인간이 보지 못했던 수많은 경이로움을 볼지어다. 바로 오늘, 너는 나의 이 몸 안에서, 살아 있는 것들과 살아 있지 않은 것

---

* 현대 힌두 신앙의 원론서. 인도판 『일리아드』라고 할 만한 『마하바라타(Mahābhārata)』의 제6서에 나오는, 18장에 걸친 윤리적인 대화.

들이 모두 하나로 이루어져 있는 우주를, 네가 보고 싶어하던 모든 것을 보게 될 것이다. 허나, 네 눈으로는 나를 볼 수 없다. 내 너에게 영험한 신의 눈을 줄 터인즉, 볼지어다. 궁극적인 내 요가의 권능을…….

이 말과 함께 요가의 왕은 아르주나에게 우주의 신 비슈누로서의 자기 형태를 드러내었다. 수많은 얼굴과 눈, 여러 놀라운 광경, 천상적 장식, 높이 든 수많은 천상적인 무기……. 모습을 드러낸 그는 천상의 꽃과 옷을 걸치고, 천상의 향수를 바른 채 수많은 얼굴로 사방팔방을 바라보고 있었다. 하늘에서 일천 개의 태양이 한꺼번에 작열한다면 빛이 그 전능한 존재의 발광(發光)에 미칠 것 같았다. 신 중의 신이신 분의 현현에서 아르주나는, 모든 우주의 부분부분이 모두 그 한곳에 모인 것을 보았다. 놀란 나머지 머리털이 곤두선 아르주나는 합장하고 신 앞에 머리를 조아리며 말했다.

오 주님, 육화(肉化)한 주님의 옥체에서 저는 모든 신들과, 존재의 모든 주인을 뵙습니다. 연화에 앉으신 브라마(Brahma)와 성인들과 하늘 뱀을 뵙습니다. 저는 우주의 자체이신 몸에서 무수한 팔과 무수한 배와 무수한 눈을 뵙습니다. 주님께서는 형상으로 무한하시고 보시지 않는 방향이 없으나, 오 우주의 주님이시여 우주적 형상이시여, 저는 주님의 처음과 중간과 끝을 헤아리지 못하겠나이다. 왕관을 쓰시고, 철퇴와 투반(投盤)을 휘두르시나 빛 가운데서 사방으로 타는 불같이 작열하는 태양처럼 빛나시니 뵐 수가 없나이다. 주님께서는 우주를 버티시는 최고의 기둥이십니다. 주님께서는 영원한 법(法)의 수호자이십니다. 저는 주님께서 궁극적인 존재이심을 믿습니다.

이러한 환상은, 나팔 소리가 울리면 전투가 시작될 일촉즉발의 전쟁터에서 아르주나에게 나타났다. 아르주나 왕자는 신에게 전차를 끄는

그림 51 아르주나를 이끌고 전장으로 향하는 크리슈나(판지에 과슈, 인도, 18세기)

말의 고삐를 맡기고, 전투 준비를 끝내고 나팔 소리를 기다리는 두 전
열(戰列)로 나온 것이었다. 그의 부대가 맞서야 하는 적은 바로 그의 사
촌의 부대였다. 따라서 그가 섬멸해야 하는 부대에는 그가 알고 사랑하
던 사람들이 무수히 들어 있었다.*

　그는 기가 꺾여 마차를 몰아 주는 신 크리슈나에게 호소했다.
　"아, 어쩌다 이리되었습니까. 왕국을 가지려고 일족을 시살하여야
하다니. 차라리 전장에서 빈손으로 서 있다가 드리타라슈트라의 아들
들 손에 죽임을 당하는 편이 낫겠습니다. 저는 싸울 수 없습니다."
　그러나 신은 그의 용기를 북돋아 주고, 주(主)의 지혜를 허락하는 한
편, 결국은 자신의 이러한 모습을 환상으로 보여 준 것이다. 왕자 아르

---

*판두라 왕은 세상을 떠나면서 아들 5형제를 아우 드리타라슈트라에게 맡겼다. 드리타라슈트라에게
도 아들이 있었다. 그중 드료다나는 질투심이 강했다. 이 전쟁은 판두라의 아들들과 드리타라슈트라
의 아들들, 즉 사촌들 간에서 벌어진 골육상잔이다. ─옮긴이 주

주나는 어안이 벙벙해진 가운데, 친구가 우주를 버티는 기둥인 신의 살아 있는 화신으로 변모하고, 두 군대의 영웅들이 신의 셀 수 없이 많은, 무시무시한 입으로 빨려 들어가는 것을 본다. 기겁을 한 그는 소리친다.

크기는 하늘에 미치시고, 갖가지 빛깔로 휘황하게 비치는 주님의 모습을 뵈오니, 그 큰 입, 그 크고 형형하신 눈을 뵈오니, 제 혼은 공포로 떨려 용기와 마음의 평정이 어디로 갔는지 모르겠나이다. 비슈누 신이시여. 무서운 이빨과, 이승의 모든 것을 소진시키는 불꽃 같은 입안을 뵈오니 어지러워진 이 마음을 건사하지 못하겠나이다. 신들 중의 신이시여, 우주의 거소(居所)시여, 자비를 베푸소서. 드리타라슈트라의 아들들, 열국의 군주들, 비슈마, 드로나, 카르나 같은 장군들 그리고 제 편의 선봉장들이 주님 입안으로 들어가는 양은 차마 볼 수가 없습니다. 개중에는 주님의 이 사이에 끼어 그 머리가 부서지고 말았습니다. 수많은 강물이 바다로 굽이쳐 들어가듯, 이승 세계의 수많은 영웅들이 그렇게 주님의 불꽃으로 타는 입안으로 빨려 들어갑니다. 나방이 불길 속으로 날아들어 타 죽듯이, 이 피조물들 역시 주님 입속으로, 파멸의 불길 속으로 뛰어듭니다. 주님께서는 그 불타는 입술로 이 세계를 삼키시고 입맛을 다시십니다. 주님의 빛은 온 우주를 두루 비추시고, 그 열기는 온 우주를 두루 태우십니다. 오 비슈누 신이시여, 주님이 누구시며, 어찌하여 이렇게 무서운 형상을 하고 계신지 일러 주십시오. 최고의 신이시여, 합장 백배하오니 자비를 베푸소서. 궁극적인 존재이신 주님이 누구신지 알고 싶습니다. 제가 주님의 뜻을 알지 못하기 때문입니다.

주님이 대답했다.

나는 전능한 자요, 이승을 멸하는 시간이며, 이제 여기서는 저들을 살육할

자라. 네가 아니어도, 여기에 대치하고 있는 군사는 하나도 남지 못하리라. 그러니 일어나 네 몫의 승리를 거두라. 네 적을 시살하고 네 빛나는 왕국을 수습하라. 저들은 다른 이가 아닌, 내 손에 죽었음이라. 아르주나여 너는 내 칼에 불과하니라. 이미 내 손에 죽은 드로나와 비슈마와, 쟈야드라타와 카르나와 그 밖의 선봉장들을 죽일지어다. 두려워 말지어다. 싸우면, 이 전장에서 적을 정복할 수 있을 것이니라.

크리슈나의 이 말씀에 아르주나는 떨면서 합장하고 절한 뒤, 그래도 공포를 떨쳐 버릴 수 없어, 그를 칭송했다.

⋯⋯주님께서는 으뜸가는 신이시며, 고래(古來)의 영혼이십니다. 주님은 우주의 안식처이십니다. 주님은 전지하신 분이시며, 전지되는 분이시며, 궁극적 목적이십니다. 오, 영원의 형상이신 주님이시여, 주님으로 인하여 세계가 충만합니다. 주님은 바람이시고, 죽음이시고, 불이시고, 달이시고, 물의 왕이십니다. 주님의 최초의 인간이시고, 조상 중의 조상이십니다. 경배 드리옵고 거듭 경배 드리옵나니, 한 번도 드러남이 없었던 존재를 뵈었음입니다. 그러나 저의 마음은 여전히 어지럽고 두렵습니다. 주님의 다른 형상을 보여 주소서. 오, 신들의 왕이시며, 우주의 거소시여! 머리에는 관을 쓰시고 손에는 철퇴와 투반을 드신 모습을 뵙고자 하나이다. 수천 개의 팔을 가지신 변환 자재하는 신이시여, 팔이 넷인 형상을 다시 허락하소서.

크리슈나가 대답했다.
"아르주나여, 나는 너에게 자비를 베풀어 내 요가 능력으로, 지금까지 아무도 본 적이 없는 휘황찬란하고, 우주적이고 영원무궁하고, 태고 이래 존재해 온 내 형상을 보여 주었다⋯⋯. 그러나 이 무서운 모습을 보았다고 해서 너무 두려워하거나 황송해하지 말아라. 공포를 떨쳐 버리고 이제 나의 다른 형상을 보아라."

크리슈나는 이 말과 함께 그 다른 형상을 보여, 공포에 질린 판다바를 위로했다.[30]

제자 아르주나는 축복을 받아, 범용한 인간 운명의 범위를 초월하여, 우주의 본질에 가까워진 환상을 볼 수 있었다. 인류의 운명으로서의 그의 운명이 아닌 원자와 태양계 전체가 그에게 열린 것이다. 이것은, 인간의 이해력에 맞추어 인간의 모습으로, 즉 우주적 인간(Cosmic Man)의 모습으로 나타난 것이다.

우주적 말(宇宙馬, Cosmic Horse), 우주적 독수리(宇宙鷲, Cosmic Eagle), 우주적 나무(宇宙樹, Cosmic Tree), 우주적 사마귀(宇宙螳螂, Cosmic Praying Mantis) 같은 이미지도 동일한 입문 효과를 가져왔을 것이다.

옴(Om), 제물로 바쳐지는 말의 머리는 새벽, 눈은 태양, 그 생명력은 대기, 그 열린 입은 바이슈바나라(Vaishvanara)라고 하는 불이며, 제물로 바쳐지는 말의 몸뚱어리는 해(年)입니다. 그 등은 하늘이요, 배는 공중, 그 굽은 땅입니다. 옆구리는 사방(四方), 갈빗대는 사우(四隅), 다리는 사계(四季), 관절은 달과 주일이며, 그 발은 밤과 낮, 뼈는 별, 살은 구름입니다. 소화가 덜 된 먹이는 모래, 핏줄은 강, 간과 비장(脾臟)은 산, 터럭은 나무와 풀입니다. 말의 앞부분은 떠오르는 태양, 뒷부분은 지는 태양이며, 하품은 번개, 요동은 천둥, 오줌은 비, 울음은 곧 소리입니다.[31]

식육(食肉)의 탐욕에 그 넓은 날개를 펼치고 날아오르는 원형의 생명체, 그러나 눈은 피의 분수대. 상처가 깊어 검은 피가 만신창이가 된 동공에서 부리 위로 흘러내려, 빈 하늘 불모의 공간을 적셨다.

그래도 그 위대한 생명은 여전했다.

그래도 그 위대한 생명은 아름다웠다. 새는 제 패배를 마시고 제 기근을 탐식했다.[32]

우주적 나무는 널리 알려진 신화적 상징물이다.(가령, 세계의 물푸레나무(World Ash)인, 『에다 시가집』의 위그드라실) 당랑(사마귀)은, 남아프리카 부시맨의 신화에서 중요한 역할을 맡는다.

더구나 『신의 노래』에 기록되어 있는 계시는 아르주나의 계급과 혈

통에 겨냥되어 있다. 아르주나가 본 우주적 인간은, 아르주나 자신처럼 귀족이고 또 힌두교도였다. 이와 마찬가지로, 팔레스티나에서의 우주적 인간은 유대인으로, 독일에서는 게르만족으로, 바수토(Basuto)인들 사이에서는 흑인으로, 일본에서는 일본인으로 등장하게 마련이다. 내재적이면서도 초월적인 우주를 상징하는 인물의 혈통 및 능력은, 의미론적이라기보다는 다분히 역사적인 요소에 따라 결정된다. 성(性) 역시 마찬가지다. 자이나교*의 성화(聖畵)에 등장하는 우주적 여성은, 우주적 남성만큼이나 웅변적인 상징이다.

상징이란 의미 소통의 '수레'에 불과하다. 상징은, 그 언급하는 바의 궁극적인 의미로 오해되어서는 안 된다. 아무리 매력적이고 또 인상적이라도 상징이란 이해를 돕기 위한 편의적 수단에 지나지 않는다. 따라서 신의 성격, 혹은 일련의 성격(그 맥락이 3원적이든, 2원적이든, 1원적이든, 다신론적이든, 유일신론적이든, 단신론적이든, 회화적이든, 언어적이든, 문서로 기록된 사실이든, 묵시적 환상이든)을 최종적인 의미로 읽거나 해석하려 해서는 안 된다. 신학자들에게 있어서 중요한 것은, 상징을 투명하게 닦아 우리에게 오는 진리의 빛이 이에 가리지 않게 하는 일이다. 성 토마스 아퀴나스는 이렇게 쓰고 있다. "하느님이, 인간의 생각이 미칠 수 없는 높은 곳에 계신다는 믿음만 가지고 있다면, 우리도 하느님을 진정으로 알고 있는 셈이다."[33] 『케나 우파니샤드』에도 같은 말이 나온다. "아는 것은 알지 못하는 것이요, 알지 못하는 것은 아는 것이다."[34] 의미를 실어 나르는 수레를 의미 자체로 오해하면 헛된 잉크뿐만 아니라 헛된 피까지 흘리게 된다.

---

* 자이나교는 힌두교의 비정통적인(베다의 권위를 거부하는) 한 갈래로 이 유파의 성화에서는 고대적인 잔재가 엿보인다.(이 책, 317~321쪽 참조)(자이나교와 우주적 여성에 대한 조지프 캠벨의 다른 의견이 궁금하다면 캠벨의 *Myths of Light*(Novato, California: New World Library), pp. 93, 101를 참조할 것——편집자 주)

그림 52 태양을 손에 쥔 우주 사자의 여신(낱장본, 인도, 18세기)

1부 영웅의 모험

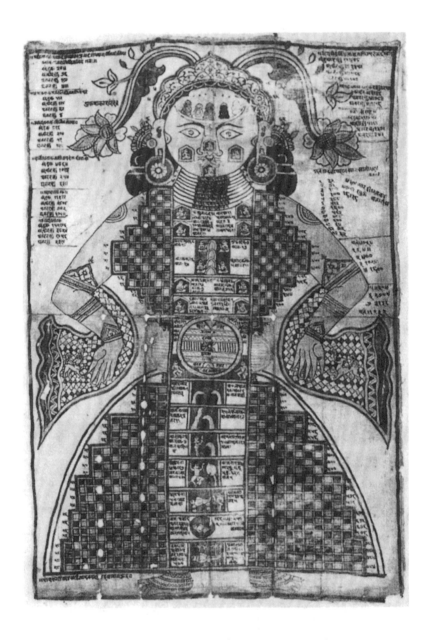

그림 53 자이나교의 우주적 여성(직물에 과슈, 인도, 18세기)

그다음으로 우리가 주의해서 보아야 할 것은, 예수의 변모는, 개인적 의지를 소각시켜 버린 추종자들, 즉 스승 안에서의 철저한 자기 부정에 의해 '인생', '개인적인 팔자', '숙명'이 제거된 지 오래인 사람들에 의해 목격되었다는 사실이다. 크리슈나는 아르주나가 익히 보아 온 모습을 보이고 나서 이렇게 말했다. "베다(經典)를 공부한다 하더라도, 무서운 고행을 한다 하더라도, 보시(布施)를 행한다 하더라도, 또 의식을 행한다 하더라도, 네가 본 나의 이 최고의 모습은 볼 수 없느니라. 그러나 오직 믿는 마음이면 나를 알 수 있고 참답게 볼 수 있으며 내게 들어와 하나가 될 수 있느니라. 항상 나를 위해 일하고 오직 나만을 목적으로 알고, 진실로 나를 정성으로 믿으며, 아무것에도 집착하지 않고 살아 있는 모든 것에 악의를 품지 않는 자, 그런 자가 내게 오느니라."[35] 예수는 똑같은 것을 훨씬 간명하게 가르치고 있다. "나를 위해서 목숨을 잃는 사람은 생명을 얻을 것이다."[36]

이제 의미는 분명해진다. 말하자면 이것은 모든 종교적 관행이 좇고 있는 바다. 심리적 훈련을 통하여 개인적인 한계, 독특한 습관, 희망, 공포에 대한 집착을 버리고, 진리를 깨닫고 거듭나는 데 필수적인 자기 적멸에 대한 저항을 버리면, 개인은 위대한 '하나됨(at-one-ment)', 즉 '자기 화해(self-atonement)'에 이를 수 있다는 것이다. 개인적인 야망을 무화시킨 개인은 살려고 바둥거리는 것이 아니라 어떤 일이 닥치건 거기에 몸을 맡겨 버린다. 말하자면, 익명의 인간, 존재하지 않는 존재가 되는 것이다. 이제 법(Law)은 그 안에서 거침새가 없다.

특히 동양의 사회적 신화적 문맥에 이러한 궁극적인 무애적(無碍的) 상태를 표상하는 인물들이 많다. 은자의 숲에 은거하는 현자와 운수행각(雲水行却)의 탁발승은 동양의 삶과 전설에서 중요한 역할을 맡는다. 신화에서 이러한 인물은 방랑하는 유대인(추방당한 무명의 존재이지만 주머니 속에는 고귀한 진주가 들어 있는), 개에게 쫓기는 거지, 음악으로 듣는 자의 영혼을 위무하는 방랑 시인, 가장(假裝)한 신, 제우스, 오딘, 비라코차, 에드슈로 나타난다.

> 때로는 바보로, 때로는 현자로, 때로는 제왕의 당당함으로, 때로는 방랑자로, 때로는 비단뱀처럼 부동(不動)하는 존재로, 때로는 자비로운 얼굴로, 때로는 귀인(貴人)으로, 때로는 폐덕자로, 때로는 무명인으로…… 깨달은 자는 이런 상태에서도 지복의 극락을 산다. 무대 의상을 입고 있든, 벗고 있든 배우는 배우 이전의 그 자신이듯이, 불멸의 지혜를 깨친 자는 늘 그 불멸의 경지 안에 거한다.[37]

6 삶의 자유

영웅이 불가사의한 여행을 끝내고 귀환한 결과는 과연 무엇인가?

영웅이 지난 전장은, 모든 피조물이 다른 피조물의 희생으로 삶을 영위하는 삶의 현장을 상징한다. 자기 삶을 영위하려면 죄악을 피할 수 없다는 사실을 깨닫는다는 것은 참으로 구역질 나는 것이다. 이를 깨달은 영웅은 햄릿이나 아르주나처럼, 불가피한 죄악의 거부를 시도하는 경우가 있다. 그러나 우리들 대부분이 그렇듯이, 이 세상의 예외적인 존재로서 자기 입장을 합리화하고 허위적인 자기 이미지를 드러내는 사람도 있다. 말하자면, 자기는 선한 자를 대표하고 있다고 간주하고, 죄악을 불가피한 것으로 합리화함으로써 죄의식을 느끼지 않는 부류도 있는 것이다. 이러한 자기 합리화는, 자기 자신에 대해서는 물론, 인간과 우주에 대한 본질에 이르기까지 오해를 불러일으킨다. 신화의 목적은 개인의 의식과 우주적 의지를 화해시킴으로써 생명에 대한 그 같은 무지를 추방하는 데 있다. 이 목적은 덧없는 시간적 현상과,

만물 속에서 살고 죽는 불멸의 생명과의 진정한 관계를 자각해야 달성이 가능하다.

> 사람이 마치 계절에 따라 헌 옷을 벗고 새것을 입는 것처럼, 이 몸속에 와 계시는 그 '실재'도 낡은 몸뚱이를 버리고 새것으로 옮겨 가신다. 칼이라고 해서 이를 벨 수 없고, 불이라고 해서 이를 태울 수 없으며, 물이라고 해서 이를 적실 수 없고, 바람이라고 해서 이를 시들게 할 수 없다. 벨 수 없는 것이 이것이요, 태울 수 없고 적실 수 없고 시들게 할 수 없는 것이 이것이니, 이것은 모든 존재의 심연에 두루 퍼져 불변이요, 부동이다. 따라서 이 '실재'는 언제나 하나이니라.[38]

이승 세계의 인간이 자기 행위의 결과에 조급해한다면 영원의 원리 안에서 방향을 잃을 수 있고, 이를 살아 있는 신의 무릎에다 올려놓을 수 있다면, 그는 이 제물에 의해 죽음의 고해에서 풀려날 수 있다. "그러므로 애착을 떠나 마땅히 해야 할 바를 행하라……. 너의 모든 일을 나에게 맡기고, 네 생각을 가장 높은 자아에 모으고, 원망(願望)과 이기심에서 벗어나되, 슬픔에 흐트러지지 말고 나아가 싸우라."[39]

이러한 자각을 반듯이 세우고, 행동거지가 조용하고 자유로우며 그 손을 통해 비라코차의 은혜가 흘러내리는 경지에 이르면 영웅은, 그가 백정이건, 말을 모는 자이건, 왕이건 간에, 저 장엄한 법륜(法輪)의 의식적인 수레가 된다.

영감(靈感)의 주전자로부터 세 방울의 진국을 핥아먹고 카리드웬에게 먹혔다가 아기로 다시 태어나 바다에 버려졌던 귀온 바크는 이튿날 아침, 실의에 빠진 불운한 청년 엘핀의 고기잡이 올무에 걸려든다. 엘핀은 돈 많은 지주 귀드노의 아들이다. 귀드노는 주전자의 녹액이 섞인 시냇물 때문에 많은 말을 잃은 장본인이다. 어부들은 고기잡이 올무의 가죽 부대를 건져 내어 풀어 보았다. 그 안에서 아기가 나오자 어부들이 엘핀에게 말했다.

"보라, 빛나는 이마(taliesin)로다."

엘핀이 그 말을 받아 대답했다.

"이 아이를 '탈리에신(Taliesin)'이라고 부르겠다."

엘핀은, 고기 못 잡은 것을 한탄하면서 이 아이를 안아 올려 말잔등 위의, 자기 뒷자리에 앉혔다. 그는 이전까지 빠르게 몰던 말을 고삐를 단단히 쥐고 천천히 걷게 했다. 아기는 마치 세상에서 가장 푹신한 의자에 앉은 듯 편히 집으로 돌아온 셈이다. 돌아오는 길에 놀랍게도 아이는 큰 소리로 시를 읊어 엘핀을 위로하고 찬양하는 한편 그의 영광을 예언했다.

> 착한 엘핀이여, 슬퍼하지 마시라.
> 누구든 자신에게 불만을 갖지 말지라.
> 절망한들 이득이 없는데도
> 사람은 저에게 득 될 것을 알지 못하는구나.
> 거품이 이는 이 바닷가에서는
> 내 비록 작고 약하나
> 환란의 날이 임하여 그대에게 득 될 바를
> 어찌 300마리의 연어에다 견주겠는가.

엘핀이 아버지의 성에 당도하자 아버지 귀드노는 그에게, 바다에서 무엇을 건져 왔느냐고 물었다. 엘핀은 물고기보다 나은 것을 건져 왔다고 대답했다.

"그것이 무엇이더냐?"

귀드노가 물었다.

"시인입니다."

엘핀이 대답했다.

귀드노가 다시 물었다.

"그것이 너에게 득 될 바가 무엇이냐?"

이번엔 아기가 대답했다.

"시인의 득 될 바를 어찌 물고기에 견주겠습니까?"

이 말에 놀란 귀드노가 물었다.

"너는 갓난아기인데도 말을 하는구나?"

아기가 대답했다.

"물으시는 것보다 더 능히 대답할 수 있습니다."

"그래, 무슨 말을 할 수 있는지, 해 보아라."

귀드노의 말에, 탈리에신은 철학적인 노래를 불렀다.

어느 날 왕이 연회를 열었다. 탈리에신은 구석에 조용히 앉아 있었다.

시인과 전령관들이 나와 왕의 권능을 찬양하며 탈리에신이 앉아 있는 모퉁이를 돌자, 탈리에신은 그들 쪽으로 입술을 삐죽이 내밀고는 손가락을 입술에 대고 부르르 소리를 내며 그들을 놀려 먹었다. 시인과 전령관들은 탈리에신이 그런 짓을 하고 있는 줄 알지 못했다. 이윽고 시인과 전령관들이 왕 앞으로 나아가 경의를 표할 순서가 되었다. 그러나 왕 앞으로 나아간 그들은 말을 한마디도 하지 않고 아이가 하는 것을 본 것처럼 왕 앞으로 입술을 비죽이 내밀고는 입술로 부르르 소리를 내며 왕을 놀렸다. 이를 괴이하게 여긴 왕은, 부하들이 술을 과하게 마셔서 그러는 줄 알고 중신 하나를 불러, 지금 그들이 있는 곳이 어딘지 일러 주고 온당한 행동을 하도록 타이르게 했다. 중신은 왕의 분부대로 했다. 그러나 시인들과 전령관들은 그 짓을 그만두려 하지 않았다. 두 번째로 중신을 보냈지만 뜻 같지 않자 왕은 세 번째로 중신을 보내어 그들을 타일러 스스로 궁정에서 물러가도록 했다. 그러나 이것도 뜻대로 되지 않았다. 왕은 시종을 보내어 그들 중의 우두머리인 하이닌 바르트를 한 대 치게 했다. 왕의 시종이 나와 빗자루로 치자 그는 자리에서 뒤로 벌렁 나가떨어졌다. 쓰러졌다가 다시 일어난 그는 왕 앞에 무릎을 꿇고, 자기가 그런 짓을 하는 것은 궁정의 법도를 몰라서도 술을 먹어서도 아니고, 궁성 어딘가에 있는 요정의 마법에 걸렸기 때문이라면서 왕의 자비를 빌었다.

"왕이시여, 저희가 술 취한 사람처럼 구는 것은, 말 못하는 벙어리처럼 구는 것은, 술로 인함이 아니고 저기 저 구석에 아이의 모습으로 앉아 조화를 부리는 정령 때문입니다."

왕은 시종들을 보내어 그 아이를 데려오게 했다. 시종은 탈리에신이 앉아 있던 구석 자리로 찾아가 탈리에신을 왕 앞에 대령했다. 왕은 탈리에신에게, 정체가 무엇이며 어디에서 왔는지 물었다. 탈리에신은 시로 대답했다.

나는 엘핀의 으뜸가는 시인이나,
원래 내 고향은 여름 별이 빛나는 곳입니다.
이드노와 하이닌은 나를 일러 메르딘*이라고 하나,
열왕(列王)은 나를 일러 탈리에신이라고 부를 것입니다.

나는, 악마 왕 루키페르가 지옥의 심연으로 떨어질 때
저 천상에서 주님과 함께 있었습니다.
나는 알렉산더 대왕 앞에서 기치를 들었으며,
북쪽 하늘에서 남쪽 하늘에 이르기까지,
별들의 이름을 모르는 것이 없습니다.
나는 은하수, 피조물을 두루 뿌리신 이의 왕좌 옆에도 있었고,
압살롬이 죽임을 당할 당시 가나안에도 있었습니다.

---

* 메르딘(Merddin)＝멀린(Merlin), 즉 아서왕 이야기 속의 우두머리 마법사.──편집자 주.

나는 헤브론 골짜기까지 성령을 전하였으며,

기드온이 태어나기도 전에 도니골의 궁전에 있었습니다.

나는 엘리와 에녹을 가르쳤고,

사제장(司祭杖)의 영험으로 날개를 얻었고,

말을 모를 때부터 말수가 많았습니다.

나는 자비로운 하느님 아들이 십자가에 못 박히는 곳에도 동참했고,

아리안롯 감옥에도 3대를 있었으며,

니므롯 탑 공사장에서는 감독을 지냈으니,

나는 근본이 밝혀지지 않은 기적입니다.

노아의 방주를 타고 아시아에도 갔었으며,

소돔과 고모라가 멸망하는 것도 보았습니다.

로마가 일어날 당시에는 인도에 있다가,

이제 이 트로이아 유적에 있습니다.

나는 주님과 함께 나귀의 구유에 있었습니다.

모세에게 힘을 주어 요르단강을 건너게 했습니다.

나는 막달라 마리아와 하늘에 있었으며,

카리드웬의 주전자로부터 영감을 얻었고,

로클린의 레온을 위한 하프를 타는 시인으로 있었습니다.

나는 퀸빌린의 궁전, 흰 산 위에 있었으며,

한 해하고도 하루 동안 영어의 몸이 되어

성모의 아들을 위해 금식했고,

신성의 땅에서 자라,

뭇 지자들을 가르쳤으니,

이제 온 우주를 가르칠 수 있습니다.

나는 땅거죽이 심판을 받는 날까지 거하리니,

내 몸이 육(肉)인지 고기(魚)인지 누가 알리오.

그러다 나는 카리드웬의 자궁 안에서

아홉 달을 있었고,

원래는 귀온이었으나,

지금은 탈리에신입니다.

왕과 중신들은 이 노래를 듣고 크게 놀랐다. 그같이 어린 나이에 그런 노래를 부르는 아이는 처음 보았기 때문이었다.[40]

이 시인의 노래 중 대부분은 자기에게 내재하는 불멸의 존재에다 바친 것이다. 자기의 개인적인 내력을 밝힌 것은 마지막 한 연에 지나지 않는다. 듣는 자들은 자기 내부에 있는 불멸의 존재에게 눈을 돌리고 어쩌다 새로운 것을 깨닫는다. 탈리에신은 마귀를 두려워했지만, 바로 그 마귀에 의해 삼켜졌고, 그래서 재생한 것이었다. 다시 말해서 자기 자아의 죽음을 통하여 새로운 자아로 다시 일어설 수 있었던 것이다.

영웅은 생성된 것의 투사(鬪士)가 아니라, 생성되는 것의 투사다. 왜냐하면 그는 현재 존재하기 때문이다. "아브라함이 있기 전에 내가 있다."[41] 그는 시간 속의 외견상의 불변성을, 존재의 영속성으로 오해하지 않는다. 변화가 영속성을 파괴한다고 여겨 다음 순간(혹은 '다른 사물')을 두려워하지도 않는다. "원래의 형태를 보존하는 것은 아무것도 없다. 위대한 재생의 손길인 자연은 부단하게 형상에서 형상을 만들어 나간다. 온 우주 안에서 사라지는 것은 하나도 없음을 알라. 오직 변화하고, 새로운 형상으로 재생될 뿐인 것이다."[42] 이로써 한 순간은 다음 순간으로 이어진다. 영원이라는 왕자가 세계라는 공주에게 입맞출 때 잠자던 공주의 저항은 끝난다.

공주는 잠을 깨어 눈을 뜨고 다정한 눈길로 왕자를 바라보았다. 두 사람은 함께 아래층으로 내려갔다. 왕이 잠에서 깨어났고 왕비와 궁전의 온 시종들이 잠에서 깨어났다. 그들은 휘둥그레진 눈으로 서로를 바라보았다. 이윽고 말들이 일어나 머리를 흔들었다. 사냥개들이 잠을 깨어 꼬리를 흔들었다. 지붕 위의 비둘기들이 날개 속에서 꼬리를 꺼내어 주위를 둘러보다가 벌판 너머로 날아갔다. 벽에 앉았던 파리가 다시 걷기 시작했고, 부엌에서 불길이 다시 타면서 음식을 익히기 시작했다. 고기는 다시 지글거렸고, 요리사가 설거지하는 소년의 뺨을 한 대 먹이자 소년이 비명을 질렀다. 하녀는 닭털을 다 뽑았다.[43]

영웅의 여정

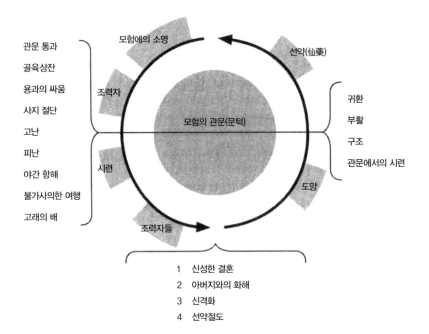

관문 통과
골육상잔
용과의 싸움
사지 절단
고난
피난
야간 항해
불가사의한 여행
고래의 배

모험에의 소명

선약(仙藥)

조력자

모험의 관문(문턱)

귀환
부활
구조
관문에서의 시련

시련

도망

조력자들

1   신성한 결혼
2   아버지와의 화해
3   신격화
4   선약절도

4 열쇠

영웅의 모험은 앞의 도표로 요약될 수 있다.

　원래 살던 오두막이나 성에서 떠난 신화 속 영웅은 꾐에 빠지거나, 납치 당하거나 자진해서 모험의 문턱에 이른다. 여기에서 영웅은 관문을 지키는 그림자 같은 존재를 만난다. 영웅은 이를 퇴치하거나 이 권능을 지닌 존재와 화해하여 산 채로 암흑의 왕국으로 들어가거나(골육상잔, 용과의 싸움: 제물 헌납, 혹은 호부에 의지하여) 적대자의 손에 죽임을 당한다.(해체, 고난) 이 문턱을 넘어선 영웅은, 낯설면서도 이상하게 친숙한 힘에 이끌려 이 세계를 여행하는데, 경우에 따라 위협을 받기도 하고(시련) 초자연적인 도움을 받기도 한다.(조력자) 신화적인 영역의 바닥에 다다르면, 영웅은 절대(絶大)한 시험을 당하고, 그 시험을 이긴 보상을 받는다. 이 승리는 세계의 어머니인 여신과의 성적 결합(신성한 결혼), 창조자인 아버지에 의한 인정(아버지와의 화해), 그 자신의 신격화(神格化), 혹은 적대적인 능력이 그의 힘에 벅찰 경우에는 전리품의 가로채기(신부 훔치기, 불 훔치기)로 나타난다. 원래 이 승리는 자기의식의 확장이며, 따라서 존재의 확장이다.(깨달음, 변모, 자유) 마지막 단계는 귀환이다. 영웅이 권능의 축복을 받은 경우 그것은 영웅을 보호한다.(使者) 그

　　　　　　　　　　　　　　　　　　　　1부 영웅의 모험

렇지 못할 경우, 영웅은 도망치고, 부정적인 세력의 추격을 받는다.(모습을 바꾸며 도주하기, 장애물을 피하며 도주하기) 귀환의 관문에서 초월적인 권능의 소유자는 뒤에 남아야 한다. 영웅은 혼자서 그 무서운 왕국에서 귀환한다.(귀환, 부활) 그가 가져온 전리품(홍익)은 세상을 구원한다.(선약)

구조가 단순한 원질 신화가 보이는 다양한 변화를 일일이 설명하는 것은 불가능하다. 설화 중에는 전체 이야기의 전형적인 요소(시련 모티프, 도망 모티프, 신부 사취)의 한두 가지를 따로 떼어 부연하는 설화도 있고, 여러 개의 독립적인 모험 주기를 연결시키는 (가령 『오디세우스 이야기』 같은) 설화도 있다. 다른 인물과 에피소드가 녹아 들어올 수도 있고, 단일의 요소가 되풀이되거나 상당히 변화된 모습으로 나타날 수도 있다.

오랜 세월에 걸쳐 마모와 손상의 과정을 거쳤기 때문에 신화나 옛이야기의 윤곽은 원래 애매한 법이다. 고대의 흔적은 배제되거나 무시되는 게 보통이다. 유입되는 신화는, 이를 유입하는 지방의 풍경과 관습과 신앙에 따라 윤색되고 그 과정에서 이야기의 줄거리가 빗나가게 되기도 한다. 더구나 이런 이야기들이 무수히 재연되다 보면 고의적이든 우연히든 와전과 전위가 불가피하다. 이러저러한 이유에서 무의미해진 이야기 속 특정한 요소를 설명하기 위해, 때로는 상당히 기술적으로 부수적인 해석이 첨가되기도 한다.[1]

가령 고래의 뱃속에 들어간 에스키모의 까마귀 인간 이야기에서 부시 막대(發火棒)의 모티프는 상당한 전위와 윤색의 진통을 겪었다. 고래의 뱃속에 들어간 영웅의 원형은 너무나 유명하다. 이때 영웅의 전형적인 행위는 괴물의 뱃속에서 부시 막대로 불을 일으켜 괴물을 죽이고 그 뱃속에서 도망쳐 나오는 것이다. 이런 식으로 불을 일으키는 행위는 성적인 행위를 상징한다. 두 개의 막대기(암막대기 수막대기)는 각각 여성과 남성으로 알려져 있다. 여기에서 나오는 불빛은 새롭게 잉태된 생명이다. 영웅이 고래의 배 안에서 불을 일으키는 행위는 성스러운 결혼의 변형이라고 할 수 있다.

그러나 우리가 읽은 에스키모 이야기에서 이 발화봉 이미지는 상당히 변형되어 있다. 여성적 원리는, 이미 고래 배 속의 넓은 방에서 까마귀 인간이 만난 아름다운 여자로 인격화되어 있다. 그리고 남성과 여성의 결합은, 대롱에서 등잔으로 방울방울 떨어지는 기름에서 따로 상징되어 있다. 까마귀가 이 기름을 맛보는 행위는, 성행위에의 가담을 나타낸다. 이어서 기름 홍수가 터지는 것은, 저승 세계의 전형적 위기, 한 시기의 종막과 새로운 시기의 도래를 표상한다. 그렇다면 고래 배에서 까마귀가 나오는 것은, 재생의 기적을 상징하는 셈이다. 따라서 불필요하게 된 발화봉에 기능을 부여하기 위하여 재미있는 결말이 덧붙여진 것이다. 발화봉을 고래의 배 속에다 남겨 놓음으로써 까마귀는, 사람들의 발화봉 발견을 불행의 씨앗으로 해석했다. 결국 사람들은 도망쳤고 까마귀는 그 고래 고기를 혼자 먹을 수 있었다. 이 결말은 윤색의 흔적을 보여 주는 훌륭한 실례라고 할 수 있다. 이 윤색된 부분은 영웅의 익살꾸러기 같은 면을 살리고 있으나, 이야기 자체의 기본 요소는 아니다.

많은 신화의 후반부에서 중심적 이미지는 건초 더미에 바늘이 떨어지듯 부수적 삽화와 윤색된 부분에 숨겨진다. 문화가 신화 시대의 시점에서 현실적 시점으로 옮겨 옴에 따라 낡은 이미지는 공감을 얻거나 인정 받기 어렵기 때문이다. 헬레니즘 시기의 그리스와 로마 제국 시대의 고대 신들은 단순한 시민들의 수호신, 집안의 애완물, 문학의 소재 정도로 전락했다. 미노타우로스의 이야기 같은, 난삽한 전승 주제(태양신의 화신인 신적인 왕에 대한 고대 이집트, 크레타인들의 어둡고 무서운 해석)는 당대에 알맞게 윤색되고 재해석되었다. 올림포스산은 진부한 연애담이나 우글거리는 휴양지처럼 되었고, 어머니 여신은 신경질적인 요정으로 바뀌었다. 신화는 그저 초인간을 다룬 로맨스 정도로 읽혔다. 중국의 예도 흡사하다. 인본주의적이고 도덕적인 유교가 자기네 고대 신화에서 웅대 화려한 요소를 모조리 비워 버린 중국에서는, 오늘날 신화라고 치부하는 이야기들이 고작 이러저러한 행적으로 지역 사회에 봉사하고, 그 사회의 인사치레를 통하여 국지적인 신으로 추앙받는 정치가들의 아들딸들 이야기가 고작이다. 현대의 선진 기독교 국가에서 (로고스의 화신이자 구세주인) 그리스도는, "대접을 받고자 하거든 남을 대접하라."라는 무해한 교리를 가르치고도 범죄자로 처형 당한 역사적인 인물이며, 준동양적 과거의 현명하고 악의 없는 촌부 정도로 되어 있다. 그의 죽음에 대한 기록은 고결함과 견인불발의 산 교훈으로 읽히고 있다.

전기나 역사나 과학으로 읽힐 때 신화의 명은 거기에서 다한다. 왕성하게 살아 있는 이미지들이 옛날 다른 하늘 아래서 있었던 까마득한 사실들로 전락하는 것이다. 더구나 과학과 역사의 관점에서 신화가 터무니없는 소리임을 보이는 것은 어렵지 않다. 한 문화가 자기네 신화를 이런 식으로 번역할 때 신화는 명을 다하고 그들의 사원은 박물관이 되며, 두 관점 사이의 끈은 끊어지고 만다. 이러한 오류는 성경이나, 많은 기독교 의식에 대해서도 자행되어 왔다.

이러한 신화의 이미지를 생생하게 되살리려면, 이를 현대의 문제에 적용시키려 할 것이 아니라, 영감으로 살아 숨쉬던 과거의 형태로부터 암시를 읽어 내야 한다. 이러한 작업을 통해서만이 빈사 상태에 빠진 성화(聖畫)는 그 영원히 인간적인 의미를 다시 드러낼 수 있는 것이다.

가령 오늘날 가톨릭 교회의 성 토요일 의식을 검토해 보자. 새로운 불*의 강복, 유월절 촛불의 강복, 그리고 예언서 봉독이 끝나면, 사제는

---

*성 토요일은, 예수가 숨을 거둔 날과 부활한 날 사이, 즉 그가 지옥의 배 속에 있던 날로서 새로운 시

보라색 법의를 입은 채, 행렬 십자가, 나뭇가지 모양의 촛대, 그리고 불을 밝힌 양초를 앞세우고 부제들과 함께 세례반이 있는 곳으로 간다. 뒤에서는 영창이 울려 퍼진다.

> 암사슴이 시냇물을 찾듯이, 하느님,
> 이 몸은 애타게 당신을 찾습니다.
> 하느님, 생명을 주시는 나의 하느님,
> 당신이 그리워 목이 탑니다.
> 언제나 임 계신 데 이르러
> 당신의 얼굴을 뵈오리이까?
> "네 하느님이 어찌 되었느냐?"
> 비웃는 소리 날마다 들으며
> 밤낮으로 흘리는 눈물,
> 이것이 나의 양식입니다.[2]

세례실 문턱에 이르면 사제는 걸음을 멈추고 기도를 드린 다음 들어가 세례반의 물을 축복한다.

"축성 받음으로 인하여 잉태한 거룩한 자손이 거룩한 세례반이라는 순결한 태반에서 영원히 태어나고 새 생명으로 거듭날지어다. 육신의 성이 다르고 세월의 나이가 다르더라도 이 모두가 은총이라는 영적인 어머니의 한 자식으로 태어날지어다."

사제는 손을 물에다 대고 물이 사탄의 악의로부터 정화되기를 기도한 다음, 물 위에 성호를 긋고, 손으로 물을 가르고는 세계의 네 귀퉁이로 뿌린다. 그러고는 십자가 모양에 따라 물 위에서 세 번 숨쉬고 유월

대가 재생하는 순간이다. 위에서 기술한 부시 막대 모티프와 비교해 보라.

1부 영웅의 모험

절 초를 물에 적신 다음,

  "성령의 기운이 이 세례반의 물 위로 임하소서."

하고 기도한다. 이어 양초를 뽑았다가는 조금 더 깊이 담그고 보다 큰 소리로,

  "성령의 기운이 이 세례반의 물 위로 임하소서."

하고 기도한다. 그다음으로 사제는 세 번째로 양초를 뽑았다가 바닥에 까지 잠그며,

  "성령의 기운이 이 세례반의 물 위로 임하소서,"

하고 같은 기도를 되풀이한다. 이 기도가 끝나면 사제는 물 위에서 세 번 숨쉬고,

  "이 물의 신성(神性)이 재생의 열매를 거두게 하소서."

하고 기도한다. 사제가 물에서 초를 뽑고 몇 마디 말로 기도를 끝마치면 부제는 이 물을 사람들에게 뿌린다.[3]

성령이라는 남성적인 불에 영적으로 응감된 여성적인 물은, 모든 신화의 심상적 체계에 익히 알려져 있는 변형의 물(water of transformation)의 기독교식 형태이다. 이 의식은 힌두교의 '링감-요니'로 상징되는 비의인, 세계와 남성을 생성, 재생시키는 근원적인 작용으로서의 신성한 결혼의 변형이다. 이 세례반에 들어간다는 것은 곧 신화의 영역으로 들어감을 뜻하며, 그 표면을 휘젓는 것은 밤의 바다로 열린 문턱을 넘는 것을 뜻한다. 물이 머리에 뿌려지는 순간 아기는 상징적으로 그 여행을 경험한다. 이때 아기를 인도하는 것은 사제와 대부모(代父母)다. 이 여행의 목적은 영원한 자아(Eternal Self)의 부모, 즉 성령(the Spirit of God), 그리고 은총의 모태(Womb of Grace)[4]를 방문하는 데 있다. 이 상징적 행위가 끝나면 아기는 다시 육신의 양친에게로 되돌아온다.

기독교를 향한 우리들의 입문 의식이었던 이 세례식의 의미를 아는 사람이 얼마나 될까? 그러나 예수의 말에는 이 의미가 분명하게 나타

그림 54 생명의 샘(목판 위 채색, 플랑드르, 1520년경)

나 있다.

"정말 잘 들어 두어라. 누구든지 새로 나지 아니하면 아무도 하느님 나라를 볼 수 없다."

예수의 말씀에 니고데모가 물었다.

"다 자란 사람이 어떻게 다시 태어날 수 있겠습니까? 다시 어머니 뱃속에 들어갔다가 나올 수야 없지 않습니까?"

그러자 예수가 대답했다.

"정말 잘 들어 두어라. 물과 성령으로 새로 나지 않으면 아무도 하느

1부 영웅의 모험

님 나라에 들어갈 수 없다."[5]

세례에 대한 일반의 해석은 '원죄를 씻는 의식'으로 되어 있다. 즉 재생이라는 측면보다는 정화의 의미가 강조되고 있다는 것이다. 이것은 부차적인 해석이다. 또 설혹 전통적인 탄생의 이미지가 기억되고 있다 해도 이에 선행하는 결혼은 전혀 언급되지 않고 있다. 그러나 신화적 상징은 그 함축적인 의미 그대로 계승되어야 한다. 즉 수천 년에 걸친 영혼의 모험을 유추에 의해 표상해 온 만큼 그 대응 관계의 전 체계를 섣불리 펼쳐 보이기 이전에 그것이 지닌 모든 함축적 의미들을 검토해야 할 것이다.

우주 발생적 순환

그림 55　아스테카 태양의 돌(석조, 아스테카 유물, 멕시코, 1479년)

1 유출

1 심리학에서 형이상학으로

오늘날의 지식인들에게, 신화의 상징체계가 지닌 심리학적 의미를 감지해 내기는 그리 어렵지 않다. 특히 정신분석학자들의 연구가 있은 이후, 신화가 꿈의 내용물로 이루어져 있으며, 꿈이란 정신 역동의 증후라는 사실에는 별 의혹의 여지가 남지 않았다. 지그문트 프로이트, C. G. 융, 빌헬름 스태클, 오토 랑크, 카를 아브라함, 게자 로하임, 그리고 지난 수십 년간 활약한 많은 학자들은 꿈과 신화 해석의 방대한 저술을 남겼다. 이들의 학설은 각자 서로 다른 것이긴 하나 상당히 공통적인 원리 체계에 의해 괄목할 만한 경향으로 수렴된다. 동화와 신화의 패턴 및 논리가 꿈의 패턴 및 논리와 일치한다는 발견과 더불어 오랫동안 의혹의 대상이 되어 왔던 고대적 인간의 기괴한 환상은 극적으로 현대인 의식의 표면으로 돌아올 수 있었다.

이 견해에 따르면, (전설적인 영웅의 생애, 조물주들의 놀라운 능력, 죽은 자들의 혼령, 집단의 토템적 조상을 그린다고 주장하는) 기담(奇譚)을 통해 인간 행동의 의식 패턴을 이루는 무의식적 욕망, 공포, 그리고 긴장

2부 우주 발생적 순환

은 상징적 표현을 획득하고 있는 듯하다. 다른 말로 하자면 신화 체계란 전기나 역사, 그리고 우주론으로 오독(誤讀)되어 온 심리학이다. 현대의 심리학자들은 이를 적절한 의미로 재해석하여 오늘날의 세계에, 인간의 특징적 심층에 관한 풍부하고 웅변적인 자료를 장만해 주고 있다. 동양과 서양, 미개인 및 문명인, 현대 및 고대 '호모 사피엔스'의 수수께끼에 관해 지금까지 묻혀 있던 사실은 마치 투시경 아래 갖다 놓은 듯 여기 버젓이 드러나 있다. 그 전경(全景)은 우리 앞에 있다. 우리가 할 일은 이를 읽고, 그 일정한 패턴을 연구하고, 그 다양성을 분석함으로써 지금까지 인간의 운명을 조형해 왔고, 앞으로도 우리의 사적, 공적인 삶을 주관해 나갈 그 무서운 힘을 이해하는 것이다.

그러나 이러한 자료의 가치를 충분히 파악하기 위해서는 먼저 신화가 꿈과 정확하게 대응하지 않는다는 사실을 알아야 한다. 신화와 꿈은 같은 근원(즉 환상이라는 무의식의 샘)에서 유래하고 그 문법도 동일하다. 그러나 신화가 수면의 산물이 아니라는 의미에서 이 양자는 동일하지 않다. 오히려 신화의 패턴은 의식적으로 통제된다. 그리고 신화는 전통적인 지혜를 전달하기 위한 강력한 회화적 언어로 기능한다. 특히, 이른바 원시적인 민간 신화 체계의 기능이 바로 이것이다. 몽환 상태에 빠지는 샤먼과 입문 사제는 세상에서 통용되는 지혜에 어두운 사람들도 아니고, 유추에 의한 전달 원리에 무지몽매한 사람들도 아니다. 그들이 의지하고, 실제의 의식(儀式)에서 구사하는 메타포는 수세기 (아니 어쩌면 수십 세기) 동안이나 고찰되고 탐구되고 논의된 것이다. 더구나 그들은 사상과 생활의 지주로서 그들이 속한 사회에 봉사해 왔다. 문화 패턴이 그들에 맞추어 간 것이다. 그들의 효과적인 입문 의례 양식의 연구, 경험, 이해를 통해 젊은이들은 새로운 세계를 배워 왔고 노인들은 지혜를 얻어 왔다. 말하자면 그들은 인간 정신의 원천적 에너지와 접해 왔고 이 에너지를 기능하게 해 온 것이다. 그들은 불합리하게 신경증적 투사라는 방법을 통해 무의식을 실제 행위에다 연관시키는 것이 아니라 세계에 대한 완숙하고 온당하고 실재적인 이해가 엄격한 통제 수단으로서 유아기적 원망(願望)이나 공포의 세계 속에 재생되도록 한다. 이 말이 비교적 단순한 민간의 신화 체계(원시적인 수렵 종족이 의지하는 신화 및 제의 체계)에도 해당된다면, 호메로스의 서사시, 단테의 『신곡』, 『창세기』, 그리고 동양의 시간을 초월한 사원(寺院)이 반영하고 있는 우주적 메타포는 어떻겠는가? 최근에 이르기까지 이러한 상징적 심상들은 인간의 삶을 버티고 철학, 시, 그리고 예술의 영감을 자극해 왔다. 노자, 부처, 조로아스터, 그리스도 혹은 마호메트에 의해 거론된 전승적 상징(도덕적, 형이상학적 가르침을 전교한 위대한 정신적 스승들에 의해 채용되었던) 덕분에 우리는 암흑이 아닌 깨어 있는 의식과 함께할 수 있는 것이다.

따라서 우리에게 전승된 신화학적 표상의 가치를 제대로 파악하려면, 우리는 이러한 표상들이 (모든 인간의 생각과 행동이 그렇듯) 무의식의 징후일 뿐만 아니라 구체적인 정신적 원리의 통제되고 의도된 진술임을 이해해야 한다. 이러한 정신적 원리는 인간의 육체의 형태 및 신경 구조처럼 인류 역사를 통틀어 인류에 유전된 것이다. 간단하게 공식화한 이 보편적인 교리는, 이 세계의 가시적인 모든 구성물(사물과 존재)은 편재하는 힘에 의한 결과라고 가르친다. 즉 이 힘은 모든 구성물의 생성 원리이고, 그들이 이 세상에 현현해 있을 동안 그들을 지탱하고, 그들을 채우며, 궁극적으로 그들이 돌아갈 귀소(歸巢)라는 것이다. 이것이 바로 과학에서는 에너지라고 부르고, 멜라네시아인들은 '마나(mana)', 수우족 인디언들은 '와콘다(wakonda)', 힌두교도들은 '샤크티', 기독교도들은 '하느님 능력'이라고 부르는 것이다. 정신분석가들은 심성에 나타나는 이 존재를 '리비도(libido)'[1]라고 부른다. 이 존재의 우주적 현현이 바로 우주 자체의 구조이며 우주의 변화인 것이다.

분화되지 않았으면서도, 도처에서 개체화된 이 존재의 '근원'에 대한 인식은, 바로 이를 인식해야 하는 기관에 의해 좌절당한다. 인간이 지닌 감각 능력의 형식과 인간이 지닌 생각의 범주[2]는 이 권능의 현현 그 자체로서* 이것이 바로 마음의 기능을 제한하고 있기 때문에, 다채롭고 유동적이고 변화무쌍하고 복잡한 현상계 너머에 존재하는 것은 느낄 수도, 볼 수도 없는 것이다. 제의와 신화의 기능은, 유추 작용을 통해 이를 볼 수 있게 하고 이를 촉진시키는 기능이다. 마음과 감각이 감지할 수 있는 형상과 관념은 초월적인 진리와 개방성을 암시하도록 제시되고 조정된다. 이어서 명상의 조건이 완비되면 개인은 홀로 남는다. 신화는 부수적인 것이다. 가장 중요한 것은 마음이 현상계 저쪽 세계(범주를 초월한 공(空), 혹은 존재)**로 들어가 적멸에 드는 것이다. 따라서 신, 혹은 신들은 말로 다할 수 없는 것을 잘 나타내고 또 그것에 도움이 되는 것이기는 하나, 이름과 형태의 세계에 속하는 신들은 어디까지나 편의적인 수단에 지나지 않는다. 말하자면 신들은, 우리 마음을 움직이고 마음을 깨우며, 우리 마음을 그들 너머로 부를 상징에 지나지 않는 것이다.

섬김을 받는 신의 존재에 대한 이차적 성격의 자각은 세계에 산재하는 거의 모든 종교 전통에서 찾아볼 수 있다.(가령 이 책, 223쪽의 주 154) 참조) 그러나 기독교, 이슬람교, 유대교에서는, 신은 궁극적인 존재라고 가르친다. 따라서 이러한 종교의 신봉자에게 있어서, 개인이 자기네 신인 동형적 신이 설정한 한계의 초월을 이해하기는 비교적 어렵다. 그 결과 한편으로는 상징의 혼란이 야기되었고, 다른 한편으로는 종교 사상 유래를 찾아보기 힘든 편협한 맹신(盲信) 풍조가 생겨났다. 이러한 탈선의 기원에 대한 논의는 지그문트 프로이트의 *Moses and Monotheism*[3])을 참조할 것.

정신분석학자들은, 천국, 지옥, 신화적 시대, 올림푸스산 및 그 밖의

---

*산스크리트어의 māyā-śakti.

**범주를 초월한 존재이기 때문에 '공'과 '존재'라는 한 쌍의 대립 개념으로는 정의되지 않는다. 이런 용어는 어디까지나 초월성의 실마리일 뿐이다.

신들의 거처를 모두 무의식의 상징으로 해석한다. 따라서 현대의 심리학적 해석 체계의 열쇠는 바로 '형이상학적 영역＝무의식'이라는 등식이다. 이 문을 여는 또 하나의 열쇠가 있다면 전후 항을 바꾼, 즉 '무의식＝형이상학적 영역'이라는 등식이다. "보아라, 하느님 나라는 바로 너희 가운데 있다."[4]라고 예수는 말했다. 실제로, 성경에서 말하고 있는 타락 이미지의 의미는 초의식(superconsciousness)이 무의식 상태로 흘러갔음을 뜻한다. 우리가 우주적 능력의 근원은 보지 못하고 그 능력에서 투사된 현상계의 형태만 볼 수 있는 것은 의식이 제한되어 있기 때문인데, 이 의식의 제한은 초의식을 무의식으로 바꾸어 놓는다. 그리고 동시에 같은 이유로 세상을 창조한다. 구원은 초의식으로의 귀환과, 이에 따른 세상의 소멸에 있다. 이것은 우주 발생적 순환, 즉 세계가 현현했다가 다시 비현현 상태로 회귀하는 신화적 이미지를 나타내는 중요한 테마 및 공식이다. 마찬가지로 개인의 탄생, 삶, 죽음은 무의식으로의 하강 및 회귀로 볼 수 있다. 영웅은, 살아 있을 동안에, 대부분의 우주가 지각하지 못하는 초의식의 요구를 알고 이를 대리하는 자다. 영웅의 모험은, 그가 삶에서 깨달음을 얻은 순간을 나타낸다. 이 순간은 그가 살아 있을 동안에, 우리의 살아 있는 죽음의 어두운 벽 너머의 빛의 길을 발견하고, 이 길을 열었다는 의미에서 참으로 중요한 순간이다.

우주적 상징이 종잡기 어려운 역설로 표상되는 것도 바로 이 때문이다. 신의 왕국은 내재적인 것이면서도 동시에 외재적인 것이기도 하다. 그러나 신은 잠자는 공주, 즉 영혼을 깨우는 편의 수단이다. 삶은 공주의 잠이고, 죽음은 공주의 깨어남이다. 자기 자신의 영혼을 깨우는 영웅은, 그 자신이 자기 소멸의 편의 수단일 뿐이다. 영혼을 깨우는 신은, 따라서 그 자신의 즉각적인 죽음이다.

이 신비를 설명할 수 있는 가장 웅변적인 상징이 바로, 고난을 당하는 신, "자기 자신을 자기 자신에게" 제물로 바친 신[5]일 것이다. 언뜻 보면, 이것은 현상계의 영웅이 초의식으로 통하는 통로 같아 보인다. 이렇게 바쳐진 영웅의 육체는 그 오감('끈끈이 터럭'에 붙어 버린, 다섯 가지 무기를 지닌 왕자 같은)과 함께 다섯 군데에 못이 박힌 채(두 손, 두 발, 그리고 가시관을 쓴 머리에) 삶과 죽음에 대한 지식이라는 십자가에 달린다.[6] 그러나 신 역시 스스로 하강하여 이 현상계의 고난에 몸을 맡겼다. 신은 인간의 삶을 떠맡고, 인간은, "대립물이 합일하는"[7] 순간, 즉 신과 인간이 서로의 먹이로 각각 하강하고 상승하는 길목으로서의 태양의 문턱에서 만나는 순간에, 제 내부에 있는 신을 방면한다.[8]

물론 현대의 학도들은 이러한 상징을, 형이상학을 심리학으로 단순화하거나 심리학을 형이상학으로 단순화한 관점에서, 다른 인간의 무지의 소치로 볼 수도 있고, 자기 자신의 무지의 징후로 볼 수도 있다. 전통적인 방법에 따르면, 상징에 대한 명상은 두 가지 관점 모두를 포함하는 것이었다. 어쨌든 분명한 것은, 이러한 상징이 인간의 운명, 인간의 희망, 인간의 믿음, 인간의 어두운 신비의 메타포를 말하고 있다는 것이다.

2 우주의 순환

개인의 의식이 잠이 들어 밤의 바다로 하강하고, 다시 거기에서 신비롭게 깨어나는 것처럼 신화의 메타포에서도 우주는 시간을 초월한 배후에서 떠오르고, 원기를 회복하다 다시 소멸된다. 개인의 정신적 육체적 건강이, 의식의 어둠으로부터 깨어 있는 시간대로 흘러나오는 생명력의 질서 정연한 흐름에 달려 있듯이, 신화에서도 우주 질서의 연속성은 근원으로부터의 통제된 힘의 흐름이 있어야 가능하다. 신이란, 이 흐름을 통제하는 법칙의 상징적 구현체다. 신들은 세계의 새벽과 더불어 태어나 석양과 더불어 소멸된다. 신들은, 밤이 그렇듯 어김없이 되풀이된다는 의미에서 영원한 것은 아니다. 인생이 너무나 짧기 때문에 우주 발생적 시간의 회전이 영원한 것처럼 보일 뿐이다.

우주 발생적 순환은 우주 자체의 반복, 즉 끝없는 세계로 표상된다. 각 순환의 주기 안에는 소멸의 과정도 포함되어 있다. 이것은 삶이 잠과 깨어 있음의 주기로 이루어져 있는 것이나 마찬가지다. 아스테카인들의 설명에 따르면, 4대(四大, 곧 물, 흙, 공기, 불)가 각 세계의 주기를 끝맺는다. 즉 물의 시기는 홍수로, 흙은 지진으로, 공기는 바람으로, 그리고 현재의 주기는 불로 끝나게 된다는 것이다.[9]

순환적 대화재(大火災)에 관한 스토아학파의 설명에 따르면, 모든 영혼은 세계혼(world soul) 혹은 '원초적인 불'로 환원된다. 이 우주적 소멸이 끝나고 새로운 우주의 형성(키케로의 이른바 혁신(renovatio))이 시작되면 모든 존재는 그 존재를 반복하고, 모든 신, 모든 인간은 그전에 하던 역할을 다시 맡는다. 세네카는 저서 『마르시아에게 보낸 위로문 (De Consolatione ad Marciam)』에 이 파멸에 대한 기록을 남기고 있는데, 그는 다가오는 순환에서의 재생을 기다리고 있었던 듯하다.[10]

이 우주발생 순환 주기는 자이나교도들의 신화 체계에 잘 나타나 있다. 이 고대 인도 종파에서 가장 최근에 나타난 선지자이자 구세주는 기원전 6세기 부처와 동시대를 살던 마하비라(Mahāvīra)다. 그의 부모는 이미 위대한 자이나교의 구세주이자 선지자인 파르슈바나타(Pārśvañātha)의 추종자였는데, 이 파르슈바나타는 어깨에서 뱀들이 튀어오르는 모습으로 그려지고 있으며 기원전 872~772년까지 실존한 것으로 전해지고 있다. 파르슈바나타보다 몇 세기 전에는 자이나교의 구세주 네미나타(Nemināṭha)가 있었다. 그는 힌두교도들로부터 지극한 사랑을 받는 크리슈나의 사촌이었던 것으로 알려져 있다. 그리고 또 네미나타 이전에도 정확하게 21명의 구세주가 더 있었는데, 이들의 조상이 되는 이는 리샤바나타(R̥ṣabhanāṭha)이다. 태초에, 그러니까 남자와 여자가 이미 혼인한 한 쌍으로 태어나던 시절에 존재하던 이 리샤바나타는 키가 약 3.2킬로미터에 이르렀는데, 1무량년(無量年)을 산 것으로 되어 있다. 리샤바나타는 인간에게 72가지 학문(쓰는 법, 산수, 예언법 등)과, 여성을 위한 64가지의 재주(요리, 바느질 등)와 100가지의 기예(도자기 굽는 법, 길쌈, 그림, 쇠 벼르는 기술, 이발 기술 등)을 가르쳤다. 그는 또 정치를 가르쳐 왕국을 꾸미게 하기도 했다.

리샤바나타 이전에 살던 사람들에게는 그런 새로운 것들이 필요없었다. 그러니까 리샤바나타 이전 사람들(키는 자그마치 6킬로미터, 갈비뼈는 128개였던 이들은 2무량년의 수명을 누렸다.)은 열 그루의 '소원성취수(所願成就樹, kalpa-vṛkṣa)'에 의지해서 살았다. 이 나무는 맛있는 과일, 질그릇과 냄비 꼴의 잎, 즐겁게 노래하는 잎, 밤에는 빛을 던져 주는 잎, 보기에도 좋고 냄새도 향기로운 꽃, 보기에도 좋고 맛도 별난 음식, 보석과 같은 잎, 아름다운 옷을 지을 수 있는 껍질을 제공해 주었다. 이 나무 중 한 그루는 고층의 궁전 같아서 사람들은 능히 이 안에서 살 수 있었고, 또 어떤 나무는 부드러운 빛을 내어서 수많은 등잔을 모아 한꺼번에 켠 듯했다. 땅은 달기가 사탕과 같았고, 바다는 풍미롭기가 포도주 같았다. 그러나 이 시대 이전에도 사람들이 행복을 누리던 시대가 있었다. 정확하게 말하면, 이 시대보다 두 배나 행복했던 그 전 시대 사람들은 키가 12킬로미터, 갈비뼈는 모두 256개였다. 이 최상의 인간들은 죽자마자 신들의 손으로 넘어갔다. 종교 이야기 같은 것은 들어 본 적도 없었는데 신들의 손으로 넘어갔단다. 그들의 천성이, 육체적인 아름다움에 못지않게 완벽했던 탓이었다.

자이나교도들은 시간을 끝없는 순환으로 이해한다. 그들에게 시간은 12개의 살, 혹은 시대를 가진 바퀴로, 이 12개의 살 또는 시대는 여섯씩, 두 짝의 시대로 나뉜다. 첫 번째 짝은 "하강 기간(avasarpinī)"인데, 이 기간은 저 최상의 거인 한 쌍의 시대와 더불어 시작된다. 이 낙원의 시대는 천만의 천만 곱의 억 곱의 억 곱 번의 무량년 동안 계속되다가 여기에는 비길 수 없으나 그래도 여전히 행복하던 시대로 이어진다. 이 시대 남자와 여자의 키는 겨우 6킬로미터였다. 제3기(期), 즉 24명의 구세주 중 으뜸가는 리샤바나타 시대에는 행복이 다소간의 슬픔과, 미덕은 다소간의 악덕과 병존했다. 이 시대 말기에 이르러서는 남녀가 더 이상 부부로서 한 쌍으로 살기 위해 태어나지 않았다.

제4기에 이르러 세상과 이 세상 사람들은 점점 악화되어 갔다. 인간의 수명은 점점 짧아져 갔고, 크기 또한 줄어들었다. 이 시대에 23명의 구세주가 태어나 한결같이 각자의 시대에 걸맞는 방법으로 자이나교의 영원한 교의를 설파했다. 마지막 구세주인 예언자 마하비라가 죽고 나서 3년 8개월 반 뒤, 이 시대는 종막을 고했다.

하강 기간의 다섯 번째 바큇살에 해당하는 우리 시대는 기원전 522년에 시작되어 2만 1000년간 계속된다. 이 시기에는 자이나 구세주가 태어나지 않고 자이나의 영원한 종교는 점차 사라진다. 이 시기는 악이 발호하는 시대다. 가장 큰 인간도 약 3.5미터를 넘지 못하고, 가장 오래 사는 인간의 수명도 125년을 넘지 못한다. 인간의 갈비뼈는 고작해야 16개. 이 시대의 인간은 자기중심적이고 공정하지 못하며 난폭하고 탐욕스럽고 자만심이 강하며 욕심이 많다.

그러나 하강 기간의 제6기에 이르면 인간과 세계의 상태는 한층 더 악화된다. 오래 살아야 겨우 20년, 키가 큰 사람도 겨우 50센티미터를 넘지 못하며 갈비뼈는 겨우 8개인 약골이다. 낮엔 뜨겁고 밤엔 추우며, 질병이 창궐하고 금욕 같은 것은 존재하지 않는다. 태풍이 땅을 휩쓰는데 이 재앙은 이 시대 말기에 이르면서 더욱 악화된다. 결국, 인간과 동물, 그리고 모든 식물의 씨앗은 갠지스강이나 열악한 동굴이나 바다로 피신해야 한다.

하강 기간이 끝나고 "상승 기간(utsarpinī)"이 시작되면, 태풍과 재앙은 극에 이른다. 이레 동안 비가 내리는데, 이때 일곱 가지의 각각 다른 비가 쏟아진다. 이리하여 흙은 다시 생기를 얻고, 씨앗은 움트기 시작한다. 동굴에서, 척박하고 매서운 땅에 살았던 초라한 난쟁이들이 나타난다. 점차 인간의 도덕과, 건강과, 아름다움과, 크기에 긍정적인 변화가 온다. 이런 인간들이 오늘날 우리가 아는 세계를 살게 되는 것이다. 이어서 파드마나타(Padmānātha)라는 구세주가 태어나 영원한 자이나교를 다시 일으킨다. 인류의 체구는 다시 저 최상의 인간에 필적하게 되고 인간의 아름다움은 태양의 광휘를 능가하게 된다. 마침내 대지는 다시 꿀로 변하고 물은 포도주가 되며 소원을 성취시켜 주는 나무는, 완전하게 맺어진 쌍둥이인 인류에게 기쁨을 선사한다. 인류의 사회는 다시 발달하고 바퀴는 천만의 천만 배의, 억 배의 억 배 번의 무량년을 거쳐 하강의 공전을 시작한다. 여기에서 영원한 종교의 소멸이 다시 시작되고, 불건전한 유희와 전쟁의 소요가 늘어 가며 역병의 바람이 휘몰아치기 시작한다.[11]

이 자이나교의 끊임없이 도는 열두 개의 살이 달린 바퀴는, 힌두교에서 말하는 네 기간의 주기에 해당한다. 힌두교의 네 기간 중 첫 번째 기간은, 완숙한 행복과 아름다움과 완전성이 지배하는 기간으로, 이 기간은 4800신년(神年)*간 계속된다. 두 번째는, 이보다 아름다움이 덜한 기간으로 길이는 3600신년, 미덕과 악덕이 공존하는 세 번째 기간은 2400신년, 악이 득세하는 오늘날 우리 세계와 같은 네 번째 기간은 1200신년, 인간의 햇수로 치면 43만 2000년이다. 그러나 이 기간이 끝날 즈음에는 새로운 개선의 시대가 열리는(자이나교에서 말하는 주기처럼) 대신 모든 것은 불과 홍수의 대격변 속에서 괴멸되고 원초적인 상태, 즉 시간이 존재하지 않는 바다가 되어 네 기간을 합친 것과 맞먹는 기간 동안

---

* 1신년은, 인간의 햇수로 치면 360년이다.

계속된다. 세계의 위대한 시대는 그 연후에야 새롭게 시작된다.

동양 철학의 기본 개념은 이러한 회화적 양상에서 이해되어야 한다. 신화가 원래 철학적 공식의 설명인지, 아니면 철학이 신화로부터의 추출물인지 지금으로서는 말할 수 없다. 분명한 것은 신화가 지금부터 아득히 먼 시대까지 거슬러 올라간다는 것이며, 이 점은 철학도 마찬가지다. 신화를 창조하고 이를 보배로이 가꾸어 전승시킨 옛 현인의 마음속에 어떤 생각이 자리하고 있었는지 그것은 알 수 없는 노릇이다. 그러나 고대 상징의 비밀을 분석 및 투시하면서 우리는 우리가 일반적으로 받아들인 철학사의 관념은 잘못된 가정 위에 세워졌다는 느낌을 받는다. 가령 추상적 형이상학적 사상은, 그런 사상이 역사상 현존하는 기록에 처음 나타나는 데서 시작된다는 그릇된 가정이 그렇다.

우주 발생적 순환에 의해 설명되는 철학적 공식이란, 존재의 세 단계를 통한 의식의 순환을 말한다. 그 첫 단계는 깨어 있는 체험의 단계, 즉 태양의 조명을 받고, 만물에 공통된 외부 세상의 엄연하고 총체적인 사실들을 인식하는 단계다. 두 번째 단계는 꿈 체험의 단계, 즉 꿈을 꾸는 당사자와는 본질상 동일하고 자체 발광하는, 개인적 내부 세계의 유동적이고 모호한 형태를 인식하는 단계다. 세 번째 단계는 깊은 잠에

그림 56 자이나교의 우주적 여성-우주적 바퀴의 세부 묘사 (직물에 과슈, 인도, 18세기)

빠지는 단계, 꿈을 꾸지 않는 지복의 단계다. 첫 번째 단계에서 우리는 삶에 관한 교훈적인 체험과 만나고, 두 번째 단계에서는, 이러한 것들이 소화되어 꿈을 꾸는 당사자의 내적인 힘에 동화되며, 세 번째 단계에서는, 내부적 통제자가 들어앉은 방 안, 모든 것의 근원이자 끝인 상태, 즉 "마음속에 있는 공간" 안[12]에서 의식하지 않은 채 모든 것을 즐기고 알 수 있게 된다.

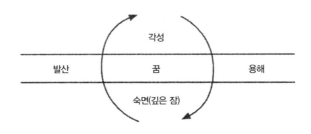

우주 발생적 순환은, 보편적 의식이 비현현의 숙면 영역에서 비롯, 꿈을 통하여 깨어나 있는 대낮, 그리고 다시 꿈을 통하여 시간을 초월한 어둠에 이르는 과정으로 이해되어야 한다. 살아 있는 존재의 일상적 실제 체험이나 살아 있는 우주의 광대한 양상은 같은 것이다. 잠의 심연 속에서는 에너지가 재충전되지만 일을 하다 보면 이 에너지는 고갈된다. 우주의 생명도 고갈되면 재생되어야 한다.

우주 발생적 순환은 미지의 침묵 속에서 현현의 세계로 나아갔다가 비현현의 세계로 되돌아온다. 힌두교에서는 성스러운 음절인 '옴(AUM)'으로 이 신비를 나타낸다. 여기에서 'A'는 깨어 있는 의식을 나타내고, 'U'는 꿈 의식, 'M'은 깊은 잠을 나타낸다. 이 음절을 둘러싸고 있는 침묵은 미지의 것으로, 그저 '네 번째'로만 불린다.[13]* 이 음절 자체는, 창조자이자 수호자이며 파괴자인 신을 뜻하나, 침묵은 순환의 개방 및 폐쇄와 아무 상관이 없는 영원한 신이다.

---

*산스크리트어에서 'A'와 'U'가 만나면 'M'이 된다. 따라서 이 거룩한 음절은 'OM'으로 쓰이고, 발음된다. 이 책 184, 287쪽의 기도문을 참조할 것.

보이지 않고, 말할 수도 없고, 느낄 수도 없고, 추정할 수도 없고, 상상할 수
도 없고, 그릴 수도 없다.

의식 상태에 있는 만물이 공유하는, 자기 인식의 본질.

현상계는 이 안에서 소멸한다.

이는 평화요, 행복이요, '둘이 아닌 것'이다.[14]

신화는 이 순환 속에 머문다. 그러나 신화는 이 순환을 침묵에 둘러
싸인 형태, 순환과 침묵이 서로 삼투하는 형태로 드러낸다. 신화는, 존
재하는 원자 안팎에 충만해 있는 침묵의 계시록이다. 신화는, 고도로
세련된 형상화 작업을 통하여 마음과 가슴을, 모든 존재를 채우고 둘러
싸고 있는 궁극적 신비로 향하게 한다. 우스꽝스럽고 어처구니없는 이
야기로 보여도 신화 체계는 마음을, 가시(可視)의 세계 너머에 존재하
는 비현현의 세계로 향하게 한다.

중세의 히브리 신비주의 경전에서 우리는 이런 대목을 만난다. "오
래된 이 중에서도 가장 오래되었고, 미지의 존재 중에서도 가장 미지
의 존재인 그에겐 형상이 있되 형상이 없다. 그분은 우주를 보존하므
로 형상이 있으나, 감지될 수 없다는 뜻에서 형상이 없다."[15] 오래된
이 중에서도 오래된 이는, 항상 옆얼굴로만 나타난다. 즉 저쪽 면은
알 수 없기 때문에 늘 옆얼굴인 것이다. 이 얼굴은 '마크로프로소포스
(Makroprosopos)', 즉 '거대한 얼굴'이라고 불린다. 세계는 그의 흰 수염
가닥으로부터 나아간다.

진리 중의 진리인 수염은 귀밑에서 시작해서 내려와 거룩한 이의 입을 감
싼다. 그러고는 내려오고 올라가면서 향기가 진동하는 곳이라고 불리는 뺨을
감싼다. 이 수염은 흰 색깔로, 장식이 달려 있다. 수염은 힘의 평형을 유지하며
내려와 가슴까지 감싸 장식한다. 이것이 바로 참되고 완전한 화해의 수염이다.

여기에서 열세 줄기 샘이 솟아나와 광휘의 방향을 퍼뜨린다. 이 수염은 열세 형태로 배열된다. …… 저 귀한 수염의 열세 가지 배열에 따라 결과 우주 안에서도 이런 배열이 발견되는데, 이 배열은 열세 자비의 문을 향해 열려 있다.[16]

마크로프로소포스의 흰 수염은 또 하나의 머리인 미크로프로소포스(Mikroprosopos), 즉 '작은 얼굴' 위로도 내려온다. 미크로프로소포스는 정면을 다 보이는 얼굴로 수염은 검다. 거대한 얼굴의 눈에는 눈꺼풀이 없어서 감기는 법이 없으나 작은 얼굴의 눈은 우주의 운명이라는 느린 율동에 따라 열리기도 하고 닫히기도 한다. 이 열림과 닫힘이

그림 57 마크로프로소포스 (판화, 독일, 1684년)

바로 우주 발생적 순환의 열림과 닫힘이다. 작은 얼굴의 이름은 '하느님 (GOD)'이며, 거대한 얼굴의 이름은 '(나는 곧) 나로다.(I AM)'이다.

마크로프로소포스와 미크로프로소포스라는 말이 나오는 『조아르』(zōhar, 빛, 광휘)는 1305년경 스페인계의 박식한 유대인 모세스 데 레온(Moses de Leon)에 의해 소개된 히브리의 밀교 경전집이다. 전해지는 바에 따르면, 이 경전의 기원은 2세기 갈릴리의 랍비 시므온 벤 요하이(Simeon ben Yohai)의 가르침에 이르기까지 거슬러 올라가는 비밀 경전에 있다고 한다. 시므온은 로마 군의 위협으로부터 망명도생, 12년간을 동굴 속에서 숨어 살았다. 10세기 후 이 동굴 속에서 그의 기록이 발견되었는데 이 기록이 『조아르』 경전의 바탕이 되었다고 한다.

시므온의 가르침은 "모세의 숨은 지혜(hokmah nistarah)"를 근간으로 한 것으로 추측된다. 이 hokmah nistarah는, 모세가 태어난 땅 이집트에서 공부했고, 후일 광야에서 40년간 방황할 때(이때 그는 천사로부터 계시를 받았다.) 묵상하다가, 마침내 쓴 모세 『오경』의 처음 네 권에다 비밀리에 짜 넣은 것으로 추정된다. 히브리 알파벳의 신비스러운 숫자 표시법에 대한 이해와 방법론을 안다면 『오경』으로부터 hokmah nistarah를 추출해 낼 수 있다고 한다. 모세의 숨은 지혜와, 이 지혜를 재발견하고 응용하는 기술이 바로 카발라의 근간이다.

전해지는 바에 따르면, 신비설(qabbālāh: 물려받은, 혹은 전승 설화)의 가르침은 맨 먼저 하느님이 이를 받아들이고, 낙원의 특정 천사들에게 퍼뜨렸다고 했다. 인간이 에덴동산에서 추방당한 뒤, 이들 천사들 중 몇몇이, 혹 아담을 다시 불러들일 수 있을까 해서 이를 아담에게 가르쳐 주었다. 이 가르침은 아담에게서 노아로, 노아에게서 아브라함에게로 전수되었다. 아브라함은 이집트에 있을 동안 이 중 일부를 퍼뜨렸는데, 오늘날 이방의 신화와 철학에 이 전승이 왜곡된 형태로 발견되는 것은 이 때문이다. 모세는 처음에 이집트의 사제들과 이것을 함께 공부하지만, 후일 천사들의 가르침에 의해 이 전승은 그의 내부에서 새로워졌다.

마크로프로소포스는 '창조되지 않은 창조하지 않는 자(Uncreated Uncreating)'이며, 미크로프로소포스는 '창조되지 않은 창조자(Uncreated Creating)'이다. 그리고 이 양자는 각각 침묵과 거룩한 음절 '옴(AUM)'이며, 우주 발생적 순환 속의 비현현과 내재적 실재다.

3 허공에서 — 공간

성 토마스 아퀴나스는 이렇게 선언한다.

"우주의 끝을 헤아리고, 그 끝이 곧 시작임을 아는 자라야 현자라고 불릴 만하다."[17]

모든 신화 체계의 기본 원리는, 끝과 시작이 함께한다는 바로 이 원리다. 창조 신화에는, 모든 피조물은 그들의 모태가 된 불멸의 존재와 닿아 있음을 상기시키는 파멸의 암시가 고루 퍼져 있다. 모든 피조물은 씩씩하게 살아가고 있으나 필경은 극점에 이르러 파멸하고 그리고 회귀한다. 이런 의미에서 보면 신화는 비극적이다. 그러나 우리의 참 존재를, 파멸하는 형상이 아닌 다시 태어나는 불멸의 존재라는 측면에서 보면 신화 체계는 전혀 비극적이지 않다.[18] 실로 신화 체계의 문법을 숙지하고 나면 비극적이란 표현은 천만부당하게 느껴진다. 신화는 꿈에 더 가깝다. 진정한 존재는 형상에 있는 것이 아니라 꿈꾸는 자에게 있다.

꿈속에서 그런 것처럼 신화에서는 이미지가 최상의 경지에서 우스꽝스러운 상태에 이르기까지 폭넓게 넘나든다. 신화 속에서 마음은 정상적인 가치 체계에 안주하지 못하고 마침내 이해했다는 확신은 끊임없이 모욕을 당하거나 충격을 받는다. 마음이 정상 상태에 머물러 있어서 마음이 좋아하는 이미지나 전통적인 이미지에 안주하며 이미지가 메시지 자체라고 옹호할 때 신화 체계는 아무 의미도 갖지 못한다. 이러한 이미지들은, 눈이 미치지 못하고, 말이 무용하고, 마음이나 신앙이 좋지 못하는, 저 도달할 수 없는 곳에서 던져진 그림자로 파악되어야 한다. 꿈의 소소한 부분들이 그렇듯, 신화의 그러한 부분들도 참으로 의미심장한 것이다.

우주 발생 주기의 첫 단계는 무형에서 형상에 이르는 과정을 나타낸다. 다음에 소개하는 뉴질랜드 마오리족의 창조의 노래처럼.

326

Te Kore(허공)

Te Kore-tua-tahi(제1 허공)

Te Kore-tua-rua(제2 허공)

Te Kore-nui(드넓은 허공)

Te Kore-roa(광막한 허공)

Te Kore-para(노후한 허공)

Te Kore-whiwhia(빈털터리 허공)

Te Kore-rawea(유쾌한 허공)

Te Kore-te-tamaua(꽉 묶인 허공)

Te Po(밤)

Te Po-teki(느슨한 밤)

Te Po-terea(표류하는 밤)

Te Po-whawha(신음하는 밤)

Hine-make-moe(악몽의 딸)

Te Ata(새벽)

Te Au-tu-roa(한결같은 낮)

Te Ao-marama(밝은 낮)

Whai-tua(공간)

이 공간에서 형상이 없는 두 가지 존재가 비롯했다.

Maku(습기(남성))

Mahora-nui-a-rangi(넓디넓은 하늘(여성))

여기에서 다음과 같은 것들이 생겨났다.

Rangi-potiki(하늘(남성))

Papa(땅(여성))

랑기 - 포티키와 파파는 신들의 양친이었다.[19]

모든 허공을 초월한 공에서, 나무와 비슷한 신비스러운, 세상을 떠받치는 조형물이 나타났다. 위에 소개한 일련의 우주 발생 단계 중 열 번째는 밤이다. 열여덟 번째는 가시 세계의 틀인 공간 혹은 에테르(精氣)이며, 열아홉 번째는 남성과 여성의 양극성이다. 스무 번째는 우리가 보는 우주다. 이 일련의 단계는 존재의 신비에 대한 헤아릴 길 없는 깊이를 암시한다. 위의 각 단계가 보여 주는 깊이는, 세계의 깊이를 재는 모험에서 영웅이 보여 주던 깊이에 대응한다. 이 깊이는 명상에 몰입한 마음만이 아는 정신의 층을 보여 준다. 즉 영혼이라는 어두운 밤의 심연을 표상하고 있는 것이다.*

히브리 신비주의자들은 천지 창조의 과정을, 거대한 얼굴인 '나로다(I AM)'로부터의 일련의 조형물(히브리어로는 세피롯(sephiroth))로 그려 내고 있다. 맨 먼저 창조된 것은 옆얼굴인 머리이며, 여기에서 "9가닥의 찬란한 광휘"가 생겨났다. 이러한 조형물은 "불가사의할 정도로 높은 곳"에 뿌리를 박고 거꾸로 선 우주적 나무의 가지로 표상되기도 한다. 우리 눈에 보이는 세계는 이 나무의 거꾸로 된 모습이다.

기원전 8세기, 인도의 5대(五大) 철학자들(Samkhya Philosophers)에 따르면, 공(空)이 응축해 에테르나 공간이 되었다. 공기는 여기에서 나왔고, 공기에서는 불이 불에서는 물이, 물에서는 흙이 생겨났다. 각각의 요소와 함께 이를 감지하는 감각 기능이 생겼으니, 각각 듣는 기능, 만

---

* 대승 불교의 경전에는 18가지의 '공(空)' 혹은 공의 등급이 열거, 기술되어 있다. 이는 요가승이나, 죽음에 빠져드는 영혼이 경험하는 것으로 되어 있다. Evans-Wentz의 *Tibetan Yoga and Secret Doctrine*, pp. 206, 239 이하 참조.

지는 기능, 보는 기능, 맛보는 기능, 냄새 맡는 기능이다.[20]

중국의 신화는 이러한 조형물의 요소들을 다섯 현인으로 인격화하고 있다. 이들은 공에 걸려 있는 혼돈의 덩어리에서 나온 것이다.

하늘과 땅이 서로 나뉘기 전에는 모든 것이 혼돈이라고 불리는 어둠의 거대한 덩어리였다. 여기에서 다섯 요소(五大)의 정기가 형상을 갖추니, 이어 다시 노인(故老)으로 변했다. 첫 번째로 나타난 현인은 누런 노인이니 곧 흙의 주인이고, 두 번째는 붉은 노인이니 곧 불의 주인이었으며, 세 번째는 어두운 노인이니 곧 물의 주인이었다. 네 번째로 나타난 것은 나무 왕자(木公)로 나무의 주인이었고, 다섯 번째는 쇠 어머니(金母)이니 곧 쇠붙이의 여주인이었다.*

이 다섯 고로는, 각자 자기가 나온 요소의 원초적인 정신을 움직였다. 이렇게 해서 물과 땅은 아래로 가라앉았다. 하늘은 높이 솟았고, 땅은 깊어 갔다. 이어 물이 모여 강이 되고 호수가 되었고, 산과 들도 생겨났다. 하늘은 맑았고, 땅은 나뉘었다. 이어 해, 달, 별, 모래, 구름, 비, 이슬이 생겼다. 황로는 순수한 흙의 힘을 운행케 했고, 불과 물이 여기에 가세했다. 그러자 풀, 나무, 새, 짐승, 갖가지 뱀, 곤충, 물고기, 거북이 나타났다. 목공과 금모는 빛과 어둠을 한데 모아 인간을 만들고 이들을 남자와 여자로 나누었다. 세상이 점점 그 모습을 드러내었다.[21]

4 공간의 내부에서 —— 생명

우주 발생적 유출(Emanations)의 첫 번째 결과는 이승 세계의 공간이 구성된 것이고, 두 번째 결과는 이 틀 속에서 생명이 지어졌다는 것이

---

*중국의 오대(五大)는 土, 火, 水, 木, 金이라는 오행(五行)이다.

다. 즉 생명은 남성과 여성이라는 이원적 형태 아래 자가 생산을 위해 양극화했다는 것이다. 이 전 과정은 임신과 출산이라는 성적인 용어로 나타낼 수 있다. 이러한 사고방식은, 마오리족의 또 하나의 형이상학적 족보에 놀라울 정도로 극명하게 드러나 있다.

회임(懷妊)에서 생산이,
생산에서 생각이,
생각에서 기억이,
기억에서 의식이,
의식에서 욕망이.

언어가 풍성해졌다.
언어는 어렴풋한 빛 안에 있었다.
언어가 밤을 만들었다.
큰 밤, 긴 밤,
낮은 밤, 아주 높은 밤,
두껍게 느껴지는 밤,
만져지는 밤,
보이지 않는 밤,
죽음과 더불어 끝나는 밤.

무에서 출산이,
무에서 생산이,
무에서 풍요가,
생산의 힘,
살아 있는 숨결이.

숨결은 빈 공간에서, 우리 위에 있는 대기를 생산했다.

대지 위에 떠 있는 대기,
우리 위에 있는 거대한 창공은
새벽과 동거했다.
그리고 달이 생겨났다.
우리 위의 대기는
빛나는 하늘과 동거했다.
이어 태양이 생겨났다.
달과 태양은 하늘 높이 솟아올랐다.
하늘의 큰 눈처럼.
이어 하늘은 빛이 되었다.
이른 새벽과 이른 낮이 되었다.
한낮, 하늘에서 쏟아지는 한낮의 빛이 되었다.
우리 위의 하늘은 하와이키와 동거하여
땅을 낳았다.[22]

19세기 중엽 폴리네시아 아나(Anaa)섬의 대추장 파이오레(Paiore)는 창조가 시작되는 광경을 그림으로 그렸다. 이 그림의 첫 부분은 두 가지 요소, 즉 '토대'인 "테 투무(Te Tumu, 남성)"와 '초석'인 "테 파파(Te Papa, 여성)"를 감싼 조그만 원이었다.[23]

파이오레는 이렇게 설명하고 있다.

우주는 알 같았는데, 테 투무와 테 파파는 이 안에 있었다. 이윽고 알이 터져, 겹겹이 놓인 세 층을 형성했다. 밑에 있는 한 층이 위에 있는 두 층을 버텼다. 맨 아래층에는, 인간과 동물과 식물을 창조한 테 투무와 테 파파가 있었다.

그림 58 신들과 인간들을 낳는 탕가로아(목조, 루루투섬, 18세기 초)

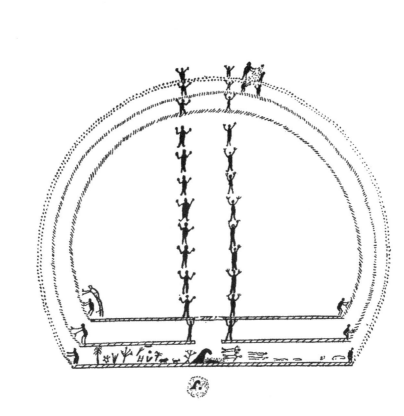

그림 59 투아모투제도의 창조 그림. 아래에 있는 것은 우주란(宇宙卵), 위로는 인간이 나타나면서 우주의
형상이 빚어지고 있다.(투아모투제도, 19세기)

첫 인간은 마타타로, 팔 없이 태어났다. 그는 태어나자마자 곧 죽었다. 두
번째 태어난 인간은 아이투였다. 그는 팔은 하나 있되 다리가 없는 인간이었
다. 아이투 역시 형처럼 죽었다. 이윽고 세 번째로 호아테아(하늘 공간)가 태어
났다. 그는 온전했다. 호아테아에 이어 호아투(땅의 풍요)란 여자가 태어났다.
호아투는 호아테아의 아내가 되었는데, 이 부부 사이에서 인류가 번성했다.

땅의 맨 아래층이 피조물들로 가득 차자 사람들은 바로 위에 있는 가운데
층을 뚫었다. 사람들은 그 위로 올라가, 아래층에서 데리고 올라간 동식물과
더불어 살았다. 이어서 그들은 세 번째 층을 올렸다.(두 번째 층의 천장이 되

2부 우주 발생적 순환

도록) 그들은 결국 이 세 번째 층에 정착하였으니, 인간에게 그 거처가 셋인 것은 이로 인함이다.

땅 위에는, 역시 층층으로 나뉜 하늘이 있었다. 이 하늘은 각각의 지평선이 받치고 있었다. 이 지평선의 일부는 땅에 닿아 있었다. 사람들은 일을 계속하여, 같은 방법으로 각각의 하늘을 넓혀 마침내 모든 것을 제자리에 있게 했다.[24]

파이오레가 그린 그림의 중앙부는, 사람들이 다른 사람의 어깨 위에 올라서서 세계를 넓히고 하늘을 떠받쳐 올리고 있는 광경을 보여 준다. 이 세계의 맨 아래층에는, 세계를 구성하는 원초적인 요소인 테 투무와 테 파파가 있다. 그 왼쪽에는 이들이 생산한 식물과 동물이 있다. 오른쪽으로는, 온전하지 못한 최초의 인간과 온전한 최초의 남녀가 보인다. 위쪽의 하늘에는 네 사람에 둘러싸인 불이 나타나 있다. 이는 세계 역사의 새벽에 있었던 사건을 나타내고 있다. "우주의 창조가 채 끝나기도 전에, 악행을 일삼는 탕가로아(Tangaroaā)가 높은 하늘에다 불을 질러 모든 것을 멸망시키고자 했다. 그러나 다행히도 이 불길은 타마투아(Tamatua), 오루(Oru), 루아누쿠(Ruanuku)의 눈에 띄었으니, 이들은 서둘러 땅에서 하늘로 올라가 이 불길을 잡았다."[25]

우주적 알〔宇宙卵〕의 이미지는 많은 나라의 신화 체계에 등장한다. 이 우주란은 그리스의 밀교, 이집트, 핀란드, 불교 문화권, 그리고 일본의 신화 체계에도 등장한다. 힌두교의 성전에도 이런 구절이 엿보인다.

한처음, 이 세상은 아무것도 아니었다. 그러다 존재했다. 세계는 발전하여 알이 되었다. 이 알은 1년을 기다렸다. 그러다 이윽고 갈라졌다. 갈라진 두 부분의 알껍데기 중 하나는 은이 되고 또 하나는 금이 되었다. 은이 된 알껍데기는 땅이고, 금이 된 알껍데기는 하늘이다. 바깥의 막(膜)이었던 것은 산이고, 안의 막이었던 것은 구름이고 안개다. 핏줄이었던 것은 강이며, 그 안의 액체

는 곧 바다다. 그 안에서 생겨난 것이 저 하늘의 태양이다.[26]

　우주란의 껍질은 공간에 떠 있는 세계의 뼈대요, 그 안에 있는 풍요한 생식력은, 식을 줄 모르는 자연계 생명력의 역동성을 나타낸다.

　"공간은 넓게 펼쳐진 것이 아닌, 오목한 형상으로 끝이 없다. '존재하는 것'은 '존재하지 않는' 무한 위로 떠 있는 껍질이다."

　현대의 물리학자가 1928년에 그가 본 세계를 그린 이 간략한 표현은[27] 신화 체계의 우주적 알과 정확하게 일치한다. 더구나 우리의 현대 생물학이 다루고 있는 생명의 진화는, 우주 발생 주기의 첫 단계가 주제로 삼고 있는 것이다. 물리학자들이, 태양의 쇠잔과 우주의 궁극적인 고갈과 더불어 온다[28]고 주장하는 세계의 파멸은, 탕가로아의 방화가 남긴 상처로 예고되고 있다. 결국 세계의 창조자-파괴자에 의한 세계 파괴의 효과는 점진적으로 늘어나 마침내 모든 것이 지복의 바다에 귀속하게 되는, 우주 발생 주기의 제2단계에 돌입한다는 것이다.

　우주적 알이 깨지면 그 안에서 인간의 형상을 한 무서운 물체가 부풀어오르는 예는 드물지 않게 신화에 나타난다. 이것이 바로 유대 신비주의자들이 '살아 있는 절대자(Mighty Living One)'라고 부르는, 인간의 모습으로 나타나는 생성력이다. 또 하나 남쪽 바다의 섬인 타히티에는 이런 이야기가 전해진다. "죽음의 저주를 내리는 전능한 타아로아(Ta'aroa), 그는 이 세계의 창조주다.* 그는 외로웠다. 그에겐 아버지도 어머니도 없었다. 타아로아는 그저 공(空) 안에서 살았다. 거기엔 땅도, 하늘도, 바다도 없었다. 땅은 몽롱한 상태였다. 바탕이 없었다. 그래서 타아로아는 이렇게 노래했다."

───────────

＊Ta'aroa(타히티어)는 곧 Tangaroaâ다.

오, 공간이여 땅이 되어라, 공간이여 하늘이 되어라.

몽롱한 상태로 존재해 온 쓸모없는 세계여,

기억할 수도 없는 세월토록 존재해 온

쓸모없는 하계(下界)여, 넓어져라!

"타아로아의 얼굴이 밖으로 나타났다. 타아로아의 껍질이 떨어져나가 땅이 되었다. 타아로아는 둘러보았다. 땅이 생겼고, 바다가 생겼고, 하늘이 생긴 것이었다. 타아로아는 자기가 지은 세계를 내려다보며 신처럼 살았다."[29]

이집트 신화는, 자위행위에 의해 세계를 창조한 조물주를 그리고 있다.[30] 힌두의 신화는 요가적 명상에 잠겨 있는 조물주의 모습을 보여 준다. 명상 중에 그의 내부 환상이 밖으로 튀어나와(그는 몹시 놀란다.) 그의 주위에서 빛나는 신들의 만신전(萬神殿)이 되는 것이다.[31] 인도의 다른 신화에서는, 조물주가 하나에서 남성과 여성으로 갈라져 만물을 종류별로 생산하는 것으로 그려진다.

한처음의 우주는 인간의 형상을 한 자아(Self)였다. 그는 주위를 둘러보았지만 아무것도 눈에 띄지 않았다. 그래서 처음으로 "내가 바로 그다.(I am he.)" 하고 소리쳤다. 여기에서 "나"라는 이름이 생겼다. 오늘날에도 누가 말을 건네오면 "나다."라는 말로 서두로 삼은 연후에야 자신의 이름을 거론하는 것은 이 때문이다.

그는 두려웠다. 사람이 혼자 있으면 두려워지는 것은 이 때문이다. 그래서 그는 생각했다.

"내가 대체 무엇을 두려워하는가? 나 이외엔 아무것도 없는데?"

그러자 두려움이 사라졌다…….

그는 불행했다. 사람이 혼자 있을 때, 행복을 느끼지 못하는 것은 이로 인함이다. 그는 짝이 있었으면 했다. 그래서 그는 남녀가 부둥켜안고 있는 형상 만큼 커졌다. 그는 바로 자기 자신인 이 형상을 둘로 나누었다. 형상은 남편과 아내로 나뉘었다……. 그래서 인간의 몸은 (아내를 얻기 전에는) 쪼개진 강낭 콩의 반쪽 같다……. 그는 아내와 교합했고 여기에서 인간이 태어났다.

아내는 이런 생각을 했다.

'저이는 자신의 형상에서 나를 만들었는데 어떻게 나와 교합할 수 있을까 보냐, 내 숨어 버려야지.'

그래서 아내는 암소로 변했다. 그러나 그는 수소로 둔갑하여 암소와 교합 했다. 여기에서 소가 태어났다. 아내가 암말이 되자 남편은 종마가 되었고, 아 내가 암탕나귀가 되자 남편은 수탕나귀가 되어 아내와 교합하니 여기에서 발 굽이 한 덩어리로 된 동물이 태어났다. 아내가 암염소가 되자 그는 숫염소가 되었고 아내가 암양이 되자 그는 숫양이 되어 교합하니 여기에서 각각 염소 와 양이 태어났다. 이렇게 해서 그는 저 개미에 이르기까지 짝으로 존재하는 모든 생물을 잉태하게 했다.

드디어 그는 깨달음을 얻고 이렇게 생각했다.

'내가 만물을 지었으니, 내가 곧 창조로다.'

이로부터 그는 '창조'라고 불리게 되었다…….[32]

이러한 신화 체계에 따르면, 우주에 있어서는 개체이든 창조적인 어 버이든 그 영속적인 근본은 하나이며 따라서 동일하다. 그래서 이 신화 에서는 조물주를 자아라고 부른 것이다. 동양 신비주의자는 자기 내부 로 명상해 들어감으로써, 원초적인 양성 상태인 이 심오하고 영속적인 존재를 만난다.

그의 존재 위로 하늘과 땅과 대기가 엮이어 있다.

마음과 생명의 모든 숨결은

그만을 유일한 '영혼'으로 알고 있다. 다른 말은 해서 무엇하랴?

그는 불사에 이르는 교량이다.[33]

이러한 창조 신화는 아득한 옛날 일을 그리고 있으면서도 사실은 현재 및 개인의 근본을 말하고 있는 것 같기도 하다. 히브리 『조아르』에는 이런 구절이 나온다.

이 세상에 현현하기 전의 각 영혼과 정신은 한 덩어리로 똬리 진 남성과 여성으로 이루어져 있다. 그런데 이 땅에 내리면서 두 부분은 서로 나뉘어 서로 다른 몸에 살게 된다. 결혼할 때가 되면, 찬양할진저, 영혼과 정신을 아시는 거룩하신 이께서는 이를 예전대로 묶어 주시니, 이 둘은 다시 하나의 몸, 하나의 영혼이 되어, 한 인간의 오른편과 왼편인 것처럼 된다. …… 그러나 이 결합은 남자의 행위, 그가 세상을 사는 방법의 영향을 받는다. 그가 정결하고, 그의 행동이 하느님 보시기에 좋으면 그는, 태어나기 전부터 그의 짝이었던 영혼의 여성적인 부분과 제대로 짝하게 된다.[34]

이 신비주의의 경전은 창세기에서 아담이 이브를 만드는 대목을 주석하고 있다. 비슷한 사고방식은 플라톤의 『향연』에도 등장한다. 남녀 간의 사랑의 신비에 따르면, 애정의 궁극적인 경험은 곧 이원성이라는 환상의 배후에 '둘은 곧 하나'라는 등식이 있음을 깨닫는 데 있다. 이 자각은, 우주의 만상(인간, 동물, 식물, 심지어 광물까지도)은 하나라는 자각으로 확대될 수 있다. 이렇게 되면 애정의 체험은 우주적 체험으로 확산되고, 이 자각에 이르게 한 애인은 창조의 거울로 확대된다. 이를 체험한 남성이나 여성은 쇼펜하우어의 이른바 "도처에 널린 아름다움에 대한 앎"을 손에 넣은 셈이다. 바야흐로 "먹고 싶은 것을 마음대로 먹고, 원하는 모습으로 둔갑해서 이 세상을 한유하며", "오, 놀

람도다, 놀랍도다."[35]로 시작되는 우주적 합일의 노래를 부르는 경지
인 것이다.

5 하나에서 여럿으로

우주 발생적 순환의 다음 단계는 하나가 여럿으로 분화하는 단계다.
이 단계에서는 창조된 세계가, 상호 모순적으로 보이는 존재의 두 지평
으로 갈라지는 위기가 온다. 파이오레의 그림에서 볼 수 있듯이 사람
들은 아래층의 어둠 속에서 떠올라 하늘을 밀어 올리는 작업을 시작한
다.[36] 그들은 분명히 독립 의지로 움직인 것으로 되어 있다. 그들은 모
이고 결의하고 계획한다. 그러고는 세계를 정리하는 작업을 맡는다. 그
러나 우리는 배후에서 '부동하는 원동력(Unmoved Mover)'이 꼭두각시
조종자처럼 작용하고 있는 것을 안다.

신화 속에서는 부동하는 원동력, 즉 살아 있는 전능자가 관심의 중심
으로 떠오를 때마다 우주의 조형에 대한 초자연적인 자발성이 뒤따른
다. 각 구성 요소들은 응축하여 자기들 뜻대로, 혹은 창조자의 말 한마
디에 움직인다. 저절로 깨어지는 우주적 알껍질의 부분부분은 외부의
도움 없이도 제자리를 찾는다. 그러나 초점이 살아 있는 존재로 옮겨지
면, 즉 공간과 자연의 파노라마를 거기에 거주하는 인간의 눈으로 바라
보게 되면, 이 우주적 풍경에 갑작스러운 변모의 그늘이 진다. 세계의
형상은 더 이상 살아 있고, 자라고, 조화를 이루는 사상(事象)의 패턴에
따라 움직이는 게 아니라 완고하게 정지하거나 타성에 머문다. 우주적
무대의 지주가 다시 세워지거나 만들어져야 한다. 땅은 가시나무와 엉
겅퀴를 만들어 내고, 인간은 땀을 흘려야 빵을 먹을 수 있게 된다.

따라서 신화는 두 가지 양식으로 나뉜다. 하나의 양식에 따르면 조

물주의 능력은 스스로 기능해 나간다. 다른 한 양식에 따르면, 조물주는 주도권을 포기하고 우주 순환의 다음 단계에서 등을 돌려 버린다. 후자의 신화 양식에서 나타난 어려움은, 태초의 우주적 부모가 생명을 생산해 내는 긴 암흑기 때부터 이미 시작되기도 한다. 마오리족의 신화를 빌려 이 주제를 다루어 보자.

랑기(Rangi, 하늘)가 파파(Papa, 어머니의 대지)의 배와 너무 가까운 곳에 누워 있었기 때문에 자식들은 어머니의 자궁에서 나올 수 없었다.

그들은 암흑의 세계에 뜬 채 불안정한 자세로 머물러 있었다. 그 자식들의 모습은 대강 이러했다. 즉 기어 다니는 놈도 있었고…… 팔을 편 채 선 놈도 있었으며…… 모로 누운 놈도 있었고, 등을 대고 누운 놈도 있었다. 뿐인가, 고개 숙이고 웅크린 놈, 다리를 모아 붙이고 웅크린 놈, 무릎 꿇은 놈, 어둠 속을 더듬는 놈……, 이들은 모두 랑기와 파파의 포옹에 갇혀 있었다.

하늘과 땅의 자식으로 생겨났으나 너무 오래 지속되는 어둠에 염증을 느낀 그들은 자기네 입장을 의논했다. 그중 하나가 이렇게 말했다.

"자, 랑기와 파파를 어떻게 할 것인지, 죽여 버릴 것인지, 따로 떼어 놓을 것인지 결판을 내자."

그러자 하늘과 땅의 자식들 중에서 가장 포악한 투 마타우엥가(Tu matauenga)가 말했다.

"좋다, 죽여 버리자!"

이 말을 듣고, 숲과 그 안에 사는 모든 것, 혹은 나무로 만들어진 모든 것의 아버지인 타네 마후타(Tane-mahuta)가 말했다.

"안 된다. 그렇게 해서는 안 된다. 둘을 떼어 놓는 편이 좋다. 하늘은 우리 머리 위에 있게 하고, 땅은 우리 발밑에 있게 하도록 하자. 자, 하늘은 우리에게 낯선 존재이게 하고, 땅은 우리를 보살피는 어머니로 우리 가까이 있게 하도록 하자!"

몇몇 형제 신들이 하늘과 땅을 떼어 놓으려 했으나 허사였다. 마침내, 숲과 그 안에 사는 모든 것, 혹은 나무로 만들어진 모든 것의 아버지인 타네 마후타 자신이 이 위대한 업적을 이루는 데 성공했다.

이제 타네 마후타는 머리를 어머니 대지에다 파묻고, 발을 아버지 하늘에 버틴 채 있는 힘을 다해 등과 사지를 펴고 있다. 랑기와 파파는 서로 떨어져 비명을 지르며 자식들을 원망한다.

"제 부모를 이렇듯 죽이는 자식이 어디에 있다더냐? 우리를 떼어 놓다니, 어째서 우리를 죽이는 것이나 다름없는, 이렇듯 끔찍한 짓을 저지르느냐?"

그러나 타네 마후타는 몸을 구부리지 않는다. 부모의 원망에는 귀를 기울이지 않는다. 아래로 아래로 땅을 누르고, 위로 위로 하늘을 밀어 올리는 것이다.[37]

헤시오도스가 노래한 가이아(어머니 대지)로부터의 우라노스(아버지 하늘)의 분리는 이 신화의 그리스적 형태라고 할 수 있다. 이 변형판에 따르면, 거인 크로노스는 낫으로 아버지를 거세하고 밀어내 버린 것으로 되어 있다.[38] 이집트의 옛 그림에서는 이 우주적 부부의 위치가 역전된다. 즉 하늘이 어머니고, 아버지는 대지의 생명력이다.[39] 그러나 신화의 패턴은 그대로다. 즉 이 부부는, 아들인 대기의 신 슈(Shu)에 의해 분리되고 있다. 기원전 30~40세기로 거슬러 올라가는, 고대 수메르의 설형 문자로 된 점토판에도 유사한 이미지가 등장한다. 먼저 태고의 바다가 있고, 이 태고의 바다가 하늘과 땅의 결합으로 이루어진 우주적 신을 생성시킨다. "안(An, 아버지 하늘)과 키(Ki, 어머니 대지)는 엔릴(Enlil, 대기의 신)을 낳는데, 이 엔릴은 키로부터 안을 분리시키고, 자신은 어머니와 교합하여 인류를 낳는다.[40]

이러한 자식들의 행동은 무정해 보이지만, 아이슬랜드의 『에다 시가

집(*Poetic Edda*)』, 그리고 바빌로니아의 『창조의 서판(*Tablets of Creation*)』의 기록에서 발견되는 부모에 대한 대접에 비교해 보면 아무것도 아니다. 여기에서는 심연이라는 창조적 실재의 특징을 '사악하고', '어둡고', '음란'하다고 묘사함으로써 부모에 모욕을 가하기까지 한다. 창조적인 힘, 즉 깊은 잠이라는 씨앗 상태의 화신을 깔보는 젊고 똑똑한 전사인 아들들은 간단하게 부모를 살해하고는, 그 시신을 자르고 난도질하여 그 토막으로 세계라는 구조물을 짠다. 후일 용을 살해하고 승리를 얻는 신화 패턴, 영웅 모험의 오랜 역사는 이에서 비롯되었다.

『에다 시가집』에 따르면, "아가리를 벌린 구멍(yawning gap)"*은 북쪽에다 차가운 안개의 세계, 남쪽에는 불의 지대를 만들었는데, 남쪽의

그림 60 천지의 분리 (이집트, 연대 미상)

---

* Ginnungagap. 공(空), 혹은 혼돈의 심연. 우주의 순환 주기가 끝나면(즉 '신들의 황혼') 모든 것은 이 안으로 해소되고, 무한히 긴 잠복기가 끝나면 모든 것은 여기에서 다시 나온다.

열기가 북쪽에서 흘러내리는 얼음의 강을 녹이자 발효하는 독물(毒物)이 스며 나오기 시작했다. 여기에서는 또 가랑비가 내렸는데 이 가랑비는 다시 응결하여 서리가 되었다. 이 서리는 녹아 물방울로 떨어졌다. 이 방울 안에서 생명은 이미르(Ymir)란 이름의, 둔하고 거대한, 양성적, 평면적 형상이 되었다. 이 거대한 생명체는 잠을 자면서 땀을 흘렸다. 두 다리는 어울려 아들을 낳았고, 그 왼손 아래에서는 한 남성과 그 아내가 자라고 있었다.

서리는 계속해서 녹아 물방울로 변했는데 이 물방울에서 아우둠라(Audumla)라는 암소가 생겨났다. 이 암소의 젖에서는 우유의 강이 흘러나왔는데, 이미르는 이 우유를 먹고 자랐다. 그러나 암소는, 짠 얼음덩어리를 핥음으로써 영양을 취했다. 암소가 얼음덩어리를 핥은 첫날 밤, 거기에서 인간의 머리털이 나왔다. 그리고 이튿날에는 인간의 머리가 나왔다. 사흘째 되는 날에는 인간이 나타났으니 이름하여 부리(Buri)라고 했다. 부리에게는 보르(Borr)라는 아들이 있었는데(어머니가 누군지는 알려져 있지 않다.) 이 보르는 이미르에게서 태어난 거인 딸 하나와 혼인했다. 보르의 아내는 오딘(Othin), 빌리(Vili), 그리고 베(Ve), 이렇게 삼위일체 신을 낳았는데 이들은 잠이 든 이미르를 죽이고 그 몸을 난도질했다.

> 이미르의 살에서 대지가 빚어졌고,
> 그의 땀은 바다가 되었다.
> 그의 뼈는 바위 산, 머리카락은 나무,
> 그 머리는 하늘이 되었다.
> 이어 그 뼈로 유쾌한 신들은,
> 인간의 자손을 위해 이승을 만들었고,
> 그 뇌수에서는 불길한 구름이 창조되었다.[41]

『에다 시가집』은 이교도 게르만족의 신들과 영웅들을 다룬 34수의 고대 북유럽의 시가 모음이다. 이 시를 쓴 이들은 900~1050년, 바이킹 세계 각처(그린란드도 포함된다.)의 가객(歌客)과 시인(음유시인)들이다. 이 모음집은 아이슬란드에서 완성된 듯하다.

『에다 산문집』은 젊은 시인들을 위한 핸드북으로, 아이슬란드의 기독교도 시인이자 족장인 Snorri Sturluson(1178~1241)이 썼다. 이 책은 이교도인 게르만족의 신화와 음유 시인들의 수사 법칙(修辭法則)을 요약해서 다루고 있다.

이러한 책에 기록되어 있는 신화 체계는 초기의 농민 계층(雷神 Thor와 관련된), 그 뒤의 귀족 계층(Wotan-Othin의), 그리고 남근 숭배 콤플렉스(Nyorth, Freya, 그리고 Frey)의 분위기를 나타내고 있다. 아일랜드 음유 시가의 영향이, 고전적·동양적 주제와 어우러진 이 시가집은 상당히 명상적이면서도 기괴하리만치 익살스러운 상징적 형상의 세계를 잘 나타내고 있다.

바빌로니아의 신화적 영웅은 태양신인 마르둑(Marduk)이며, 마르둑에 의한 희생자는 악마의 무리를 이끌고 다니는, 해룡과 비슷한 티아마트(Tiamat)다. 이 티아마트는 원초적인 심연 자체, 그리고 원래는 신들의 어머니였으나, 지금은 세계를 위협하는 존재인 혼돈의 여성적 화신이다. 활과 삼지창, 곤봉과 그물로 무장한 신은 광폭한 바람을 호위로 거느리고 전차에 올랐다. 발 밑에 있는 것이면 모조리 짓밟도록 훈련이 된 네 필의 말은 거품을 뿜었다.

……그러나 티아마트는 돌아보지도 않았다.

지치지 않는 입술로 티아마트는 폭언을 입에 올렸다.

신은 비장의 무기인 벼락을 들어 분기탱천해 있는 티아마트를 겨누고 호령했다.

"그대도 이제 막강하다. 그대는 스스로 고위(高位)를 참칭(僭稱)했다.

그대의 마음이 스스로 싸움의 화근을 불러일으켰다.

그대는 사악한 간계로 내 아버지인 신들을 모략했다.

그대의 무리를 무장시키고, 그대 무기를 들어라.

그림 61 이미르의 살해 (석판화, 덴마크, 1845년)

나서라! 그대와 내가 싸움터에서 만나자."

이 말을 들은 티아마트는,
흡사 무엇에 들린 것처럼 이성을 잃었다.
티아마트는 욕지거리를 내뱉으며 신음했다.
부르르 떠는 바람에 온몸이 흔들렸다.
티아마트가 주문을 외우고, 마술을 거니,
전쟁신들이 무기를 요구했다.

이윽고 티아마트와, 신들의 대리자인 마르둑이 나서서,
일진일퇴 겨루기를 여러 번.
마르둑은 그물을 펼쳐 티아마트를 사로잡고,
뒤에서 불던 사악한 바람으로 티아마트의 얼굴을 치게 했다.

　　　　　　　　　　　　　　　　2부 우주 발생적 순환

이 바람이 티아마트의 배를 채우니,
기가 꺾인 티아마트는 입을 벌렸다.
삼지창을 잡은 마르둑, 티아마트의 배를 가르고는,
내장을 난자하고 심장을 꿰었다.
드디어 승리한 마르둑은 티아마트의 목숨을 빼앗고,
시신을 쓰러뜨리고는 그 위에 섰다.

　이어 티아마트가 거느리던 악마의 무리를 정벌한 이 바빌로니아의
신은, 세계의 어머니에게로 돌아왔다.

티아마트의 시신을 밟고 선 마르둑은,
저 무서운 곤봉으로 머리를 부수었다.
티아마트의 핏줄을 도려낸 마르둑은,
북풍을 불러 이를 은밀한 곳으로 옮기게 했다.
이윽고 시신을 내려다보며 안도의 한숨을 내쉰 마르둑은,
한 가지 계교를 세웠다.
그는 생선을 썰듯이 시신을 둘로 나누고,
반쪽은 하늘의 덮개로 삼고는,
자물쇠로 채우고 파수를 딸려
피 한 방울 새어 나가지 못하게 했다.
하늘로 올라가 하늘을 뒤진 그는,
하늘의 심연 위에다 누딤무드(Nudimmud)의 거처를 마련하고,
그 심연의 구조를 측정했다……[42]

　영웅적인 방법으로 마르둑은 천장으로 위의 물을 막고 바닥으로 아
래의 물을 막았다. 그러고는 이 사이의 세계에다 인간을 창조했다.

그림 62 혼돈의 괴수와 태양신(설화석고 벽조각, 아시리아 유물, 기원전 885~860년)

신화는, 창조된 세계 내에서의 분쟁이, 우리에게 보이는 그대로가 아님을 끊임없이 강조한다. 비록 살해당하여 해체되었으나 티아마트가 파멸한 것은 아니다. 이 싸움을 다른 관점에서 본다면, 혼돈의 괴물인 티아마트는 스스로 자신을 해체한 것으로 보일 수도 있다. 티아마트의 형해는 각각 그 놓여야 할 곳으로 이동한다. 마르둑과 그의 뒤를 잇는 신들은 티아마트라는 존재의 부분에 다름 아니다. 이 창조된 형상의 관점에서 보면 모든 것은, 강력한 팔에 의해 위험과 고통 안에서 이루어진 것으로 보인다. 그러나 창조의 현실이란 중심점에서 보면, 티아마트의 육신은 자발적으로 이에 응한 것이다. 따라서 그 육신을 도륙한 손은, 희생자 자신의 의지를 따르는 대리인의 손에 지나지 않는다.

여기에 신화의 근본적인 모순, 즉 이중 초점의 모순이 있다. 우주 발생적 순환의 초기에 "신은 관여하지 않으나", "신은 창조자이자 수호

2부 우주 발생적 순환

자이며 파괴자"라고 말할 수 있었던 것과 마찬가지로, 하나가 여럿으로 나뉘는 이 결정적인 위기의 순간에 운명은 '우연히' 그러나 '성취되었다'고 할 수 있는 것이다. 근원적인 시각에서 보면, 세계는 존재로 흘러 들어가고, 폭발하고, 해소되는 형상들의 장엄한 조화이다. 그러나 덧없는 피조물들이 경험하는 것은 전쟁 구호와 고통의 비명이다. 신화는 이 고뇌(시련)를 부정하지 않는다. 신화는 안으로, 뒤로, 그 주변으로 본질적인 평화(천상의 장미)[43]를 드러내고 있다.

중심적인 원인의 평화에서 말초적 결과의 소용돌이를 향한 급전직하의 예는 에덴동산에서 아담과 이브가 타락하는 대목에 잘 나타나 있다. 그들은 금단의 과일을 먹었다. "그러자 두 사람은 눈이 밝아"졌다.[44] 낙원의 복락은 그들에게 닫혔고, 그들은 변형의 장막의 다른 쪽에서 창조된 세상을 보았다. 그로부터 그들은 필연을, 얻기 힘든 것으로 경험하게 된다.

6 창조의 민화

미개한 민간 신화 체계의 단순한 기원 설화는 우주 발생적 순환을 깊이 암시하는 신화와 대조를 이룬다. 이러한 신화 체계에는, 우주 장막 배후의 신비를 캐려는 시도가 드러나 있지 않다. 그림자 같은 창조주는 형상의 세계를 만들기 위해 무한한 시간의 텅 빈 벽을 통해 등장한다. 창조주의 재료는 그 존속되는 기간이나 유동성, 그리고 그것을 둘러싼 권능으로 보아 꿈과 같다. 아직 대지는 여물지 않았을 때다. 미래의 인류가 살 수 있게 하기 위해서 창조주에게는 할 일이 많다.

명실상부 (수렵, 사냥, 採根, 採集하는) 원시적인 집단의 신화 체계와 어림잡아 기원

전 6000여 년경부터 농업, 낙농, 목축 기술의 발달로 대두된 문명인의 신화 체계는 구분이 지어질 수 있다. 그러나 우리가 원시적인 종족이라고 부르는 집단은 대개 식민지 주민들이다. 말하자면 고급문화 중심에서 소외되어 보다 단순한 사회에의 필요를 느낀 집단이다. 필자는 오해를 불러일으킬 수 있는 '원시적'이라는 용어를 쓰지 않기 위해, 미개 혹은, 퇴화한 전승을 '민간 신화 체계'라고 일컫는다. '민간 신화 체계'라는 용어는, 엄격하게 역사적인 분석에는 쓰이지 않고 있으나 우주 형상에 대한 이와 같은 초보적인 비교 연구 목적에는 부합한다.

몬타나의 블랙피트족(Blackfeet)은 이렇게 설명한다.

노인은 이곳저곳을 여행했다. 그는 인간을 만들고, 사물을 정돈하고 있었다. 그는 남쪽에서 와서 북쪽으로 가면서 동물을 창조하고, 새들을 창조했다. 그는 먼저 산을 만들고 초원을 만들고 나무를 만들고 덤불을 만들었다. 그러고는 북쪽으로 올라가면서 여기저기에 강을 만들고 폭포를 만들었으며 이곳저곳의 땅바닥에다 붉은 물감을 칠하여 오늘날 우리가 보는 것과 같은 세계를 만들었다. 그는 우유의 강(Teton)을 만들고 이를 건넜으나 피로를 느끼고는 산으로 올라가 누워서 쉬었다. 네 활개를 벌린 채 바닥에 등을 대고 누운 그는 자신이 누운 자리를 돌로 표시했다. 몸, 머리, 다리, 팔을 따라 표시한 것이다. 오늘도 거기에는 그 바위들이 남아 있다. 한동안 쉰 뒤 다시 북쪽으로 걷던 그는 작은 둔덕에 발이 걸려 고꾸라지는 바람에 그만 무릎을 꿇고 말았다. 그는 "나쁜 것, 너 같은 것에 걸려서야." 하고 중얼거렸다. 그래서 그는 거기 높은 봉우리 두 개를 우뚝 세우고 그 둘을 '무릎'이라고 불렀다. 이 이름은 오늘날까지도 전해진다. 그는 북상을 계속하여 자기가 가지고 온 바위로 '아름다운 풀밭이 있는 언덕'을 만들었다.
어느 날 노인은 여자와 아기를 만들어야겠다고 생각했다. 그는 진흙으로 여자와 이 여자의 아기 형상을 빚었다. 진흙으로 사람 형상을 빚은 그는 여기에다 대고 "사람이 되어야 한다."라고 말하고는 잘 싸서 놓아두고 그 자리를 떠났다. 다음 날 아침 그는 그곳으로 달려가 싼 것을 풀고 진흙으로 빚은 형상을 들여다보았다. 진흙덩어리는 조금 변해 있었다. 다음 날 아침에는 조금 더 변해 있었다. 사흘째 되는 날 아침에는 또 거기에서 조금 더 변해 있었다. 나흘째 되는 날 아침 그는 싼 것을 벗기고 진흙으로 빚은 형상에서, 일어나 걸으라고 말했다. 여자와 아기는 그대로 했다. 여자와 아기는 창조자와 더불어 강가로 갔다. 그제서야 창조자는 자기 이름이 나피(Na'pi, 즉 노인)라고 가르쳐 주었다.

강가에서 여자가 그에게 물었다.

"저희들은 어떻게 되나요? 언제까지 살아 있게 되나요? 저희 삶에는 끝이 없나요?"

그가 대답했다.

"그 생각은 미처 하지 못했구나. 어디 그럼 지금 그걸 정하도록 하자. 내여기 있는 마른 들소 똥을 주워 강물에다 던지겠다. 만일 이 덩어리가 뜨면, 인간은 죽되 나흘 안에 다시 살아날 것이다. 그러니까 나흘간만 죽어 있는 것이다. 그러나 이게 가라앉으면, 죽어도 되살아나지 못할 것이다."

그는 그것을 강물 위로 던졌다. 덩어리는 곧 물 위로 떠올랐다. 이번에는 여자가 돌멩이를 하나 주워 들고 말했다.

"아닙니다. 제가 이 돌멩이를 던져 보겠습니다. 만일 이 돌멩이가 떠오르면, 우리는 영원히 살 것입니다만, 가라앉으면 영원히 죽어 서로의 죽음을 슬퍼하게 될 것입니다."

여자는 돌멩이를 던졌고, 돌멩이는 가라앉았다. 노인이 말했다.

"그것 보아라, 네 운명을 네가 골랐다. 인간에겐 끝이 있을 것이다."[45]

세계의 정돈, 인간의 창조, 운명의 결정은 모든 원시 창조자 이야기의 전형적인 주제들이다. 그러나 이런 이야기가 진지하게 받아들여졌는지의 여부는 지금 알기 어렵다. 신화 체계의 어법은, 노인이 어떠어떠한 일을 했다는 식으로 직설적이지 않다. 기원 설화라는 범주 아래

모인 많은 이야기들은 창세기라기보다는 인기 있는 동화 정도로 여겨진다. 이러한 익살스러운 신화 체계화는 고급이든 저급이든 모든 문화권에 공통되어 있다. 보다 단순한 구성원들은 합성된 이미지를 지나칠 정도로 진지하게 생각하는지 모르나, 이러한 이미지가 그들의 교의, 혹은 그들의 지역적 '신화'를 대표한다고는 말할 수 없다. 가령, 우리가 자주 우주 발생 신화의 예를 끌어오는 마오리족의 신화에는 새가 원초적인 바다에 떨어뜨린 알 이야기가 있다. 이 이야기에 따르면 이 알이 깨어지자 안에서 남자, 여자, 소년, 소녀, 돼지, 개, 그리고 카누가 나왔는데 이들은 모두 그 카누를 타고 뉴질랜드로 건너온 것으로 되어 있다.[46] 이것은 우주적 알에 관한 익살에 지나지 않는다. 한편 캄차카 반도의 주민들은 진지하게, 신은 원래 하늘에 살다가 땅으로 내려왔다고 주장한다. 이 신은 설상화(雪上靴)를 신고 다녀, 갓 만들어진 대지는 그의 발밑에서 얇은 얼음처럼 부서져 나갔는데 땅바닥에 기복이 심한 것은 그 때문이라는 것이다.[47] 중앙아시아의 키르기스인들에 따르면, 큰 수소를 먹이던 두 선인(先人)이 오랫동안 마실 것이 없어 갈증으로 죽을 지경에 이르자 그 수소가 뿔로 대지를 뚫어 물이 솟아나게 해 주었는데, 키르기스의 호수가 만들어진 것은 바로 이때라는 것이다.[48]

호의적인 창조자와는 사사건건 반대 입장에 서는 광대도 신화와 민담에는 자주 등장한다. 장막 이편에서 존재의 어려움을 대변하고 나서는 것이다. 뉴브리튼섬의 멜라네시아인들은 '처음부터 거기에 있었던' 이름 없는 존재 이야기를 한다. 그는 땅바닥에다 두 남성의 모습을 그리고, 제 살을 찢어 흐르는 피를 그 그림 위에다 뿌렸다. 그러고는 그 위에다 나뭇잎을 덮어 두었는데, 얼마 후 이 두 남성의 모습으로 그린 그림은 두 남자가 되었다. 이름은 각각 토 카비나나(To Kabinana)와 토 카르뷔뷔(To Karvuvu)였다.

토 카비나나는 혼자 노란 야자열매가 달린 야자수로 올라가, 덜 익은 야자 두 개를 따서 땅바닥에 떨어뜨렸다. 이 야자 열매는 땅에 떨어져 부서지면서 아름다운 두 여자로 화했다. 이 두 여자가 보기에 몹시 좋았던 토 카르뷔뷔는 형에게, 어떻게 이런 여자들을 만들 수 있었느냐고 물었다. 토 카비나나는 덜 익은 야자 두 개를 따서 땅바닥으로 던져라, 하고 말했다. 그러나 토 카르뷔뷔는 야자를 따서 던지긴 던졌지만 위쪽이 먼저 땅에 닿게 던져, 코가 찌그러진 여자가 되고 말았다.[49]

어느 날 토 카비나나는 나무로 톰이란 물고기를 깎아 바다에 띄워 그로부터 산 물고기가 바다를 헤엄쳐 다니게 했다. 이 톰이란 물고기는 말리바란이라는 물고기 떼를 해변으로 몰아왔다. 토 카비나나는 해변에서 손쉽게 물고기를 잡을 수 있었다. 토 카르뷔뷔에겐 이 톰이 몹시 좋아 보였다. 그는 형에게 만드는 방법을 물었다. 그러나 토 카르뷔뷔는 그 방법을 배워 톰을 깎는다는 것이 그만 상어를 깎고 말았다. 이 상어는, 말리바란 물고기를 해변으로 몰아오기는커녕 닥치는 대로 잡아먹었다. 몹시 놀란 토 카르뷔뷔는 울면서 형에게 달려가 이렇게 말했다.

"차라리 저 상어를 만들지 말 것을 그랬나 봐. 다른 물고기를 잡아먹기만 하지 않는가?"

"무슨 물고기를 만들었길래?"

형이 묻자 아우 토 카르뷔뷔가 대답했다.

"상어를 만들었다니까."

그러자 형이 대답했다.

"너는 참 어쩔 수 없는 위인이로구나. 네가 저걸 만들었으니, 우리 후손이 저 상어로 인하여 고통을 받을 것이다. 네가 만든 물고기는 다른 물고기를 먹어 치우는 것은 물론, 장차는 사람까지도 먹어 치울 것이다."[50]

이 어리석음 뒤로는 단일한 원인(제 자신의 살을 찢은 이름 없는 자)이 세계의 틀에 이원적 결과(선과 악)를 야기하고 있음을 읽을 수 있다. 이 이야기는, 겉보기처럼 순진하지 않다.[51] 더구나 상어라는 플라톤적 원형의 형이상학적 선행 존재(pre-existence)는 마지막 대화의 기묘한 논리에 함축되어 있다. 이것은 모든 신화에서 계승되어 내려오는 사고방식이다. 악의 대리자인 반항자를, 광대의 역할로 조형해 내는 것도 보편적인 방식이다. 악마(탐욕스러운 돌머리이자 예리하고 영리한 사기꾼인)는 언제나 이런 광대다. 이러한 광대는 시간과 공간의 세계에서는 승리하나, 그들 자체나 그들의 업적은 무대가 초월적인 차원으로 옮겨지면 간단히 사라지고 만다. 그들은 그림자를 본질로 오해한다. 그들은 그림자 영역에서의 필연적인 불완전성을 상징하는데, 우리가 이 편에 남아 있는 이상 장막은 걷힐 수 없다.

시베리아의 흑(黑)타타르(Black Tatars)인들의 이야기에 따르면, 조물주 파야나(Pajana)는 최초의 인간을 짓고도, 그에게 생명을 줄 능력이 없다는 것을 깨달았다. 이야기는 이렇게 계속된다. 조물주는 하늘로 올라가 최고신 쿠다이(Kudai)로부터 영혼을 가져오지 않으면 안 되었다. 그는 그동안 털이 없는 개에게 자기가 만든 껍데기 인간을 지키게 했다. 조물주 파야나의 부재중에 악마 에를릭(Erlik)이 왔다. 에를릭은 개에게 말했다.

"너에겐 털이 없구나. 이 영혼이 없는 인간을 넘겨주면, 내 너에게 황금빛 털을 주겠다."

이 제안은 개를 기쁘게 했다. 그래서 개는 자기가 지키던 인간을 이 유혹자에게 넘겨주었다. 에를릭은 침으로 이 인간을 더럽히다가, 조물주가 이 인간에게 생명을 불어넣으려고 오는 걸 보고는 도망쳤다. 조물주는 악마 에를릭이 칠해 놓은 침을 보고는, 인간의 몸을 표리가 바뀌게 뒤집어 버렸다. 우리의 내장 안에 오물이 있는 것은 이 때문이다.[52]

민간 신화들은 초자연적 발산물이 공간적 형식을 취해 돌입해 들어

그림 63 물레로 파라오의 아들을 빚고 있는 크네무 신과 수명을 정하는 토트 신
(파피루스, 프톨레마이오스 왕조 유물, 이집트, 기원전 3세기~1세기경)

오는 순간부터 창조 설화를 이야기하기 시작한다. 그런데도 민간 신화
들은 인간의 상황에 대한 본질적인 평가에 관하여서는 위대한 신화들
과 차이가 없다. 이런 신화 체계의 상징적인 등장인물은 의미상(특징
및 행적에서도) 고급 신화의 도상(圖像)과 일치하며, 이 등장인물이 넘
나드는 불가사의한 세계는 위대한 계시의 세계, 즉 깊은 잠과 깨어 있
는 의식 사이에 놓인 세계와 시간, 하나(一者)가 여럿으로 갈라지고, 여
럿이 하나(一者)와 화해하는 지대와 그대로 일치하는 것이다.

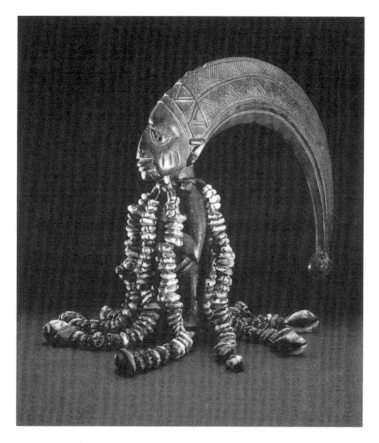

그림 64 장난꾸러기 신 에드슈(별보배고둥과 가죽으로 장식한 목조, 요루바족 유물, 나이지리아, 19세기~20세기 초)

조물주의 능력의 부정적, 광대-악마적 측면은, 우주 발생론적 의미를 벗어던지고 나면 여흥거리 이야기에서 즐겨 다루어진다. 그 실례가 아메리카 평원의 코요테다. 여우 레이너드(Reynard)는 이 코요테의 유럽 판이라고 할 수 있다.

2부 우주 발생적 순환

그림 65 출산하는 틀라졸테오틀(석류석을 함유한 아플라이트 조각. 아스테카 유물,
멕시코, 15세기 말~16세기 초)

2 처녀 잉태

1 어머니 우주

세계를 생성하는 아버지의 정기는, 변용하는 매체(세계의 어머니)를 통해 지상적 체험의 다양성 속으로 들어간다. 이 세계의 어머니는, "'물 위에' 하느님의 기운이 휘돌고 있었다."라고 「창세기」 1장 2절에 언급된 원초적 요소의 화신이다. 힌두 신화에서 이 세계의 어머니는, 여성적인 형상으로 등장하는데 자아가 모든 피조물을 생성하는 것은 이 여성적 형상을 통해서다. 다소 추상적으로 이해하자면, 그녀는 세계의 경계를 이루는 틀, 즉 우주적 알의 껍질인 '공간, 시간, 그리고 인과'다. 조금 더 추상적으로 말하면, 그녀는 자가 번식하는 절대자를 움직여 창조의 행위를 유발하는 유혹자인 것이다.

창조자의 부성적 측면보다는 모성적 측면을 강조하는 신화 체계에서 이 원초적 여성은 태초의 세계를 지배하면서, 남성에게 맡겨졌을 법한 역할을 수행한다. 그리고 이 원초적 여성은, 배우자가 눈에 보이지 않는 미지의 존재이기 때문에 처녀.

이러한 존재에 대한 다소 야릇한 표현이 핀란드의 신화 체계에서 발견된다. 칼레발라(Kalevala)[1]의 첫 번째 시는, 대기의 딸인 처녀가 천상의 성수(星宿)에서 원초의 바다로 하강, 영원의 바다에 뜬 채 수세기를 보낸 경위를 노래하고 있다.

이윽고 광폭한 폭풍이 일어,

동쪽에서 어마어마한 비바람이 몰아치니,

바다는 미친 듯이 포말을 날렸고,

파도는 드높게 드높게 일었다.

폭풍은 처녀를 뒤흔들었고,

파도는 처녀를,

푸른 바다 위로,

포말이 이는 벼랑으로 몰고 다녔다.

이윽고 그녀 옆에서 산들바람이 불고,

바다가 그녀 안의 생명을 깨울 때까지.[2]

현존하는 형태 그대로의 칼레발라(영웅들의 땅)는 의사이자 핀란드 언어학도인 엘리아스 뢴로트(Elias Lännrot, 1802~1884)의 작품이다. 전설적인 영웅 배이내뫼이넨(Väinämöinen), 일마리넨(Ilmarinen), 레민카이넨(Lemminkainen), 그리고 쿨레르보(Kullervo)에 관련된 전승 시가의 상당량을 수집하여, 뢴로트는 이를 종합 구성, 연대기 형식으로 썼고 단일 형식의 시가로 짜 맞추었다.(1835, 1849) 이 작품은 약 2만 3000행에 이른다.

뢴로트『칼레발라』의 독일어판을 본 헨리 워즈워스 롱펠로(H. W. Longfellow)는 이와 비슷한 작품을 구상,『히아와타의 노래(Song of Hiawatha)』에서 이 작품의 운율을 채택했다.

물의 어머니는 7세기 동안이나 아이를 낳지 못하고 자궁 안에 넣은 채 물에 떠 있었다. 이윽고 그녀는 최고신 우코(Ukko)에게 기도했고, 우코는 한 마리 물오리를 보내어 그 무릎에다 둥지를 틀게 했다. 물오리 알이 무릎에서 떨어져 깨어졌다. 그 조각은 땅, 하늘, 태양, 달, 그리

그림 66 태양을 낳는 누트(하늘) 신: 태양 광선이 지평선의 하토르(사랑과 생명) 위로 쏟아져 내린다
(석조, 프톨레마이오스 왕조 유물, 이집트, 기원전 1세기경)

고 구름이 되었다. 이어서, 물의 어머니는 여전히 바다에 뜬 채 세계를
조형하는 작업을 시작했다.

> 9년이 지나가고,
> 열 번째 여름*이 지나고 있을 즈음,
> 어머니는 바다에서 고개를 들었다.
> 어머니는 이마를 내밀고

---

*물오리 알이 깨지고 나서 10년째 되는 해 여름.

2부 우주 발생적 순환

창조의 작업을 시작했다.
어머니는 먼저 세계의 질서를 부여했다.
바다 표면에,
그리고 먼바다에 이르기까지.
어머니의 손가락 끝이 향하는 곳에서는
비죽이 튀어나온 곶〔岬〕이 생겼고,
어머니의 발길이 머무는 곳에서는
물고기가 놀 동혈이 생겼다.
어머니가 물속 깊이 들어가면
바다가 깊어졌다.
어머니가 육지 쪽으로 고개를 돌리자
해변이 늘어났다.
육지에서 발을 대고 걸은 곳에서는
발자국마다 연어의 보금자리가 되었다.
어머니의 머리가 스친 곳에서는
만(灣)이 늘어났다.
어머니는 뭍에서 더 멀리 표류하며,
그리고 물 위에 거하며,
바닷속에다 창조한 바위,
그리고 눈에 보이지 않는 암소,
여기에서는 배가 난파하고
선원들은 삶을 막음했다.[3]

그러나 아이는 어머니의 몸 안에서, 감상적인 중년으로 자라고 있
었다.

여전히 태어나지 못한 배이내뫼이넨
여전히 태어나지 못한 불멸의 시인.
나이가 든, 부동의 사나이 배이내뫼이넨,
그 어머니의 몸속에 머물렀다.
여름이 서른 번이나 지나가고,
겨울이 서른 번이나 지나도록,
그 잔잔한 물 위에서,
포말을 날리는 파도 위에서,
그는 생각하고 또 생각했다.
그처럼 음울한 처소,
그처럼 좁은 집에서
어떻게 살 수 있겠느냐고.
거기에서는 달빛도 볼 수 없었고,
햇빛도 볼 수 없었다.
이윽고 입을 열고
자기 생각을 이렇듯 나타내었다.
"달이여 나를 도우소서, 태양이여 나를 풀어 주소서.
큰곰자리 별이여, 지혜를 빌려 주소서.
내가 모르는 문을 통해,
내게 생소한 길을 통해.
나를 가두고 있는 이 작은 둥지에서,
이같이 비좁은 이 처소에서,
땅으로 이 나그네를 인도하소서,
그 맑은 바람 속으로 나를 인도하소서.
하늘의 달을,
그리고 태양의 광휘를 볼 수 있도록.

2부 우주 발생적 순환

머리 위의 큰곰자리와

하늘의 반짝이는 별들을 볼 수 있도록."

달이 그에게 자유를 베풀지 않고,

태양이 그를 풀어 주지 않자

그의 삶은 차라리 고역,

생명은 차라리 짐이었다.

이윽고 그는 문을 밀었다,

손가락하고도 네 번째 손가락으로.

그러고는 왼발 발가락을 세우고,

뼈마디 사이의 문을 열고

무릎걸음으로 문을 나왔다.

머리부터 물속으로 잠기며

손으로 파도에 저항하며

이윽고 인간은 바다로 나왔다.

그리고 영웅은 파도 위로 나왔다.[4]

배이내뫼이넨(타고난 영웅)이 채 해변에 오르기도 전에, 이미 또 하나의 어머니 자궁이라는 시련이 그를 기다리고 있었다. 즉 절대한 우주적 바다의 시련이 기다리고 있었다. 무방비 상태에서 그는 근본적으로 비인간적인 힘을 행사하는 자연의 입문 의식을 치러야 하는 것이었다. 물과 바람이 있는 바다의 표면에서 그는 다시 한번, 신물이 나도록 너무나 잘 알고 있는 것을 경험해야 하는 것이었다.

바다에서 5년간 그는 기류했다.

5년을 기다리고, 6년을 기다리고,

7년을 기다리고, 8년을 기다렸다.

바다 표면에서

이름 모를 곳에서

황무지에 가까운, 나무 한 그루 없는 곳에서.

뭍에 오르자 그는 무릎을 꿇었다.

그러고는 팔베개를 베고 쉬다가

달빛을 보려고 일어섰다.

상쾌한 태양빛도 즐거웠다.

머리 위의 큰곰자리도 보았고,

하늘에서 빛나는 별도 보았다.

이것이 아득한 옛날 배이내뫼이넨 이야기.

저 유명한 음유 시인,

조물주의 아들,

어머니 일마타르(Ilmatar)의 아들인,

배이내뫼이넨의.[5)]

2 운명적 모태

우주적 여신은, 여러 가지 가면을 쓴 모습으로 인간에게 나타난다. 왜냐하면 창조의 결과란 다양하고 복잡한 데다, 창조된 세계의 관점에서 경험할 때면 상호 모순적이기 때문이다. 생명의 어머니는 동시에 죽음의 어머니다. 이 어머니는 기근과 질병이라는 추악한 마귀의 가면을 쓴다.

수메르 및 바빌로니아 별의 신화 체계는, 금성(金星)의 주기와 우주적 여성상을 일치시킨다. 금성이 샛별로 반짝일 때 우주적 여성은 처녀였고, 저녁 별일 때엔 매춘부, 밤하늘에 있을 때는 달의 배우자, 일출과

2부 우주 발생적 순환

더불어 그 모습이 사라졌을 때엔 지옥의 마귀할멈이었다. 메소포타미아의 영향권 안에 있던 곳에서는, 여신의 특징은 늘 이 변화하는 별빛의 영향을 입었다.

남로디지아의 와홍웨 마코니(Wahungwe Makoni)족으로부터 채집한 동남 아프리카의 신화는, 우주 발생 주기의 첫 단계에서 금성이 지닌 어머니의 측면을 뚜렷하게 보여 주고 있다. 여기에서 원초적인 남성은 달이다. 샛별은 그의 본처, 저녁 별은 제2부인이다. 배이내뫼이넨이 제 힘으로 자궁에서 빠져나온 것처럼 이 월인(月人, moon man)도 심연에서 솟아오른다. 월인과 그 아내는 피조물의 부모다. 이야기인즉 다음과 같다.

마오리(Maori, 신)는 최초의 남성을 만들고, 이를 므우에트시(Mwuetsi, 달)라고 불렀다. 마오리는 이 므우에트시를 드시보아(Dsivoa, 호수) 바닥에 넣고 응고나 기름(ngona oil)을 채운 응고나 뿔을 주었다.* 므우에트시는 드시보아에서 살았다.

므우에트시가 마오리에게 말했다.

"땅으로 가고 싶습니다."

"후회할 텐데?"

마오리가 대답했다.

그러나 므우에트시는,

"상관없습니다, 땅으로 가고 싶습니다."

하고 우겼다.

"그럼 땅으로 가거라."

---

* 이 기름과 뿔은, 남로디지아(오늘날의 짐바브웨 — 편집자 주)의 민간전승에서 중요한 역할을 맡는다. 응고나 뿔은 불이나 번개를 일으킴으로써 생명을 잉태시킬 수도 있고, 죽은 자를 부활시키는 등, 이적을 일으키는 도구다.

마오리의 말에, 므우에트시는 드시보아를 떠나 땅으로 갔다.

땅은 썰렁했다. 풀도, 덤불도, 나무도 없었다. 동물도 없었다. 므우에트시는 울면서 마오리에게 하소연했다.

"여기에서 어떻게 살라는 것입니까?"

그러자 마오리가 대답했다.

"그러기에 내가 뭐라더냐. 너는 필멸의 길로 들어섰다. 하지만 내 너에게 동류(同類)를 하나 내려 주리라."

마오리는 므우에트시에게 마사시(Massassi), 즉 샛별이라는 처녀를 내려 주면서 일렀다.

"마사시는 금후 2년간 네 아내로 살 것이다."

마오리는 마사시에게 발화기(發火器)를 주어 보냈다.

밤이 되자 므우에트시는 마사시와 함께 동굴로 들어갔다. 마사시가 말했다.

"도와주세요. 불을 일으켜야겠습니다. 치만드라(chimandra, 불쏘시개)를 모아 올 테니 루시카(rusika, 발화기 손잡이)를 비벼 주세요."

마사시는 불쏘시개를 모아 왔고, 므우에트시는 루시카를 비볐다. 모닥불이 지펴지자 므우에트시는 불 이쪽에, 마사시는 저쪽에 누웠다. 불은 두 사람 사이에서 탔다.

므우에트시는 이런 생각을 했다.

"마오리는 왜 나에게 이 처녀를 하사하셨을까? 이 마사시란 처녀와 대체 어쩌라는 것일까?"

밤이 되자 므우에트시는 응고나 뿔을 꺼냈다. 그러고는 뿔에서 응고나 기름을 한 방울 따라 집게손가락을 적셨다. 므우에트시가 말했다.

"불을 타넘고 가야겠다.(Ndini Chaambuka mhiri ne mhirir)"〔원 이야기의 역자들에 따르면 이 말은, 여러 차례 멜로드라마적이고 의식적(儀式的)인 어조로 반복되었다.〕 므우에트시는 불을 타넘어 처녀 마사시에게 다가갔다. 그러고는 손가락에 기름을 묻힌 채 마사시의 몸을 만졌다. 그런 다음 므우에트시는 제자리로 돌아와 잠을 잤다.

아침에 잠을 깬 므우에트시는 마사시를 내려다보았다. 그는 마사시의 몸이 불어나 있는 걸 발견했다. 날이 밝자, 마사시는 낳기 시작했다. 마사시는 풀을 낳았다. 마사시는 덤불을 낳았다. 마사시는 나무를 낳았다. 마사시는 온 땅에 풀과 덤불과 나무가 가득 차기까지 출산을 멈추지 않았다.

나무는 자랐다. 무럭무럭 자라 이윽고 하늘에 닿았다. 나무 꼭대기가 하늘에 닿자 비가 오기 시작했다.

므우에트시와 마사시는 부족한 것을 모르고 살았다. 그들에겐 과실도 있고 곡식도 있었다. 므우에트시는 집을 지었다. 므우에트시는 쇠삽도 만들었다. 므우에트시는 호미를 만들어 농사를 지었다. 마사시는 물고기 덫을 만들어 물고기를 잡았다. 마사시는 땔나무도 했고 물도 길어 왔다. 마사시는 요리를 했다. 므우에트시와 마사시는 이렇게 2년을 살았다.

2년이 지나자 마오리가 마사시에게 "때가 다 되었다."라고 말했다. 마오리는 마사시를 땅에서 드시보아로 데려가 버렸다. 므우에트시는 통곡했다. 통곡하면서 마오리에게 말했다.

"마사시 없이 어떻게 살란 말입니까? 땔나무는 누가 하며, 물은 누가 길어 옵니까? 요리는 누가 합니까?"

여드레 동안이나 므우에트시는 줄곧 울었다.

여드레 동안이나 므우에트시는 줄곧 울었다. 그러자 마오리가 말했다.

"내 너에게, 필멸의 길로 들어섰다고 경고하지 않더냐? 하지만 너에게 다른 여자를 보내 주겠다. 내 너에게 모롱고(Morongo, 저녁 별)를 주겠다. 모롱고는 너와 2년을 살게 될 것이다. 그때가 되면 내 모롱고를 다시 부르리라."

마오리는 므우에트시에게 모롱고를 주었다.

모롱고는 오두막으로 므우에트시를 찾아왔다. 밤이 되자 므우에트시는 모닥불 옆 자기 자리에 누우려 했다. 그러자 모롱고가 말했다.

"거기에 눕지 말고, 내 옆에 누우세요."

므우에트시는 모롱고 옆에 누웠다. 므우에트시는 응고나 뿔을 꺼내고, 집게손가락에다 응고나 기름을 한 방울 떨어뜨렸다. 그러나 모롱고가 말했다.

"그렇게 하면 안 됩니다. 나는 마사시와 달라요. 먼저 허리에다 응고나 기름을 칠하세요. 내 허리에도 응고나 기름을 칠해 주세요."

므우에트시는 모롱고가 시키는 대로 했다. 모롱고는, "이제 나와 하나가 되어요." 하고 말했다. 므우에트시는 모롱고와 하나가 되었다. 므우에트시는 잠이 들었다.

새벽이 되자 므우에트시가 잠을 깨었다. 그가 내려다본 모롱고의 몸은 부풀어 있었다. 날이 밝자 모롱고는 낳기 시작했다. 첫날 모롱고는 닭, 양, 염소를 낳았다.

이튿째 되는 날 므우에트시는 다시 모롱고와 잤다. 다음 날 아침 모롱고는 일런드영양과 가축을 낳았다.

사흘째 되는 날에도 므우에트시는 모롱고와 잤다. 다음 날 아침 모롱고는 처음에는 사내아이들을, 이어서는 딸아이들을 낳았다. 아침에 태어난 아이들이, 저녁 무렵에는 장성했다.

나흘째 되는 날 밤 므우에트시는 또 모롱고와 자려 했다. 그러나 천둥이 치면서 마오리가 말했다.

"그만두어라. 너는 곧 죽을 몸이다."

므우에트시는 무서웠다. 천둥이 잠잠해졌다. 그러자 모롱고가 므우에트시에게 말했다.

"문을 만들어, 오두막 입구를 닫아 버립시다. 그러면 마오리도, 우리가 무슨 짓을 하는지 모를 것입니다. 그래야 당신은 나와 잘 수 있습니다."

므우에트시는 문을 만들었다. 그는 이 문을 닫아 오두막 입구를 막았다. 므우에트시는 모롱고와 잤다. 므우에트시는 잠이 들었다.

새벽이 되자 므우에트시는 잠을 깨었다. 그는 모롱고의 몸이 부풀어 있는 걸 보았다. 날이 새자 모롱고는 낳기 시작했다. 모롱고는 사자와 표범과 뱀과 전갈을 낳았다. 마오리가 그것을 보았다. 마오리는 므우에트시에게 내가 너에게 경고하지 않더냐 하고 말했다.

닷새째 되는 날, 므우에트시는 또 모롱고와 자고 싶어했다. 그러나 모롱고는 이런 말을 했다.

"보세요, 딸들이 장성하지 않았나요. 딸들과 자도록 해요."

므우에트시는 딸들을 보았다. 그러고는 모두가 아름답고, 모두가 장성해 있는 걸 알았다. 그래서 그는 딸들과 잤다. 아이들이 태어났다. 아침에 낳은 아이들은 저녁 무렵에는 이미 장성해 있었다. 이렇게 해서 므우에트시는 많은 사람들의 맘보(Mambo, 왕)가 되었다.

그러나 모롱고는 뱀과 잤다. 모롱고는 더 이상 아무것도 낳지 않았다. 모롱고는 뱀과 함께 살았다. 어느 날 므우에트시는 모롱고에게 되돌아와 자고 싶다고 말했다. 모롱고는, "그만두세요." 하고 말했다.

"하지만 자고 싶은걸……."

므우에트시의 말이었다. 그는 모롱고와 나란히 누웠다. 모롱고의 자리 밑에는 뱀이 누워 있었다. 뱀은 므우에트시를 물었다. 므우에트시는 앓았다.

뱀이 므우에트시를 물자, 므우에트시는 앓았다. 다음 날에는 비가 내리지 않았다. 식물이 시들었다. 강과 호수가 말라 갔다. 동물들이 죽어 갔다. 사람들도 죽어 가기 시작했다. 많은 사람들이 죽었다. 므우에트시의 자식들이 "어떻게 하지요?" 하고 물었다. 므우에트시의 자식들이,

"하카타(hakata, 신성한 주사위)에게 물어보아야겠구나."

하고 말했다. 그들은 하카타에게 물어보았다. 하카타가 대답했다.

"맘보 므우에트시는 병이 들어 슬퍼하고 있구나. 므우에트시를 드시보아로 보내라."

그러자 므우에트시의 자식들이 므우에트시를 목졸라 죽여 장사 지냈다. 그들은 모롱고를, 므우에트시와 함께 묻었다. 그러고는 다른 사람을 맘보로

뽑았다. 모롱고 역시 므우에트시의 짐바브웨(Zimbabwe, 궁전)[6]*에서 2년을 산 것이다.

창조 이후의 세 단계는 각각 세계의 발달 시기를 나타내고 있음에 분명하다. 이 발달 과정의 패턴은 이미 알려져 있었다. 즉 거의 예견된 것이었다. 이것은, 최고신의 경고로 알 수 있다. 그러나 살아 있는 전능자인 월인(月人)은 자기 운명의 실현을 박탈당하려 하지는 않는다. 호수 바닥에서의 대화는, 영원과 찰나의 대화, '존재하느냐 마느냐'는 '결정적인 대화'다. 끌 수 없는 욕망은 마침내 오랏줄을 받는다. 즉 행동이 시작된다.

월인의 아내들과 딸들은, 월인 자신의 운명의 화신이며 촉매이다. 세계를 창조하는 의지의 진화와 함께 여신인 어머니의 미덕과 외모는 변형되었다. 사대적(四大的) 자궁에서 태어난 첫 아내, 두 번째 아내는 전인간적(全人間的), 초인간적이었다. 그러나 우주 발생의 순환이 진행되고, 원초적인 형태에서 인류사적 형태로 성장 운동이 진행됨에 따라 우주적으로 탄생한 여왕들은 물러가고, 무대는 여인들이 차지하게 되었다. 여기서부터 조물주는 자기 사회 속에서 형이상학적 구닥다리 존재로 타락했다. 결국 그가 단순한 인간에게 넌더리를 내고 윤택했던 아내에게로 돌아가고 싶어하자, 세계는 그의 충격적인 반응 때문에 한차례 몸살을 앓았지만 곧 여기에서 풀려나 자유를 얻었다. 주도권은 아이들의 사회로 넘어갔다. 상징적이고 몽상적이었던 부모의 모습은 원초의 심연으로 함몰했다. 풍요한 대지에는 오직 인간만 남았다. 순환은 계속 진행되었다.

---

* '짐바브웨'란 말은 대강 '궁전'이란 뜻이다. 포트 빅토리아 근근의 방대한 선사 유적은 '큰 짐바브웨', 남로디지아의 돌무더기는 '작은 짐바브웨'라고 불린다. (Frobenious와 Fox의 「African Genesis」에서 가져온 설명)

그림 67 달의 왕과 그의 백성(바위 벽화, 선사 시대, 짐바브웨, 기원전 1500년경)

3 구세주를 낳는 자궁

이제 문제는 인간이 사는 세계다. 열왕(列王)의 실제적인 심판과, 천상적 계시의 주사위인(므우에트시의 자식들의 '하카타', 이 책, 368쪽 참조) 사제들의 가르침에 주눅이 든 나머지 의식의 장(場)은 위축될 대로 위축되어, 인간의 이야기라는 대서사시는 목적이 서로 모순되는 분류에 휩쓸리고 말았다. 인간의 시야도 이제는 좁아져 오직 가시적이고, 손에 잡히는 존재의 표피만 이해할 수 있을 뿐이다. 심연을 투시할 전망은 이제 사라졌다. 인간 고뇌의 의미심장한 형상은 이제 보이지도 않는다. 사회는 오류와 재난 속으로 빠져든다. '소자아'는 '대자아'의 재판석을 강탈했다.

이것은 신화에 나타나는 영원한 테마요, 선지자의 목소리로 듣는 귀에 익은 절규다. 사람들은 이 영혼과 육체가 더불어 뒤틀린 세계에서 다시 한번 화신(化身)한 심상의 시가를 읊어 줄 사람을 목마르게 기다린다. 우리는 우리의 전승 신화에 버릇 들여져 있다. 신화는 어느 곳에든, 갖가지 얼굴로 존재한다. 헤롯 형의 인간(失政하는, 집요한 자아의 극단적인 상징)이 인류를 정신적 굴욕의 정점에다 데려다 놓자, 순환 주기의 불가해한 힘은 스스로 기능하기 시작한다. 고만고만한 마을에서 한 처녀가 태어나는데 이 처녀는, 자기 세대의 오점이 하나도 묻지 않은 순수한 인간으로 자란다. 범용한 인간들 사이에 섞인, 바람의 신부인 우주적 여성의 축소판이다. 원초적인 심연처럼 휴경지(休耕地)로 남은 그녀의 자궁은, 만반의 준비가 다 된 상태에서, 일찍이 공(空)을 살찌웠던 근원적인 권능을 부른다.

"어느 날 마리아는 항아리를 들고 우물가에 서 있었는데, 주의 천사가 나타나 이렇게 말했다.

'마리아여, 축복을 받으라. 네 자궁은 하느님께서 거하실 차비가 끝

낳음이라. 하늘에서 빛이 내려 너에게 거할 것인즉, 그 빛은 너로 인하여 세상을 비출 것이다.'[7]

이런 이야기는 도처에서 발견된다. 그 주제나 흐름이 어찌나 똑같았던지 초기의 기독교 선교사들은, 악마가 이 기독교 성경 이야기를 위작하여 도처에다 뿌려 둔 것이라는 터무니없는 생각까지 했다. 페드로 시몬 신부는 그의 저서『서인도 본토 정복 이야기』(Cuenca, 1627)에서, 남아메리카 콜롬비아에서 통하와 소가모조인들을 상대로 선교 활동이 시작되었을 때 "그곳의 악마가 선교에 불리한 교리를 펴기 시작했다."라고 보고하고 있다. 그의 보고서를 직접 인용해 보자.

그중에서도 가장 기가 막히는 것은, 선교사들이 수태(受胎)에 대한 교리를 설교하자 악마는 이를 믿지 않고 아직 그 수태가 이루어지지 않았다는 주장을 편 것입니다. 악마의 주장에 따르면, 태양이 곧 구아체타 마을 처녀의 자궁을 빌려 빛으로 수태시켜, 처녀의 몸은 그대로 두고 아기를 갖게 하려 한다는 것입니다. 이러한 소문은 그 지역 전역에 퍼져 있습니다. 위에서 말한 구아체타 마을의 촌장에겐 두 딸이 있었는데, 이들은 서로가 자기를 통해 그 기적이 이루어지기를 바랐더랍니다. 두 딸은 동이 틀 때마다 집을 나가, 마을 주위에 있는 산을 오른 다음, 태양이 뜨는 곳을 향해 서서 첫 햇살을 온몸 가득히 받을 수 있는 자세를 취했습니다. 이런 일이 여러 날 계속되자 악마는 신의 허락(인간이 무슨 수로 그 깊은 뜻을 헤아리랴.)을 얻어 계획대로 뜻을 이루었으니, 그런 식으로 햇살을 받은 두 딸 중 하나가 햇살에 의해 수태하기에 이르렀다는 것입니다. 아홉 달 뒤, 처녀는 아주 귀한 하쿠아타(Hacuata)를 하나 낳았다는 것입니다. 이것은 이 지방 말로 '에메랄드'라는 뜻입니다. 여자는 이를 솜에다 싸서 젖가슴 사이에다 여러 날을 끼고 있었는데, 마침내 이 에메랄드가 아기로 변했다는 것입니다. 모두가 악마의 짓이었지요. 고란차초(Goranchacho)라는 이름을 얻은 이 아이는 촌장, 즉 외조부 집에서 스물네 살이 될 때까지 자라다가 당당하게 수도에 입성, 국민들로부터 '태양의 아들'이란 칭호를 얻었다는 것입니다.[8]

힌두 신화에는 극한적인 고행을 위해 깊은 산속으로 들어간 산의 왕인 히말라야의 딸, 처녀 파르바티(Pārvatī) 이야기가 나온다. 그즈음 타라카(Taraka)라는 폭군이자 거인이 이 세상을 강점하고 있었다. 예언에 따르면, 최고신 시바의 아들만이 타라카를 타도할 수 있게 되어 있었다. 그러나 시바는 요가의 신으로, 혼자 명상에 잠겨 있었다. 따라서 시바가 거기에서 나와 자식을 잉태케 하는 것은 불가능했다.

파르바티는 명상에 빠진 시바와 짝을 지어, 이 세상 형편을 고쳐 보리라고 결심했다. 파르바티는 자기도 시바처럼 홀로 은거, 명상하기로 마음먹고 불같이 뜨거운 태양 아래에서, 그것도 사방에다 햇볕보다 더 뜨겁게 모닥불까지 피워 놓고 발가벗은 채 금식에 들어갔다. 그 아름답던 몸에서는 곧 뼈가 드러났으며 곱던 피부는 나날이 거칠어져 갔다. 머리카락은 뒤헝클어져 부시시했고, 촉촉하던 눈은 햇볕에 짓무르기까지 했다.

어느 날 귀족 청년이 하나 다가와, 어째서 그 아름다운 몸을 그 같은 고문으로 스스로 망치느냐고 물었다.

파르바티가 대답했다.

"나는 지고의 존재 시바를 만나고자 합니다. 시바는 고독과 흔들리지 않는 집중의 신입니다. 그래서 나는 이 같은 고행으로 그분의 심적 균형을 깨뜨리고 나를 사랑하게 하려는 것입니다."

그러자 청년이 말했다.

"시바는 파괴의 신입니다. 시바는 세계의 파괴자입니다. 시바가 좋아하는 것은, 시체의 악취가 풍기는 무덤 안에서 명상하는 것입니다. 그는 썩은 시체를 좋아합니다. 썩은 시체는 그의 살벌한 가슴을 기쁘게 합니다. 시바는 살아 있는 뱀을 두르고 있습니다. 시바는 가난뱅입니다. 더구나 시바의 근본에 대해서 아는 사람은 하나도 없습니다."

처녀가 대답했다.

"그분은 당신과 같은 인간이 이해할 수 없습니다. 가난뱅이인지는 모르나 그분은 부(富)의 원천입니다. 무서운 분인 동시에 자비의 근원이십니다. 뱀을 둘렀든 보석을 둘렀든, 마음대로 두르고 벗기도 할 것입니다. 비실재의 창조자이신데 어떻게 근본을 이야기할 수 있습니까? 시바는 내 사랑이십니다."

그러자 청년은 본모습을 드러냈다. 그가 바로 시바였다.[9]

4 미혼모의 민화

부처는 하얀 우윳빛 코끼리 형상으로, 하늘에서 어머니의 자궁으로 하강했다. '뱀을 누빈 치마를 입은 여성'인 아스테카의 코아틀리쿠(Coatlicue)에게 신은, 깃털 덩어리 형상으로 하강했다. 오비디우스의 『변신 이야기』의 각 장은, 신들이 가면무도회를 방불케 하는 다양한 모습을 하고 괴롭히는 요정들로 우글거린다. 유피테르(제우스)는 황소, 백조, 그리고 황금의 비로 변신하기도 한다. 우연히 삼킨 잎사귀 한 장, 호두 한 알, 아니면 바람 한 점이, 만반의 준비가 끝난 자궁 안에서는 생명으로 잉태할 수 있다. 잉태하는 능력은 도처에 널려 있다. 종작없는 생각, 혹은 시대의 숙명이 구세주인 영웅이나 세계를 파멸시키는 악마를 잉태케 할 수 있을지 누가 알겠는가.

처녀 잉태의 이미지는 민담이나 신화에 수두룩하게 등장한다. 한 가지 실례, 즉 '멋쟁이' 시닐라우(Sinilau)에 관한 짤막한 통가(Tonga)의 민담 한 자루면 넉넉하다. 이 이야기가 흥미로운 것은 그 극단적인 허구

그림 68 뱀을 누빈 치마를 입은, 어머니 대지 코아틀리쿠(석조, 아스테카 유물, 멕시코, 15세기 말)

성 때문이 아니고, 전형적인 영웅의 삶의 주요 모티프를 무의식적인 해학으로 극명하게 보여 주고 있기 때문이다. 즉 이 이야기는 처녀 잉태, 아버지를 찾기 위한 여행의 출발, 시련, 아버지와의 화해, 미혼모의 정실 확정(正室確定) 및 입적(入籍), 사칭자들이 당황하는 사이에 영웅이 친자로 확인되는 등의, 전형적 영웅의 모티프를 그대로 보여 주고 있다.

2부 우주 발생적 순환

옛날 한 남자가 아내를 거느리고 살았는데, 아내가 임신했다. 출산 때가 되자 아내는 남편을 불러, 아기를 낳을 수 있도록 자기를 좀 안아 올려 달라고 했다. 그러나 아내는 아기를 낳는 대신 대합(大蛤)을 하나 낳았다. 남편은 그만 화가 나서 안고 있던 아내를 놓아 버렸다. 아내는 자기가 낳은 것이 아이가 아니라 대합인데도 불구하고, 남편에게 이를 거두어 시닐라우가 목욕하는 웅덩이에 넣어 달라고 부탁했다. 이윽고 시닐라우가 목욕을 하러 나타나 몸을 씻을 때 쓰는 야자 껍질을 물 위로 던졌다. 대합은 이 야자 껍질을 핥고는 임신했다.

어느 날 대합을 낳은 어머니인 여자는, 대합이 자기에게로 미끄러져 오는 걸 보았다. 여자는 화를 내며 왜 왔느냐고 물었다. 그러나 대합은, 화를 낼 시간이 없다면서 어서 해산할 수 있도록 휘장을 둘러 달라고 말했다. 어머니는 서둘러 휘장을 쳐 주었고, 대합은 이 안에서 아주 튼튼한 사내아이를 낳았다. 아기 어미인 대합은 아기를 낳자마자 목욕통으로 돌아가고, 대합의 어머니인 여자가 아기를 돌보는 한편 이름을 "백단향 숲속을 지나는 파타이"라고 지었다. 세월이 흐르자 대합은 또 아기를 가지게 되었고, 다시 어머니의 집으로 기어 와 아기를 낳을 준비를 해 달라고 부탁했다. 대합의 어머니는 그대로 해 주었고, 대합은 또 사내 아기를 낳았다. 이 아기의 이름은 "파타이 안에서 제멋대로 꼬인 은매화"라고 했다. 이 아이 역시 대합의 부모 손에서 자랐다.

두 아이가 장성하자, 대합의 어머니는 시닐라우가 잔치를 연다는 소문을 듣고, 자기의 두 외손자를 이 잔치에 보내기로 마음먹었다. 두 외손자를 부른 대합의 어머니는 잔치에 갈 채비를 하라고 이르고, 잔칫집 주인은 다름 아닌, 두 청년의 아버지라고 일러 주었다. 잔칫집에 간 두 청년은 거기에 모인 사람들의 시선을 끌었다. 그 둘에게 시선을 고정시키지 않은 여자가 없었다. 두 청년이 지나가자 여자들 한 무리가, 걸음을 멈추고 자기네들 쪽으로 돌아서 보라고 했지만 두 청년은 이를 거절하고 카바 술을 마시는 곳까지 갔다. 거기에서 그들은 카바 술을 따랐다.

그러나 자기 잔치가 두 청년 때문에 방해를 받고 있다고 생각한 시닐라우는 몹시 화를 내며 부하들에게 접시 두 개를 가져오게 했다. 이어 시닐라우는 부하들에게 두 청년 중 하나를 붙잡아 목을 베라고 명령했다. 부하들은 그를 베기 위해 대나무 칼을 갈았다. 그러나 대나무 칼은 그의 피부에 닿자마자 미끄러져 버렸다. 그가 시를 빌려서 소리쳤다.

칼이 닿아서 미끄러지는데도,
그냥 앉아서 구경만 하십니다.
우리가 자기를 닮았는지 안 닮았는지도 모르는 채.

시닐라우는 젊은이에게 대체 무슨 소리냐고 물었다. 두 청년은 이 시를 다시 한번 읊었다. 그러자 시닐라우는 두 청년을 가까이 오게 하여, 대체 아버지가 누구냐고 물었다. 두 청년은 시닐라우를 가리키며 그가 바로 자기 아버지라고 대답했다. 시닐라우는 새로 찾은 이 두 아들에게 입 맞추고는 가서 어머니를 데려오라고 했다. 두 청년은 웅덩이로 가서 대합을 꺼내어 외조모에게 가져갔다. 외조모가 대합을 열자 그 안에서 아름다운 여자 "강물이 내 집 같은 히나"가 나왔다.

그들은 다시 시닐라우에게로 돌아갔다. 두 아들은 타우포후아라고 불리는, 가두리를 술로 장식한 담요를 걸치고 갔고, 어머니는 투오우아라는 화려한 담요를 걸치고 갔다. 두 아들은 앞섰고 어머니는 그 뒤를 따랐다. 시닐라우는 아내들에 둘러싸인 채 앉아 있었다. 두 아들은 각각 시닐라우의 무릎에 앉았고 히나는 그 옆에 앉았다. 시닐라우는 사람들을 시켜 가마를 데우게 하고, 다른 아내들과 자식들을 모조리 거기에 넣어 죽이고 이로써 빵을 만들게 했다. 시닐라우는 "강물이 내 집 같은 히나"를 정실부인으로 맞아들였다.[10]

그림 69 달 수레(석조, 캄보디아, 1113~1150년경)

3 영웅의 변모

1 최초의 영웅과 인간

이제 우리는 두 단계를 거쳐 왔다. 즉 첫째는, 창조되지 않은 창조자의 직접적인 유출에서 신화적 시대의 유동적이나 시간을 초월한 존재에 이르는 단계, 둘째는, 이 창조된 창조자에서 인류 역사의 영역에 이르는 단계다. 유출은 이제 그 극점에 이르렀고 의식의 장은 이제 좁아질 대로 좁아졌다. 전에는 사상(事象)의 실체가 보였지만 이제는 그 부수 효과만 인류의 눈, 작고 현실적인 동공의 초점 앞에 모일 뿐이다. 따라서 이제 우주 발생적 순환은, 보이지 않게 된 신들에 의해서가 아니라, 인간의 모습을 갖춘 영웅에 의해 진행되게 된다. 세계의 숙명은 바로 이 영웅들을 통해 실현된다. 에덴동산에서 인간이 추방당한 뒤로 창세기가 그러했듯이, 창조 신화가 전설에 자리를 물려주어야 할 대목이 바로 이 대목이다. 형이상학은 선사학(先史學)에 자리를 물린다. 이 선사학은, 처음에는 모호하고 불분명하나 차츰 그 형태가 자세히 드러나기 시작한다. 영웅은 점차 우화적인 성격을 일탈하다가 다양한 지방적 전승의 마지막 단계에 이르면 마침내 전설은, 기록되는 시대라는 빛의 세례를 받게 된다.

월인(月人) 므우에트시는, 헝클어진 닻줄처럼 결국은 잘리고 말았다. 그의 자식 세대가 깨어 있는 의식이라는 일상의 세계로 부상한 것이다. 그러나 우리가 이야기 듣기로는, 이제 바다의 물속에 잠겨 버린 아비의 직계 자식 중에는, 맨 처음 태어난 자식처럼 단 하루 만에 장성하는 자식도 있었다. 이 특별한 우주적 능력자는, 정신적 사회적 선민의식을 조성한다. 창조적 에너지를 이중으로 받은 이들은, 곧 계시의 근원 그 자체였다. 전설적인 과거의 미명기에는 어디서건 그런 인물이 등장한다. 그들이야말로 문화 영웅이며, 도시의 건설자다.

중국 편년사는 땅이 굳고, 사람들이 강 유역에 모여 살 때, 천제(天帝) 복희씨(伏羲氏, 기원전 2953~2838년)가 그들을 다스렸다고 기록한다. 그는 백성에게 그물로 고기를 잡는 법, 사냥하는 법, 가축을 치는 법을 가르쳤고, 백성을 각 부족별로 나누었으며 결혼 제도를 확립했다. 그는 또 멩이라고 하는 강물에서 나온, 비늘로 뒤덮인 마상(馬像)의 괴물이 준 초자연적인 각판(刻板)에서 팔괘(八卦)를 만들었는데, 이 팔괘는 오늘날에도 전통적인 중국 사상의 근본적인 상징으로 남아 있다. 그는 기적적으로 잉태되어 12년간 복중(腹中)에 있다가 태어났다. 그는 몸은 뱀, 팔은 인간, 머리는 황소[1]의 모습으로 태어났다.

그의 뒤를 이은 지제(地帝) 신농씨(神農氏, 기원전 2838~2698년 통치)는, 키가 약 2.6미터에 이르는 거인으로, 몸은 사람이되, 머리는 소의 머리였다. 그는 용의 신통력을 통해 잉태되었다. 기절초풍한 어머니가 갓난아이를 산에다 버렸으나, 산짐승들이 거두어 보호하고 젖을 먹이는 바람에 다시 데려왔다고 한다. 신농씨는 하루 만에 70가지의 독초와 그 해독약을 발견했다. 그는 또 유리가 위장을 덮고 있어 약초가 어떻게 소화되는지 관찰할 수 있었다. 여기에서 그는, 오늘날까지도 사용되는 약전(藥典)을 만들었다. 그는 또 쟁기의 발명자이며, 상거래 제도의 창안자이기도 했다. 신농씨는 지금도 중국인 사이에서는 '곡물의 왕'으로 섬김을 받는다. 그는 168세에 신의 반열에 들었다.[2]

이러한 사왕(蛇王) 및 미노타우로스는, 황제가 특별한 세계 창조, 세계 수호의 권능을 가지고 있던 과거를 말하고 있다. 이들의 권능은, 정상적인 인간의 육체가 구사할 수 있는 능력을 훨씬 앞질렀다. 영웅적인 업적이나, 인류 문화의 기초 작업은 다 이런 시대에 이루어졌다. 그러나 오래지 않아 원형적 인간 및 초인간이 없어도 실현 가능한 업적들이 남는다. 말하자면, 정열의 절제, 예술의 폭발적인 발달, 경제 구조의 태동, 문화적인 기관의 대두라는 업적은 인간의 노력만으로 이루어질 수 있었다. 이제 인간에게 요구되는 것은 월우(月牛)의 화신이나, 운명의 팔괘라는 초월적 지혜가 아니라, 자신의 필요와 희망에 따라 행동하는 완전한 인간 정신이었다. 따라서 우주 발생적 주기는, 다가오는 시대의 인군(人君)의 전형이 될 인간의 형상을 한 황제의 손으로 넘어갔다.

헌원씨(軒轅氏, 기원전 2697~2597년)는 삼황(三黃) 중의 세 번째 황제다. 그의 어머니는 소전(少典)이라는 제후의 소실이었는데, 어느 날 밤 큰곰자리를 둘러싼 황금빛의 영묘한 빛을 보고는 그를 잉태했다. 이렇게 해서 태어난 아이는 70일 되는 날부터 능히 말을 했고 열한 살 때는 아비의 제후 자리를 이었다. 그에겐 꿈을 꾸는 놀라운 능력이 있었다. 그는 잠을 자면서 먼 곳을 갈 수도 있었고, 선계(仙界)로 가서 선인들과 노닐 수도 있었다. 제후의 위에 오른 직후 헌원씨는 꼬박 석 달간이나 계속되는 꿈을 꾸었는데, 이때 그는 몽중(夢中)에 마음을 다스리는 법을 터득했다. 두 번째의 긴 꿈에서 그는 백성을 가르치는 능력을 얻어 깨어났다. 그는 백성들에게 마음을 다스림으로써 자연의 힘을 통제하는 법을 가르쳤다.

이 놀라운 인간은 100년 동안 중국을 다스렸는데 이 동안 백성들은 황금시대를 누렸다. 황제는 현신(賢臣) 여섯을 등용, 이들의 도움을 받아 달력을 만들었고, 산술 계산법을 제정하였으며, 나무와 쇠그릇 및 질그릇 만드는 법, 배와 수레를 건조하는 법, 화폐 사용법, 대나무 악기 만드는 방법을 가르쳤다. 그는 또 신을 섬기는 장소도 따로 정했고, 사유 재산의 한계를 정하고 이를 지켜 주는 법을 제정했다. 그의 비(妃)는 누에고치에서 실을 뽑고 이로 비단을 짜는 방법을 고안했다. 그는 100가지 곡식과 채소와 나무를 심었으며 새와 짐승과 파충류와 벌레들에 관심이 많았다. 물, 불, 나무, 흙을 다루는 법을 가르쳤는가 하면, 조수의 간만을 다스리기도 했다. 111세가 된 그가 죽기 직전에는, 그의 궁성에 봉황과 일각수가 나타나 그의 치적이 얼마나 완벽한 것이었는가를 증거했다고 한다.[3]

2 인간적인 영웅의 어린 시절

초기 우두사신(牛頭蛇身)의 문화 영웅은 자연계의 창조 능력을 타고났다. 그의 형상이 초자연적인 것은 바로 그의 이런 능력 때문이었다. 그러나 인간적인 영웅은, 후세 인간과의 관계를 재정립하기 위해 '하강'해야 한다. 이것이 우리가 지금까지 본 영웅의 모험의 의미이다.

그러나 전설을 만든 사람들은, 세계적으로 위대한 영웅들을 단순한 인간에 국한시키는 데 만족하지 않았다. 말하자면 그들을 제한하는 지평을 넘어갔다가, 보통 사람에게서도 볼 수 있는 신념과 용기로 선약(仙藥)을 얻어 돌아오는 인간으로는 만족할 수 없었다는 것이다. 전설을 만든 사람들에겐 탄생의 순간, 심지어는 잉태의 순간에 영웅에게 초자연적인 능력을 부여하는 경향이 있다는 것이다. 따라서 영웅의 생애는, 그의 모험을 절정으로 하는 엄청난 장관으로 그려진다.

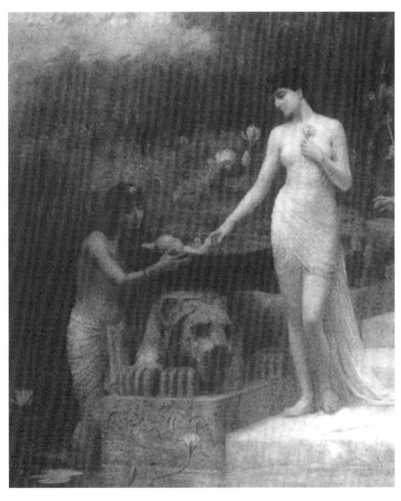

그림 70 모세를 발견한 파라오의 딸(세부, 캔버스에 유채, 영국, 1886년)

이러한 관점은, 영웅이란 성취되는 것이 아니고, 운명지어진다는 관점과 일치한다. 이러한 관점은, 영웅의 전기와 그 고유한 성격과의 관계에 문제를 제기한다. 가령 예수는, 엄격한 고행과 명상으로 지혜를 터득한 사람이라고 생각할 수 있는가 하면, 인간의 모습을 취한 하강한 신이라고 믿어질 수도 있다. 전자의 견해를 따르는 사람은 예수와 같은 초월적 구원을 경험하기 위해 그의 행적을 글자 그대로 흉내 내는 수가 있다. 그러나 후자의 견해를 따를 경우, 예수라는 영웅은 글자 그대로 본이 되는 전형이라기보다는 묵상해야 할 하나의 상징이다. 신적인 존재란, 우리 모두의 내부에 있는, 전능한 자아의 계시다. 삶에 대한 묵상은, 따라서 정확한 모방에 이르는 전주곡으로서가 아니라 자기의 내재적인 신성(神性)에 대한 명상의 형태여야 한다. 말하자면 '이러저러하게 행동해서 선함을 얻는' 것이 아니고 '이를 앎으로써 신이 되는 것'이다.

물론 이것은, 일반적인 기독교 교회의 가르침과는 일치하지 않는다. 교회에서는, 예수가 "하느님 왕국은 너희 안에 있다."라고 선언했음에도 불구하고, 인간은 오직 하느님 '형상'에 따라 창조되었기 때문에, 인간과 창조자의 구분은 절대적이라고 가르친다. 따라서 궁극적인 깨달음을 얻어도 인간의 '영원한 영혼'과 신성 사이의 이원적 구분은 여전히 존재한다. 교회는, 이 대립물의 합일을 원치 않는다.(오히려 이러한 생각이 '범신론'으로 매도당했는가 하면, 화형주를 세워 놓고 이를 엄중히 경계한 바 있다.) 그럼에도 불구하고, 기독교 신비주의 전승의 기도문이나 일기에는 영혼을 산산이 부수는, 하나 되는 경험(이 책 53쪽 참조)에 대한 광희의 기록이 얼마든지 발견되고 있으며,『신곡』의 결론 부분에 나오는 단테의 환상도(이 책 235~236쪽 참조) 삼위일체라는 궁극적인 존재에 대한 전통적, 이원적, 구체적 교리를 뛰어넘고 있다. 이 교리가 초월되지 못하는 한 아버지를 찾아가는 신화는 인간의 궁극적인 목표를 기술하고 있는 것으로서 글자 그대로 받아들여진다.(이 책 315쪽 참조)

예수를 인간의 전형으로 모방하거나 그를 신으로 묵상하는 문제에 대해, 기독교도들이 갖는 태도의 역사는 대개 다음과 같이 요약된다.

(1) 예수가 그랬던 것처럼 세상사를 단념함으로써, 스승으로서의 예수를 곧이곧대로 따른 시대.(원시 기독교)

(2) 십자가에 못 박힌 예수를 내재적인 신으로 묵상하고, 세상에서의 삶을 이 신의 종으로 살던 시대.(초기 및 중세 기독교)

(3) 묵상을 고무하는 모든 수단을 거부하면서도, 세상에서의 삶을 이제는 보이지 않는 신의 종 혹은 전달자로 사는 시대.(프로테스탄트 기독교)

(4) 예수의 고행은 받아들이지 않으면서도 예수를 인간 존재의 전형으로 해석하는 시대.(개혁 기독교) 이 책, 188쪽과 비교해 보라.

제1부 「영웅의 모험」에서, 우리는 심리학적이라고 해도 좋을 첫 번째 관점에서 그의 구원적인 행적을 검토해 보았다. 이제 우리는 두 번째 관점에서 이를 검토해 보아야 한다. 이 두 번째 관점에서 영웅의 행적은, 형이상학적 비의의 상징이 된다. 그 비의는 영웅 자신이 재발견하고 재해석해야 했던 것이다. 따라서, 이 장에서는 먼저 영웅의 불가사의한 어린 시절을 다루어 보려고 한다. 이 세상으로 화신한 내재적인, 신적 원리의 특수한 현현은 바로 이 범상하지 않은 시절을 통해서 드러난다. 그리고 이어서 영웅이 자기 운명의 길을 감당하는 갖가지 삶의 양상을 다루어 보기로 한다. 시대에 따라 이 양상은 다양하게 변한다.

앞에서 이미 기술한 바 있지만 영웅의 첫 번째 과업은, 우주 발생적 순환의 선행 단계를 의식적으로 체험하는 것이다. 말하자면, 유출 (emanation)의 역사를 거슬러 올라가는 것이다. 그리고 두 번째 과업은, 심연에서 일상의 삶으로 귀환하여 조물주적 잠재력을 가진 인간적인 변환 자재자(變還自在者)가 되는 것이다. 헌원씨에게는 꿈을 꾸는 권능이 있었는데, 이 꿈은 그가 하강하고 귀환하는 수단이다. 배이내뫼이녠의 두 번째 탄생, 혹은 물속에서의 탄생은 그를 사대적(四大的) 현실로 되돌려 놓았다. 통가의 민담에 나오는 대합 아내는, 어머니로부터 태어나자마자 웅덩이 속으로 물러선다. 형제 영웅들은, 전인간적(前人間的) 자궁에서 태어났다.

개인적 주기의 제2단계에 나타나는 영웅의 행적은, 제1단계인 하강 주기 행적의 심도에 비례한다. 대합의 아들들은 동물적인 차원에서 태어났다. 그런데도 그들의 외모는 범상치 않았다. 배이내뫼이녠은 물과 바람이라는 요소에서 다시 태어났다. 그에겐 음유시로서 자연과, 인간의 육체에 깃들여 있는 요소를 불러일으키거나 위무할 능력이 있었다. 헌원씨는 정신의 왕국을 다스렸으며, 마음의 조화를 가르쳤다. 부처는 창조신들의 영역을 넘어, 공(空)에서 돌아왔다. 그는 우주 순환(輪廻)에서의 구원〔解脫〕을 외쳤다.

실제 역사적 인물의 행위가 영웅적인 것이었다면, 그의 전설을 만드는 사람은 그를 위해 그 행위와 심도가 유사한 정도의 모험을 만들어 낸다. 이러한 모험이 바로 초자연적인 영역으로의 여행인데 이 여행이 독자에 의해서 한편으로는 마음이라는 밤바다로의 여행, 다른 한편으로는 각자의 삶으로 구체화하는 인간의 운명의 측면, 혹은 영역으로 해석되는 것이다.

아카드의 사르곤 왕(King Sargon, 어림잡아 기원전 2550년 전후)은 천모(賤母) 소생이었다. 아버지는 누구인지도 몰랐다. 갈대 바구니에 담긴 채 유프라테스강에 띄워 보내진 그는 아키(Akki)라는 농부에게 발견되었다. 농부는 이 아이를 길러 정원사로 만들었다. 그런데 여신 이슈타르가 이 젊은이를 총애했다. 마침내 그는 살아 있는 신으로 섬김을 받는 왕, 혹은 황제가 되었다.

힌두 마우리아 왕조의 시조인 찬드라굽타(Chandragupta, 기원전 4세기)는 토기(土器)에 든 채로 외양간 문턱에 유기되었다. 그러나 목동이 그를 주워 길렀다. 어느 날 동무들과의 놀이에서 재판석에 앉아 왕 노릇을 하던 찬드라굽타는, 수종에게 명령해 법을 어긴 악질범의 수족을 절단했다. 그런데 그가 다시 명령하자 악질범 역할을 맡은 아이의 수족은 곧 원래 상태로 되돌아왔다. 지나가던 한 군주가 이 놀라운 광경을 보고는 이 아이를 1천 금에 사서 데리고 갔는데, 궁전으로 아이를 데려간 왕자는 아이의 몸에서, 그가 바로 마우리아라는 징표를 발견했다.

교황 대(大)그레고리우스(Pope Gregory the Great, 540?~604년)는 악마의 장난으로 근친상간을 범한 귀족 가문의 쌍둥이 남매 사이에서 태어났다. 지은 죄를 한하여, 어머니는 그를 조그만 통 속에 넣어 바다에 띄워 보냈다. 그는 어부에게 발견되어 그 집에서 자랐다. 그가 여섯 살이 되자, 어부는 그를 사제로 교육시키려고 수도원으로 보냈다. 그러나 그는 기사의 삶을 동경했다. 배를 타고 기적적으로 부모의 땅으로 돌아온 그는 왕비의 총애를 받게 되었는데, 사실 이 왕비는 그의 어머니였다. 이 두 번째 근친상간을 깨달은 그레고리우스는 이를 참회하느라 17년간이나 바다 한복판에 있는 바위섬에서, 사슬에 묶인 채 보냈다. 참회를 시작하면서 그는 사슬의 자물쇠를 여는 열쇠를 바다에다 던져 버렸는데 이 열쇠는 그의 참회가 끝날 즈음 물고기 배 속에서 발견되었다. 이 일은 참회가 끝났음을 알리는 하늘의 섭리로 받아들여졌다. 그레고리우스는 로마로 보내졌고, 후일 로마에서 교황에 선출되었다.[4]

샤를마뉴(Charlemagne, 742~814년)는 어린 시절 형들의 박해를 받다 못해 사라센 스페인으로 도망쳤다. 거기에서 그는 마이네란 가명으로, 왕의 전령 노릇을 했다. 왕의 딸을 기독교도로 개종시키는 데 성공한 그는 그녀와 은밀하게 결혼을 약속했다. 그곳에서 활약하던 그는 마침내 프랑스로 돌아와 형들의 박해를 물리치고 마침내 대권을 잡는 데 성공했다. 그 뒤 그는 12명의 귀족 심복의 비호를 받으며 100여 년간 프랑스를 다스렸다. 기록에 따르면 그의 수염과 머리카락은 몹시 길고, 또 하얗게 세어 있었다. (실제로는 샤를마뉴 대제는 대머리인 데다 수염이 없었다.) 어느 날 그는 심판의 나무 아래서 뱀에게 유리한 판결을 내렸는데, 뱀은 이를 고맙게 여겨, 그에게 이미 죽은 여자와 사랑에 빠지게 하는 부적을 주었다. 그런데 이 부적이 엑스(Aix)에 있는 우물에 빠졌다. 그가 즐겨 엑스에 거주한 것은 이 때문이었다. 사라센, 색슨, 슬라브, 그리고 스칸디나비아 민족들과 전쟁을 벌이던 이 황제는 세상을 떠났다. 그러나 그는 죽은 것이 아니고 잠을 자다가, 나라가 위기에 처하면 다시 깨어난다. 중세 말, 그는 십자군 전쟁에 참가하기 위해 사자(死者) 가운데서 일어난 일이 있다.[5]

이러한 전설적인 전기들은 유아기의 유배와 귀환이라는 다양하게 합리화된 주제를 다루고 있다. 이것은 모든 전설, 민화, 그리고 신화에서 두드러지는 양상이기도 하다. 전설을 만드는 사람들은 대체로 물리적인 개연성을 부여하려고 애쓴다. 그러나 문제의 영웅이 위대한 족장, 요술쟁이, 선지자, 혹은 위대한 존재의 화신일 경우, 기적은 얼마든지 일어난다.

아브라함의 탄생에 관한 히브리의 유명한 전설은, 명백히 초자연적인 유아기의 추방 혹은 유기의 한 실례를 보여 주고 있다. 아브라함의 탄생은 니므롯(Nimrod)도 이미 별을 보고 알고 있었다.

이 사악한 왕은 점성술에 능한 자여서 그의 재임 중에 한 아이가 태어나 후일 그를 적대하고, 그의 종교를 무너뜨릴 것임을 알고 있었다. 별이 예언하는 자기 운명에 몹시 겁을 먹은 그는 왕자와 제후들을 불러 이 문제를 상의했다. 그들은 이구동성으로 대답했다.

"저희들의 의견으로는 폐하께서 큰 집을 지으시고, 그 앞에다 경비병을 세우신 다음, 나라 안의 임신한 여자란 여자는 모조리 그 집 안으로 산파와 함께 불러들이고 거기에서 아기를 낳게 하면 좋겠습니다. 아이 밴 여자들이 마침내 아기를 낳으면, 만일 아기가 사내아이일 경우 산파로 하여금 죽이게 하시면 됩니다. 여자 아이일 경우에는 살려 두되, 그 어미에게 큰 상을 내리시고, 전령관으로 하여금 딸을 낳은 어미에게 큰 복이 있음을 널리 알리게 하는 것입니다."

왕은 그 주청을 기쁘게 여겨 나라 안에다 포고를 내리고, 모든 건축가들을 모아 큰 집을 지으니, 높이가 약 60미터, 길이가 80미터에 이르렀다. 집이 완성되자 그는 두 번째 포고를 내려, 나라 안의 임신부란 임신부는 모조리 그 안에다 가두게 했다. 왕은 임신부들을 그 집에 가둘 관리를 지명하고, 임신부들이 도망치지 못하도록 안팎에 경비병들을 배치했다. 이어 왕은 그 안으로 산파들을 들여보내, 만일 사내아이가 태어나면 태어나자마자 죽이라고 명했다. 그러나 태어난 아기가 계집아이면, 산모는 올이 고운 삼베와 비단, 수놓은 의복을 주고, 명예롭게 그 집에서 방면한다는 약속도 했다. 이렇게 해서 이 집 안에서는 자그만치 7만 명의 사내아이가 살해당했다. 이윽고 천사들이 하느님 앞에 나타나 아뢰었다.

"하느님, 저에게 아무 허물도 끼치지 않은 죄 없는 아기를 저렇게 많이 죽이는 죄인이자 독신자(瀆神者), 가나안의 아들이 보이시지 않습니까?"

하느님이 그들에게 이르렀다.

"거룩한 천사들이여, 나는 깨어 있는 것도 자는 것도 아닌데, 알지 못하고 보지 못할 리 있겠는가. 나는 드러난 것과 드러나지 않은 것을 능히 보고 능히 아니, 그대들도 이제 내가 이 죄인이며 독신자를 어떻게 하는지 알게 되리라. 이제 내 저자를 치도록 하겠다."

테라(Terah)가 아브라함의 어머니와 짝을 지은 것은 이즈음의 일이었다. 아브라함의 어머니는 아이를 가졌다. 출산 때가 임박해지자 아브라함의 어머니는 황급히 성읍을 떠나, 계곡만 찾아다니며 광야를 방랑하다 이윽고 동굴 하나를 발견했다. 어머니는 이 동굴로 들어간 이튿날 진통을 시작, 아들을 낳았다. 동굴 안은 아기의 몸에서 나오는 날빛 같은 광채로 가득했고 어머니는 이를 크게 기쁘게 여겼다. 그 아들이 바로 우리의 조상 아브라함이다.

어머니는 울며 아들에게 말했다.

"니므롯이 왕좌에 있을 때 너를 낳았으니 어찌할꼬. 너를 대신하여 7만 명의 사내아이가 죽임을 당했으며, 그들이 네가 태어났다는 걸 알면 너 역시 죽일 것이니 이 어찌 두렵지 않으랴. 내 눈앞에서 죽는 것은, 차라리 이 동굴에서 죽는 것만 같지 못하다."

어머니는 입고 있던 옷을 벗어 아기를 싸 동굴에다 버리면서 이렇게 빌었다.

"주님께서 너를 지켜 주시기를. 주님께서 너를 잊지도 버리지도 않으시기를……."

아무도 돌보는 이 없이 동굴에 버려지자 아브라함은 울기 시작했다. 하느님은 가브리엘을 보내시어 그를 양육게 하시니, 천사는 아브라함의 오른손 새끼손가락에서 젖이 솟아나게 했다. 아브라함은 이 손가락에서 나오는 젖을 빨며 열흘을 보냈다. 열흘이 지나자 그는 일어서 걸었다. 그는 동굴을 나와 계곡을 빠져나갔다. 해가 저물고 별이 나오자 그는 중얼거렸다.

"저기에 신들이 있구나."

그러나 새벽이 밝아 별들이 사라지자 그는 다시 중얼거렸다.

"저것은 신들이 아니니, 내 섬기지 않겠다."

이윽고 해가 뜨자 그는 다시 속삭였다.

"이것이야말로 신이니, 내 마땅히 찬미하리라."

그러나 해가 지자 그는 고쳐 말했다.

"신이 아니었구나."

달을 보자, 그는 신을 부르며 섬기겠노라고 했다. 그러나 달이 지자 그는 소리쳤다.

"이 역시 신이 아니다. 어디엔가 저들을 움직이는 분이 계실 것이다."[6]

몬태나의 블랙피트족은, 괴물을 살해한 젊은 쿠토이스(Kut-o-yis) 이야기를 한다. 어느 노부부는 항아리에다 들소 선지 핏덩이를 끓이다 그를 발견, 양부모가 되었다. 이야기인즉 이렇다.

항아리를 불에 올려놓고 끓이자 그 안에서 아기 울음소리가 났다. 뜨거워서 금방이라도 숨이 넘어갈 듯한 울음소리였다. 노부부는 그 안을 들여다보다가 아기를 발견하고는 서둘러 건져 내었다. 노부부의 놀라움은 이만저만이 아니었다. …… 나흘째 되는 날 아이는 입을 열고 이렇게 말했다.

"이 집 기둥에다 차례로 저를 묶어 주십시오. 그러면 마지막 기둥에 묶이는 순간 저는 풀려나 어른이 될 것입니다."

노부인은 그렇게 하기로 하고, 아이를 집 기둥에다 차례로 묶었다. 아이는 그럴 적마다 점점 자라다가 이윽고 마지막 기둥에다 묶자, 그는 어른이 되었다.[7]

민담에는 추방 혹은 유기의 주제와 더불어 미움을 받거나, 신체가 온전하지 못한 자, 즉 박해받는 막내, 고아, 양자, 미운 오리 새끼, 혹은 급이 낮은 종자(從者)의 주제가 자주 등장한다.

어머니를 도와, 발로 질그릇 만들 흙을 버무리던 한 젊은 푸에블로 인디언 처녀는, 자기 다리에 진흙이 튀는 듯한 느낌을 받았지만, 대수롭지 않게 생각했다. 자, 계속되는 이야기를 들어 보자.

……며칠 뒤, 이 처녀는 자기 배 안에서 무엇인가가 움직이고 있는 듯한 느낌을 받았다. 그러나 처녀는, 설마 배 속에서 아기가 자라리라고는 생각하지 못했다. 그래서 어머니에게도 이야기하지 않았다. 그러나 배 속의 그 꿈틀거리는 물체는 날이 갈수록 자라 갔다. 어느 날 아침 처녀는 진통을 느끼기 시작했다. 그날 오후 처녀는 아기를 낳게 되었다. 처녀의 어머니는 딸이 아기를 낳게 된다는 걸 (처음으로) 알았다. 어머니는 몹시 화를 냈다. 아기를 본 후에는 그것이 아기 같지 않음을 알고 대경실색했다. 아기라기보다는 두 개의 막대기 같은 게 불쑥 튀어나온 둥그런 물체로, 영락없는 물 항아리였다.

"어디서 이런 일이 생겼느냐?"

어머니는 물었지만 처녀는 그저 울기만 했다. 그때 아버지도 그 사실을 알았다.

"너무 걱정 말아요. 딸아이가 아기를 낳았다니, 이는 경사가 아닌가?"

아버지의 말에 어머니는,

"하지만 아기가 아닌걸요?"

하고 반문했다.

아버지는 그제서야 딸이 낳은 걸 보고는 그게 물 항아리임을 알았다.

"그런데도 움직이네?"

하고 아버지가 말했다.

그 물 항아리는 빠른 속도로 자라났다. 20일 뒤에는 아주 커졌을 정도였다. 이 물 단지는 아이들과 함께 다녔다. 말도 할 줄 알았다.

"할아버지, 밖으로 데려다 놓아 주세요, 바람 좀 쏘이게."

물 항아리가 말했다. 그래서 외조부는 아침마다 이 물 항아리를 밖에다 내어놓아 다른 아이들이 노는 걸 구경할 수 있게 해 주었다. 아이들은 그를 좋아했다. 오래지 않아 아이들은 그 물 항아리가 소년, 즉 물 항아리 소년이라는 걸 알았다. 말하는 걸 듣고 소년임을 안 것이다.[8]

요약건대 이렇다. 문제의 숙명적인 아기는 기나긴 암흑의 기간을 견디어야 한다. 이 기간은 극히 위험하고, 장애물이 많은 상황이며, 치욕을 당하는 기간이다. 그는 자기 내부로 깊이, 혹은 미지의 세계인 외부로 던져진다. 어느 경우든 그를 당혹게 하는 것은 미지의 암흑이다. 이곳은 의외의 존재, 자비로운 동시에 심술궂은 존재의 영역이다. 천사가 나타나기도 하고, 아기를 도와주는 동물, 어부, 사냥꾼, 쪼그랑 할머니, 혹은 농부가 나타나기도 한다. 동물들 사이에서 자라거나, 혹은 지크프리트처럼 생명의 나무 뿌리에 영양을 공급하는 땅귀신 사이에서 자라거나, 혹 작은 방에서 혼자 자라면서(이런 이야기는 도처에 널려 있다.) 이 어린 세상의 신참자는, 헤아리고 이름 붙여질 수 있는 세계 너머에 존재하는 권능이 있음을 배운다.

신화는, 그러한 체험을 견디고, 거기에서 살아 나오는 데는 범상하지 않은 능력이 있어야 한다는 데 동의한다. 이런 이야기에 등장하는 아이들은 대개가 힘이 세고 영리하고 또 지혜롭다. 헤라클레스는 여신 헤라가 요람으로 보낸 뱀을 죽인다. 폴리네시아의 마우이는, 어머니에게 요리할 시간을 주느라고 태양을 꾀어 그 운행을 늦추었다. 앞에서 보았듯이 아브라함은, 별과 달과 태양을 주관하는 하느님이라는 존재의 실재를 깨닫기에 이르렀다. 예수는, 논쟁에서 이른바 지혜로운 자들을 당황하게 했다. 어린 시절 부처는 어느 날 나무 그늘에 놓이게 되었는데, 유모는 나무 그림자가 오후 내내 움직이지 않고, 아기는 요가적 무아지경에 빠져 있는 걸 발견하고 기겁을 했다.

고쿨라와 브리다반의 목동들 사이에서 유아기의 유수(幽囚)를 치를 당시, 힌두교도들의 구세주 크리슈나가 보인 이적은 바로 이러한 이야기의 하나다. 푸타나(Pūtanā)라는 요괴가 아름다운 여인으로 둔갑하여 나타났다. 그 여인의 젖에는 치명적인 독이 들어 있었다. 이 여인은 어린 크리슈나의 양어머니인 야소다(Yasoda)의 집으로 와서, 친절하게도 아기 크리슈나를 안아 무릎에 앉히고 자기 젖을 빨게 했다. 그러나 크리슈나는 어찌나 힘차게 빨았던지 그녀의 목숨까지 빨아 내고 말았다. 여인은 죽어, 그 크고 무시무시한 요괴의 본색을 드러내었다. 그러나 그 시체를 화장하자, 시체는 바스라져 향료가 되었다. 이 신적인 아기 크리슈나가 젖을 빨면서 그 요괴를 구원했기 때문이었다.

어린 시절의 크리슈나는 말리기 힘든 장난꾸러기였다. 그는, 우유를 젓던 하녀가 졸면, 우유 그릇을 가져가 버리곤 했다. 어찌나 먹성이 좋았던지 시렁에다 먹을 것을 놓아두면 이를 내리느라고 시렁 전부를 뒤엎어 버리기가 일쑤였다. 하녀들은 아기 크리슈나를 버터 도둑이라고 부르면서 안주인 야소다에게 불만을 토로하곤 했지만, 크리슈나는 끊임없이 이야기를 만들어 내 위기를 모면하기가 다반사였다. 어느 날 크리슈나가 마당에서 놀고 있을 때였다. 그의 양부모는 마을 사람들에게서 아기 크리슈나가 진흙을 먹고 있다는 이야기를 들었다. 양어머니가 회초리를 들고 달려갔을 때 아기 크리슈나는 입술을 닦으며 그런 것은 먹은 적이 없다고 둘러대었다. 양어머니는 아기의 지저분한 입을 벌리게 하고 그 안을 들여다보았다. 그의 입안에는 '삼계(三界)'인 우주가 통째로 들어 있었다. 양어머니는 홀로 이런 생각을 했다.

"내 아들을 삼계의 주재자라고 생각하다니, 내 이 얼마나 어리석은 생각을 하는 것인가."

그러자 모든 것이 다시 장막에 가려졌다. 그 순간은 곧 까맣게 잊혀졌다. 양어머니는 하릴없이 아이를 안고는 집 안으로 들어오고 말았다.

당시 그곳 유목민들은, 힌두교의 제우스라고 할 수 있는 하늘의 왕, 비의 주재자인 인드라(Indra) 신을 섬기고 있었다. 어느 날 그들이 제물을 바치자 청년이 된 크리슈나가 그들을 나무랐다.

"하늘의 왕일지는 모르나, 인드라가 최고신이라는 것은 당치 않습니다. 그는 거인들을 두려워하고 있어요. 더구나 여러분이 빌고 있는 비와 풍요는, 물을 빨아들였다 다시 쏟아지게 하는 태양에 달린 것이지 인드라가 주재하는 것은 아닙니다. 인드라가 무엇을 할 수 있다는 말입니까. 모든 것은 자연의 법칙과 마음에 달린 것입니다."

이어 그는, 터무니없이 대기의 주재자를 섬기기보다는 가까이 있는 숲, 강물, 산, 특히 고바르단 산으로 관심을 돌릴 것을 권했다. 그래서 사람들은 산에다 꽃과 과일과 맛있는 고기를 제물로 바쳤다.

크리슈나는, 원래 형상은 사람들 사이에 두어 함께 그 산을 예배하게 해 두고, 또 다른 형상, 즉 산신(山神)의 형상으로 둔갑하여 이들의 제물을 응감했다. 산신은 이 제물을 받아 맛있게 들었다.

인드라는 대노하여 구름의 왕을 보내어 이들을 응징하게 했으니 구름의 왕은 사람들에 비를 내려 일거에 땅을 쓸어 버리려 했다. 과연 폭풍우를 동반한 구름은 상공에 이르러 비를 쏟기 시작했다. 세상의 종말이 온 듯했다. 그러나 크리슈나 청년은, 고갈될 줄 모르는 에너지를 퍼부어 고바르단 산을 달군 다음 이를 손가락으로 걸어 들고 사람들을 모두 그 산 아래로 피신하게 했다. 비는 그 산 위로 쏟아졌지만, 순식간

그림 71 고바르단 산을 들고 있는 크리슈나(종이에 채색, 인도, 1790년경)

에 증기가 되어 증발했다. 폭우는 이레 동안이나 쏟아졌지만 그곳 사람들 중에는 비 한 방울 맞은 자가 없었다.

그제서야 신은, 자기 상대가 근원적인 존재의 화신임을 깨달았다. 다음 날 크리슈나가 예전처럼 소를 몰고 나가 풀을 먹게 하면서 피리를 불자, 하늘의 왕은 아이라바타라는 흰 코끼리를 타고 내려가, 조용히 웃고 있는 청년의 발등에다 얼굴을 대고 자비를 구했다.[9]

서양의 독자들은 이상하다고 생각하겠지만, 신들의 왕 대신 산을 섬기라는 크리슈나의 충고는, 섬김의 도(bhakti mārga)는 멀고, 상상하기 어려운 것이 아닌, 익히 알려져 있고 섬기는 자들의 사랑을 받는 것을 섬기는 데서부터 시작되어야 한다는 말이다. 신이란 만물에 내재하기 때문에, 무엇이든 지성으로 섬기면 신으로 현현한다는 것이다. 더구나 외부 세계에 있는 신을 발견하게 하는 것도 섬기는 자에 내재하는 그 신이다. 제사가 진행될 동안 크리슈나의 존재가 이원화하는 데서 이 신비가 드러난다.

유아기 이야기는 영웅의 귀환 혹은 그의 정체가 드러남으로 그 결론에 이른다. 즉 오랫동안 묻혀 지내던 영웅의 암흑기가 끝나고 그의 진정한 성격이 노출되는 것이다. 여기에도 상당한 위기가 따른다. 이때까지 인간 사회에서 소외되었던 권능의 대두를 의미하기 때문이다. 그 이전의 양상은 토막 나거나 사람들 기억에서 해소되어 버리고, 재난이 몰려온다. 그러나 재난이 지나가면 새로운 권능의 창조적 진가가 드러나고 세계는 다시 영광의 새 형상을 얻는다. 이러한 십자가 위에서의 고난과 부활의 주제는, 영웅 자신의 몸, 혹은 그가 속한 세계가 맞는 효과로 나타날 수 있다. 첫 번째 경우가 바로 푸에블로 인디언의 물 항아리 이야기에 나타난다.

마을 남자들이 토끼 사냥을 하러 가게 되자 물 항아리 소년은 자기도 따라가고 싶다면서 외조부를 졸랐다.

"할아버지, 고원 기슭까지만 데려다주세요, 저도 토끼를 잡고 싶어요."

"얘야, 너에겐 팔도 다리도 없는데 어떻게 토끼를 잡을 수 있겠느냐?"

외조부가 대답했다. 그러나 물 항아리 소년은 부득부득 우겼다.

"어쨌든 데려다주세요. 할아버지는 이제 늙으셔서 아무것도 하실 수 없잖아요?"

아들에게는 다리도 팔도 눈도 없는지라 어미는 울었다. 그러나 식구들은 이따금씩 항아리 주둥이에다, 즉 그의 입에다 먹을 것을 넣어 주곤 하지 않았던가? 다음 날 아침 외조부는 그를 데려다 고원 기슭에 내려놓았다. 그러자 물 항아리 소년은 구르기 시작, 오래지 않아 토끼의 발자국을 발견하고는 추적했다. 늪에 이르는 내리막길에는 바위가 하나 있었다. 거기에 부딪히자 물 항아리가 깨어지면서 소년이 나왔다. 그는 자기 껍질이 부서지고 비로소 소년, 아주 크고 잘생긴 소년이 된 것을 몹시 기뻐했다. 소년은 구슬 목걸이에, 옥 귀고리까지 걸고 무도회용 치마, 가죽신, 가죽 저고리 차림을 하고 있었다.

토끼 여러 마리를 잡아 외조부에게 바치니, 외조부는 의기양양 소년을 데리고 집으로 돌아왔다.[10]

아일랜드의 전사 쿠훌린(Cuchulainn)은 중세 얼스터 지방의 '붉은 가지 기사단 전설'의 주인공인데 이 영웅의 내부에서 타오르는 우주적 에너지는 어느 날 문득 화산처럼 폭발하여, 저 자신은 물론 주위의 모든 것을 파멸시킬 수 있다.

중세 아일랜드의 전설군은 다음과 같다.

(1) 신화적인 이야기(The Mythological Cycle). 이 이야기는 선사 시대 사람들이 이 섬으로 이주한 경위, 그들의 무용담, 그리고 특히 투아타 데 다나안(Tuatha De Danaan), 즉 "태모(太母) 다나의 자손"으로 알려진 신들의 부족의 행적을 그리고 있다.

(2) 밀레시우스족의 기록(The Annal of the Milesians). 이 섬에 가장 늦게 도착한 부족, 즉 12세기 헨리 2세의 영도 아래 앵글로-노르만족이 도착하기까지 존속했던 켈트 왕조의 시조 밀레시우스의 자손들의 이야기를 담은, 역사적 기록에 준하는 연대기.

(3) 붉은 가지 기사들의 얼스터 이야기. 여기에서는 외숙부인 Conchobar('코노후르'라고 읽는다.)의 궁전에서의 Cuchulainn('쿠훌린'이라고 읽는다.)의 행적이 다루어진다. 이 이야기는 웨일스, 브리타니, 잉글랜드의 아서왕 전승의 발전에 큰 영향을 끼쳤다. 즉 코노후르의 궁전은 후일 아서왕 궁전의 모델이 되었고 쿠훌린의 행적은 아서왕의 조카 가웨인 경(Sir Gawain)의 행동의 모델이 되었다.(가웨인은 후일 랜슬롯(Lancelot), 퍼시벌(Perceval), 갤러해드(Galahad)가 수행한 많은 모험을 거친 원형적인 영웅이었다.)

(4) 페니언 기사단 이야기(The Cycle of the Fianna). 페니언 기사단은, 핀 마쿨의 지휘 아래 모인 영웅적인 투사들이었다.(이 책, 273쪽 각주 참조) 핀과 그의 신부 그리아니(Grianni), 그리고 조카 디아르메이드(Diarmaid)의 삼각관계를 다룬 이 일군(一群)의 이야기 중 수많은 일화가 후일 트리스탄과 이졸데 이야기(tale of Tristan and Isolde)로 전화했다.

(5) 아일랜드 성인들의 전설(Legend of Irish Saints).

아일랜드 기독교도들의 민화에 등장하는 '소인(小人)들'은 초기 이교도 신들, 즉 태모 다나의 자손들의 변형이다.

이 이야기에 따르면 쿠훌린은 겨우 네 살 때, 그의 외숙부 코노후르 왕의 '소년군'을 시험하러 나선다. 청동 철퇴, 은제 투환(投丸), 투창, 장난감 창을 꼬나들고 수도 에마니아로 간 그는 허락도 받지 않고 소년군 사이로 쳐들어갔다. 150명이나 되는 소년군은 마침 잔디밭에서 코노후르의 아들 폴라메인의 지휘 아래 군사 훈련을 받고 있었다. 쿠훌린은 주먹으로, 팔로, 손바닥으로, 그리고 조그만 방패로, 사방에서 날아 들어오는 철퇴와 투환과 창을 막아 내었다. 이어 태어나서 처음으로 전투에 대한 흥분(뒷날 그의 '발작', 혹은 '변이'로 알려진 기괴하고 특이한 변화)에 사로잡힌 그는, 순식간에 50명의 정예 소년군을 무찔러 버렸다. 다섯 명의 소년군이, 웅변가 퍼거스(Fergus the Eloquent)와 장기를 두고 있던 코노후르에게 달려가 중재를 요구했다. 코노후르는 일어나 손을 들어 그 혼란을 수습하고자 했다. 그러나 쿠훌린은, 모든 소년들이 자신의 보호 아래 들어갈 때까지 손길을 멈추지 않았다.[11)]

쿠훌린은 무장한 첫날 자기의 파괴적 본성을 완벽하게 전개하는 상황을 보여 주고 있다. 여기엔 정색을 하고 그의 행동을 가로막는 통제자도 없었고, 힌두의 크리슈나의 행동에서 우리가 느낀 익살기도 전혀 없었다. 오히려 이 상황은, 쿠훌린의 엄청난 권능이 그 자신에게나 주위 사람들에게 처음으로 드러나는 상황이었다. 이 권능은 그의 존재의 심연에서 분출하여, 즉흥적이고 빠른 대응을 필요로 했다.

이러한 일은 코노후르 왕의 궁전에서 한차례 더 일어난다. 드루이드 승려인 카트바드(Cathbad)는, 이날 무기를 들고 갑옷을 입은 젊은이가 있다면 "이자는 모든 아일랜드 젊은이를 힘으로 능가하겠지만, 명(命)은 길지 않다."라고 예언한다. 그러자 쿠훌린은, 전투 장비를 요구하고 나섰다. 그는, 자기 손으로 넘어온 17가지 무기를 제 힘으로 구부려 버리고, 코노후르가 이윽고 자기 무기를 주었을 때야 이를 만족하게 여겼다. 그는 또 전차는 모조리 부수었다. 그러나 왕이 자기 전차를 주자 그제서야 만족하게 여겼다.

쿠훌린은, 전차병에게 그곳에서 멀리 떨어진 '망보는 강'을 건너고, 거기에서 또 멀리 떨어진 요새인 '넥탄 아들들의 성채'까지 먼저 가게 했다. 그곳에 이르자 쿠훌린은 요새 방위군들의 목을 베었다. 그는 이 목을 모조리 전차 옆에다 매달았다. 돌아오는 길에 그는 전차에서 뛰어내리고 '엄청난 속도로 달려' 두 마리의 큰 수사슴을 사로잡고, 돌멩이 두 개를 던져 하늘을 나는 스물네 마리의 고니를 떨어뜨렸다. 그는 밧줄을 풀어, 이 수사슴과 고니 역시 전차에다 붙잡아 매었다.

여선지(女先知) 레바르찬(Levarchan)은, 에마니아 성으로 들어오는 전차를 보고는 대경실색하여 소리쳤다.

"저 전차에는 피가 뚝뚝 듣는 저 쿠훌린의 적의 목이 매달려 있습니다. 하얀 새도 저자와 더불어 있는 것이 아닙니까? 온전한 수사슴 두 마리도 전차에 묶여 있습니다."

왕이 대답했다.

"나는 전차를 타고 오는 저 용사를 안다. 비록 어리나 내 누이의 아들인 저 아이가 전차를 몰고 나간 것은 바로 오늘인데 벌써 저렇게 돌아오는구나. 내 저 아이를 저지해야겠다. 저 아이의 분노를 제대로 삭여 내지 않으면 에마니아의 젊은이는 하나도 살아남지 못하겠구나."

그의 열기를 식히기 위한 대책이 빠른 시간에 강구되지 않으면 안 되었다. 한 가지 방법은 있었다. 즉 성안에 있는 여자 150명을 모으고, 스칸들라크를 그 선두에 세운 다음, 모두 실오라기 한 올 걸치지 못하게 하고, 그와 맞서게 하는 것이었다. 꼬마 전사는, 벌거벗은 수많은 여자들의 나체에 당혹, 혹은 압도되어 고개를 돌리다 군사들의 손에 붙잡혀 차가운 물통 속으로 처박혔다. 물통을 이루고 있던 나무판자와 금속 띠가 산산이 흩어졌다. 두 번째 물통의 물은 끓어올랐다. 세 번째 물통의 물은 그저 뜨거워졌다. 이렇게 해서 쿠훌린은 진압되고 도시는 온전할 수 있었다.[12]

쿠훌린은 참으로 잘생긴 소년이었다. 쿠훌린의 양쪽 발에는 각각 7개씩의 발가락이 있었고, 손에도 각각 7개씩의 손가락이 있었다. 그의 눈에는 7개의 동공이 있어서 몹시 빛났는데, 이 동공 하나하나는 7개의 보석처럼 반짝였다. 양쪽 뺨에는 각각 4개씩의 사마귀, 즉 파란 사마귀, 시뻘건 사마귀, 초록색 사마귀, 노란 사마귀가 있었다. 그의 뒤꼭지, 그러니까 이쪽 귀와 저쪽 귀 사이에는 50다발의 금발이 치렁거렸는데, 이 머릿단의 색깔은 밀랍이나, 햇빛을 받고 있는 백금 브로치 같았다. 그가 입은 초록색 망토에는 은제 가슴받이가 달려 있었고 속옷은 금사(金絲)로 짠 것이었다.[13]

그러나 일단 발작을 일으키면 무섭게 표변한다. 그는 '무서운 다중적(多重的) 형상, 말하자면 전혀 낯선 인간'이 되었다. 이렇게 되면, 그의 살, 사지, 관절, 그러니까 머리끝에서 발끝까지 온몸이 부들부들 떨렸다. 그의 발, 정강이, 무릎은 제멋대로 움직여 반대로 꺾였다. 그의 이마의 힘줄은, 발작을 일으킬 때마다 목 뒤로 옮겨 갔는데, 그 크기는 한 달배기 아기의 머리통만 했다.

한쪽 눈은, 머릿속으로 움푹 들어가 버려, 왜가리의 부리로도 그 눈을 후두부로부터 쪼아 내지 못할 정도였고, 다른 한쪽 눈은 불쑥 튀어나와 뺨 위에 얹힐 지경이었다. 그의 입술은, 뒤틀리고 찢어져 입 가장자리가 양쪽 귀에 닿았다. 그 입에서는 불길이 나왔다. 가슴속에서 뛰는 심장의 박동은, 개 짖는 소리 혹은 곰을 공격하는 사자의 포효를 방불케 했다. 그의 머리 위의 구름 속에서는 소낙비가 쏟아지고 불길이 일었는데 이는 그의 불같은 성미가 그의 머리 위로 불러온 것이다. 머리카락은 머리 위에서 헝클어질 대로 헝클어져 그 위에서 한 그루 사과나무를 흔든다면 사과 한 알도 땅바닥에 떨어지지 않고, 분노에 곤두선 머리카락 한 올 한 올에 꽂힐 듯했다. 이 '영웅의 발작'은 이마 밖으로 솟아 나왔는데 이것은 일류 전사가 들고 다니는 숫돌보다 더 길고 두꺼웠다. (그리고 마지막으로) 그의 정수리에서 솟아 나와 사방으로 분출되는 거무스름한 핏줄기는 거대한 배의 돛대보다 더 높고, 굵고, 힘차고, 길었다. 이 핏줄기는 불가사의한 안개를 형성했는데, 이는 겨울날 저녁 무렵 왕이 처소로 돌아올 때 그 처소를 휘감고 있는 연기의 장막과 흡사했다.[14]

3 전사로서의 영웅

영웅이 탄생하는 곳, 혹은 영웅이 도피 또는 추방당했다가 보통 인간들 사이에서 성인으로서의 임무를 수행하기 위해 떠나오는, 머나먼

땅은 세계의 중심, 혹은 세계의 배꼽이다. 물결이 물밑의 바닥에서 번져 나오듯, 우주의 형상도 이 근원에서 둥글게 퍼져 나간다.

시베리아 야쿠트족의 영웅 신화는 다음과 같이 시작된다. "부동의 넓은 심연 위, 아홉 천구, 하늘의 일곱 층 밑, 즉 세계의 배꼽인 한가운데에, 영원히 여름만 계속되어 뻐꾸기가 시도 때도 없이 노래하는, 이 세상에서도 가장 조용한 곳에서 백발 청년(White Youth)은 눈을 떴다. 백발 청년은 자기가 있는 곳이 어디인지, 자기가 있는 곳이 어떻게 생긴 곳인지 알아보려고 했다. 그가 있는 곳의 동쪽에는 넓은 벌판이 펼쳐져 있었는데, 그 벌판 한가운데에는 높은 산이 있고 산 위에는 까마득히 높은 나무 한 그루가 있었다. 그 나무의 수지(樹脂)는 투명한 데다 향기로웠고, 수피는 마르지도 쭈그러지지도 않았으며, 거기에서 떨어지는 수액은 은빛이었고, 풍성한 잎은 시들어 있지 않았으며, 꽃망울은 흡사 술잔을 엎어 놓은 것 같았다. 그 나무 꼭대기에는 일곱 층의 하늘이 걸려 있어서, 가지가 최고신 이린 아이 토욘(Yrin-ai-tojon)을 붙잡아 매는 기둥 노릇을 하고 있었다. 나무의 뿌리는 지하의 심연까지 뚫고 들어가, 그 지역에 살아서 마땅한 신비스러운 피조물의 거처를 버티는 기둥이 되어 있었다. 이 나무는 나뭇잎으로, 천상적인 존재들과 이야기를 나누었다.

남쪽으로 고개를 돌린 백발 청년은, 초록색 평원 한가운데 있는 바람 한 점 없이 고요한 우유의 호수를 발견했다. 그 호수 가장자리에는 우유가 굳어서 생긴 늪이 있었다. 북쪽으로는 밤이고 낮이고 바스락거리는 빽빽한 숲이 있었는데 이 안에서는 갖가지 동물이 지나다녔다. 숲 뒤로는 높은 산들이 솟아 있었는데 꼭대기는 흡사 하얀 토끼털을 뒤집어쓰고 있는 것 같았다. 이 산들은 모두 하늘에 몸을 기대고 북풍으로부터, 한가운데 있는 것을 보호하고 있었다. 서쪽으로 짙은 떨기나무 숲이 있었는데 그 뒤로는 키가 큰 전나무 숲이었다. 전나무 숲 뒤로는

그림 72 구석기 시대의 암각화(암각, 구석기 시대, 알제리, 연대 미상)

꼭대기가 뭉툭한 산이 하나 우뚝 솟아 있었다.

백발 청년이 날빛에 본 세계는 대강 이러했다. 그러나 혼자 있는 데 싫증이 난 그는 거대한 생명의 나무 앞에 다가가 빌었다.

"저의 나무, 제 거처의 어머니이신, 고귀한 귀부인이시여, 산 것은 모두 짝으로 있어 새끼를 치는데 저만은 혼잡니다. 이제 길을 떠나 아내 될 만한 동류를 찾고자 합니다. 동류들과 겨루어 제 힘이 어느 정도인지 그것도 알아보고 싶습니다. 그들과 사귀어 그들 식으로 살아 보고 싶기도 합니다. 원컨대 저를 축복하소서, 저의 기도를 가납하소서. 고개를 숙이고 무릎을 꿇고 아룁니다."

그러자 나뭇잎이 수런거리며 우유같이 하얀 비가 그 나뭇잎에서 백발 청년 머리 위로 쏟아졌다. 청년은 바람의 포근한 숨결도 느낄 수 있었다. 나무가 끙끙거리기 시작하자 그 뿌리에서 여성의 형상이 허리 높이까지 솟아올랐다. 머리카락을 치렁치렁 늘어뜨리고 젖가슴을 드러낸, 눈빛이 그윽한 중년 여성이었다. 이 여신은 풍만한 가슴을 내밀면서 청년에게 젖을 빨아 마시라고 했다. 시키는 대로 하자, 청년의 힘은 백 갑절쯤으로 불어난 듯했다. 이어 여신은 청년에게 물도, 불도, 쇠도,

그 무엇도 청년을 해코지하지 못하도록 갖가지 은총과 축복을 내려 주 겠노라고 약속했다.[15]

바로 이 배꼽에서, 영웅은 자기 운명을 자각하러 떠난다. 그의 장년 기 행적은 세계에다 창조적인 힘을 쏟아붓는다.

> 장성한 배이내뫼이넨이 노래하기를,
> 호수가 부풀어 오르고, 대지가 요동하며
> 구릿빛 산이 흔들리고
> 거대한 바위가 울렸다.
> 산이 열리고
> 해변에서는 돌멩이가 흩어졌다.[16]

영웅이자 방랑 시인의 시구가 신통력 있는 마법의 주문으로 울린다. 이와 비슷하게, 영웅이자 전사의 칼날이 창조적인 근원의 에너지로 빛 난다. 이 칼날 앞에서 낡은 것의 껍질이 떨어진다.

신화적인 영웅은 '이루어진' 사상(事象)의 옹호자가 아니라 '이루어 지는' 사상의 옹호자다. 그의 손에 살해되는 용은, 현상(現狀, status quo) 이라는 괴물 바로 그것이니, 괴물은 쇠사슬 같은 과거의 옹호자다. 영 웅은 암흑에서 일어서지만, 적은 힘이 세고 권능 또한 엄청나다. 적은 자기 지위의 권위를 자신을 위해 행사하기 때문에 적이며, 용이며, 폭 군이다. '과거'를 옹호하기 때문이 아니라, 바로 '옹호'한다는 이유에서 그가 바로 사슬이다.

여기에서 초기의 준동물적인 거인-영웅(도시의 창건자, 문화의 시혜자)과 후기의 인간인 영웅(이 책, 379~384쪽 참조)의 차이를 분명하게 짚고 넘어가야겠다. 후자의

업적에는, 과거에는 은혜를 베풀었던 피톤이나 미노타우로스 같은 전자의 영웅을 살해하는 일이 포함되는 경우가 흔하다.(신의 권능이 지나치게 늘어나면 곧 파괴적인 악마로 변한다. 이러한 악마의 형상은 마땅히 분쇄되고, 그 에너지는 거기에서 풀려나야 한다.) 뿐만 아니라, 순환 주기의 초기 단계에 속하는 임무가 인간인 영웅에게 맡겨지거나, 초기의 영웅이 인간화하여 후일까지 이르는 예는 흔하나, 그러한 혼효(混淆)와 변화가 공식적인 것은 아니다.

폭군은 자만한다. 그리고 자만은 바로 폭군이 파멸하는 씨앗이다. 폭군은, 자기 힘을 자기 것으로 여기기 때문에 자만한다. 따라서 그는 그림자를 본질로 오인하는 광대 역을 맡고 있는 셈이다. 폭군은 반드시 속임을 당한다. 날빛 아래 드러난 형상의 근원인 암흑에서 다시 나타난 신화적 영웅은 폭군을 파멸로 몰아넣는 비밀을 알고 있다. 단추 하나 누르는 듯한, 참으로 간단한 몸짓으로 그는 이 무서운 형상을 지워 버린다. 영웅의 행적은 순간의 결정화(結晶化)에 대한 끊임없는 파괴 행위다. 이야기는 순환한다. 신화의 초점은 발전하는 단계에 모인다. 고집스러운 무게가 아니라, 변모, 유동성이 살아 있는 신의 특징이다. 한 시대의 위대한 형상은 부서지고, 토막 나고, 이윽고 흩어지기 위해 존재한다. 요컨대 도깨비-폭군은 막대한 사상(事象)의 옹호자이며, 영웅은 창조적인 삶의 옹호자다.

인간의 형상을 한 영웅의 재세 기간(在世期間)은 마을과 도시가 온 땅을 뒤덮게 되었을 때에 비로소 시작된다. 태초부터 있었던 많은 괴물들은 여전히 외곽 지대에 웅크린 채, 인간의 사회에 대해 심술을 부리거나 인간의 기를 꺾는다. 이러한 괴물들은 정복되어야 한다. 더구나 인간의 탈을 쓴 폭군들은 이웃의 선의를 짓밟고 일어서 학정을 일삼는다. 이 폭군들 역시 이 땅에서 사라져야 한다. 영웅의 기본적인 임무는, 그러한 괴물과 폭군을 퇴치하고 그 인간의 삶의 무대를 정화하는 것이다.

항아리에서 꺼내어지자 단 하루 만에 장성했던 '쿠토이스', 혹은 '선

2부 우주 발생적 순환

그림 73 포로를 죽이는 나르메르 왕(편암에 조각, 이집트 고왕국 유물, 기원전 3100년경)

짓덩이'는 살인자인, 양부모의 사위를 죽이고, 인근의 도깨비들을 모조리 없앴다. 그는 곰이란 곰은 모조리 죽였지만, 곧 새끼를 낳을 암곰 한마리만은 예외였다. "암곰이 하도 애원해서 살려 준 것인데, 그가 이곰을 살려 주지 않았더라면 오늘날 이 세상에는 곰이 한 마리도 남지않았을 것이다." 이어서 그는 뱀이란 뱀은 모조리 잡아 죽이되, 곧 "알을 낳을" 뱀 한 마리만은 살려 주었다. 이윽고 그는 먼길을 떠났다. 그는 위험하다는 소문이 있는 길을 택했다.

그가 길을 가는데 문득 일진광풍이 몰아치며 마침내 그를 거대한 물고기의 입으로 처넣었다. 이 물고기는 무엇이든 삼키는 괴물로, 그 바람도 결국 그 물고기가 빨아들이는 기운이었다. 물고기 배 속으로 들어간 그는 그 안에서 많은 사람들을 발견했다. 죽은 사람이 대부분이었지만 산 사람도 더러는 있었다. 그는 사람들에게 일렀다.

"이 물고기에게도 어디엔가 심장은 있을 것이오. 춤을 추도록 합시다."

그는 얼굴에다 흰색을 칠하고, 두 눈과 입 가장자리에는 검은색으로 원을 그린 다음, 흰 돌칼을 머리 위에다 붙잡아 매었다. 누군가가 말발굽으로 만든 딱딱이를 가져와 박자를 맞추었다. 사람들은 모두 춤을 추기 시작했다. 한동안 선짓덩이는 두 팔을 날개처럼 벌리고 노래를 불렀다. 그러고는 일어서서 춤을 추었다. 돌칼 끝이 심장에 박힐 수 있도록 펄쩍펄쩍 뛰면서 춤을 추었다. 요행히 돌칼이 심장을 찔렀다. 물고기가 죽자 그는 심장을 도려냈다. 그리고 물고기의 갈비뼈 사이를 도려내고 사람들을 거기에서 나오게 해 주었다.

선짓덩이는 다시 여행을 떠나야 했다. 떠나기 전에 사람들은 그에게, 곧 만나는 사람마다 붙들고 씨름을 하자고 도전하는 여자를 만나게 될 것인즉, 절대로 그 여자에게 말대답을 해 주면 안 된다고 했다. 그는 사람들의 말을 귓전으로 흘리고 길을 떠났다. 얼마나 갔을까, 여자 하나가 나타나, 그에게 가까이 오라고 말했다.

"싫소, 갈 길이 바빠서."

하고 선짓덩이가 대답했다.

그러나 네 번이나 가까이 오라고 간청하는 바람에 선짓덩이는 고쳐 대답했다.

"좋소, 가긴 하겠소만 내 워낙 지친 참이니 잠깐만 기다려야겠소. 먼저 좀 쉰 연후에 가리다. 좀 쉬어야 당신과 씨름을 겨룰 수 있을 게 아니겠소?"

선짓덩이는 쉬면서 주위를 세심하게 살펴보다가, 땅바닥에 큰 칼이 여러 개 꽂힌 채 덤불에 덮여 있는 것을 발견했다. 칼끝이 모두 하늘을 향하고 있었다. 그제서야 선짓덩이는 여자가 어떻게 씨름 상대를 죽였는지 알았다. 상대를 그 칼 위에다 메다꽂았기 때문이었다. 한동안 쉰 그가 일어섰다. 여자는 조금 전에 선짓덩이가 칼을 보았던 지점으로 오라고 말했다.

"아직 준비가 끝나지 않았소. 씨름을 시작하기 전에 몸이나 좀 풀기로 합시다."

선짓덩이는 이렇게 말하면서 몸을 푸는 척하다 느닷없이 그 여자를 불끈 안아 칼날 위로 집어던졌다. 여자는 토막 나고 말았다.

선짓덩이는 다시 길을 떠났다. 얼마 후 그는 몇몇 노파들이 불을 피워 놓고 노숙하는 곳에 이르렀다. 노파들은 그에게, 조금 더 가면 그네 타는 여자를 만날 수 있을 것인즉, 무슨 일이 있더라도 함께 그네를 타면 안 된다고 당부했다. 다시 길을 떠난 선짓덩이는 얼마 후 급류 옆 제방 위에 매인 그네를 보았다. 여자 하나가 그네를 타고 있었다. 한동안 여자와 그네를 관찰한 그는, 여자가 어떻게 해서 함께 그네 타는 사람을 죽이는지 알아냈다. 함께 그네를 타고 나아가, 급류 위에서 상대를 밀어 버리는 것이었다. 그는 여자에게로 다가가 말을 걸었다.

"그네를 타시는군요. 그네 타는 모습이 보기에 좋습니다. 한번 타 보세요."

"싫어요, 당신이 타는 걸 보고 싶은데."

여자가 말했다.

"나도 할 테니까, 당신이 먼저 타 봐요."

"좋아요, 탈 테니까 잘 봐요. 다음엔 꼭 당신이 해야 해요."

여자는 그네를 타고 급류 위로 나아갔다. 선짓덩이는 한동안 여자가 그네 타는 걸 구경하다가 말했다.

"내가 준비할 동안 한 차례 더 해 봐요."

그러나 선짓덩이는, 여자가 다시 그네를 탄 채 급류 위에 이르자 그넷줄을 끊어 버렸다. 깎아지른 듯한 둑 위에서 있었던 일이다.[17]

우리는 동화 『거인을 죽인 소년 잭』에서, 그리고 헤라클레스나 테세우스 같은 영웅의 업적을 그린 고전에서 읽어 이런 영웅적인 행위에 익숙해져 있다. 이런 이야기는 기독교 성자들의 전설에도 자주 등장한다. 다음에 소개하는, 성 마르다(Saint Martha)에 관한 프랑스의 이야기도 그런 유형의 이야기다.

당시 론강 가, 아비뇽과 아를 사이에 위치한 숲에는, 황소보다 크고, 말보다 길고, 이빨이 뿔처럼 날카롭고, 양쪽에 날개가 달린 반수반어(半獸半魚)인 용이 한 마리 살고 있었다. 이 용은 지나가는 나그네를 죽이고, 배를 가라앉히는 것으로 유명했다. 이 괴물은 원래 갈라티아(Galatia)에서 수로(水路)를 통해 온 것이었다. 이 괴물의 아버지는 레비아단(Leviathan, 바다에 사는 뱀의 형상을 한 괴물)이었고, 어머니는 오나그로스(Onagros, 만지는 족족 불길로 태워 버리는 갈라티아의 괴물)이었다.

성 마르다는, 사람들의 간절한 요청을 받고, 용에게로 갔다. 숲속에서, 마침 인육을 먹고 있는 용을 발견한 성 마르다는 그 용에게 성수(聖水)를 뿌리면서 십자가를 보여 주었다. 그러자 괴물은 양처럼 순해져 성녀의 옆으로 다가왔다. 성 마르다는 허리띠를 풀어 양의 목에다 매어 이웃 마을로 끌어다 주었다. 마을 사람들은 돌과 몽둥이로 용을 쳐 죽였다.

이 용은 타라스크(Tarasque)라는 이름으로도 불리고 있었기 때문에 그뒤이 마을은 그 이름과 비슷한 타라스콩(Tarascon)이라 불렸다. 그전까지 그 마을 이름은 '검은 호수'라는 뜻인 네를룩(Nerluc)이라고 불리고 있었다. 그 강가에 짙은 숲이 있었기 때문이었다.[18]

고대의 전사인 왕은 괴물의 퇴치를 자기 임무로 생각했다. 용과 대적한다는 빛나는 영웅의 신조는, 모든 군사 행동에 대한 자기 합리화의 한 방편이 되어 주었다. 이 때문에, 아카드의 사르곤 왕의 다음과 같은 설형 문자 점토판에서 볼 수 있듯, 자신의 업적을 과도하게 포장한 수많은 기념비적 서판(書板)이 만들어졌다. 사르곤 왕은 자기 백성들의 문명의 모태가 된 수메르의 수많은 도시를 파괴한 장본인이다.

아카드의 왕 사르곤은, 이슈타르 여신의 대리자이며 키쉬(Kish)의 왕이고 아누 신(god Anu)의 파시슈(pashishu)이며* 온 땅의 왕, 엔릴 신의 위대한 이샤쿠(ishakku)**였다. 성읍 우룩(Uruk)을 친 것도 그였고, 그 성벽을 부순 것도 그였다. 우룩의 백성들을 치고 그들을 포로로 잡아 족쇄를 채워 엔릴의 문으로 끌고 나온 사람도 바로 그였다. 아카드의 왕 사르곤은 우르(Ur)의 남자와 싸워 그를 무찔렀다. 그의 성읍을 친 것도 그였고, 성벽을 부순 것도 그였다. 그는 에-닌마르(E-Ninmar)를 쳤고 그 성벽을 부수었으며, 라가쉬에서 바다에 이르는 모든 지역을 평정했다. 그는 바다에서 그 칼을 씻었다…….

4 애인으로서의 영웅

적과 싸워서 장악하는 주도권, 괴물과 싸워서 획득하는 자유, 폭군의 족쇄에서 풀려난 에너지는 여성으로 상징된다. 이 여성은, 수많은 용을 죽인 영웅의 애인이며, 질투심이 강한 아버지로부터 유괴되어 온 신

---

*신성한 고약을 만들고 이를 처방할 수 있는 사제의 한 품계.
**신의 대리자로 백성을 통치하는 대사제.

부며, 부정한 애인으로부터 구출된 처녀다. '영웅과 영웅의 상대역인 여성은 곧 하나'이기 때문에, 처녀는 영웅 자신의 '다른 한쪽'이다. 영웅이 세계의 군주라면 처녀는 세계이며, 영웅이 전사라면 처녀는 명예다. 처녀는, 영웅이 감옥으로부터 해방시켜야 하는 영웅 자신의 운명의 이미지다. 그러나 영웅이 자기 운명을 인식하지 못하거나, 엉뚱한 사상(事象)에 현혹될 때, 영웅은 아무리 노력해도 장애물을 극복할 수 없다.*

외숙 코노후르 왕의 궁전에 기거하는 헌헌장부 쿠훌린은 귀족들을 불안하게 했다. 귀족들이, 자기네 아내들의 관심이 그에게 쏠릴까 봐 전전긍긍했던 것이다. 그들은 쿠훌린에게도 마땅한 배우자를 구해 주어야겠다고 생각했다. 왕의 사신이 아일랜드의 방방곡곡을 뒤졌으나 쿠훌린의 상대가 될 만한 여자는 발견되지 않았다. 이렇게 되자 이번에는 쿠훌린 자신이 루글로크타 로가(Luglochta Loga), 즉 '루그의 동산'으로, 그전부터 알고 있던 처녀를 찾아갔다. 쿠훌린은, 수양 자매들에게 바느질과 수공예를 가르치는 처녀를 발견했다. 에메르(Emer)는 그 아름다운 얼굴을 들고 청년을 바라보고는, 쿠훌린임을 알고 이렇게 축원했다.

"만난(萬難)으로부터 일신을 지킬 수 있으시기를."

처녀의 아버지인 교활한 포르갈(Forgall)은 쿠훌린과 자기 딸이 서로 수작을 주고받더라는 보고를 받자, 쿠훌린에게 전투 기술을 받게 한다는 명목으로 알바에 있는 용감한 도날(Donall)에게 보내기로 했다. 사실, 도날에게 간 사람치고 살아 돌아온 사람은 없었다. 포르갈은, 쿠훌린을 쫓아 버리려는 것이었다. 도날은, 쿠훌린을 자기 문하에 두지 않고 스카타크(Scathach)라는 여자 전사에게 보냈다. 명목상으로는 여전

---

* 핀란드의 Kalevala, Runos IV-VIII에는, 위대한 영웅이 참담하게 실패하는 재미있고도 교훈적인 사례가 나온다. 배이내뫼이넨이 처음에는 아이노(Aino), 이어서는 '포욜라(Pohjola)의 처녀'에게 구혼하여 실패하는 대목이 그것이다. 이 이야기는 너무 길어 여기에 소개하지 못하겠다.

사로부터 초자연적인 무술을 배우게 한다는 것이었지만 실은 쿠훌린으로 하여금 한번 가면 다시 올 수 없는 길을 하게 하기 위함이었다. 쿠훌린이 겪은 영웅 모험은, 불가능한 사명을 완수한 고전적인 영웅담의 필수 요소를 소박하면서도 분명하게 보여 주고 있다.

스카타크에게 가자면 무시무시한 평원을 지나야 했다. 이 평원의 반은, 사람이 밟으면 발이 떨어지지 않는 풀, 나머지 반은 칼날 같은 잎으로 지나는 사람의 발목을 꿰는 풀로 덮여 있었다. 그러나 어떤 이인(異人)이 나타나 쿠훌린에게 바퀴 하나와 사과 하나를 주었다. 쿠훌린은 평원의 처음 반을 지날 때는 바퀴로 길잡이를 삼았고, 나머지 반을 지날 때는 사과로 길잡이를 삼았다. 쿠훌린은 바퀴와 사과가 굴러간 길에서 한 발자국도 옆으로 빗나가지 않도록 애쓰면서 평원을 지났다. 쿠훌린은 위험한 협곡도 건너야 했다.

스카타크의 거처는 섬에 있었는데, 섬과 통하는 길은 건너기가 까다로운 다리 하나뿐이었다. 이 다리는 양쪽 끝은 낮고 가운데 부분은 높아서, 한쪽에 올라서면 다른 한쪽이 들려, 올라선 사람은 뒤로 나동그라지게 되어 있었다. 쿠훌린도 세 차례나 뒤로 나동그라졌다. 약이 오를 대로 오른 쿠훌린은 정신을 다시 수습하고 한쪽을 밟은 뒤 곧이어 연어처럼 다리의 가운데 부분으로 뛰어올랐다. 그는 다리의 다른 한쪽 끝이 채 올라가기 전에 거기 다다랐다. 쿠훌린은 스카타크의 거처가 있는 섬으로 몸을 던졌다.

여자 전사인 스카타크에겐 딸(신화에 나오는 괴인에겐 거의 다 그렇듯이)이 하나 있었다. 이 처녀는 어머니의 고도로 뛰어든 쿠훌린을 보고 난생처음으로 보는 헌헌장부의 모습에 얼굴을 붉혔다. 청년으로부터 자초지종을 들은 처녀는, 자기 어머니에게 다가가 초자연적인 무술의 비법을 배워 낼 방도를 일러 주었다. 즉 조금 전 다리를 건널 때와 같은 도약법으로 스카타크가 아들들에게 무술을 가르치고 있는 거대한 주목(朱木) 밑까지 가서, 스카타크의 가슴에다 칼을 들이대고 사정을 말하라는 것이었다.

처녀가 귀띔해 준 대로 따른 쿠홀린은, 마법의 전사로부터는 무술을 배웠고, 딸로부터는 결혼 지참금도 없는 결혼 약속을 받아 내었다. 또 자기 미래도 알게 되었고 스카타크 자신과도 사랑을 나누었다. 그곳에서 약 1년간 머물면서 아마존족인 아이페(Aife)와의 전투에도 참가한 그는 아이페에게서 아들도 하나 얻었다. 결국, 벼랑 끝 외길에서 실랑이가 붙은 어느 할멈을 죽인 그는 아일랜드로 돌아왔다.

이어서 또 다른 전투와 사랑의 모험을 거친 쿠홀린은, 교활한 포르갈이 여전히 자기를 적대하고 있다는 것을 알았다. 그러나 쿠홀린도, 이번에는 무조건 그의 딸을 데려다 왕의 궁전에서 결혼식을 올렸다. 이 모험은 그에게, 모든 적대 세력을 괴멸시킬 수 있는 능력을 부여했다. 한 가지 쿠홀린을 괴롭히는 것은 외숙 코노후르가, 신부를 정식으로 승인하기 전에 쿠홀린의 신부에 대해 왕의 특권을 행사한 것이었다.[19]

신부의 침대에 드는 전제 조건으로 제시되는 어려운 임무는 어느 시대, 어느 나라의 영웅 신화에도 등장하는 모티프다. 이러한 패턴의 이야기에서 처녀의 부모는, 영웅을 구속하는 족쇄 역할로 등장한다. 이 과제에 대한 영웅의 해결책은 용을 살해하는 모티프와 조응한다. 처녀의 부모가 제시하는 과제는 거의 불가능에 가깝다. 도깨비 역을 맡는 부모의 입장에서 보면, 순리로는 불가능한 과제를 낸다는 것은 절대적인 거절을 뜻한다. 그런데도 불구하고 적당한 후보자가 나타난다. 이세상에는, 그의 힘으로 되지 않는 일이 없다. 예기치 못한 조력자의 도움을 얻고, 시간과 공간의 기적을 경험한 그는 마침내 자기 과업을 완수한다. 즉 운명 자체(곧 처녀)가 그에게 힘을 빌려 준다. 처녀가 부모를 배신하고, 부모의 약점을 일러 주는 것이다. 영웅이라는 당당한 존재 앞에서 갖가지 장벽, 족쇄, 깊은 구멍, 싸움터는 차례로 소멸된다.

숙명적인 승리자의 눈은 어김없이 상황이라는 요새의 틈을 읽어 내고, 그의 주먹은 그 틈을 출입구로 뚫어 낼 수 있다.

이 다채로운 쿠훌린의 모험에서, 가장 웅변적이고 가장 극적인 것은, 바퀴와 사과가 구르면서 영웅에게 내어주는 보이지 않는 특이한 길이다. 이것은 운명적인 기적의 상징이며 교훈으로 해독되어야 한다. 눈에 보이는 표면적인 것에 대한 감상에 현혹되지 않고, 과감하게 자기 본성의 부름에 응답할 수 있는 자(니체의 말을 빌리면, "스스로 구르는 바퀴"인 사람) 앞으로는 어려움이 비켜나고 뜻밖의 탄탄대로가 나타나는 법이다.

5 황제로서, 폭군으로서의 영웅

행동하는 영웅은 우주 순환의 주체이며 처음으로 이 세계를 움직였던 추진력을 현재로 지속시킨다. 우리의 눈은, 이중 초점의 역설에 어둡기 때문에, 우리는 그저 영웅이 위험과 고통을 감수하면서 그 튼튼한 팔로 그런 업적을 이루었다고 생각한다. 그러나 다른 시각에서 보면, 마르둑이 티아마트를 퇴치한 것과 같은 원형적인 괴수 퇴치가 그렇듯이 영웅은 마땅히 지나야 할 관문을 지난 데 불과하다.

그러나 최고의 영웅이란 우주 발생적 순환의 원동력을 추진시키는 영웅이 아니라, 오고 감, 기쁨과 고뇌가 교차되는 세계의 파노라마를 통해 하나의 실재가 다시 드러날 수 있도록 다시 눈을 뜨게 해 주는 영웅이다. 이러한 영웅이 되려면 보다 깊은 지혜를 갖추어야 한다. 그리고 이것의 결과는 행동으로 나타나는 것이 아니라 의미심장한 개념 작용으로 나타난다. 첫 번째 영웅의 상징이 명검(名劍)이라면 두 번째 영웅의 상징은, 권위의 홀장, 혹은 율법서다. 첫 번째 영웅의 특징적인 모험이 신부(신부는 곧 삶이다.)를 얻는 것이라면, 두 번째 영웅의 특징적 모험은 아버지를 찾으러 떠나는 것이다. 이 아버지는 곧 보이지 않는, 미지의 존재다.

두 번째 모험의 유형은 종교적인 성인전(聖人傳)의 패턴과 일치한다. 아무리 단순한 민화라도 사생아(私生兒)가 어느 날 문득 자기 어머니에게 내 아버지가 누구냐고 물으면, 이 민화는 갑자기 의미심장해진다. 이 질문은 인간과 불가시적인 존재의 문제를 건드린다. 이어서 우리에게는 익숙해진, 아들과 아버지가 화해하는 신화 모티프가 전개된다.

푸에블로족의 영웅 물 항아리 소년이 어머니에게 물었다.

"내 아버지는 누굽니까?"

어머니는,

"모르겠다."

하고 대답했다.

"내 아버지가 누굽니까?"

소년은 또 물었다. 그러나 어머니는 하염없이 울 뿐 대답하지 않았다.

"아버지 집은 어디에 있습니까?"

아들이 물었지만 어머니는 대답할 수가 없었다.

"내일 아버지를 찾으러 떠나겠습니다."

그제서야 어머니가 대답했다.

"네 아버지는 찾을 수 없다. 나는 남자와 접촉한 적이 없다. 따라서 네가 네 아버지를 찾을 만한 곳은 어디에도 없다."

"나에겐 아버지가 있습니다. 어디에 사는지도 압니다. 찾아가서 만나겠습니다."

아들이 대답했다. 어머니는 아들이 가지 않기를 바랐지만 아들은 가고 싶어했다. 다음 날 아침 어머니는 아들의 점심 도시락을 마련해 주었고 아들은 길을 떠났다. 그는 동남쪽, 이른바 "와이유 포위디(Waiyu powidi)" 샘 쪽으로 갔다. 샘 가까이 간 그는, 샘 쪽에서 누군가가 걸어오고 있는 걸 보았다. 물 항아리는 그에게 다가갔다. 남자였다. 그는 물 항아리에게 물었다.

"어디를 가느냐?"

"아버지를 찾으러 갑니다."

"네 아버지가 누구냐?"

그 남자가 물었다.

"제 아버지는 이 샘 안에서 삽니다."

"너는 네 아버지를 찾을 수 없을 게다."

"어쨌든 샘 속으로 들어가 보렵니다. 아버지는 그 속에 사시니까요."

"네 아버지가 누구냐?"

그 남자가 다시 물었다.

"글쎄요, 어른이 제 아버지 같군요."

물 항아리가 대답했다.

"내가 네 아버지라는 걸 어떻게 아느냐?"

"어른이 제 아버지라는 걸 압니다."

그러자 그 남자는 물 항아리 소년을 노려보았다. 무시무시한 시선으로 겁을 주기 위해서였다. 그러나 소년은 조금도 굽히지 않고 소리쳤다.

"어른이 제 아버지이십니다."

그제서야 그 남자가 고개를 끄덕였다.

"그래, 내가 네 아버지다. 내 너를 맞으러 샘에서 나왔다."

그는 이렇게 말하면서 물 항아리 소년의 목을 끌어안았다. 아버지는 아들이 온 것을 몹시 기뻐하면서 샘 안으로 데려갔다.[20]

영웅 모험의 목표가 미지의 아버지를 찾는 것일 때, 여기에 등장하는 기본적인 상징체계는, 시험 및 정체 고백의 상징체계다. 위의 경우에서 자식에 대한 아버지의 시험은 되풀이되는 같은 질문과 무시무시한 시선으로 나타난다. 대합 아내의 이야기에서는, 아버지가 대나무 칼로 위협함으로써 아들을 시험하고 있다. 지금까지 우리는, 영웅의 모험에서 아버지의 시험이 얼마나 잔인할 수 있는가를 보아 왔다. 조너선 에드워즈 앞에 앉은 회중들에게 이 아버지는 무시무시한 도깨비가 되고 있다.

아버지의 축복을 받은 영웅은 돌아와서 사람들에게 아버지를 대표한다. 스승으로서(모세), 혹은 황제로서(헌원씨), 그의 말은 곧 법이다. 이제 근원에 접한 영웅은 중심의 정적과 조화를 가시적인 것으로 만든다. 그는 수많은 동심원이 퍼져 나가는 중심인 세계의 축(World Axis), 세계산(World Mountain), 세계수(World Tree)가 투영된 상이다. 그는 대우주(Macrocosm)의, 완벽한 소우주적 거울(microcosmic mirror)이다. 그를 보는 것은 존재의 의미를 지각함과 같다. 이제 그에게서 은총이 만방으로 퍼져 나간다. 그의 언어는, 생명의 바람이다.

그러나 아버지의 대표로서의 성격에 부정적인 변화가 생기는 수도 있다. 이 위기는 황금시대의 황제 젬쉬드(Jemshid)에 대한 페르시아의 조로아스터교 전설에 그려져 있다.

> 모두가 왕좌를 우러러보았고, 모두가 젬쉬드의 말만 들었고,
> 모두가 젬쉬드의 모습만 보았다.
> 젬쉬드만이 모든 사상을 통합하는 유일한 왕이었다.
> 그런데 모두가 저 필멸의 인간을 찬양하고 경배하느라고
> 위대한 창조자에 대한 예배를 잊었다.
> 젬쉬드는 신하의 말에 우쭐해졌고
> 그들의 갈채에 중독되었다.
> "땅이 은총을 베푸는 것은 나로 인함이니,

나는, 더불어 겨룰 자가 없는 임금이다.

인총(人叢)이 넉넉한데도 질병과 궁핍을 모르는 땅,

자비와 영광에 빛나는,

이 같은 나라가 또 어디 있더냐?

나라 안의 기쁨과 평화는

나에게서 비롯하고, 선하고 위대한 온갖 것은 내 명령을 기다린다.

우주의 소리는 인간의 상상을 넘어선 내 치적을 찬양하고

나야말로 이 땅의 유일한 군주라고 선언한다."

하늘을 욕보이는, 교만에 찬 이 말이

그의 입술을 떠나는 순간부터

그의 위엄은 땅에 떨어졌다.

입이란 입은 모두 방자하고 대담해졌으니 그럴 수밖에.

젬쉬드가 수심에 잠긴 날, 그의 빛도 사위었다.

그래서 옛말에 뭐라고 했던가?

"왕이니, 신하가 복종함은 당연하나

그 왕이 신의 예배에 소홀하면

그 집 안에는 적막이 깃들이는 법."

백성의 무례를 깨닫는 순간,

그는 두려움에 몸둘 바를 몰랐다.

하늘의 진노가 시작되었음을 알고.[21]

페르시아 신화는, 아랄 카스피 평원에서 흘러나와 인도, 이란, 그리고 유럽으로 들어간 인도 유럽 신화 체계에 뿌리내리고 있다. 페르시아 고대 성전(Avesta)에 기록된 주요 신들은 인도의 성전(Vedas)(이 책 140~141쪽 참조)에 등장하는 신들과 거의 일치하고 있다. 그러나 두 지류(支流)는 각각 전개된 곳에서 엄청나게 다른 영향을 받았다. 즉 베다 경전은 점차 드라빗 인도의 세력권으로, 페르시아 경전은 수메르 바빌로니아 세계권 속으로 흡수되었다.

기원전 1000년경 페르시아인들의 신앙은 예언자 차라투스트라(Zarathustra, Zoroaster)

에 의해, 선의 원리와 악의 원리, 빛과 어둠, 천사와 악마의 엄격한 이원론에 따라 재확립되었다. 이 위기는 페르시아뿐 아니라 히브리의 신앙, 그리고 나아가서는(몇 세기 뒤) 기독교에도 깊은 영향을 끼쳤다. 이러한 재편성은 선악에 대한 통상적 해석, 즉 선악이 양극성을 초월하고 화해시키는 존재의 유일한 근원에서 한 걸음 더 나아간 결과라는 해석으로부터의 극단적인 이탈을 의미했다.

페르시아는 642년 이슬람교 극렬주의자들 손에 무너졌다. 이슬람교도로 개종하지 않는 자들은 목을 잘렸다. 신념을 지킨 소수는 인도로 도피했는데 이들은 지금까지도 봄베이의 파르시스(Parsis = Persian)로 남아 있다. 그러나 약 3세기 후에는 이슬람교-페르시아 문학에의 '복귀 운동'이 시작되었다. 즉, Firdausi(940~1020?), Omar Khayyam(?~1123?), Nizami(1140~1203), Jalal ad-Din Rumi(1207~1273), Saadi(1184~1291), Hafiz(?~1389?) 그리고 Jami(1414~1492)에 의해서였다. Firdausi 의 *Shah Nameh*(列王記)는 이슬람교에 정복 당하기까지의 고대 페르시아 이야기를 소박한 문답 형식의 시가로 읊은 것이다.

자기 치적의 은총을 초월적이며 근원적인 존재의 은혜로 돌리지 않고, 황제는 마땅히 자신이 지켜 내야 할 입체적인 환상을 깬다. 이런 자는 더 이상 두 세계의 중재자일 수 없다. 인간의 시각이 인간적 측면만을 포함하는 것으로 단순화될 때, 천상적 능력의 체험은 그것으로 끝난다. 한 사회를 관류하던 사상(思想)도 사라지고, 오직 힘만이 그 사회를 동일 수 있게 되는 것이다. 이 경우 황제는 도깨비 같은 폭군(혜롯, 니므롯)이 되며, 세계는 이 손 안에서 구원되어야 하는 지경에 이른다.

6 구세주로서의 영웅

아버지의 집에서는 두 단계의 입문 의식이 구분된다. 첫 번째 단계에서 아들은 사자(使者)가 되어 귀환하지만, 두 번째 단계에서는 '나와 아버지는 결국 하나'라는 통찰과 함께 귀환한다. 이 두 번째의, 가장 높은 자각에 이른 영웅은 구세주, 가장 높은 의미에서의 이른바 지고한 존재의 화신이다. 그들의 신화는 우주적인 조화를 지향한다. 그들의 언어는, 권위의 홀장과 율법서의 영웅이 뱉어 낸 어떤 말 이상의 권위를 갖는다.

지카릴라 아파치족의 영웅, "적대자의 살해자"는 이렇게 말했다.

모두 나를 보아라. 한눈을 팔아서는 안 된다. 내 말을 잘 들어라. 세상의 크기는 내 몸만 하다. 세상은 내 얘기만 하다. 세상은 내 기도만 하다. 하늘은 내 얘기, 내 기도만 하다. 계절은 내 몸, 내 얘기, 내 기도만큼 위대하다. 바다 역시 마찬가지다. 내 몸, 내 얘기, 내 기도는 바다보다 더 위대하다.

나를 믿고, 내가 하는 말에 귀를 기울이는 자는 장생할 것이다. 내 말에 귀를 기울이지 않고, 다른 사악한 생각을 품는 자는 단명할 것이다.

내가 동, 서, 남, 북, 어느 한쪽에 있다고 생각하지 말라. 땅은 내 몸이다. 나는 거기에 있다. 나는 모든 곳에 두루 있다. 내가, 땅 밑, 하늘 위, 아니면 계절 속에, 바다 저쪽에 있다고는 생각하지 말라. 이러한 것들은 모두 내 몸이다. 지하 세계, 하늘, 계절, 바다가 모두 내 몸이라는 것은 사실이다. 나는 무소부재(無所不在)하다.

나는 이미 내게 바쳐야 할 제물을 너희에게 주었다. 너희에게 두 종류의 담뱃대와 담배가 있다.[22]

고귀한 존재의 화신은 그 실재로서 무섭고 잔인한 폭군의 주장을 반박해야 한다. 폭군은 제한된 인격의 그림자로써, 성총의 근원을 가로막아 왔다. 그러한 자아 의식에서 자유로워진 고귀한 존재의 화신은, 율법의 직접적인 현현이다. 광대무변한 무대에서 신의 화신은 영웅의 생애를 실천한다. 다시 말해 영웅의 과업을 수행하고 괴물을 퇴치하는 것이다. 이 행위들은 눈에 보여 주기 위해 행해졌을 뿐 실은 생각만으로도 훌륭히 이루어졌을 행위라는 듯 수월하게 이루어진다.

크리슈나의 간악한 숙부이며, 마두라에서 아버지의 왕위를 찬탈한

그림 74 젊은 옥수수 신(석조, 마야 유물, 온두라스, 680~750년경)

2부 우주 발생적 순환

칸스(Kans)는 어느 날 이런 소리를 들었다.

"너의 적이 태어났다. 네가 죽을 것임에 분명하다."

크리슈나와 그의 형 발라라마(Balarāma)는 어머니의 자궁에서 나오자마자 소몰이 무리에게 맡겨졌다. 소몰이 무리는 인도판 폭군 니므롯으로부터 이 둘을 보호할 운명을 타고난 이들이었다. 칸스는 크리슈나 형제에게 악마들(그 첫 번째가 유방에 독을 품은 푸타나였다.)을 보냈지만 모두가 실패했다. 자기의 첫 번째 계획이 수포로 돌아가자 칸스는 이두 젊은이를 자기 성읍으로 꼬여 들이기로 했다. 그는 사신을 소몰이 무리에게 보내어, 희생 제사와 성대하게 펼쳐질 경기에 그들을 초대했다. 소몰이들은 이 초대를 받아들였다. 크리슈나 형제를 비롯한 소몰이들은 그 성읍으로 와서 성벽 밖에다 잠자리를 꾸몄다.

크리슈나와 형 발라라마는, 번화한 성읍을 구경하러 들어갔다. 성읍 안에는 호화로운 정원도 있고 왕궁도 있었다. 숲도 있었다. 형제는 길을 가다가 세탁부를 만났다. 형제가 세탁부에게 새 옷을 달라고 했지만 세탁부는 웃으며 거절했다. 형제는 힘으로 새 옷을 빼앗아 입고는 유쾌하게 거리를 걸었다. 이어 꼽추 여자가 나타나 크리슈나를 경배하고, 자기가 갖고 있는 백단향 가루를 크리슈나의 몸에 발라 주고 싶다고 했다. 크리슈나는 꼽추의 몸을 발로 누르고 두 손가락으로 꼽추의 턱을 들어 올렸다. 그러자 구부러졌던 등이 펴지면서 꼽추는 온전한 사람이 되었다.

"내 칸스를 죽인 연후에 돌아와 너와 함께하리라."

크리슈나가 말했다.

형제는 텅 빈 경기장으로 갔다. 거기엔, 높이가 야자나무 세 그루를 이어 붙인 것과 같은, 크고 무거운 시바 신의 활이 세워져 있었다. 크리슈나가 다가가 시위를 당기자 활은 엄청나게 큰 소리와 함께 부러졌다. 왕궁에서 이 소리를 들은 칸스는 대경실색했다.

폭군은 성읍에 들어온 형제를 죽이려고 군사를 보냈다. 그러나 형제는 군사를 사살하고 야영지로 돌아가 버렸다. 형제는 소몰이들에게 재미있는 구경을 했다고 말하고는 저녁을 먹은 후 잠이 들었다.

그날 밤 칸스는 불길한 꿈을 꾸었다. 꿈에서 깨어나자 그는 무술 경기를 준비하게 하고, 나팔수들로 하여금 경기의 시작을 알리게 했다. 크리슈나와 발라라마는 곡예사로 출전했다. 소몰이 무리가 그들 뒤를 이어 입장했다. 그들이 입장하자 거대한 코끼리가 그들을 밟으려고 기다리고 있었다. 이 코끼리는 여느 코끼리보다 만 배나 힘이 강했다. 코끼리몰이는, 코끼리를 똑바로 크리슈나 쪽으로 몰았다. 그러나 발라라마가 주먹으로 일격을 가하자 코끼리는 그만 걸음을 멈추었다가 슬금슬금 물러서기 시작했다. 코끼리몰이가 다시 코끼리를 앞으로 내어몰고자 했으나, 형제가 달려들어 코끼리를 땅바닥에다 쓰러뜨리고 죽여 버렸다.

형제는 경기장 한복판으로 나아갔다. 그 자리에 모인 사람들은 각기, 크리슈나에게서 자기의 모습들을 보았다. 씨름꾼은 크리슈나를 씨름꾼으로 보았고, 여자들은 그를 아름다운 보물로 생각했다. 신들은 그를 자기네 최고신으로 알아보았고 칸스는 그를 죽음의 화신인 마라(Māra)로 보았다. 칸스는 씨름꾼들을 보내어 그를 대적하게 했으나 크리슈나는 그들을 차례로 쓰러뜨리고 마침내 가장 힘센 자를 죽여 버리고는 왕좌로 뛰어올라 폭군의 머리채를 거머쥐고는 한주먹에 때려죽였다. 거기에 모인 사람들, 신들, 성인들은 모두 기뻐했으나 왕비와 후궁들은 앞으로 나와 남편의 죽음을 슬퍼했다. 크리슈나는 애곡하는 그들을 보고, 존재의 뿌리 되는 지혜로 그들을 위로했다.

"모두들 슬퍼하지 말아요. 죽지 않고 영생하는 인간은 있을 수가 없어요. 자기가 무엇을 소유하고 있다는 생각부터가 틀린 것입니다. 아버지, 어머니, 아들은 존재하지 않아요. 존재하는 것은, 오직 생과 사의

2부 우주 발생적 순환

끝없는 순환일 뿐입니다."[23)

구세주 전설에는 인간적인 측면에서의 도덕적인 오류 때문에 구세주 자신이 처참한 지경에 처하는 이야기가 곧잘 나온다.(동산에서 쫓겨난 아담, 왕좌에서 밀려난 젬쉬드) 그러나 우주 발생 주기라는 관점에서 보면, 아름다움과 추함의 규칙 바른 갈마듦(교체 반복)은 시간이라는 광경의 특징이다. 우주의 역사에서도 그렇고 국가의 역사에서도 그렇다. 심령에 의한 조형(유출)과 무(無)로의 소멸, 젊음과 늙음, 탄생과 죽음, 형상을 창조하는 생명력과 타성적인 죽음의 중압은 영원히 갈마드는 것이다. 생명이 태동하고 이어 형상이 빚어지면, 쇠퇴가 따르고 이윽고 잔해만 남는 것이다. 현명한 황제가 통치하는 황금기는 삶의 순간순간의 박동에 따라, 폭군이 지배하는 황무지 시대가 되게 마련이다. 처음에는 창조주였던 신도 종국에는 파괴자가 된다.

이러한 관점에서 보자면, 무섭고 잔인한 폭군은 그가 폐위시킨 예전의 세계 군주, 그를 제거할 영리한 영웅뿐 아니라 아버지까지도 표상한다. 영웅이 변화를 가져오듯이, 무섭고 잔인한 폭군은 한 가지 편견에 고착된 인간을 표상한다. 시간의 순간순간이 이전의 순간순간의 족쇄에서 해방되듯이, 이 괴룡(怪龍)이자 압제자는 구세주가 속한 세대의 바로 전 세대를 반영하고 있는 것이다.

이제 이렇게 요약해서 말할 수 있다. 영웅의 임무는, 아버지(용, 시험자, 무섭고 잔인한 왕)의 부정적인 측면을 살해하고, 우주의 자양이 될 생명의 에너지를 그 굴레로부터 해방시키는 것이다.

이러한 과업은 아버지의 의지에 따라서도 성취될 수 있고, 그 의지를 거스르고도 성취될 수 있다. 아버지는 "아들을 위해 죽음을 선택"할 수 있다. 아니 어쩌면 신이, 그에게 스스로 자식을 위한 제물이 되라는 의지를 심어주었는지도 모른다. 이것은 역설적인 논리가 아니라 한 이야기, 같은 이야기를 다른 방법으로 한 것일 뿐이다. 실제로, 용의 살해자와 용, 제관(祭官)과 제물은, 뒤집어 보면 결국 하나다. 이 하나인 세계에서는, 대립물의 양극성이 존재하지 않는다. 신과 거인이 끊임없이 싸우는 세계는 이쪽 세계인 것이다. 어쨌든 용(아버지)은 충만(Pleroma)이다. 발산함으로써 줄어드는 것도 아니고 재탈환한다고 해서 늘어나는 것도 아니다. 용(아버지)은 우리 삶이 걸린, 죽음이다. '죽음은 하나인가, 여럿인가'라는 질문에 대한 대답은 이렇다. "그가 거기에 있는 한 그는 하나지만, 여기 자식들 안에 있을 때는 여럿이다."[24]

어제의 영웅은, 오늘 '스스로'를 십자가에 달지 않으면 내일의 폭군이 된다.

현재의 관점에서 볼 때 미래에 대한 구원이 이 모양이니 앞날이 허무할 수밖에 없다. 구세주 크리슈나가 칸스의 왕비와 후궁들에게 던진 말이 유난히 섬뜩하다. 다음과 같은 예수의 말도 그렇다. "내가 세상에 평화를 주러 온 줄로 생각하지 말아라. 평화가 아니라 칼을 주러 왔다. 나는 아들이 아버지와 맞서고, 딸이 어머니와, 며느리가 시어머니와 서로 맞서게 하려고 왔다. 집안 식구가 바로 자기 원수다. 아버지나 어머니를 나보다 더 사랑하는 사람은 내 사람이 될 자격이 없고, 아들이나 딸을 나보다 더 사랑하는 사람도 내 사람이 될 자격이 없다."[25] 이 무서운 예언과 맞설 준비가 되지 않은 사람들을 보호하기 위해, 신화는 이 궁극적인 계시를 희미한 장막으로 가려 놓았다. 그러나 신화는 단계적인 교훈의 형태를 포기하지는 않는다. 폭군인 아버지를 제거하고 스스로 왕위에 오르는 구세주적 인물은(오이디푸스처럼) 그 아버지의 운명에 한걸음 다가선다. 골육상잔의 끔찍한 광경을 완화하기 위해 전설은 아버지를, 잔인한 숙부, 혹은 포악한 니므롯으로 출현시킨다. 그럼에도 불구하고 보일 것은 보이고 만다. 결국 보이게 되면 한바탕 회오리바람이 인다. 아들은 아버지를 시해하지만, 결국 아버지와 아들은 하나다. 수수께끼 같은 인물들은 원초적인 혼돈 속으로 해소된다. 이것이 바로 세계 종말 그리고 재개(再開)의 비밀이다.

7 성자로서의 영웅

삶의 마지막 장(章)으로 넘어가기 전에 짚고 넘어가야 할 영웅의 유형이 있다. 즉 성자, 고행자, 출가자(出家者)로서의 영웅이다.

순수하게 있는 그대로를 보고, 엄격하게 '자아'를 통제하고, 소리와 빛과 맛 같은 색(色)에 집착하지 않고, 애증을 버리고, 고독 안에서 살고, 소식(小食)하고, 말과 몸과 마음을 삼가고, 명상과 정신 집중에 전심하고, 욕망으로부터 자유로워지는 데 힘쓰고, 이기심과 권세, 자만심과 색욕, 분노와 편견을 떨치고, 마음 안에서 정일을 얻고, '자아'로부터 자유로워지는 사람, 이런 사람은 능히 불멸의 존재에 값하는 사람이라 일러 무방하다.[26]

이러한 영웅은 아버지를 찾아가는 신화 패턴을 따르기는 하나, 영웅이 가는 곳은 아버지의 드러나는 측면이기보다는 드러나지 않는 측면이다. 이곳으로 들어갈 때, 영웅은 보살이 버린 세계로 발을 들여놓는 것이다. 여기에서는 귀환이 있을 수 없다. 이곳은, 이원적인 시각의 모순이 아니라, 불가시적인 존재의 궁극적인 요구가 도사리고 있다. 자아는 여기에서 불타 버린다. 산들바람에 나부끼는 마른 잎처럼 육신은 세계를 떠다니되 영혼은 이미 다시 없는 천복의 바다로 해소된 뒤다.

나폴리에서 미사를 집전하면서 신비스러운 체험을 한 토마스 아퀴나스는, 잉크와 펜을 선반에 얹어 버리고 『신학 대전(Summa Theologica)』

의 마지막 장(章)이 다른 손에 의해 완성되게 한다. 그는 이렇게 썼다. "내가 쓰는 시대는 끝났다. 나는 나에게 계시된 것을 써 왔고, 가르쳐 왔지만, 내가 보기엔 참으로 하잘것없다. 이제 바라건대, 내가 가르치는 시대가 끝났듯이 내 삶 또한 그러하기를……." 그로부터 오래지 않아 그는 마흔아홉의 나이로 세상을 떠났다.

삶의 너머에서 존재하는 이런 영웅은, 신화를 초월한 영웅들이기도 하다. 그런 영웅들은 이 삶의 이편에 존재하는 것을 다루려 하지 않는

그림 75 자신의 눈을 찌르는 오이디푸스(세부; 석조, 로마 유물, 이탈리아, 2∼3세기경)

2부 우주 발생적 순환

다. 그런 그들을 신화도 다룰 수 없다. 그들의 전설은 사람들의 입에 회자하나, 그것이 촉구하는 경건한 자세나 그들의 전기가 전하는 교훈은 불충분하고 우스꽝스럽기까지 하다. 그들은 형상의 영역을 떠나 고귀한 존재의 화신이 하강하는 곳, 보살이 머무르는 곳, '거대한 얼굴'의 옆모습이 '현현하는' 영역으로 들어갔다. '신비에 싸여 있던' 옆얼굴이 드러나면, 신화는 부차적인 언어이며, 침묵이 궁극적인 언어가 된다. 정신이 신비 속으로 빠져드는 순간, 남는 것은 오직 침묵뿐이다.

오이디푸스 왕은, 자기가 아내로 취한 여자는 실은 어머니요, 자기가 시해한 사람은 곧 아버지라는 것을 알게 되었다. 그는 두 눈을 뽑고, 이를 참회하느라 세계를 방랑했다. 프로이트 학파에서는, 우리는 항상 어머니를 취하고 아버지를 살해한다고 주장한다. 단지 무의식적으로 그렇게 한다는 것이다. 그들의 주장에 따르면, 이런 짓을 저지르는 우회적 상징적 방법과, 이에 수반되는 강제적 행동의 합리화가 개인의 삶과 공동의 문명을 구성한다는 것이다. 이 세상의 행동과 사고의 진정한 중요성을 느낌으로 감지할 수 있다면, 누구나 오이디푸스가 알게 된 것을 자각하게 된다. 갑자기 육체는 자기 폭력의 바다로 보이게 된다. 근친상간으로 태어나 근친상간을 경험한 교황 대(大)그레고리우스의 전설이 주는 의미는 바로 이것이다. 이 사실을 자각한 그는 바다 위의 고도로 도망쳐 오랜 기간을 참회로 보냈다.

이제 나무는 십자가가 되었다. 젖을 빨던 백발 청년은, 쓸개즙을 마시는(고초를 겪는) 십자가 위의 그리스도가 되었다. 한때 봄의 백화(百花)가 피던 곳에는, 타락과 부패가 있다. 그러나 이 십자가의 관문 너머에 신 안에서의 천복이 있다. 십자가는 끝이 아니라 길(태양의 문)이어서 그렇다.

그가 나를 인(印)치셨는데, 내 그를 사랑하지 않을 수 있으랴.

겨울은 갔다. 산비둘기가 노래한다. 포도밭은 꽃을 터뜨린다.

주 예수 그리스도께서는 나에게 결혼반지를 주시었고,

내 머리에 그분 신부 관을 씌워 주셨다.

그분이 입혀 주신 예복은 금실로 짠 빛나는 예복이요,

그분이 걸어 주신 목걸이는 값을 헤아릴 수 없다.[27]

8 영웅의 죽음

영웅의 전기 마지막 장은 영웅의 죽음, 혹은 (저승을 향한) 떠남의 장이다. 여기에서는 그의 전 생애가 요약된다. 말할 필요도 없이 죽음에 겁을 먹는다면 그 영웅은 영웅이 아니다. 영웅은 마땅히 무덤과 화해할 수 있어야 한다.

마므레의 상수리나무 밑에 앉아 있던 아브라함은, 어디에선가 빛줄기가 번득이고 향긋한 냄새가 풍겨 나오는 걸 알고는 주위를 둘러보았다. 곧 그는, 죽음이 아름답고 빛나는 모습으로 다가오고 있는 걸 보았다. 죽음이 아브라함에게 말했다.

"아브라함이여, 이 아름다움이 내 것이라고 생각지 말라. 또 내가 모든 사람에게 이런 모습으로 나타난다고도 생각지 말라. 상대가 그대같이 의로운 사람이면 나는 이같이 관을 쓰고 찾아가지만, 상대가 죄인이면 나는 부패한 배덕(背德)의 얼굴에다, 그의 죄악으로 내 관을 만들어 쓰고 가서 그를 협박하고 그를 낭패케 한다."

아브라함이 그에게 물었다.

"그대가 정말, 죽음이라고 불리는 자인가?"

죽음이 대답했다.

2부 우주 발생적 순환

"내가 이 무서운 이름으로 불린다."

"그대와 가지 않겠다. 그대의 배덕을 보여 다오."

아브라함이 죽음에게 말했다. 죽음은 자기 배덕의 얼굴을 보여 주었다. 머리가 둘인데, 하나는 뱀의 얼굴이요, 또 하나는 칼날 같았다. 아브라함의 종들은 무시무시한 죽음의 모습을 보고 모두 죽었지만, 아브라함은 주님께 기도드려 그들을 모두 되살렸다. 죽음의 모습이 아브라함의 영혼을 육체로부터 떠나게 할 수 없음을 아신 하느님은, 잠잘 동안 아브라함의 영혼을 거두셨고, 천사장 미카엘은 그 영혼을 천국으로 가지고 올라갔다. 아브라함의 영혼을 수습한 천사들이 하느님을 찬양하고 영광을 돌린 뒤, 그리고 아브라함이 하느님을 경배한 뒤, 하느님 음성이 흘러나왔다.

"내 친구 아브라함을, 내 의로운 자들의 초막이 있고, 내 성자 이삭과 그 품 안에 있는 야곱의 거처이며, 고난과 슬픔과 근심 대신 평화와 기쁨과 영생이 있는 천국의 낙원에 들게 하여라."[28]

위의 전설을 다음의 꿈 이야기와 비교해 보라.

나는 다리 위에서 눈먼 바이올리니스트를 만났다. 모두가 그의 모자에다 동전을 던져 주고 있었다. 가까이 다가간 나는, 그가 장님이 아니라는 것을 알았다. 그는 사팔뜨기였는데, 곁눈질로 심술궂게 나를 노려보고 있었다. 길 옆에는 조그만 노파가 앉아 있었다. 주위가 어두워져 있어서 나는 무서웠다. "이게 도대체 어디로 가는 길일까?" 하고 나는 생각했다. 젊은 농부 하나가 그 길을 따라와 내 손을 잡았다.

"집에 가서 커피나 하지 않겠나?"

그가 말했다.

"놔요! 손목 끊어지겠어요."

나는 이렇게 소리 지르다 잠에서 깨어났다.[29]

생전에 이원적인 균형을 상징하던 영웅은, 죽어서도 변화, 합성하는 이미지이다. 샤를마뉴처럼 영웅은 잠을 자다가도 운명의 때가 되면 일어난다. 그는 다른 형상으로 우리 가운데 있다.

아스테카인들에겐 깃털 달린 뱀 케찰코아틀(Quetzalcoatl) 이야기가 전해진다. 케찰코아틀은, 고대 도시 톨란(Tollan)이 황금기를 누릴 당시 그곳의 군주였다. 그는 백성들에게 예술을 가르쳤고, 달력을 처음 만들었으며, 옥수수를 준 군주다. 그의 백성은, 케찰코아틀 치세 말기에 아스테카인이라는 강력한 침략군에게 정복당했다. 아스테카인들의 젊은 전사, 영웅이며 시조인 테즈카틀리포카(Tezcatlipoca)가 톨란으로 진격해 들어가자, 치세의 황금시대를 누리던 왕인 깃털 달린 뱀은 왕궁에다 불을 지르고, 보물은 모두 산에다 파묻은 다음, 초콜릿나무는 메스키트나무로 변하게 하고, 종으로 부리던 알록달록한 새들을 먼저 날려 보내고는 울며불며 톨란을 떠났다. 그는 쿠아우티틀란(Quauhtitlan)이라는 도시로 갔는데, 여기엔 아주 높고 큰 나무가 있었다. 그는 나무 밑에 앉아 시종이 가져다 준 거울을 들여다보며 중얼거렸다.

"나도 늙었구나."

그래서 그곳을 사람들은 '늙은 쿠아우티틀란'이라고 부르게 되었다. 계속해서 도망치다가, 한동안의 휴식 끝에 톨란 쪽을 뒤돌아보며 그가 울었는데, 그의 눈물은 바위 속으로 스며들었다. 그는 그 바위에다, 앉았던 자리와 손바닥 자국을 남겼다. 다시 그곳을 떠나 도망치던 그는 한 떼의 마술사들을 만났다. 마술사들은 은과 나무와, 깃털 다루는 법, 그림 그리는 법을 가르쳐 주지 않으면 통과시키지 않겠다고 했다. 그는 그곳을 지나 산을 넘었는데 난쟁이, 꼽추들이던 그의 시종들은 모두 얼어 죽었다. 거기에서 또 한참을 가다가 그는 철천지 원수 테즈카틀리포카를 만났다. 테즈카틀리포카와의 공놀이에서 그는 또 한 번 패배를 맛보았다. 거기에서 또 한참을 더 가다가 그는 활로 거대한 포코틀 나무

2부 우주 발생적 순환

를 겨누었다. 화살 역시 포코틀 나무를 통째 베어 만든 것이었다. 그가 화살을 쏘아 보내자 포코틀 나무와, 포코틀 나무로 만든 나무는 십자를 만들었다. 수많은 지명(地名)과 표적을 남기며 가다가 드디어 바다에 이른 그는, 뱀으로 된 뗏목을 타고 떠났다. 그가 어떻게 해서 목적지인 고향 틀라팔란(Tlapállan)까지 갔는지는 아무도 모른다.[30]

일설에 따르면, 그는 해변에서 스스로를 화장했는데, 그 재에서 깃털이 알록달록한 새들이 날아올랐다고도 한다. 그의 영혼은 샛별이 되었다.[31]

더 살기를 바라는 영웅은 죽음에 저항하고, 일정 기간 자기 명을 연장시킬 수도 있다. 쿠훌린은 집안 동쪽에 위치한 방에서 잠을 자다 말고 "끔찍하고 무시무시한 소리를 듣고, 몹시 놀란 나머지 침대에서 부대 자루처럼 굴러떨어졌다."라고 기록되어 있다. 그는 무기도 없이 밖으로 뛰어나갔다. 그의 아내 에메르가, 무기와 갑옷을 들고 뒤따라 나왔다. 그는 다리가 하나뿐인 밤색 말이 끄는 전차 한 대를 발견했다. 전차에 말을 연결하는 봉은, 밤색 말을 관통해 이마로 비죽이 솟아나와 있었다. 전차에는 눈썹이 빨갛고, 진홍색 망토를 걸친 여자가 하나 앉아 있었다. 전차 옆에는 건장한 사내가 하나 서 있었는데 그 역시 진홍색 옷차림에 손에는 개암나무로 만든 끝이 갈라진 몽둥이를 들고는 암소 고삐를 잡고 있었다.

쿠훌린이 그 소가 자기 소라고 우기자, 여자가 나섰다. 쿠훌린은, 남자는 아무 말도 하지 않는데 왜 여자가 나서느냐고 물었다. 여자는, 그 사내 이름이 "우아르 개트 스케오 루아카이르 스케오"라고 대답했다.

"이름 한번 길구나."

쿠훌린이 혀를 찼다. 그러자 건장한 사내는,

"그대 앞에 있는 분의 이름은 그보다 더 긴, '파에보르 베그 베오일 쿰뒤르 폴트 세우브 가이리트 스케오 우아트'다."

하는 것이었다.

"날 놀리고 있구나!"

쿠훌린은 이렇게 소리치며 전차로 뛰어올라 두 발로 여자의 어깨를 밟고는 머리에다 창을 겨누었다.

"위험하게시리, 이 창 치우지 못해!"

여자가 소리쳤다.

"진짜 이름을 대라!"

쿠훌린이 호령했다.

"내게서 떨어져, 그러면……."

여자는 말을 이었다.

"……나는 여류 풍자 시인이다. 나는 시를 읊고 상으로 받은 이 소를 끌고 다닌다."

"그럼 한 수 읊어 봐!"

쿠훌린이 명령하자 여자는 또 짜증을 부렸다.

"내게서 물러서라니까. 이렇게 으름장 놓고 있지만 그대는 내 머리 카락 한 올도 다치게 하지 못해."

쿠훌린은 전차에서 내려서 두 바퀴 앞에 섰다. 여자는 그를 향해, 도전의 노래를 부르면서 그를 모욕했다. 쿠훌린은 다시 전차 위로 뛰어오르려 했다. 그러나 순간, 말과 여자와 전차와 사나이와 소는 흔적도 없이 사라졌다. 나뭇가지 위에 검은 새 한 마리가 앉아 있었을 뿐이다.

"너 아주 요망한 계집이구나!"

쿠훌린이 그 검은 새를 노려보며 중얼거렸다. 그제서야 쿠훌린은 그 여자가 전쟁의 여신 바듭(Badb), 혹은 모리건(Morrigan)이라는 것을 알았다.

"내 진작 그대의 정체를 알았더라면 이렇게 헤어지진 않았을 것을……."

"그대가 저지른 짓은 그대에게 득이 되지 않을 것이다."

새가 대답했다.

"하지만 그대는 나를 해칠 수 없어."

쿠훌린이 자신 있게 말했다.

"천만에, 할 수 있어. 나는 그대 임종의 자리를 지키고 있어. 앞으로도 지킬 것이고……."

새가 대답했다.

그제서야 그 요술쟁이는 쿠훌린에게, 자기는 크루아칸 언덕에서 조금 전의 건장한 사내 쿠아일른(Cuailgne)의 황소와 교배시키기 위해 그 암소를 데려왔다면서, 암소가 새끼를 낳고, 송아지가 한 살이 되면 쿠훌린은 죽게 된다고 말했다. 그녀는 또 쿠훌린이, 이름이 모모(某某)라고 하는 강에서 쿠훌린에 못지않을 만큼 "힘이 세고, 담대하고, 재주 있고, 잔혹하고, 피로를 모르고, 고상하고, 용감하고, 위대한" 사나이를 대적하게 될 때 다시 오겠노라면서 이렇게 덧붙였다.

"내 그때면 한 마리 뱀장어로 둔갑하여 강물 속에서 그대 다리를 감아 쓰러뜨리리라."

쿠훌린이 다시 위협하자 새는 땅속으로 들어가 버렸다. 그러나 다음 해 쿠훌린은, 바로 그 강에서 요술쟁이 여자의 도전을 물리치고, 얼마간 더 살 수 있었다.[32]

저승 세계에서의 구원이라는 기묘하고, 다소 장난기 어린 상징체계는 물 항아리 소년이 등장하는 푸에블로 인디언 민화의 마지막 부분에서도 드러나고 있다.

샘 속에는 여자들과 소녀들을 비롯하여 수많은 사람들이 살고 있었다. 그들은 모두 소년에게 달려와 소년을 껴안으면서, 자기네 자식이 집으로 들어왔다고 좋아했다. 이렇게 해서 소년은 아버지와 고모들을 찾게 되었다. 소년은 거기에서 하루를 묵고 다음 날 집으로 돌아와 어머니에게 아버지를 찾

왔노라고 했다. 그러자 어머니는 시름시름 앓다가 세상을 떠났다. 소년은,

"이제 이곳에 살 필요가 없구나."

이렇게 생각하고는 집을 떠나 샘 안으로 들어갔다. 어머니는 거기에 와 있었다. 이렇게 해서 소년은 어머니 아버지와 함께 살았다. 그의 아버지는 아바이요 피이(Avaiyo' pi'i, 붉은 물뱀)였다. 그는, 자신은 시키아트키에서 모자와 살 수 없었노라고 말했다. 소년의 어머니를 병들어 죽게 하여 그 샘으로 오게 한 것도 다 그 때문이었다고 아버지는 설명했다.

"이제 여기에서 함께 살자꾸나."

아바이요 피이가 아들에게 말했다. 이렇게 해서 소년과 어머니는 그 샘 안에서 살게 되었다.[33]

이 이야기는, 대합 아내 이야기처럼 신화적 서술법을 조목조목 따르고 있다. 이 두 이야기는, 주인공이 자기 능력을 모르고 있어서 재미있다. 이와는 정반대인 이야기가, 부처의 열반에 관한 이야기다. 위대한 신화가 다 그렇듯이 이 이야기는 꽤 유머러스하면서도 의식의 마지막 단계에 이르기까지 깨어 있다.

수많은 비구(比丘)들을 거느리고 세존(世尊)은 히라냐바티 강가로 가서 쿠시나라 마을 말라족의 우파바타나 사라수(沙羅樹) 숲에 이르렀다. 세존은 아난다 존자를 불러 말했다.

"아난다여, 수고스럽지만 내 자리를, 저 사라쌍수(沙羅雙樹) 아래에다, 머리가 북쪽으로 향하도록 마련해 다오. 피곤해서 좀 눕고 싶구나."

"네, 그렇게 하겠습니다."

아난다 존자는 이렇게 대답하고, 사라쌍수 밑에다, 머리가 북쪽을 향하도록 자리를 만들었다. 세존은 오른쪽 옆구리를 대고 사자처럼 누워 두 발을 포갠 뒤 명상에 빠져들었다.

그림 76 부처의 열반(석조, 인도, 5세기 말)

그러자, 그럴 계절이 아닌데도 사라수가 꽃을 피웠다. 꽃잎은 여래(如來, The Tathāgata*)의 몸 위로 떨어졌다. 여래를 경배하느라 사라수가 꽃잎을 뿌렸던 것이었다. 하늘에서도 천상의 백단향 가루가 쏟아졌다. 백단향 가루는 여래의 몸 위로 쏟아졌는데, 이는 하늘이 여래를 경배하느라고 백단향 가루를 뿌린 것이었다. 하늘에서 여래를 찬양하는 음악이 들려왔다. 이것도 여래를 경배하고 찬양하는 음악이었다.

여래는 사자처럼 모로 누운 채 많은 비구들과 이야기를 나누었다. 여래의 앞에는 우파바나 존자가 서서 그에게 부채질을 하고 있었다. 세존은 우파바나에게 옆으로 비켜나라고 말했다. 세존 옆에 있던 아난다

* Tathāgata(如來); 그러한 상태, 혹은 조건(tathā)으로 오거나 존재한다(gata)는 뜻. 즉 정각자(正覺者), 부처.

가 세존에게 물었다.

"세존이시여, 무슨 연유, 무슨 이유로, 세존께서 우파바나 존자에게, "비구여, 내 앞에서 비켜나거라."라고 말씀하시었습니까?"

세존이 대답했다.

"아난다여, 십계(十界)의 신들이 여래를 보러 와 있다. 뿐이냐, 아난다여, 쿠시나라 성읍과 사라수 숲 인근 120리 떨어진 곳까지, 신들이 빽빽하게 들어차 머리카락 하나 심을 땅도 없구나. 신들이 화를 내면서 이러시는구나.

'우리는 멀리서, 여래를 친견(親見)하러 오지 않았던가. 성인이시며 최고의 부처이신 여래는 참으로 드물게 이 세상에서 태어나신다고 해서, 이렇게 먼 길을 오지 않았는가. 오늘 밤 막바지에 그 여래가 열반에 든다. 그런데 저 비구가 세존의 앞을 가로막아, 최후의 순간이 가까워 왔는데도 우리는 여래를 친견할 수가 없구나.'

아난다여, 그래서 신들이 화가 난 것이다."

"세존이시여, 세존께서 보시기에 신들은 무엇을 하고 있습니까?"

"아난다여, 몇몇 신들은 하늘에 있되 마음은 세상에 있다. 그들은 머리카락을 날리며 울부짖고, 두 팔을 내저으며 울부짖고 땅바닥에 거꾸로 처박혀 이리저리 구르면서 소리를 지른다.

'세존이 너무 빨리 열반에 드는구나. 세상의 빛이 너무 빨리 우리 눈앞에서 사라지는구나.'

아난다여, 또 몇몇은 땅에 있되 마음 역시 땅에 있구나. 그들은 머리카락을 날리며 울부짖고, 두 팔을 휘저으며 울부짖고, 땅바닥에 처박혀 이리저리 구르면서 소리를 지른다.

'세존이 너무 빨리 열반에 드는구나. 지복자(至福者)가 너무 빨리 열반에 드는구나. 세상의 빛이 너무 빨리 우리 눈앞에서 사라지는구나.'

그러나, 격정에서 자유로운, 사려 깊고 깨어 있는 신들은 참을성 있게 견디

2부 우주 발생적 순환

며 말한다.

'제행(諸行)이 무상하구나. 태어난 것, 모습을 나타낸 것, 죽기로 마련된 것들이 어찌 이를 피할 수 있겠는가? 어쩔 수가 없구나.'"

마지막 대화는 한동안 더 계속되었다. 마지막 대화가 진행될 동안 세존은 비구들을 위로하느라고 이렇게 말했다.

"비구들아, 내 이제 너희를 떠난다. 존재의 제법(諸法)은 무상하다. 정진하여 해탈에 이르도록 하여라."

여래의 마지막 말은 이러했다.

축복받은 자는 첫 번째 무아(無我)에 이르렀다. 첫 번째 무아에서 일어난 그는 두 번째 무아에 들었다. 두 번째 무아에서 일어난 그는 세 번째 무아에 들었다. 세 번째 무아에서 일어난 그는 네 번째 무아에 들었다. 네 번째 무아에서 일어난 그는, 무한 공간의 영역에 들었다. 무한 공간에서 일어난 그는 무한 의식의 영역에 들었다. 무한 의식의 영역에서 일어난 그는 무(無)의 영역에 들었다. 무의 영역에서 일어난 그는 지각(知覺)이 있는 것도, 없는 것도 아닌 영역에 들었다. 지각이 있는 것도 없는 것도 아닌 영역에서 일어난 그는 지각과 감각의 휴식 상태에 이르렀다.

그러자 아난다 존자가 아누룻다 존자에게 말했다.

"아누룻다 존자여, 세존께서 열반에 드셨습니다."

"아니오, 아난다 존자여, 세존께서는 아직 열반에 드신 것이 아닙니다. 이제 지각과 감각의 휴식 상태에 드시었습니다."

세존은 지각과 감각의 휴식 상태에서 일어나 지각이 있는 것도 없는 것도 아닌 영역에 들었다. 지각이 있는 것도 없는 것도 아닌 영역에서 일어난 그는 무의 세계에 들었다. 무의 세계에서 일어난 그는 무한 의식의 영역에 들었다. 무한 의식의 영역에서 일어난 그는 무한 공간의 영역에 들었다. 무한 공간의 영역에서 일어난 그는 네 번째 무아에 들었다. 네 번째 무아에서 일어난 그는 세 번째 무아에 들었다. 세 번째 무아에서 일어난 그는 두 번째 무아에 들었다. 두 번째 무아에서 일어난 그는 첫 번째 무아에 들었다. 첫 번째 무아에서 일어난 그는 두 번째 무아에 들었다. 두 번째 무아에서 일어난 그는 세 번째 무아에 들었다. 세 번째 무아에서 일어난 그는 네 번째 무아에 들었다. 네 번째 무아에서 일어난 그는 곧 열반에 들었다.[34]

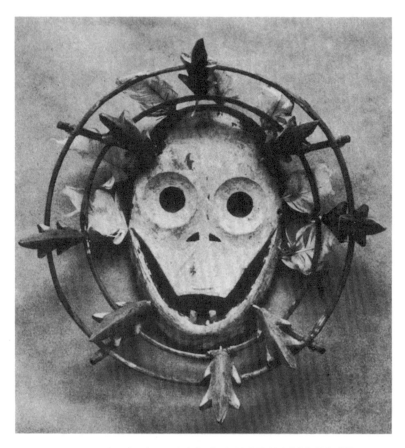

그림 77 가을 (사면(死面), 목조에 채색, 이누이트족 유물, 북아메리카, 연대 미상)

4 소멸

1 소우주의 끝

놀랄 만한 권능을 가진 막강한 영웅(손가락으로 고바르단 산을 들어 올릴 수 있고, 자기 몸을 우주의 엄청난 영광으로 채울 수도 있는)은 바로 우리들 개개인이다. 거울에 비추어 볼 수 있는 육체 자체로서가 아니라, 우리들에 내재하는 왕으로서다. 크리슈나는 이렇게 선언한다. "나는 모든 피조물의 가슴 안에 있는 실재다. 나는 모든 존재의 시작이며, 중간이며, 끝이다."[1] 이것은 바로 개인이 소멸되는 순간, 사자(死者)의 머리맡에서 들려주는 기도다. 즉 개인은, 생전에 자기 가슴에 반영되어 있던, 세계를 창조하는 신에 대한 근원적인 깨달음으로 되돌아가야 하는 것이다.

(늙음으로 허약해지든, 병으로 허약해지든) 허약해지면 사람은 망고나 무화과나 딸기가 가지에서 놓여나듯, 그렇게 사지(四枝)에서 해방된다. 이제 그는 다시, 근원의 문과 출신 장소에 따라 삶으로 되돌아온다. 귀족들, 관헌들, 전차 몰이들, 마을의 원로들이 왕을 위하여 먹을 것과 마실 것과 거처를 마련해

놓고 오는 자를 기다리다가 외친다. "그가 온다. 그가 이곳으로 온다." 이 진리를 아는 자를 기다리던 만물은 외친다. "불멸의 존재가 온다, 불멸의 존재가 이리로 온다!"[2]

이러한 인식은 이미 고대 이집트의 관(棺)에 새기는 글귀에 나타나 있다. 여기에 따르면, 사자는 자신이 신과 함께하게 된다고 노래한다.

> 나는, 외로웠던 나는, 아툼(Atum)이다.
> 나는, 처음으로 현신(現身)했던 레(Re)다.
> 나는, 스스로 신들 중의 신이라고 했고,
> 어느 신도 범접하지 못하는,
> 스스로 존재하는, 위대한 신이다.
> 나는 과거였고, 미래를 안다.
> 내 일언지하에 신들의 전쟁이 벌어졌다.
> 나는 그 전쟁터에 있는 위대한 신을 안다.
> 그분의 이름은 '레의 찬양',
> 나는 헬리오폴리스에 있는 저 위대한 불사조다.[3]

그러나 부처의 죽음에서 우리가 보았듯이, 심령에 의한 조형(유출)의 기간을 거쳐 되돌아 나오는 능력은, 살아생전에 어떤 종류의 인간이었는가에 달려 있다. 신화는 무수한 장애물을 돌파해야 하는, 영혼의 여로가 얼마나 위험한가를 잘 보여 주고 있다. 그린란드의 에스키모인들의 신화는, 물 끓이는 주전자, 골반뼈, 커다란 등잔, 수호자 괴수, 서로 부딪치면 다시 열리는 두 개의 바위 등을 열거하고 있다.[4] 이러한 요소는 세계의 모든 민화나 영웅 전설에 두루 등장한다. 여기에 대해서는 1장 「영웅의 모험」에서 이미 논의한 바 있다. 이러한 요소들은, 영혼의 여행 마지막 단계를 보여 주는 신화 체계에서 의미심장하게 전개되고 있다.

　임종의 머리맡에서, 사자를 지켜보는 아스테카 사람들이 하는 고유(告由)는 사자에게, 사자들의 해골 신 촌테모크(Tzontemoc)에게로 돌아가는 길이 얼마나 위험한지 경고한다. 이 촌테모크는, '흘러내리는 머리카락의 촌테모크(He of the Falling Hair)'라고 불린다.

그림 78　사자(死者)를 심판하는 오시리스(파피루스, 이집트, 기원전 1275년경)

　　　　　　　　　　　　　　　　2부 우주 발생적 순환

"혼령은 들으세요. 그대는 이승의 삶이라는 수고로운 시련을 다 치러 내고 승리했던 분입니다. 이제 우리 주님이 그대를 데려갔으니 이 아니 기쁜 일입니까? 우리 역시 영원히 이승에 있는 것은 아니에요. 잠시 다녀가는 것뿐입니다. 우리 삶이란 햇볕에 몸을 덥히는 것 같은 것이지요. 주님 은덕으로, 우리는 서로를 알고 사귀게 되었습니다. 그러나 때가 되니 미크틀란테쿠틀리(Mictlantecutli), 혹 아쿨나후아카틀(Aculnahuácatl), 아니면 촌테모크라고 하는 신과, 미크테카치후아틀(Mictecacíhuatl)이라고 하는 여신이 그대를 수습해 가시었군요. 이제 그대는 그분의 보좌 앞에 서시게 됩니다. 우리 역시 그곳으로 가게 되어 있어요. 우리 모두가 모일 그곳은 아주 넓답니다.

이제 우리는 그대에 대한 추억도 잊게 되겠지요. 그대는 빛도 창도 없는 그곳에 살게 될 겁니다. 그대는 그곳에서 돌아올 수도 떠날 수도 없어요. 돌아온다는 건 생각도 하지 말아요. 이승에 남긴 그대의 자식 손자가 있지만, 그대는 알지 못하지요, 그들이 이 세상 삶의 수고를 어떻게 치러 낼지. 우리 역시 머지않아 당신이 있는 그곳에 가게 될 겁니다."

아스테카의 노인들이나 마을 유지들은 장례식 준비를 마치고 시신을 염습한 다음, 시신의 머리에 물을 조금 부으면서 이런 말을 한다.
"이것은 그대가 이승에 살 때 즐겨 마시던 것입니다."
그러고는 조그만 물 단지를 내밀면서 이렇게 말한다.
"자, 먼 길을 가자면 이게 필요할 것입니다."
이 물 단지는 시신의 염습포(殮襲布)에 끼워 준다. 이어 그들은 담요로 시신을 싸서 단단하게 묶은 뒤, 미리 준비했던 부적을 그 시신 앞에다 한 장씩 놓으면서 각각 이렇게 고한다.
"자, 이게 있으면 저 무너져 내리는 산을 지날 때 안전할 것입니다. 이게 있으면 뱀들이 지키는 길을 안전하게 지날 수 있을 것입니다. 이것이면 저 초록색 꼬마 도마뱀 쇼치토날(Xochitónal)도 만족할 것입니다. 자, 이걸로 저 혹한의 여덟 사막을 건너도록 하세요. 여기에 여덟 언덕을 지나는 데 필요한 부적이 있어요. 여기에 흑요석 칼날의 바람을 피하게 해 주는 부적이 있어요."

사자는, 불그스름한 털을 지닌 강아지를 데려가기도 한다. 즉 유족들은 강아지의 목에 무명 끈을 맨 다음 이를 시신과 함께 화장했다. 사자는, 명계(冥界)로 가는 강을 건널 때 이 조그만 짐승의 등에 올라타고 건넌다. 이 강을 건너는 데는 4년이 걸린다. 동물과 함께 강을 건넌 사자는 신에게 부적과 미리 준비한 예물을 바친다. 신이 그를 받아들이면, 사자는 충직한 동행과 함께 "아홉 번째 심연(Ninth Abyss)"의 한 식구가 되는 것이다.[5]*

중국인들은 사자(死者)가, 옥녀(玉女, Jade Maiden)와 금동(金童, Golden Youth)의 보호 아래 선계(仙界)의 다리를 건넌다고 믿는다. 힌두교도들은, 하늘은 높이 솟아 있고 명계는 여러 층의 지옥으로 이루어져 있다고 생각한다. 사후의 영혼은 이승에서 보낸 삶의 내용에 합당한 층으로 끌려가고, 그는 여기에서 이승에서 보낸 삶의 의미를 반추한다. 이 반추 과정에서 무엇인가를 느끼면 사자는 이승으로 되돌아와 다음 단계의 경험을 준비한다. 이렇게 해서 인간은 모든 단계의 삶을 경험하고, 마침내 우주적 알이란 벽을 깨뜨릴 수 있게 된다. 단테의 『신곡』은 이 단계들을 극명하게 보여 주고 있다. 즉 「지옥편」은 육신의 욕망과 행위에 얽매인 영혼의 참담함을, 「연옥편」은, 육신의 경험이 영혼의 경험으로 변화하는 과정을, 「천국편」은 정신적 자각의 단계를 그리고 있는 것이다.

---

* 흰 강아지나 검은 강아지는 헤엄을 칠 수 없다. 흰 강아지는, "이렇게 깨끗하게 씻었는데……." 하고 불평하고, 검은 강아지는 "이렇게 더러운데 어떻게 들어가나!" 하기 때문이다. 오직 선명한 붉은색 강아지만이 사자의 땅으로 건너갈 수 있다.

2부 우주 발생적 순환

이 무시무시하고 심오한 여행의 과정을 그리고 있는 것이 바로 이집트의, 『사자의 서(Book of Dead)』다. 이 세상을 떠난 남자나 여자는 오시리스(Osiris) 신과 동일시되고, 또 실제로 오시리스라고 불린다. 『사자의 서』는, 레와 오시리스에 대한 찬양으로 시작되어, 명계에서 영혼이 염습포에서 풀려나는 신비를 그리기에 이른다. "오시리스 아무개에게 입을 주는 장(Chapter of Giving a Mouth to Osiris N)"에는(아무개(N) 자리에다 이름을 넣어, 오시리스 아우팡크, 오시리스 아니 등으로 부른다.) "나는 저 비밀의 땅에서, 알에서 나온다."라는 구절이 있다. 이것은 죽음과 재생을 동일시하는 관념의 선언이다. 이어, "오시리스 아무개가 입을 여는 장"에서는, 깨어난 영혼이 이렇게 기도한다.

"프타(Ptah) 신께서는 내 입을 열어 주시고, 내가 살던 도시의 신은, 내 입까지 싸고 있는 이 염습포를 풀어 주시기를……."

"오시리스 아무개에게 명계의 기억을 갖게 하는 장"과 "명계의 오시리스 아무개에게 심장을 주는 장"에서는, 재생 과정의 두 단계가 진행된다. 이어서 외로운 여행자가 무서운 심판관 앞으로 가면서 만나고 극복해야 하는 위험의 장들이 시작된다.

이 『사자의 서』는 험로를 갈 동안 갖가지 위험에서 사자를 지켜 주는 부적으로 미라에 합장(合葬)되고 각 장은 장례식 때 낭독하게 되어 있었다. 유족들은 미라를 만드는 과정에서 사자의 심장을 절개하고, 태양의 상징인 금박 장식이 된 현무암 갑충석을 그 안에다 넣으면서 다음과 같은 기도 문구를 외우기도 한다.

"내 심장, 내 어머니, 내 심장, 내 어머니, 내 변모의 심장이다."

이 기도문은, "오시리스 아무개의 심장이 명계에서, 시신으로부터 떨어져 나가지 못하게 하는 강"에 기록되어 있다. 이어서 우리는 "악어를 물리치는 장"을 읽게 된다.

"서쪽에 사는 너 악어여, 물러나라…… 남쪽에 사는 너 악어여, 물러나라…… 북쪽에 사는 너 악어여, 물러나라…… 창조된 것은 내 손 안에 있고, 아직 창조되지 않은 것이 내 몸 안에 있음이라. 오, 머리 위 하늘에 계시고, 발밑 땅에 계시는 레 신이여, 머리 위 하늘에 있고 발밑 땅에 있는 그대의 권능의 말씀은 저를 감싸고 그리고 온전히 돌보고 있나이다."

다음으로는, "뱀을 물리치는 장", "압사이트(Apshait)를 쫓는 장"이 계속된다. 사자의 영혼은 악마 압사이트에게, "내게서 떠나라, 갉아먹는 입술을 가진 그대여." 하고 외친다. "두 메르티 여신들(Merti Goddesses)을 쫓는 장"에서 사자의 영혼은 자기 목적을 밝히고, 아버지의 아들이라고 주장함으로써 자신을 보호한다. 사자는 이렇게 말한다.

"나는 세크테트선(the Sektet boat)에서 드러나 보이는 자며, 나는 오시리스의 아들 호루스(Horus)다. 나는 내 아버지 오시리스를 만나러 왔다."

"명계에서 공기로 사는 장", "명계에서 뱀 레레크(Serpent Rerek)를 쫓는 장"에서 영혼은 여행을 계속하여 이윽고 "명계에서 자행되는 대학살을 피하는 장"에 이른다. 이 장에서 사자의 영혼은 다음과 같이 선언한다.

"내 머리카락은 누(Nu)의 머리카락이다. 내 얼굴은 태양을 상징하는 원반의 얼굴이다. 내 눈은 하토르(Hathor)의 눈이다. 내 귀는 아푸아트(Apuat)의 귀다. 내 코는 켄티 카스(Khenti Khas)의 코다. 내 입술은 안푸(Anpu)의 입술이다. 내 이는 세르겟(Serget)의 이다. 내 목은 이시스 여신(goddess Isis)의 목이다. 내 손은 바 넵 타투(Ba-neb-Tattu)의 손이다. 내 팔은, 사이스(Sais)의 여왕 네이트(Neith)의 팔이다. 내 등뼈는 수티(Suti)의 등뼈다. 내 남근은 오시리스의 남근이다. 내 허리는, 케르 아바(Kher-aba) 신의 허리다. 내 가슴은, 공포의 신의 가슴이다……. 내 몸의 부분 부분에, 신들에 딸리지 않은, 신들의 것이 아닌 부분이 없다. 토트(Toth) 신이 내 몸을 지키시니 어느때, 어느 시든 내가 바로 레(Re)다. 누구도 내 팔을 잡아끌 수 없고, 누구도 내 손을 거칠게 붙잡을 수 없다."

훗날에 그려진 보살상에는, 보살의 후광 안에 500명의 변모한 부처(阿羅漢)가 있고, 각 부처는 또 500명씩의 보살을 거느리고 있으며, 이 보살들이 또 수많은 신들을 거느리고 있다. 이와 마찬가지로 영혼은 원래 영혼에서 분리되어 영혼 밖에 있다고 생각되던 신들을 동화함으로써 그 크기나 권능으로 보아 최고조에 이른다. 신들은 영혼이라는 존재 자체가 투사된 것이다. 이 영혼이 참 상태로 돌아갈 때 신들도 모두 원래의 모습을 되찾는다.

"명계의 대기를 마시고, 명계의 물을 지배하는 장"에서 영혼은 스스로를, 우주적 알의 수호자라고 선언한다.

"오, 누트(Nut) 여신의 무화과나무여! 그대 안에 있는 물과 공기를 베풀어 주시라. 나는 헤르모폴리스의 왕좌를 안고, 위대한 새(Great Cackler)의 알을 지킨다. 이 알이 자라면 내가 자라고, 이 알이 살면 내가 살며, 이 알이 공기를 마시면 나 오시리스 아무개 역시 승리자로서 공기를 마신다."

이어서 "명계에서 영혼이 그 육신으로부터 떨어져 나가지 못하게 하는 장", "명계에서 물을 마시되 불길에 타지 않는 장"이 끝나면, 이윽고 절정이라고 할 수 있는 "명계의 날이 밝는 장"에 이른다. 여기에서

그림 79 불을 뿜어 오시리스의 적을 제압하는 저승 세계의 뱀 케티(설화석고 조각, 신왕국 시대, 이집트, 기원전 1278년)

영혼과 우주는 결국 하나임이 드러난다.

　"나는 어제이며, 오늘이며, 또 내일이다. 나에게는 다시 태어나는 능력이 있다. 나는 신들을 창조했고, 아멘테트(Amentet)의 명계 및 천상의 피조물들에게 제삿밥(sepulchral meals)을 먹여 주는, 비밀의 장막에 가려진 신적인 영혼이다. 나는 동쪽의 방향타이며, 두 개의 거룩한 얼굴의 소유자다. 이 얼굴들은 환히 빛나고 있다. 나는 되살아난 인간의 주(主)이며, 암흑에서 현현한 주다. 내 존재의 틀은, 사자(死者)가 거하는 집이다. 오, 그대의 휴식처에 홰를 치고 있는 두 마리 매여! 그대들은 나의 말을 듣고, 사자의 관을 은밀한 곳으로 안내하며, 레(Re)를 인도하고, 나를 따라 천상에 있는 성역의 지성소(至聖所)로 들어간다. 오, 땅 한복판에 있는 성역의 주, 그가 바로 나고 내가 바로 그다. 그리고 프타는 수정으로 그 하늘을 가렸다……."

그림 80 저승의 물을 마시는 아니 및 그 아내의 생령(파피루스, 프톨레마이오스 왕조 유물, 이집트, 기원전 240년경)

　　　　　　　　　　　　　　　　　　　　　　　　2부 우주 발생적 순환

이때부터 영혼은 자기 마음대로 우주를 떠돈다. 영혼이 우주를 마음대로 떠도는 모습은, "발을 들어 땅에 내리는 장", "헬리오폴리스 여행과, 거기에서 왕좌를 차지하는 장", "인간이 자기 마음대로 자신을 변형시키는 장", "위대한 집으로 들어가는 장" 그리고 "오시리스의 신적, 최고 권력자인 아들을 알현하는 장"에 나타난다. 이른바 "부정적인 고백의 장"은 죄의 사함을 받은 사람의 도덕적 순수성을 선언한다.

"나는 아무 부정도 저지르지 않았다…… 나는 폭력으로 무엇을 강탈한 적이 없다…… 나는 누구에게 폭력을 행사한 적이 없다…… 나는 도둑질하지 않았다…… 나는 남자든 여자든 죽인 바 없다……."

『사자의 서』는 신의 찬양과 함께 결론 부분에 이르러, 다음 장과 더불어 끝난다. 즉 "레의 가까이서 사는 장", "인간을 이승에 있는 집으로 돌아오게 하는 장", "영혼을 완전하게 하는 장", "레의 거대한 태양의 배를 타고 항해하는 장"이 그것이다.[6]

2 대우주의 끝

개인이라는 창조된 형상이 결국은 소멸되고 말 듯이 우주 역시 소멸된다.

10만 년이 지나, 우주의 순환 주기가 다시 시작되는 것으로 알려지면 육감적인 쾌락에 빠진 천상의, 로카 비유아스(Loka-byūhas)라는 신들은, 머리를 풀어 바람에 흩날리고, 손등으로 흐르는 눈물을 닦으며, 빨갛게 물든 옷을 어지럽게 입은 채 세계를 방랑한다. 그들은 이렇게 말한다.

"여보게들, 10만 년이 흐르면, 우주 순환 주기가 다시 시작된다네. 이 세계는 파멸에 들 것이고, 바다는 마를 것이네. 이 넓은 땅, 산들의 왕인 수메르산이 불에 타, 브라마의 세계까지 하나도 남김없이 파괴될 것이네. 그러니 여보게들, 선의를 이 땅에 넘치게 하소. 연민과, 기쁨과, 평등이 여기에 넘치게 하소. 어머니와 아버지를 공경하고, 집안 어른들을 섬기소."

이것이 바로 우주가 부서지는 시점인 "회겁(壞怯)"이다.[7]

마야인들의 세계의 종말에 대해서는 드레스덴 사본(Dresden Codex)[8]의 마지막 쪽을 덮고 있는 그림에 잘 나타나 있다. 이 고문서는 천체의 주기를 기록하고 있는데, 여기에서 우주 주기에 관한 계산이 나온다. 이 문서 말미에 등장하는 뱀의 숫자(이른바 뱀의 그림으로 나타나 있기 때문에)는 3만 4000년(약 1250만 5000일)의 세계 주기를 나타내는데, 이 숫자는 여러 차례 기록되어 있다.

인간으로서는 상상도 할 수 없는 이 기간 동안, 보다 작은 단위의 주기들은 비교적 정확한 시기에 함께 종말에 이르는 것으로 보인다. 하지만 영원이라고 보아도 무방할 이 오랜 세월에서 몇 년 정도의 차이가 난들 어떠랴? 뱀의 숫자를 지나 이 문서의 마지막 쪽에는, 세계의 종말이 기록되어 있고 여기에는 최장의 주기들이 앞장선다. 하늘에 가로걸린 채, 물을 쏟아붓는 비의 뱀(rain serpent)이 여기에 등장한다. 태양과 달에서도 물줄기가 쏟아져 내린다. 호랑이 발톱을 갖고 있으며 험상궂은 모습을 한, 홍수와 폭우의 수호자인 이 늙은 여신은, 천상의 물 접시를 엎어 버린다. 이 여신의 치마에는 무시무시한 죽음의 상징인, 대퇴골 두 개가 교차되어 있는 도형이 그려져 있고, 여신이 머리에 쓴 관은 뒤엉킨 뱀의 덩어리다. 여신이 아래로 겨누고 있는, 우주 파멸의 상징인 창 끝 아래엔 검은 신이 활보하고 있고, 그의 무시무시한 머리 위에는 올빼미 한 마리가 홰를 치고 있다. 이는 모든 것이 절멸하는 우주 대파국의 생생한 파노라마이지 다른 것이 아니다.[9]

고대 바이킹족의 『에다 시가집』에도, 무서운 우주 대파국의 광경이 그려져 있다. 신들 중에서도 으뜸가는 신인 오딘이 자신과 자신의 신전이 어떻게 될 것이냐고 묻자 세계의 어머니, 운명적인 예언의 화신인 "현명한 여성(Wise Woman)"은 이렇게 말한다.[10]

> 형제가 서로 싸워 서로를 쓰러뜨리고,
> 자매의 자식들이 집안을 더럽힌다.
> 어려워라 매음굴이 되는 이 세상
> 도끼 시대, 칼의 시대, 방패가 부서지고
> 바람 시대, 늑대 시대가 도래하면 세상은 무너진다.
> 인간은 하나도 살아남을 길이 없다.

요툰하임(Jotunheim)이라는 거인의 나라에 붉은 마법의 수탉이 운다. 발할라(Valhalla, 오딘의 전당)에서는 황금빛 볏의 수탉이 울고, 지옥에서는 새빨간 새가 운다. 사자(死者)의 나라 입구를 지키는 개 가름(Garm)이 벼랑 끝에서 그 큰 입을 벌리고 짖어 댄다. 땅은 흔들리고 바위와 나무는 부서지고 찢기며, 바다는 땅을 덮친다. 태초부터 이 괴수들을 묶고 있던 족쇄가 부서져 나간다. 펜리스 늑대(Fenris-Wolf)도 족쇄에서 풀려나, 아래턱은 땅에 대고, 위턱은 하늘에 댄다.("공간만 더 있었다면 더 벌릴 수도 있었을 것") 이 늑대의 눈과 목구멍에서는 불길이 나온다. 우주의 바다에서 세계를 감싸고 있던 뱀도 일어나 포악을 부리며 늑대에 가세하여 땅을 공격하며 독을 뿜으니, 이 독이 대기와 물에 낭자하다. 나글파르(Naglfar, 사자의 손톱으로 만들어진 배)가 풀려나 거인들을 운반한다. 다른 배는 지옥의 주민들을 나른다. 화염을 방사하는 인간들이 남쪽에서 공격해 온다.

신들의 파수병이 나팔을 불면, 오딘의 아들들은 이 마지막 결전장

그림 81 세계의 종말: 비의 뱀과 호랑이 발톱 여신(수피 종이 위 먹, 마야 유물, 중앙아메리카, 1200~1250년경)

2부 우주 발생적 순환

그림 82 라그나로크: 오딘을 잡아먹는 펜리스 늑대(석조, 바이킹 유물, 영국, 1000년경)

454

으로 불려 나간다. 신들의 모든 처소에서, 거인, 악마, 난쟁이, 도깨비들이 이 전장에 나간다. 세계의 물푸레나무(World Ash), 위그드라실(Yggdrasil)이 전율하니, 하늘과 땅에 충만한 것은 오직 공포뿐이다.

오딘은 늑대를 대적하고, 토르(Thor)는 뱀을 대적하고, 티르(Tyr)는 (모든 괴수 가운데서 가장 무서운) 개를 대적하며, 프레이르(Freyr)는 화염을 방사하는 인간인 수르트(Surt)를 대적한다. 토르는 뱀을 죽이고, 그 자리에서 열 걸음 정도 떼어 놓으나, 뱀이 뿜어 놓은 독 때문에 쓰러져 흙으로 돌아간다. 오딘은 늑대의 밥이 되나, 뒤에 비다르(Vidarr)가 한 발을 늑대의 아래턱에다 대고 손으로 위턱을 잡아 올려 찢어 버린다. 로키(Loki)는 하임달르(Heimdallr)를 살해하나 그 역시 살해된다. 수르트는 땅에다 불을 뿜어 세계를 깡그리 태워 버린다.

> 태양은 먹통이 되고, 땅은 바다로 가라앉으며,
> 소용돌이치는 하늘에서는 뜨거운 별이 쏟아져 내린다.
> 생명을 태우는 불꽃과 김이 솟아,
> 마침내 하늘 역시 불바다가 된다.
>
> 가름이 그니파헬리르(Gnipahellir) 앞에서 짖어 대고
> 족쇄가 부서지자, 늑대가 풀려나온다.
> 나는 안다. 그리고 내 눈에는 보인다.
> 천하무적 신들의 운명이.

「마태복음」에서는 다음과 같은 종말을 계시한다.

> 그리고 예수께서 올리브산에 올라가 앉으셨을 때에 제자들이 따로 와서, "그런 일이 언제 일어나겠습니까? 그리고 주님께서 오실 때와 세상이 끝날

때에 어떤 징조가 나타나겠습니까? 저희에게 알려 주십시오."

하고 말하였다. 예수께서는 이렇게 대답하셨다.

"아무에게도 속지 않도록 조심하여라. 장차 많은 사람이 내 이름을 내세우며 나타나서, 내가 그리스도다, 하고 떠들어 대면서 수많은 사람들을 속일 것이다. 또 여러 번 난리가 일어나고, 전쟁 소문도 듣게 될 것이다. 그러나 정신을 차리고 당황하지 말아라. 그런 일이 꼭 일어나고 말 터이지만 그것으로 그치는 것은 아니다. 한 민족이 일어나 딴 민족을 치고, 한 나라가 일어나 딴 나라를 칠 것이며, 또 곳곳에서 기근과 역병과 지진이 일어날 터인데, 이런 일들은 다만 고통의 시작일 뿐이다.

그때에는 사람들이 너희를 잡아 갖은 고통을 겪게 하고, 마침내는 사형에 처할 것이다. 또 너희는 나 때문에 온 세상 사람들에게 미움을 받을 것이다. 그리고 많은 사람들이 상처를 받고 서로 배반하고 서로 미워할 것이며 거짓 예언자가 여기저기 나타나 많은 사람들을 속일 것이다. 또 세상은 무법천지가 되어 사람들의 마음속에서 따뜻한 사랑을 찾아볼 수 없게 될 것이다. 그러나 끝까지 참는 사람은 구원을 받을 것이다. 이 하늘나라의 복음이 온 세상에 전파되어 모든 백성에게 밝히 알려질 것이다. 그러고 나서야 끝이 올 것이다.

그러므로 너희는 예언자 다니엘이 말한 대로 황폐의 상징인 흉측한 우상이 거룩한 곳에 선 것을 보게 될 것이다. (글 읽는 자는 알아들으라.) 그때에는 유다에 있는 사람들은 산으로 도망가라. 지붕에 있는 사람들은 집 안에 있는 세간을 꺼내러 내려오지 말며, 밭에 있는 사람은 겉옷을 가지러 집으로 돌아가지 말아라. 이런 때에 임신한 여자들과 젖먹이가 딸린 여자들은 불행하다. 겨울이나 안식일에 피난 가는 일이 없도록 기도하여라. 그때가 오면 무서운 재난을 겪을 터인데, 이런 재난은 세상 처음부터 지금까지 없었고, 앞으로도 다시 없을 것이다. 하느님께서 그 고생의 기간을 줄여 주시지 않는다면 살아남을 사람은 하나도 없다. 그러나 뽑힌 사람들을 위하여 그 기간을 줄여 주실 것이다.

그때에 어떤 사람이, 자 보라, 그리스도가 여기 있다, 저기 있다 하더라도 그 말을 믿지 말라. 거짓 그리스도와 거짓 예언자들이 나타나 어떻게 해서라도 뽑힌 사람들마저 속이려고 큰 기적과 이상한 일들을 보여 줄 것이다. 이것은 내가 미리 말해 두는 것이다. 그러므로 사람들이 그리스도가 광야에 나타났다 해도 믿지 말아라. 그리스도가 밀실에 있다 해도 믿지 말아라. 동쪽에서 번개가 치면 서쪽까지 번쩍이듯이, 사람의 아들도 그렇게 나타날 것이다. 시체가 있는 곳에는 독수리가 모여드는 법이다. 그런 재난의 기간이 지나면 곧 해가 어두워지고, 달은 빛을 잃을 것이며, 별들은 하늘에서 떨어지고 모든 천체가 흔들릴 것이다. 그러면 하늘에는 사람의 아들의 표징이 나타날 것이고, 땅에서는 모든 민족이 가슴을 치며 울부짖을 것이다. 그때에 사람들은, 사람의 아들이 하늘에서 구름을 타고 권능을 떨치며 영광에 싸여 오는 것을 보게 될 것이다. 그리고 사람의 아들은 울려 퍼지는 나팔 소리와 함께 천사들을 보내어 그가 뽑은 사람들을 하늘 이 끝에서 저 끝까지 사방에서 불러 모을 것이다. …… 그러나 그 날과 시간은 아무도 모른다. 하늘의 천사들도 모르고, 아들도 모르고, 오직 아버지만이 아신다……[11]

2부 우주 발생적 순환

신화와 사회

그림 83 프로테우스와의 한판(대리석 조각, 프랑스, 1723년)

신화와 사회

1 변신 자재자(變身自在者)

 신화의 해석에는 최종적인 체계가 있을 수 없고, 앞으로도 그런 것은 있을 것 같지 않다. 신화 체계는, '진실만 말하는 고대의 해신(海神)' 프로테우스(Proteus)와 같다. 이 해신은, "땅에서 기는 모든 생물, 심지어는 물이나 타오르는 불꽃과 똑같이 변신"할 수 있다.[1]

 프로테우스에게서 배우기를 바라는 삶의 항해자는 "그에게 바싹 달라붙어 그를 조여야" 한다. 그러면 그는 온전한 형상으로 나타난다. 그러나 이 교활한 신은 아무리 재주 있는 질문자에게라도, 그 질문자에게 자신의 지혜의 전부를 드러내는 법이 없다. 그는 주어진 질문에만 대답하며 그 질문에 따라 그가 밝히는 것은 엄청날 수도, 사소할 수도 있다.

 태양이 궤도 위에 하늘 높이 솟아 있을 때, 문득 바닷물 속에서 이 해신은 솟아난다. 그의 말은 진실하다. 그는 서풍의 숨결을 거느리고 나타나는가 하면, 바다의 짙은 빛깔의 물결을 쓰고 나타나기도 한다. 이렇게 나타난 그는 동굴 깊은 곳에 누워 잠을 잔다. 그의 주위에서 짜디짠 바닷물의 딸인 물개들이,

회색빛 바닷물 속에서 몰래 빠져나와 무리지어 잠을 잔다. 고약한 것은, 물개들이 토해 내는 짜디짠 바다 밑의 냄새다.[2]

이 노회한 해신의 딸에 이끌려 그 휴식처로 가서, 신으로부터 응답을 얻어 내는 방법을 배운 그리스의 전사이자 왕인 메넬라오스(Menelaus)는, 자기에게 개인적인 어려움이 닥친 이유와 친구들에 대해 물었다. 신은, 메넬라오스를 깔보지 않고 대답해 주었다.

신화 체계는 현대의 석학들에 의해, 여러 가지로 정의되었다. 프레이저는 자연계를 설명하려는 원초적인 서툰 노력이라고 했고, 밀러는 후세에 오인되고 있는, 선사 시대로부터의 시적 환상의 산물이라고 했으며, 뒤르켐은 개인을 집단에 귀속시키기 위한 비유적인 가르침의 보고(寶庫)라고 했고, 융은 인간의 심성 깊은 곳에 내재한 원형적 충동의 징후인 집단의 꿈이라고 했으며, 쿠마라스와미는 인간의 심오한 형이상학적 통찰을 담은 전통적인 그릇이라고 했고, 교회에서는 하느님 백성에 대한 하느님의 계시라고 정의했다. 신화는 이 모든 것이다. 갖가지 판단은 판단자의 견해에 따라 결정된다. 신화가 무엇이냐라는 관점이 아니라, 신화가 어떻게 기능하고 과거에 어떻게 인간에 봉사해 왔으며, 오늘날 어떤 의미를 갖느냐라는 관점에서 검토해 보면, 삶 자체가 개인, 종족, 시대의 강박 관념과 요구에 대해 부응하듯이, 신화 자체도 그에 부응할 것으로 비친다.

2 신화, 제의(祭儀), 명상의 기능

삶의 양태에서, 개인은 인간의 전체 이미지의 단편이며 일그러진 형상일 수밖에 없다. 개인은 남성으로서, 혹은 여성으로서 제약을 받고 있다. 주어진 수명의 한도 내에서 개인은 다시 유아로서, 청년으로서, 성인으로서, 노인으로서의 제약을 받는다. 더구나 살면서 맡는 역할상 개인은 다시 기술자, 상인, 하인, 혹은 도둑, 성직자, 지도자, 아내, 수녀, 혹은 매춘부로 전문화한다. 개인은 이 모두일 수가 없다. 따라서 개인의 전체성은, 개별적인 구성 인자로서가 아닌 사회라는 공동체 안에서만 누릴 수 있다. 개인은 한 구성 요소일 수 있을 뿐이다. 개인은 이 집단으로부터 삶의 기술, 사유의 바탕인 언어, 삶의 자양인 이상을 빚졌다. 그의 육체를 이루는 유전자도 그 사회의 과거로부터 전해 내려온 것이다. 개인이 실제든 상상이나 느낌을 통해서든, 그 사회로부터 자신을 단절시킨다는 것은 존재의 근원과의 절연을 의미할 뿐이다.

출생, 세례, 결혼, 장례, 취임 등의 종족적인 제의는, 개인의 삶의 위기 및 행위를 표준적이고 비개인적 형식으로 바꾸는 역할을 한다. 이러한 제의는 개인의 정체를 그 자신에게 보여 준다. 인격체로서의 개인을 보여 주는 것이 아니라 전사로서, 신부로서, 과부로서, 성직자로서, 추장으로서의 개인을 보여 주는 것이다. 동시에 이러한 제의를 통하여, 개인이 속하는 사회는 원형적 무대에서 옛 현인의 가르침을 시연(試演)할 수 있다. 모든 구성원이 자기 지위의 기능에 따라 이 제의에 참가한다. 전체 사회는 이 제의를 통하여 불멸의 살아 있는 단위로 참가자들의 눈앞에 전개된다. 살아 있는 몸 안에서 무명의 세포가 사라지듯이, 개인은 계속해서 사라지고, 시간을 초월한 형상만 남는다. 이러한 초개인(superindividual)을 수렴하려는 시각의 확대를 통해, 개인은 이전보다 더 고상해지고 풍부해지며 또 충분한 보호를 받는다. 이제 인간의 시야는 넓어졌다. 맡은 역할이 비록 하찮다고 하더라도 개인은 자신의 역할이 인간의, 이 아름다운 축제의 이미지(그의 내부에 잠재되어 있으나 필연적으로 억제되어 있는 이미지)의 본질적인 구성 요소임을 깨닫는다.

사회적인 의무를 통해 개인은 축제를 정상적, 일상의 생존으로 수렴

할 것을 배운다. 이로써 개인의 정체가 확인된다. 거꾸로 말하면 무관심과 반항(혹은 도피)은 개인과 사회를 단절시킨다. 사회라는 단위에서 볼 때 그 단위에서 단절된 개인은 아무것도 아니다. 굳이 말하자면 쓰레기다. 남자든 여자든, 정직하게 자신이 맡은 역할(성직자든 매춘부든 여왕이든 노예든)에 충실했다고 고백할 수 있는 사람만이 '존재한다'는 동사를 쓸 자격이 있는 인간이다.

그렇다면, 입문 의식이나 취임식은 개인과 집단은 어쩔 수 없이 하나라는 교훈을 베푼다. 계절적인 축제는 인간의 지평을 넓힌다. 개인이 사회의 구성 요소이듯, 종족이나 도시도, (그리고 인간성 전체도) 우주라는 거대한 집합체의 한 측면일 뿐이다.

계절적인 축제는 통상, 자연을 통제하기 위한 주민들의 노력의 일환으로 해석되어 왔다. 이것은 어림없는 해석이다. 인간의 갖가지 행동, 특히 비구름을 부르고, 병을 낫게 하고, 홍수를 막는 주술적 의식에 통제의 의지가 있었던 것은 사실이다. 그러나 진정으로 종교적인(흑마술의 반대 개념으로서의) 제의의 가장 중요한 동기는 피할 길 없는 운명에 순종한다는 것이었다. 그리고 이러한 동기는 계절적 축제에서 분명하게 드러난다.

겨울이 오는 것을 막겠다는 부족적 의식이 전해진 적이 있던가? 오히려 모든 의식은, 자연의 휴식과 더불어 오는 이 혹한의 계절을 견디어 낼 수 있도록 사회의 구성원들에게 준비를 촉구한다. 봄이 오면 의식을 통해, 옥수수와 콩과 호박이 싹을 틔우도록 자연에게 강요하는 것이 아니라, 구성원들로 하여금 자연의 계절에 합당한 노동을 권면한다. 의식은, 견디기 어려운 계절과 풍요의 계절을 함께 거느린 이 놀라운 한 해의 주기를 함께 찬미했고, 1년의 주기는 인간 집단의 계속되는 삶의 순환을 표상한다.

이러한 계속성의 상징체계는, 신화 체계적인 전승을 통해 지식을 전달하는 사회면 어느 곳에서든, 얼마든지 발견된다. 가령 아메리카의 수렵 민족의 어떤 부족은 스스로를 반동물, 반인간적 조상의 자손이라고 믿었다. 이 조상들은 부족의 구성원인 인간뿐만 아니라 동물들까지 한 핏줄이라고 믿었다. 비버족의 구성원은, 동물인 비버와는 사촌 간이고, 비버의 수호자이며, 반대로 그들의 동물적인 지혜에 의해 보호받아 왔다고 믿었다. 또 한 가지 예를 더 들어 보자. 뉴멕시코와 애리조나에 분포해 있는 나바호 인디언들의 호간(Hogan), 혹은 흙집은, 나바호족이 믿는 우주의 이미지에 맞추어 지어진다. 입구는 동향이다. 그리고 여덟 면은 네 방향과, 그 사이에 있는 네 지점을 나타낸다. 각 대들보와 장선(長線)은 하늘과 땅의 모든 것을 덮고 있는 것으로 믿어지는 거대한 호간의 대들보 및 장선과 그대로 일치하고 있다. 인간의 영혼 자체는 우주의 형상과 일치하는 것으로 믿어졌기 때문에 이 흙집은 인간과 세계 간의 조화를 상징하며, 완전성에 이르는 삶의 길을 상기시키고 있다.

그러나 다른 길도 있다. 즉 사회적인 의무와 대중적 제의와는 정반대로 향하는 다른 길이 있는 것이다. 의무의 길이라는 관점에서 보자면, 사회에서 추방된 자는 아무것도 아닌 쓰레기다. 그러나 다른 관점에서 보면 이 추방은, 탐색 모험의 첫 단계일 수 있다. 모든 사람은 자기 안에 전체를 간직하고 있다. 따라서 해답은 자기 내부에서 탐색되고 또 발견될 수 있다. 성별, 연령별, 직업별 차이는 우리 인간의 특질상 본질적인 것이 아니라, 이 세계의 어느 단계에서 우리가 한동안 입고 있는 옷 같은 것에 지나지 않는다. 내부에 있는 인간의 이미지는 의상과 아무 상관도 없다. 우리는 우리 자신을 미국인이며, 20세기인이며, 서양인이며, 기독교 문명인이라고 생각한다. 우리는 선한 사람일 수도 있고, 죄 많은 사람일 수도 있다. 그러나 이러한 호칭이, 인간이라는 존재가 무엇인지는 가르쳐 주지 못한다. 이러한 호칭은 단지 지리적인 우연, 생년월일이 다르고 수입이 다른 우연을 나타낼 뿐이다. 우리의 핵

에필로그 — 신화와 사회

은 무엇일까? 우리라고 하는 존재의 기본적인 성격이란 어떤 것일까?

중세의 성자들 및 인도의 요기들의 고행, 헬레니즘 문화의 비의(秘儀), 고대 동양과 서양의 철학은, 개인의 의식적인 관심을 그 외부적 의상에서 돌리는 기술이다. 명상에 드는 입문자는 준비 작업으로서 자기 마음과 정신을 세속적인 사건에서 분리시키고, 자신을 존재의 핵으로 몰고 간다. 그는 이렇게 명상한다.

"나는 저것이 아니다, 저것이 아니다, 조금 전에 죽은 내 어머니도 아니고, 내 아들도 아니다. 병들거나 나이를 먹는 내 몸도 아니다. 내 팔, 내 눈, 내 머리, 이 모든 것을 합한 것도 아니다. 나는 내 감정이 아니다. 내 마음이 아니다, 내 직관력이 아니다."

이러한 명상을 통해 입문자는 자기의 심층에 이르고, 마침내 그 껍질을 뚫고 엄청난 자각에 이른다. 그런 경지에서는 되돌아 나올 수 있는 사람도 없고, 그런 경지에서 미합중국, 어디어디에 사는 모모 씨라는 자기 자신을 대견하게 여길 사람도 없다. 요컨대 사회와 의무는 분리된다. 자기 자신을 위대한 인간으로 발견한 아무개 씨는 내성적이며 초연한 인간이 된다.

이것이, 나르키소스가 호수를 내려다보는 단계이며, 부처가 보리수 아래 앉아 명상하는 단계다. 그러나 이 단계는 궁극적인 목표가 아니다. 필요한 단계이지 목적은 아닌 것이다. 목표는 '보는 것'이 아니라 자기 자신이 어떠한 상태에 '있는가'를, 즉 본질을, 깨닫는 것이다. 이 단계가 끝나면 입문자는 본질 자체처럼, 고삐에서 풀려나 세상을 떠돌게 된다. 뿐인가? 세계라는 것 역시 그 본질이다. 개인의 본질, 세계의 본질…… 이 둘은 하나다. 이때부터 은거, 은둔은 필요없다. 영웅이 어디를 떠돌든, 그가 무슨 짓을 하건 그는 자기의 본질적 실재에 머문다. 그에겐 세상을 보는, 완전성에 이른 눈이 있기 때문이다. 여기엔 분리 및 은둔이 있을 수 없다. 사회적 참여가 결국에는 개인의 내부에 있는 전체를 깨닫게 하듯이 추방으로 인한 유랑이 영웅을 전체에 내재하는 자아에 이르게 한 것이다.

이와 같은 중심점에 이르면, 이기주의나 이타주의의 문제는 사라진다. 개인은 율법 안에서 자기를 잃고, 우주의 전적인 의미와 동일하게 재생한 것이다. 세계는 그를 위해, 그에 의해 만들어진 것이다. 신은 이렇게 말했다.

"오 무함마드여, 네가 없었으면, 내 저 하늘도 만들지 않았으리라."

3 오늘날의 영웅

그러나 모든 것은 오늘날의 입장에서 보면 너무나 요원하다. 자기 운명을 스스로 결정하는 개인의 민주적 이상, 동력으로 움직이는 기계의 발명, 과학적인 연구 방법의 발달이 인간의 삶을 변형시킨 나머지 저 유서 깊은, 시간을 초월해서 존재하는 상징의 우주는 무너져 버리고 말았다. 니체의 차라투스트라가 토해 낸, 신기원을 예고하는 숙명적인 선언처럼, "신들은 모두 죽은"[3] 것이다. 우리는 다 알고 있다. 이 이야기는 수천 가지 방법으로 우리에게 들려왔다. 그것은, 현대의 영웅 이야기, 인류가 성숙하기에 이르기까지의 신기한 이야기다. 전승의 굴레인 과거의 마력은 확실하고 강력한 타격을 받아 산산조각이 되었다. 신화라고 하는 꿈의 집은 이제 무너지고 없다. 마음은 깨어 있는 의식 쪽으로만 열려 있다. 현대인은, 나비가 고치에서 나오듯, 새벽의 태양이 어머니 밤의 자궁을 빠져나오듯이, 고대의 무지로부터 빠져나왔다.

이제 신들에겐, 망원경과 현미경에 의한 탐색으로부터 숨을 곳이 없어졌을 뿐만 아니라 한때 신들이 지탱하던, 그런 사회도 이제는 없다. 사회의 구성 단위는, 이제 종교적 내용물의 전달자가 아니라 경제적,

에필로그 — 신화와 사회

정치적 조직이다. 이 경제적, 정치적 조직의 이상은 천상의 형상을 땅 위에 펼쳐 보이는 신성한 무언극이 아니라 끊임없이 물질적 우위와 자원의 우위를 겨루는 세속적인 국가를 지키는 데 있다. 신화 체계가 가득 담긴 지평의 꿈에 잠긴, 격리된 사회는 이제 착취의 대상으로밖에는 존재하지 않는다. 그리고 진보한 사회 안에서도, 제의, 도덕률, 예술이라는 고대 인류 유산의 흔적은 조락(凋落)의 길을 면치 못하고 있다.

그러므로, 오늘날 인류가 직면한 문제는 바로, (이제는 거짓으로 알려진) 신화 체계가 위대한 조정 수단으로 통용되던 비교적 안정되어 있던 시대 사람들이 안고 있던 문제와는 정반대되는 문제인 것이다. 그 당시엔, 모든 의미는 집단적인 것에, 위대한 익명의 형식에 귀착되었으며 스스로를 드러내는 개인은 아무 의미도 없었다. 오늘날 집단 속엔 아무런 의미가 없다. 세계도 그렇다. 모든 것은 개인에 귀착된다. 그러나 여기에서 의미란 완전히 무의식적이다. 인간은 자기가 어디로 가고 있는지 알지 못한다. 인간은 어떤 동인(動因)에 의해 추진되고 있는지 알지 못한다. 인간 심성의 의식적인 부분과 무의식적인 부분의 교류 통로는 단절되고, 우리는 둘로 찢기고 말았다.

오늘날에 이루어져야 하는 영웅의 업적은, 갈릴레오의 세기에 이루어졌던 업적이 아니다. 그때는 암흑 시대였지만 지금은 광명의 시대다. 그러나 빛이 있었던 곳이 지금은 어둠에 싸여 있다. 현대 영웅의 위업은 영혼의 균형이라는 잃어버린 아틀란티스 대륙을 다시 비추는 것이어야 한다.

이러한 위업이, 현대의 혁명이 성취시켜 놓은 것으로부터 등을 돌려서 이룩되는 것이 아님은 분명하다. 문제는 현대 세계에 정신적인 의미를 부여하는 일이다. 같은 원칙을 다르게 표현하자면, 현대 생활이라는 상황을 통하여 남자와 여자를 성숙한 인간으로 만드는 것이 문제다. 실제로 이러한 상황 자체는 고대의 방식을, 비실제적인 방식, 오도하는 방식, 심지어는 유해한 방식이라고 해석을 내린 장본인이기도 하다. 오늘날의 사회는 지구이지, 경계선에 갇힌 국가가 아니다. 그래서 예전의 우리 집단을 통합하는 데 이바지하던, 계획된 공격도 이젠 집단을 여러 파당으로 갈라놓을 뿐이다. 깃발을 토템으로 삼는 국가 개념은, 유아기의 상황을 지우기는커녕 유아적 자아를 강화, 확대시키고 있다. 한 국가가 열병식장에서 벌이는 얼치기 제의는 신(이기주의는 이 신을 통해 제거된다.)이 아닌, 포악한 용(龍)인, 압제자를 섬긴다. 그리고 수많은 반제의(反祭儀)의 성자들 ── 국기로 장식된 채 곳곳에 나붙어 공식적인 성화(聖畵)로 채택된 이른바 애국자들이야말로, 영웅이 극복해야 하는 첫 번째 시련인, 관문의 문지기(우리의 끈끈이 터럭 악마)이지 다른 것이 아니다.

　오늘날 위대하다고 일컬어지는 세계적 종교도 일반의 요구에 부응하지 못한다. 이러한 종교들도, 선전과 자화자찬의 도구로서, 갖가지 도당 짓기의 요인과 결탁하고 있기 때문이다.(심지어는 불교까지도 최근 들어 서양 학문에 대한 반작용으로 이러한 타락의 길을 걷고 있다.) 세속적인 국가의 보편적인 승리는 모든 종교 조직을 부수적인, 필경은 무익한 위치로 끌어내려, 오늘날에는 종교적 무언극이 일요일 아침에 벌이는, 경건한 체하는 종교 놀음에서 더도 덜도 아니게 되고 말았다. 나머지 6일간은 물론 기업 윤리니, 애국심이니 하는 것들이 판을 친다. 그러한 가짜 신앙은 제대로 기능하는 세계에는 필요한 것이 아니다. 차라리 그것보다 필요한 것은 전체 사회 질서의 진화다. 그래야 세속적인 삶의 의무와 행위를 통해, 우리 모두에게 실제로 내재하고 또 그만큼 효과적인, 생명력을 부여하는 보편적인 신인(神人)의 이미지를 어떻게든 의식화할 수 있을 것이다.

　그런데 이 일은 의식(意識) 자체가 해낼 수 있는 작업이 아니다. 의식은 오늘 밤의 꿈을 통제할 수도 예언할 수도 없을 뿐만 아니라, 효과

　　　　　　　　　　　　　　　에필로그 ── 신화와 사회

적인 상징을 발명할 수도, 예언할 수도 없다. 모든 일은, 현대 세계의 살아 있는 심성의 심층에서는 물론, 어느새 거대한 전장이 되어 버린 전 지구에서 길고 무서운 과정을 통해 전혀 다른 단계에서 이루어진다. 우리는 지금 심플레가데스의 두 바위산이 서로 부딪치고 있는 것을 보고 있다. 두 바위산 어디에도 속하지 않는 우리의 영혼은 이 심플레가데스를 지나가야 한다.

그러나 우리는, 새로운 상징이 보이게 됨에 따라, 이 상징이 지구 전역에서 동일한 것은 아니라는 사실 하나는 알고 있다. 유효한 상징에는 그리고 한 민족 특유의 생활 환경, 인종, 그리고 전통이 혼합되어 있어야 한다는 것도 알고 있다. 따라서 우리는, 갖가지 상징을 통해 동일한 구원이 계시되고 있다는 사실을 알 필요가 있고, 또 알아야 한다. 『베다』의 말씀처럼, "진리는 하나이되, 현자는 여러 이름으로 이를 언표한다." 즉 하나의 노래가 인간이라는 합창대의 갖가지 음색으로 들리는 것이다. 따라서 국부적인 문제의 해결책에 대한 광범위한 선전은 무의미하다. 무의미한 정도가 아니라 협박에 가깝다고 보아도 좋다. 인간이 되려면, 놀라우리만치 다양한 인간의 얼굴로 바뀌어 있는 신의 얼굴을 알아보아야 한다.

이로써 우리는, 현대 영웅 사명의 특수한 소재식(所在識)이 어떠해야 하는지에 대해 암시를 얻게 되었고, 우리가 계승한 모든 종교 양식이 타락한 원인이 무엇인가를 알게 되었다. 신비와 위험의 영역에 대한 중력의 중심은 옮겨진 지 오래다. 이질적인 것이라고 하면 검치호랑이, 매머드, 그리고 동물 왕국의 하등한 존재(위험의 근원인 동시에 생계의 근원)가 고작이던 때, 아득한 시절의 원시 수렵인들에게 있어 굵직한 인간의 문제란, 이러한 존재들과 황야에서 공존하는 일에 관심을 기울이는 것이었다. 저들 사이에서 무의식적인 동일시 현상이 일어나자, 이 같은 무의식적 동일시는 결국 신화적 토템 조상들의 반인반수적인 모습으로 의식에 떠오르게 되었다. 동물은 인간성의 교사가 되었다. 곧이곧대로의 모방의 행위(오늘날 그런 현상은 아이들의 놀이터 혹은 정신 병원에서나 나타나는)를 통해 인간의 자아에 대한 효과적인 제거 작업이 자행되었고, 사회는 응집력이 있는 기관으로 되어 갔다. 비슷한 예로, 식물성 음식을 상식하는 종족은 식물에 집착했다. 파종과 수확의 제의는, 인간의 잉태, 출산 그리고 성숙하는 과정과 동일시되었다. 그러나 동물의 세계나 식물의 세계는 결국 사회의 통제 아래 들어오게 되었다. 이로부터 교훈적인 기적의 위대한 장(場)은 (하늘로) 옮겨 가고, 인류는 세계를 규제하는 영역의 신성한 달 왕, 신성한 태양 왕, 세계적인 신성한 국가 그리고 상징적인 축제에 대한 대무언극을 연출하였다.

오늘날에는 이 모든 비의가 그 힘을 잃었다. 이 비의의 상징은 이제 더 이상 우리 심성의 흥미를 유발하지 못한다. 모든 존재가 섬기고, 인간 자신도 그 앞에서 무릎을 꿇어 마땅한 우주적 법칙이라는 관념도 고대 점성술에 나타난 초기의 비의적 단계를 지나온 지 오래며, 이제는 물리적인 용어로 당연하게 받아들여지고 있을 뿐이다. 서양 학문의, 하늘에서 땅으로의 하강(17세기 천문학에서 19세기 생물학으로의), 그리고 오늘날의, 인간 자체에 대한 관심 집중(20세기 문화 인류학과 심리학에서의)은, 인간의 경이라는 초점의 놀라운 이동로를 닦았다. 동물의 세계도 아니고, 식물의 세계도 아니고, 천체의 기적도 아닌, 이제는 오직 인간만이 결정적인 수수께끼다. 이제 인간은 자아가 납득해야 하는 이질적 존재이고 인간을 통해 자아는 십자가에 못박히고 부활하며, 인간의 모습에 따라 사회가 재편성된다. 이 인간은 그러나 '내'가 아닌 '너'로 이해된 인간이다. 왜냐하면 어떤 종족, 민족, 대륙, 사회적인 지위, 혹은 세기의 이상과 세속적 관습도 우리 모두의 내부에 살아 있는 불멸의, 놀라운 신적인 존재의 척도가 될 수 없기 때문이다.

감히 소명에 응하여 존재의 거처(그것과의 화해가 우리의 운명의 전부

에필로그 — 신화와 사회

인)를 찾아내려는 현대적 인간인 현대의 영웅은 자기가 속한 사회가 자만심과 공포와 자기 합리화된 탐욕과, 신성의 이름으로 용서되는 오해의 허물을 스스로 벗어던지기를 기다릴 수도 없고, 기다려서도 안 된다. 니체는 "그날이 도래한 듯이 살라."라고 말하고 있다. 창조적인 영웅을 이끌고 구원하여야 하는 것은 사회가 아니다. 아니 사회를 지키고 구원하여야 할 사람이 바로 창조적 영웅이다. 그리하여 우리 각자는 그 영웅의 족속이 대승을 거두는 그 빛나는 순간이 아니라, 그가 개인적으로 절망을 느끼고 침묵을 지킬 때 그가 겪는 모진 시련(구세주의 십자가를 지는 일)을 나누어 부담하는 것이다.

그림 84 지구가 솟아오르는 모습 (사진, 달 주회(周回) 궤도, 1968년)

역자 후기

　'명저(名著)'라고 일컬어지는 책이 무슨 해독이 끼치는 바 있을까만, 역자는 나름의 까닭이 있어서 "명저의 해독"이란 말을 더러 은밀히 생각에 울린다. 이른바 '명저'에 걸려 있는 고압의 전하(電荷)가, 여유로운 정신으로 사상(事象)을 대하여야 할, 그러니까 사상(思想)이 덜 여문 독자와의 만남에서 예사롭지 않은 방전 현상을 일으키고, 이 방전 현상의 체험이 독자로 하여금 그 감독의 여신(餘燼)으로만 사물을 파악하게 하는 편집증적 색안경으로 작용할 우려가 있다고 믿기 때문이다. 하기야 '명저'란, 독자에게 베푸는 관점의 안경이 부정적 색안경이 아닌 경우에 붙여지는 이름이긴 하다. 그렇다면 역자가 말하는 "명저의 해독"이란 명저에 대한 심술궂은, 극단적 찬양이 될 터이다.

　한 분야를 들고파지 못하고 이것저것 집적거리면서도, 이 해찰궂은 버릇을 자유로운 정신의 한 길로, 알아도 크게 잘못 알고 있던 역자에게 이런 감전 현상을 체험하게 했던 '유독한(?)' 명저가 몇 권 있다.

　『우주와 역사』(M. 엘리아데, 정진홍 옮김), 『샤머니즘』(M. 엘리아데), 『인간과 상징』(C. G. 융, 졸역(拙譯), 1977), 그리고 이 책『천의 얼굴을 가진 영웅』과 같은 저자의 4권으로 된 주저(主著)『신의 가면』이다. 이러한 책들은 신화학, 종교학, 심리학적 관심을 두루 싸잡는, 말하자면 인간적인 것을 앞세워 관심하는 분야의 책이다. "시인적 본성은 심리학적 관심과 무관하지 않고, 심리학적 관심은 신화에의 관심과 무관하지 않다."라는 토마스 만의, 참으로 무릎에 손이 가는 말이 있듯이, 인류 일반이 공유하고 있는 오리엔테이션의 현대적 양상이 바로 이 분야와 맥을 함께하지 않을까 싶다. 역자가 무모하게도(!), 프린스턴 대학교 출판부가 펴낸 볼링겐 총서 17권(이 책)의 번역에 손을 댄 것은, 스스로를 감전 체험으로 인한 대전체(帶電體)라고 감히 믿었기 때문이다. 물론 이러한 믿음은 사적(私的)이다.

이 책의 저자 조지프 캠벨은, 1904년 미국의 뉴욕에서 태어나, 평생을 비교신화학자로서, 서로 다른 문화권의 신화와 종교의 공통되는 현상과 기능을 연구해 온 분이다. 그는 어린 시절 아메리카 인디언의 민화를 접하고, 문화적 접촉이 전혀 없었던 이들 민화와 아서왕 전설의 상징체계가 놀라우리만치 유사한 데 착안, 모든 문화권 신화를 두루 꿰는 신화의 본(원형)을 찾아내고자 노력했다. 이 연구를 집성한 노작이 바로 4부작으로 된 그의 주저인 『신의 가면』인데 이 책 『천의 얼굴을 가진 영웅』은 바로 이 주저의 서곡(序曲)인 셈이다.

『천의 얼굴을 가진 영웅』은 융파 심리학의 입장(인간은 무의식 속에다 고대적 경험의 잔존물인 집단 무의식을 고유하는데, 꿈의 구조물인 원형 패턴은 곧 고대의 잔존물인 신화 상징을 나타낸다는)을 원용하면서 다양한 영웅 전설을 통해 인간의 정신 운동을 규명하는 한편 현대 문명에 대해 하나의 재생 원리까지 제시하려는 야심적인 작품이다. 저자 캠벨은, 신화, 옛이야기, 동화, 민간전승, 역사적인 기록, 학술 조사서를 가리지 않고, 영웅이 무대면 무엇이든 종횡무진으로 이 책에다 등장시킨다. 그는, 특정 영웅이 누비던 시대는 물론, 그 영웅 이야기가 허구인지 실재인지도 문제삼지 않는다. 캠벨의 세계에서는, 수메르 신화의 이난나,

그리스 신화의 이아손, 나바호 인디언의 쌍둥이 형제, 정복자 나폴레옹, 변환 자재자 홍길동(이 책에서는 언급하지 않고 있으나)이 모두 다 유사한 이야기의 주인공, 즉 영웅일 수 있다.

그의 견해에 따르면 모든 신화는 꿈과 동일한 문법을 갖는다. 가령 프로이트의 이른바 '꿈의 작업', 즉 응축, 치환, 형상화 작업은 신화 형성에도 그대로 적용된다는 것이 그의 주장이다. 거의 대부분의 영웅이 공유하는 경험인, 비정상적인 탄생, 어린 시절의 고난, 방황, 조력자와의 만남, 기적적인 권능의 획득, 귀환의 도식이 캠벨에게 어떤 의미를 갖는 것일까?

캠벨은, 무대가 다르고 사건이 다르고 의상이 다르지만, 인간의 무의식이 투사된 영웅, 말하자면 인간의 집단이 그려 낸 영웅 신화는 거의 일정한 형태를 취하고 있다고 주장한다. 캠벨의 주장에 따르면 아폴로든, 동화 속의 왕자든, 듀톤의 신 오딘이든, 부처든, 모든 영웅은 일정한 영웅의 사이클을 따른다. 그는, 서로 접촉이 없는 세계 각 문화권의 무수한 영웅 신화와 심층 심리학의 꿈 해석에서 재발견되는 영웅의 상징 체계를 분석, 천의 얼굴을 가진 영웅들 가운데서 하나의 영웅, 그러니까 모든 영웅 신화의 본(원형)이 되는 하나의 영웅을 떠올린다.

이 책의 매력은, 저자가 학자들 사이에서나 통용되는 심오한 은어적 술어로 이야기하는 대신, 이른바 거장의 붓이 그리는 것처럼 우리 시대에서 멀리 떨어져 있는 이야기를 일반인이 알아들을 수 있게 그려 내는 데 모자람이 없다는 데 있다. 그는 어려운 이야기를 어렵게 하지 않고, 우리가 나날의 생활에서 만나는 문제와 관련시키거나, 세계 여러 나라의 예화를 넉넉하게 소개함으로써 독자가 시적 상상력으로 이를 그 나름대로 해석하게 한다. 엘리아데, 융, 치머, 케레니 같은 이들의 글을 대하면 인식과 인식의 구조물이 켜를 이루고 있다기보다는, 행간을 직관으로 건너는 듯한 시적 분위기가 엿보이는데, 캠벨의 글도 예외는 아니다. 이것은, 어느 수준에서는 언어가 무색해지는 이 분야 학문의 특수성 때문인 듯하다.

오랜 세월, 우리 숨줄이 닿아 있던, 우리 육즙이 층층이 묻어 있던 문화는 이제 이 땅에 남아 있되, 오직 하나의 질투하는 신학에 가려져 있다. 신화나 종교를 보는 눈이 병적인 교조주의와 경직된 흑백의 논리에 길들어 가는 시대에 우리는 살고 있는 것이다. 걸핏하면 조상이 우상으로 단죄되고, 하나의 신학을 옹호하기 위해서라면 오랜 역사 살림을 꾸려 온 민족까지 우상의 자식들로 치부하기를 마다하지 않는 이 시대, 기댈 곳 없던 민중의 문화가 '미신'으로 업어치기를 당하고, 충정에서 우러난 비판 정신과 각자의 자유를 겨눈 정신적 편력의 간증이 '사탄'의 소리 수작으로 간주되는 이 시대에, 모든 민중의 문화와 종교를 고루 짚어 보며, 그 바른 뜻을 더듬는 이 책을 우리 글로 옮긴 뜻은 그러므로 다른 데 있는 것이 아니다. 다른 이들의 믿음, 다른 이들의 종교라면 듣도 보도 않고 흰 눈을 하는데, 그럴 것이 아니라 그들에 대한 바른 이해가 주체로운 종교 정신을 곤추세우는 데 밑바탕 삼을 수 있다면, 남의 집(종교)도 좀 기웃거려 보는 데 인색해서야 되겠느냐는 뜻에서다.

정병규(鄭丙圭) 님께 인사를 올린다. 이분은 역사를 이 길과 만나게 하고, 먼 발치에서 오래 배웅해 준 사형(師兄)이시다. 정진홍(鄭鎭弘) 님께 먼발치서 인사를 올린다. 역서와 저서를 통한 가르침으로 이분께서는 미욱한 자의 눈에 덮인 비늘을 여러 겹 벗겨 주시었다. 출판이 어려운 시기에 '평단 동서문화 시리즈'를 기획, 출판하시는 이성기(李聖基) 님께 인사를 올린다. 지금은, '꼭 읽어야 할 책'과 '꼭 펴내야 하는 책'을 같이 놓고 보는 출판인이 그리 많지 않은 시대다. 그래서 이분의 용기와 고집이 빛난다.

　짧은 배움과 빈약한 자료가 이 책의 번역을 어렵게 했다. 여러분들의 가르침을 받아 잘못 옮겨진 부분은 자꾸자꾸 고쳐 나가겠다는 약속을 인사와 함께 드린다.

　어머니 옆에서 본문의 번역을 끝내고, 어머니를 지하로 모시고 상경하여 이 글을 쓴다. 기회가 있었으나 돌아가신 분의 돌아가신 모습을 끝내 다시 뵙지 않은 것은 아직 신학이 마련되지 못했던 까닭이다.

1985년 9월 7일

과천에서

개역판에 부치는 말

    역자의 책상머리에는, 하늘을 향해 책 한 권을 들어 올리는, 높이 20센티미터가량 되는 청동 조상(彫像)이 하나 놓여 있다. 그 조상의 좌대에는 "제11회 오늘의 좋은 책, 1986년 봄, 『천의 얼굴을 가진 영웅』, 조셉 캠벨, 이윤기 역, 평단문화사 펴냄"이라는 명문이 있다. 1986년에 받은, 번역상에 해당하는 부상(副賞)이다. 자랑스러워하면서 부끄러워하면서, 말하자면 매우 착잡한 양가적(兩價的) 느낌과 함께 귀하게 간직하는 물건이다.

    이 책의 번역에 착수한 것은 1982년, 그리고 초판이 출간된 것은 1985년 가을이다. 번역을 시작하던 시점으로부터 근 18년의 세월이 흘렀다. 이 책의 번역에 착수한 것은 역자가 신화와 고대 종교의 바다를 향해 본격적으로 나아가 보기로 작정하기 훨씬 전의 일이다. 역자가, 이 책 『천의 얼굴을 가진 영웅』과 무관하지 않은 그리스 신화 해설서 『뮈토스』(전3권)를 집필, 출간하고, 엘리아데의 『샤머니즘』, 카를 융의 『인간과 상징』, 벌핀치의 『전설의 시대』, 조지프 캠벨의 『신화의 힘』, 오비디우스의 『변신 이야기』, 프로이트의 『종교의 기원』을 번역, 출간한 것은 그 뒤에, 그러니까 그 뒤로 18년 동안 일어난 일이다. 관심을 가지고 읽고 번역하면서 공부 시늉을 했을 뿐, 그동안 큰 공부가 되었던 것 같지는 않다. 얼굴에 모닥불을 묻은 듯이 낯뜨거워하면서 이 책의 초판본에 손을 대어 개역판을 만들었다. 역자는 이 방면에 관심을 가지고 읽고 쓰기를 좋아하는 사람일 뿐, 전공학자가 아니다. 따라서 이 번역본은 인문학 제 분야의 학인(學人)들을 위한 책이라기보다는 일반 독자들을 위한 책에 가깝다. 정치(精緻)하지 못한 것을 여전히 부끄러워하면서 개역판을 낸다.

이 역서의 초판을 낸 출판사 평단문화사의 1985년 당시의 사장 이성기 님의 우정을 잊을 수 없다. 그는 지금 캐나다의 북부 도시 몬트리올에 거주하고 있다. 번역 판권을 정식으로 인수해 준 민음사의 박맹호 사장께 큰 빚을 또 진다. 복잡한 각주와 본문을 정리해 준 민음사 편집부의 원미선 님, 조영남 님께도 감사드린다.

1999년 5월 과천집에서

이윤기

개역판에 부치는 말

개정 작업에 참여하며

옮긴이 이윤기가 이 책의 번역에 착수한 해는 내가 세 살이던 1982년
도. 1985년도에 초판이 출간됐을 때 아버지의 나이는 서른아홉이었다.
그리고 이 책의 개정판이 출간되는 2018년 나의 나이도 딱 서른아홉
이다.

딸에게 세상을 떠난 아버지의 번역을 건드리는 일은 마치 성역을
훼손하는 것처럼 느껴졌다. 아버지라면 무엇을 손보고 싶어 했을까 묻
고 또 물으면서 세월의 흔적이 쌓인 옛 성곽을 복원하는 심정으로 작
업했다. 될 수 있으면 새로운 돌을 가져다 쓰기보다 그 자리에 있던
돌을 다시 쌓았다. 조지프 캠벨 재단에서 이 책을 다시 엮으면서 새로
이 추가한 그림에 대한 설명이나 주석은 직접 번역했다.

아버지가 생전에 이 책의 개정 작업에 나를 참여시킨 이유는 아마
도 신화의 세계, 상징의 화법에 익숙해지기를 바랐기 때문이라고 짐작
해 본다. 인간 세계의 논리에 억압되었던 사람은 캠벨이 제시하는 신
화와 상징의 세계를 들여다보는 순간 그 전에는 상상조차 하지도 못
했던 어떤 영웅적인, 혹은 신적인 도약을 모색하게 될 수도 있다. 신화
속 영웅은 결국은 인간이고 영웅의 이야기는 결국 인간의 이야기인

까닭이다.

개정 작업에 참여하게 되어 큰 기쁨이자 영광이었다. 민음사 그리고 여러 해에 걸친 작업에 꾸준히 함께해 주신 남선영 편집자께 감사드린다.

이다희

개정 작업에 참여하며

감사의 말

이 개정증보판은 조지프 캠벨 재단(Joseph Campbell Foundation, JCF)에서 Collected Works of Joseph Campbell(편집장 Robert Walter, 부편집장 David Kudler)의 일부로서 펴낸 것이다. (—편집자)라고 되어 있는 모든 주석은 JCF 편집자들이 넣은 것이다. New World Library의 편집인은 Jason Gardner였다. 참고 문헌 목록은 Opus Archive and Research Center에서 제공했으며 관련 저작권을 가진다. C. G. 융과 지그문트 프로이트의 사진은 HIP/Art Resource, New York의 허락하에 실었다. 프란츠 보아스의 사진(29쪽)은 Phoebe E. Hearst Museum과 Regents of the University of California의 허락하에 게재한다. 다른 모든 사진과 인용문은 저작권이 소멸된 경우를 제외하고 각 저작권자들의 허락하에 실었다. 출처는 미주와 그림 목록에서 찾을 수 있다. 본문에 포함된 그림을 찾는 연구, 조사에는 Sabra Moore, Diana Brown, 그리고 JCF의 연구회원들이 참여했다.

조지프 캠벨 재단에 대해

　조지프 캠벨 재단(Joseph Campbell Foundation, JCF)은 조지프 캠벨의 연구를 지속하는 비영리 법인으로 신화와 비교 종교학의 분야를 탐구한다. 이 재단의 주된 목적은 세 가지다. 첫째, 캠벨의 선구적인 연구를 지키고 보호하고 지속한다. 이것은 그의 저서를 기록 보존하는 일, 그의 저서를 바탕으로 한 새로운 출판물을 기획하는 일, 출간된 저서의 판매와 배포를 관리하는 일, 그리고 그의 저서를 JCF 웹사이트에 디지털 형식으로 게재함으로써 그의 저서에 대한 관심을 높이는 일을 포함한다. 둘째, 신화와 비교 종교학 연구를 장려한다. 이는 다양한 신화 교육 프로그램을 개발, 또는 지원하는 일, 신화에 대한 대중의 관심을 높이기 위한 행사를 지원하거나 주최하는 일, 보관 중인 캠벨의 저서를 기부하는 일(주로 Joseph Campbell and Marija Gimbutas Archive and Library에), 그리고 JCF의 웹사이트를 문화 교류의 장으로 이용하는 일을 포함한다. 셋째, 개인이 다양한 프로그램에 참여함으로써 삶을 풍요롭게 만드는 데 기여한다. 이러한 프로그램에는, 인터넷을 기반으로 전 세계적으로 이루어지는 연구 회원 프로그램, 지역을 기반으로 하는 국제 네트워크인 신화의 원탁 프로그램, 그리고 주기적으로 열리는 조지프 캠벨 관련 행사 등이 있다.

Joseph Campbell Foundation
www.jcf.org
Post Office Box 36, San Anselmo, CA 94979-0036
E-mail: info@jcf.org

주(註)

1949년 판의 머리말

1) Sigmund Freud, *The Future of an Illusion*, trans., James Strachey etc.(Standard Edition, XXI; London: Hogarth Press, 1961), pp. 44~45.(원저 1927)
2) 리그베다: 1.164.46.

프롤로그 —— 원질 신화

1) Clement Wood, *Dreams: Their Meaning and Practical Application*(New York: Greenberg, 1931), p. 124. 저자는 이 책 p. viii에서 이렇게 쓰고 있다. "이 책에 소개한 꿈의 자료는 대개 전국의 신문에 배급되는 필자의 특집 칼럼과 관련해 매주 필자에게 분석을 의뢰해 온 1000여 가지 꿈 사례에서 뽑아낸 것이다. 이 자료에다 필자 자신이 분석한 꿈을 보충해서 실었다." 권위 있는 분석자가 소개하는 대개의 꿈 사례와는 달리 이 인기 위주의 프로이트 입문서가 소개하는 사례는 분석을 받고 있지 않은 사람의 것이다. 이런 꿈은 꽤 천진난만하다.
2) Géza Róheim, *The Origin and Function of Culture*(Nervous and Mental Disease

Monographs, No. 69, New York, 1943), pp. 17~25.

3) D. T. Burlingham, "Die Einfühlung des Kleinkindes in die Mutter," *Imago*, XXI, p. 429; Géza Róheim이 인용, *War, Crime and the Covenant*(*Journal of Clinical Psychopathology, Monograph Series*, No. 1, Monticello N. Y., 1945), p. 1.

4) Róheim, *War, Crime and the Covenant*, p. 3.

5) Freud, *The Interpretation of Dreams*, trans., James Strachey(Standard Edition, IV; London: The Hogarth Press, 1953), p. 262.(원저 1900)

6) Freud, *Three Essays on the Theory of Sexuality*, III, "The Transformations of Puberty", trans., James Strachey(Standard Edition, VII; London: The Hogarth Press, 1953), p. 208.(원저 1905); 장병길 옮김, 『꿈의 해석』(서울: 을유문화사, 1980), 185쪽 참조.

7) Sophocles, *Oedipus Tyrannus*, pp. 981~983.

8) Wood, *op. cit.*, pp. 92~93.

9) A. van Gennep, *Les rites de passage*(Paris, 1909).

10) Géza Róheim, *The Eternal Ones of the Dream*(New York: International Universities Press, 1945), p. 178.

11) C. G. Jung, *Symbols of Transformation*, trans., R. F. C. Hull(*Collected Works*, vol. 5, New York and London, 2nd ed., 1967), par. 585.(원저 1911~1912, *Wandlungen und Symbole der Libido*, Beatrice M. Hinkle이 *Psychology of the Unconscious*로 옮김, 1916. Jung에 의해 개정, 1952)

12) Harold Peake and Herbert John Fleure, *The Way of the Sea and Merchant Venturers in Bronze*(New Haven, CT: Yale University Press, 1929 and 1931).

13) Leo Frobenius, *Das unbekannte Afrika*(Munch: Oskar Beck, 1923), pp. 10~11.

14) Ovid, *Metamorphoses* VIII, 132 이하; IX, 736 이하.

15) T. S. Eliot, *The Waste Land*(New York: Harcourt, Brace and Company; London: Faber and Faber, 1922), pp. 340~345; 김종길 옮김, 『20세기 영시선』(서울: 신생문화사, 1954).

16) Arnold J. Toynbee, *A Study of History*(Oxford University Press, 1934), vol. VI,

pp. 169~175.

17) 「신화의 구성물인 동시에 무의식에 기원을 둔 토착적, 개인적 산물로서 세계 도처에서 나타나는 집단적 성격의 형태나 이미지」(C. G. Jung, *Psychology and Religion*(전집 vol. II, New York and London, 1958), par. 88.(원저 1937)(Jung의 *Psychological Type*의 색인도 참조할 것)

18) Jung, *Psychology and Religion*, par. 89.

19) Friedrich Nietzsche, *Human, All Too Human*, vol. I, 13; Jung이 *Psychology and Religion*, par. 89, 각주 17에서 인용.

20) Adolph Bastian, *Ethnische Elementargedanken in der Lehre vom Menschen*(Berlin, 1895), vol. I, p. ix.

21) Franz Boas, *The Mind of Primitive Man*(1911), pp. 104, 155, 228.

22) James G. Frazer, *The Golden Bough*, p. 386. 1권으로 간행된 1922년 판으로, 저작권은 Macmillan Company에 있으며 허락하에 인용함.

23) Sigmund Freud, *The Interpretation of Dreams*, trans., James Strachey, Standard Edition, V. pp. 350~351.

24) Jung, *Psychology and Religion*, par. 89.

25) "꿈의 영원한 존재(Eternal Ones of the Dream)"라는 말은 게자 로하임이 오스트레일리아의 아룬다(Aranda) 말 "altjiranga mitjina"를 그대로 번역한 것이다. 이 말은 "조상이 있었던 때(altjiranga nakala)"라고 불리던 시절, 대지를 방황하던 신화적인 조상을 일컫는 말이다. Altjira라는 말은 ① 꿈, ② 조상, 꿈에 나타나는 존재, ③ 이야기라는 뜻이다.(Róheim, *The Eternal Ones of the Dream*, pp. 210~211)

26) Frederick Pierce, *Dreams and Personality*(Copyright 1931 by D. Appleton and Co., Publishers), pp. 108~109.

27) 지옥문에 쓰여 있는 글의 원문은 다음과 같다.

Per me si va nella città dolente,

Per me si va nell'eterno dolore,

Per me si va tra la Perduta Gente.

— 단테, 『신곡』 「지옥편」 III, 1-3

찰스 엘리엇 노튼(Charles Eliot Norton)의 번역본, 『단테 알리기에리의 신곡(*The Divine Comedy of Dante Alighieri*)』(Boston and New York: Houghton Mifflin Company, 1902), 발행인 허락하에 인용함.

28) 『카타 우파니샤드(*Katha Upaniṣad*)』, 3~14.(이 책에 나오는 우파니샤드는 별도로 명시하지 않는 한, 다음에서 인용했다. Robert Ernest Hume, *The Thirteen Principal Upanishads*, trans., the Sanskrit(Oxford University Press, 1931)

『우파니샤드』는 인성(人性)과 우주에 관한 힌두의 철학서로서, 정통파 후기 언어사유파는 주로 이 철학서를 근간으로 이루어진다. 그 기원은 기원전 8세기까지 거슬러 올라간다.

29) James Joyce, *A Portrait of the Artist as a Young Man*(New York: The Modern Library; Random House, Inc.), p. 239.

30) Aristotle, *On the Art of Poetry*, trans., Ingram Bywater(Gilbert Murray가 서문 씀, Oxford University Press, 1920), pp. 14~16.

31) Robinson Jeffers, *Roan Stallion*(New York: Horace Liveright, 1925), p. 20.

32) Euripides, *Bacchae*, trans., Gilbert Murray(1017).

33) Euripides, *The Cretans*, frg. 475, ap. Porphyry, *De abstinentia* IV, trans., Gilbert Murray, p. 19. 이 시구에 대한 논의는 Jane Harrison의 *Prolegomena to a Study of Greek Religion*(3rd edition, Cambridge University Press, 1922), pp. 478~500을 볼 것.

34) Ovid, *Metamorphoses*, XV, trans., Frank Justus Miller(the Loeb Classical Library). 165~167; 184~185

35) Bhagavad Gītā, 2:18, trans., Swami Nikhilananda(New York, 1944); 석진오 편저, 『크리슈나의 노래, 바가바드 기타』(서울: 합동 기획, 1983).

36) 이 'monomyth'란 말은 James Joyce의 *Finnegans Wake*(New York: Viking Press, Inc., 1939), p. 581에서 취한 것이다.

37) Virgil, *Aeneid*, VI, 892.

38) 『本生譚(*Jataka*)』 서문, i, pp. 58~75(trans., Henry Clark Warren, *Buddhism in Translation*(Harvard Oriental Series 3), (Cambridge, MA: Harvard University Press,

1896), pp. 56~87) 그리고 Ananda K. Coomaraswamy에 의한 *Lalitavistara*의 번역본, *Buddha and the Gospel of Buddhism*(New York: G. P. Putnam's Sons, 1916), pp. 24~38에서 요약 발췌.

39) 「출애굽기」, 19:3~5.

40) Louis Ginzberg, *The Legend of the Jews*(Philadelphia: The Jewish Publication Society of America, 1911), vol. III, pp. 90~94.

41) 이 책은 이러한 사실의 역사적 논의를 다루고 있지 않다. 이 작업은 현재 준비 중인 논문으로 미루기로 한다.(이 논문은 훗날 『신의 가면(*The Masks of God*)』 네 권으로 출간되었다. ― 편집자 주) 이 책은 발생론 연구서가 아닌 비교 연구서로 신화와, 신화에 대한 현자들의 해석이나 응용에 나타난 유사한 형태를 보여 주는 데 목적이 있다.

42) 베네딕트회 사제 Ansgar Nelson 옮김, *The Soul Afire*(New York: Pantheon Books, 1944), p. 303.

43) Epiphanius가 *Adversus haereses*, xxvi, 3에서 인용.

44) 이 책의 44쪽 참조.

45) 정각을 얻고 나서 5주째 되던 날 부처를 보호해 주던 뱀이 바로 이것이다. 이 책의 46쪽 참조.

46) Alice C. Fletcher, *The Hako: A Pawnee Ceremony*(Twenty-second Annual Report, Bureau of American Ethnology, part 2, Washington DC, 1904), pp. 243~244.
포니족의 고위 제관은 이 의식이 섬기는 신(神)을 설명하면서 플레처에게 이렇게 말한다. "세상이 창조될 당시, 힘이 적은 신이 있게 되었다. 티라와-아티우스, 즉 위대한 힘을 가진 신은 사람 가까이로 올 수 없었고 사람 눈에 띄거나 느껴질 수도 없었다. 그래서 힘이 보다 적은 신들이 허락되었다. 그들은 인간과 티라와를 중재하게 되어 있었다."

47) Ananda Coomaraswamy, "Symbolism of the Dome," *The Indian Historical Quarterly*, vol. XIV, No. 1(March 1938) 참조.

48) 「요한복음」 6:55.

49) 「요한복음」 10:9.

50)「요한복음」 6:56.

51)『코란』 5:108.

52) Heraclitus, fragment 102.

53) Heraclitus, fragment 46.

54) William Blake, *The Marriage of Heaven and Hell*, "Proverbs of Hell."

이성기 옮김,『동양과 서양의 만남』(Grace E. Cairns, *Philosophies of History*, 평단문
화사, 1984, 175~176쪽)에 기술되어 있는 다음과 같은 구절과도 비교해 보자.
"이야기는 하왕조(夏王朝)의 개조(開祖) 우(禹)에게도 계속된다. 이때는 나무
와 풀이 나타나 목(木)의 요소가 우세함 가운데 있음을 표시하고 있다. 그러
므로 녹색(綠色)이 예우를 얻은 색이었다. 다음, 금(金)의 요소와 백색(白色)
이 상왕조(商王朝)와 더불어 세력을 얻게 되었다. 이 다음에 화(火)의 요소
와 적(赤)이 지배하는 가문으로서 주왕조(周王朝)와 함께 득세하며, 끝으로
수(水)의 요소와 흑(黑)색이 태(泰) 또는 한(漢)과 함께 득세하였다…… 봄
에는 양(陽)의 우세함 가운데 있으며 공간의 방향은 동(東), 요소는 목(木)이
며…… 여름은 양(陽)의 절정에 있으며, 남(南)과 화(火)의 요소와…… 가을
엔 음(陰)이 우세함…… 가운데 있으며 서(西)와 금(金)…… 겨울에 음(陰)의
최상의 상태가 되며 북방(北方)과 수(水)의 요소……."

따라서 綠↔東, 白↔西, 赤↔南, 黑↔北이 서로 대응하니, 이 기원전 중국
의 오행 사상(五行思想)은 에드슈 이야기와도 일치하고 있는 것 같다. ── 옮
긴이 주)

55) Leo Frobenius, *Und Afrika sprach*(Berlin: Vita, Deutsches Ver lagshaus, 1912), pp.
243~245.

Prose Edda, "Skáldskaparmál" I("Scandinavian Classics," vol. V, New York: 1929,
p. 96)에 나오는, 오딘(Othin)에 관한 에피소드와 비교해 보면 놀라울 정도로
비슷하다. 또「출애굽기」 32:27에 나오는 다음의 야훼의 명령과도 비교해
보자. "모두들 허리에 칼을 차고 진지 이 문에서 저 문까지 왔다 갔다 하면
서 형제든 친구든 이웃이든 닥치는 대로 찔러 죽여라."

　　　　　　　　　　　　　　　　　　　　　　　　　　　　　　　　　주(註)

1부 영웅의 모험

1 출발

1) *Grimm's Fairy Tales*, No. 1, "The Frog King."

2) *The Psychopathology of Everyday Life*(Standard Edn., VI; 원저, 1901).

3) Evelyn Underhill, *Mysticism, A Study in the Nature and Development of Man's Spiritual Consciousness*(New York: E. P. Dutton and Co., 1911), Part II, "The Mystic Way," Chapter II, "The Awakening of the Self."

4) Sigmund Freud, *Introductory Lectures on Psycho-Analysis*, trans., James Strachey (Standard Edition, XVI; London: Hogarth Press, 1963), pp. 396~397(원저, 1916~1917).

5) Malory, *Le Morte d'Arthur*, I, p. xix. 이 수사슴의 추적과 '야수'의 목격은, 성배(聖杯)의 탐색과 관련된 불가사의한 사건의 시작을 암시하고 있다.

6) George A. Dorsey and Alfred L. Kroeber, *Traditions of the Arapaho*(Chicago: Field Columbia Museum, Publication 81, Anthropological Series, vol. V; 1903), p. 300. Stith Thompson의 *Tales of the North American Indians*(Cambridge, MA, 1929), p. 128에 번각됨.

7) C. G. Jung, *Psychology and Alchemy*(Collected Works, vol. 12; New York and London, 1353), pars. 71, 73(원저, 1935).

8) Wilhelm Stekel, *Die Sprache des Traumes*(Wiesbaden: Verlag von J. F. Bergmann, 1911), pp. 352. 스태클 박사는, 핏빛으로 지는 태양은 결핵으로 토해 낸 핏덩어리에 대한 연상과 관련이 있다고 지적한다.

9) Henry Clarke Warren, *Buddhism in Translations*(Harvard Oriental Series 3)(Cambridge, MA: Havard University Press, 1896), pp. 56~57. 발행인 허락을 얻어 게재함.

10) 「잠언」 1:24~27, 32.

11) "영적인 책은, 적지 않은 사람들을 두려움에 떨게 한 이 라틴어 구절을 자주 인용한다."(Ernest Dimnet, *The Art of Thinking*(New York: Simon and Schuster, Inc., 1929), pp. 203~204)

12) Francis Thompson, *The Hound of Heaven*(Portland, ME: Thomas B. Mosher, 1908), 시작 부분.

13) *Ibid.*, 결론.

14) Ovid, trans., Frank Justus Miller, *Metamorphoses* I, pp. 504~553(The Loeb Classical Library).

15) 이 책, 14~15쪽 참조.

16) Jung, *Psychology and Alchemy*, pars. 58, 62.

17) *Grimm's Fairy Tales*, No. 50.

18) 『천일야화』, trans., Richard F. Burton(Bombay, 1885), vol. I, pp. 164~167.

19) 「창세기」 19:26.

20) Werner Zirus, *Ahasverus, der ewige Jude*(Stoff-und Motivgeschichte der deutschen Literatur 6, Berlin and Leipzig, 1930), p. 1.

21) 이 책, 72쪽 참조.

22) Otto Rank, *Art and Artist*, Charles Francis Atkinson(New York: Alfred A. Knopf, Inc., 1943), pp. 40~41 참조. "신경증적인 유형과 생산적인 유형을 비교해 보면 전자는 자기 자신의 충동적인 삶에 대한 과도한 억제 때문에 괴로워하고 있음을 알 수 있다. 이 양자는 평균적인 유형과는 기본적으로 다르다. 자기를 현재 그대로 받아들이는 평균적인 유형은, 의지력으로써 자기 자신을 새로운 형태로 다듬는 경향이 있다는 점에서 다르다. 그러나 이러한 차이는 있다. 즉, 자기 자아를 자진해서 다시 다듬는 이 작업에서 신경증적인 유형은 파괴적인 예비 작업을 넘어서지 못한다. 따라서 이 유형은 창조 과정을 자아로부터 분리시키고 이를 이념적인 추상성으로 변용시키지 못한다. 생산적인 예술가 역시 …… 자신의 재창조 작업에서 시작, 이념적으로 자아를 구축한다. 그러나 이 경우, 이 자아는 자기 속의 창조적인 의지력을 그 자신의 이념적인 추상으로 변화시켜, 객관화시키는 입장에 서게 된다. 이러한 과정은 어떤 의미에서는 개인의 내적인 문제에 국한되며, 건설적인 측면뿐 아니라 파괴적인 측면에서도 일어날 수 있다는 것을 인정해야 한다. 이것은, 생산적인 작품치고 '신경증적' 성격의 병리적 위기가 없는 작품이

거의 없다는 사실을 설명해 준다."

23) Burton의 번역본에서 요약, *op. cit.*, vol. III, pp. 213~228.

24) Bruno Gutmann, *Vloksbuch der Wadschagga*(Leipzig, 1914), p. 144.

25) Washington Matthews, *Navaho Legends*(Memoirs of the American Folklore Society, vol. V, New York, 1897), p. 109.

영웅의 모험에 대한 나바호족의 상징체계를 더 깊이 알고자 하는 독자는 Jeff King, Maud Oakes, Joseph Campbell, *Where the Two Came to Their Father, A Navaho War Ceremonial*, Bollingen Series I, 2nd ed.(Princeton, NJ: Princeton University Press, 1969), pp. 33~49; Joseph Campbell, *The Inner Reaches of Outer Space: Myth as Metaphor and as Religion*(Novato, CA: New World Library, 2002), pp. 63~70; Joseph Campbell의 "The Spirit Land," *Mythos: The Shaping of Our Modern Tradition*(Silver Spring, MD: Acorn Media, 2007)를 참조할 것 — 편집자 주).

26) Dante, "Paradiso", XXXIII, 12~21. trans., Charles Eliot Norton, *op. cit.*, vol. III, p. 252; Houghton Mifflin 출판사의 양해를 얻어 인용함.

27) Oswald Spengler의 *The Decline of the West*, trans., Charles Francis Atkinson(New York: Alfred A. Knopf, Inc., 1926~1928, vol. I, p. 144)를 보라. 슈펭글러는 이렇게 덧붙인다. "나폴레옹이라는 경험적인 인물이 설령 마렝고에서 죽었을지라도, 그가 표상하고 있던 것은 다른 형태로 실현되었을 것이다." 이러한 의미에서, 그리고 이 지경에 이르기까지 탈인격화한 영웅은, 역사적인 행위를 실천할 동안, 문화적 변천의 역동성을 체현한다. 곧, "사실로서의 (나폴레옹) 자신과 다른 사실들은 형이상학적인 율동 속에서 조화를 이루고" 있다.(*Ibid.*, p. 142) 이것은 Thomas Carlyle의 "능력자(Ableman)"(*On Heroes, Hero-Worship and the Heroic in History*, Lecture VI)인 영웅적인 왕의 개념과 일치한다.

28) 그리스 문화 시대에 헤르메스와 토트가 합성되어 헤르메스 트리스메기스투스(Hermes Trismegistus), 즉 "세 곱절 위대한 헤르메스"라는 개념을 형성시켰다. 이 헤르메스 트리스메기스투스는 예술, 특히 연금술의 수호자, 및 스승으로 믿어졌다. 신비스러운 금속이 들어 있는, 연금술적으로 밀폐된 증류기는 전혀 별개의 영역, 즉 신화적 영역에 비교할 수 있는 고도의 힘을 지

닌 특별한 영역에 있는 물건으로 여겨졌다. 따라서 그 안에서 금속은 이상한 변형과 연금술적 변질 현상을 일으킬 수 있을 것으로 믿어졌다. 이것은 초자연적 조력자의 훈도 아래서 영혼이 변화할 수 있음을 상징하는 것이다. 고대의 신비스러운 제의의 대가인 헤르메스는 천상적 지혜의 강림을 의미했으며 이는 천상적 구세주의 현현(이 책, 419~425쪽 참조)이 상징하는 것이기도 하다.(C. G. Jung, *Psychology and Alchemy*, part III, "Religious Ideas in Alchemy"(원저, 1936) 참조, 증류기에 대해서는 par. 338 참조, 헤르메스 트리스메기스투스에 대해서는 par. 173와 색인의 해당 항목 참조)

29) Wilhelm Stekel, *Die Sprache des Traumes*, pp. 70~71.

30) *Ibid.*, p. 71.

31) 『코란』 37:158.

32) Burton의 앞에 인용한 저서에서 번안, vol. III, pp. 223~230.

33) 이 책 81쪽의 꿈에 나온 뱀과 비교해 보라.

34) Leonhard S. Schultze, *Aus Namaland und Kalahari*(Jena, 1907), p. 392.

35) *Ibid.*, pp. 404, 448.

36) David Clement Scott, *A Cyclopaedic Dictionary of the Mang'anja Language Spoken in British Central Africa*(Edinburgh, 1892), p. 97.

열두 살배기 소년이 꾼 다음과 같은 꿈과 비교해 보라. "어느 날 밤 꿈에 나는 발을 하나 보았다. 그 발은 방바닥에 놓여 있는 것 같았는데, 그런 게 거기 있을 줄 몰랐던 나는 그것에 걸려 넘어졌다. 모양은 내 발과 같아 보였다. 발은 벌떡 일어나 나를 뒤쫓아오기 시작했다. 나는 창문을 제대로 뛰어넘어 마당을 돌아 전속력으로 거리를 달렸던 것 같다. 울위치(Woolwich)로 간 것 같았는데, 그 발이 갑자기 나를 잡아 흔드는 바람에 꿈에서 깨어났다. 나는 이 발 꿈을 여러 차례 꾸었다." 이 꿈을 꿀 즈음 소년은 선원이었던 아버지가 바다에서 사고로 발목이 부러졌다는 소문을 들었다.(C. W. Kimmins, *Children's Dreams, An Unexplored Land*(London: George Allen and Unwin, Ltd., 1937), p. 107)

프로이트 박사는 "발은, 신화에서도 자주 나타나는, 연조가 깊은 성적 상징"이라고 쓰고 있다.(*Three Essays on the Theory of Sexuality*, p. 155) 여기에서 짚고 넘어가야 할 것은, 오이디푸스(Oedipus)란 말은 '발이 부어오른 자'를 뜻하고 있다는 것이다.

37) 헤이스팅스(Hastings)의 *Encyclopaedia of Religion and Ethics*, vol. IV, p. 628에 나오는 V. J. Mansikka의 "Demon and Spirits(Slavic)" 항목과 비교해 볼 것. 수많은 학자들에 의해 "Demons and Spirits"란 제목으로 이 사전에 수록되어 있는 항목들(아프리카, 오세아니아, 아시리아, 바빌로니아, 불교, 켈트, 중국, 기독교국, 콥트, 이집트, 그리스, 히브리, 인도, 자이나교, 일본, 유대, 이슬람교, 페르샤, 로마, 슬라브, 튜튼, 티베트의 악령과 정령이 두루 다루어져 있다.)은 이 주제의 훌륭한 입문서이다.

38) *Ibid.*, p. 629. 로렐라이와도 비교해 보라. Mansikka의 슬라브 숲, 벌판, 그리고 물의 정령에 대한 논의는 Hanus Máchal의 방대한 *Nákres slovanského bájeslovi*(Prague, 1891)에 그 바탕을 둔 것으로 이 책의 초록(秒錄)은 Máchal의 *Slavic Mythology*(*The Mythology of All Races*, vol. III, Boston, 1918)에서 찾을 수 있다.

39) Wilhelm Stekel, *Fortschritte und Technik der Traumdeutung*(Vienna-Leipzig-Bern: Verlag fr Medizin, Weidmann und Cie., 1935), p. 37.

40) A. R. Radcliffe-Brown, *The Andaman Islanders*(2nd edition, Cambridge University Press, 1933), pp. 175~177.

41) R. H. Codrington, *The Melanesians, their Anthropology and Folklore*(Oxford University Press, 1891), p. 189.

42) 『本生譚(*Jataka*)』, 1:1, trans., Eugene Watson Burlingame, *Buddhist Parables*(Yale University Press, 1922), pp. 32~34에서 요약했는데 발행인의 양해를 얻어 번각함.

43) Coomaraswamy, *Journal of American Folklore* 57(1944), p. 129.

44) *Jataka*, 55: 1, 272~275. trans., Eugene Watson Burlingame, *op. cit.* p. 41~44에서 초록, 예일 대학교 출판사 발행인의 허락을 얻어 전재했음.

45) Nicholas of Cusa, *De visione Dei*, 9, 11; Ananda K. Coomaraswamy가 "On the One and Only Transmigrant"(*Supplement to the Journal of the American Oriental Society*, April-June, 1944), p. 25에서 인용함.

46) Ovid, *Metamorphoses* VII, 62; XV, 338.

47) 이 책, 90쪽 참조.

48) Longfellow, *The Song of Hiawatha*, VIII. 롱펠로가 이로쿼이족(Iroquois) 추장 히아와타가 겪은 것으로 노래한 모험은, 실은 알곤퀸족의 문화 영웅 마나보 조(Manabozho)가 겪은 모험이다. 히아와타는 16세기를 살던 역사적인 실제 인물이다. 이 책, 358쪽 참조.

49) Leo Frobenius, *Das Zeitalter des Sonnengottes*(Berlin, 1904), p. 85.

50) Henry Callaway, *Nursery Tales and Traditions of the Zulus*(London: Trübner, 1868), p. 331.

51) Ananda K. Coomaraswamy, "Akimcanna: Self-Naughting"(*New Indian Antiquary*, vol. III, Bombay, 1940), p. 6, note 14에서 Thomas Aquinas, *Summa Theologica* I, 63, 3을 인용하며 논의하고 있다.

52) Sir James G. Frazer, *The Golden Bough*(one-volume edition), pp. 347~349. Copyright 1922 by The Macmillan Company, 출판사의 양해를 얻어 사용.

53) *Ibid.*, p. 280.

54) Duarte Barbosa, *A Description of the Coasts of East Africa and Malabar in the Beginning of the Sixteenth Century*(London: Hakluyt Society, 1866), p. 172; Frazer의 인용, *op. cit.*, pp. 274~275. The Macmillan Company의 양해를 얻어 게재함.

2 입문

1) Apuleius, *The Golden Ass*(Modern Library edition), pp. 131~141.

2) Knud Leem, *Beskrivelse over Finmarkens Lapper*(Copenhagen, 1767), pp. 475~478. 영역본으로는 John Pinkerton, *A General Collection of the Best and Most Interesting Voyages and Travels in All Parts of the World*(London, 1808), vol. I, pp. 477~478.

3) E. J. Jessen, "Afhandling om de Norske Finners og Lappers Hedenske Religion," p. 31. 이 논문은 앞에서 말한 Leem의 저서에 독립된 페이지가 매겨진 부록 으로 수록되어 있다.

4) Uno Harva, *Die religiösen Vorstellungen der altaischen Völker*("Folklore Fellows

Communications," No. 125, Helsinki, 1938), pp. 558~559; following G. N. Potanin, *Očerki severo-zapodnoy Mongolii*(St. Petersburg, 1881), vol. IV, pp. 64~65.

5) Géza Róheim, *The Origin and Function of Culture*(Nervous and Mental Disease Monographs, No. 69), pp. 38~39.

6) *Ibid.*, p. 38.

7) *Ibid.*, p. 51.

8) Underhill, *op. cit.*, Part II, Chapter III. p. 42, 각주 3번과 비교.

9) Wilhelm Stekel, *Fortschritte und Technik der Traumdeutung*, p. 124.

10) *Svedenborgs Drömmar* 1774, "Jemte andra hans anteckningar efter original-handskrifter meddelade af G. E. Klemming"(Stockholm, 1859), Ignaz Ježower, *Das Buch der trume*(Berlin: Ernst Rowohlt Verlag, 1928), p. 97에 인용되어 있음.

11) Ježower, *op. cit.*, p. 166.

12) Plutach, *Themistocles*, 26; Ježower의 *op. cit.*, p. 18.

13) Stekel, *Fortschritte und Technik der Traumdeutung*, p. 150.

14) *Ibid.*, p. 153.

15) *Ibid.*, p. 45.

16) *Ibid.*, p. 208.

17) *Ibid.*, p. 216.

18) *Ibid.*, p. 224.

19) *Ibid.*, p. 159.

20) *Ibid.*, p. 21.

21) Stekel, *Die Sprache des Traumes*, p. 200 이하도 참조.
Heinrich Zimmer, *The King and the Corpse*, ed., J. Campbell(New York: Bollingen Series, 1948), pp. 171~172; D. L. Coomaraswamy, "The Perilous Bridge of Welfare," *Harvard Journal of Asiatic Studies* 8.

22) Stekel, *Die Sprache des Traumes*, p. 287.

23) *Ibid.*, p. 286.

24) 『코란』 2:214.

25) S. N. Kramer, *Sumerian Mythology*(American Philosophical Society Memoirs, vol. XXI; Philadelphia, 1944), pp. 86~93. 수메르 신화는 서양 세계에 특히 중요한 의미를 갖는다. 이 수메르 신화는 바빌로니아, 아시리아, 페니키아 전통 및 성서 전통(이슬람교와 기독교를 잉태시킨)의 근원인 동시에 켈트인, 그리스인, 로마인, 슬라브인, 독일인의 이교적 종교에도 막대한 영향을 끼쳤다.

26) Jeremiah Curtin, *Myths and Folk-Lore of Ireland*(Boston: Little, Brown and Company, 1890), pp. 101~106.

27) 이 책, 81~82쪽 참조.

28) Ovid, *Metamorphoses* III, 138~252.

29) J. C. Flügel, *The Psycho-Analytic Study of the Family*("The International Psycho-Analytical Library," No. 3, 4th edition; London: The Hogarth Press, 1931), 12, 13장 참조.
플뤼겔 교수는 이렇게 지적하고 있다. "한편으로는 마음, 정신, 혹은 영혼의 개념과 아버지, 혹은 남성이라는 관념, 또 한편으로는 육체 혹은 물질(materia, 즉 어머니에게 속하는)의 개념과 어머니 혹은 여성적 원리라는 관념은 극히 보편적인 관련을 갖는다. 이 관련성에 비추어 볼 때, 어머니(우리 유대-기독교의 유일신교에 있어서)에 관련된 정서나 감정이 억압당하면, 인간에 대한 것이든 일반적인 사상(事象)에 대한 것이든 영적 요소를 과대평가하거나 강조하는 경향과 더불어, 인간의 육체, 땅, 그리고 물질적 우주에 대한 혐오, 경멸, 염증 혹은 호전적 태도를 취하게 하는 경향을 창출하는 수가 있다. 그러나 철학에 있어서의 지나친 이상주의적 경향에 대한 집착은 어머니에 대한 반감의 이상화 현상 때문이기 쉬우며, 물질주의의 교조적이고 편협한 양식의 경우에는 원래 어머니와 관련된 억압된 감정의 회귀를 표상하는 듯하다."(*ibid.*, p. 145, note 2)

30) The *Gospel of Sri Ramakrishna*(New York, 1942), p. 9, Swami Nikhilananda이 서문과 함께 영역했음.

31) *Ibid.*, pp. 21~22.

32) Standish H. O'Grady, *Silva Gadelica*(London: Williams and Norgate, 1892), vol.

II. pp. 370~372. 그 밖에 Chaucer, *Canterbury Tales*, "The Tale of the Wyf of Bathe"; Gower, *Tale of Florent*; 15세기 중반의 시 *The Weddynge of Sir Gawen and Dame Ragnell*; 17세기 중반의 발라드 *The Marriage of Sir Gawaine*에서도 다양한 변형을 찾아볼 수 있다. W. F. Bryan and Germaine Dempster, *Sources and Analogues of Chaucer's Canterbury Tales*(Chicago, 1941) 참조.

33) Guido Guinicelli di Magnano(1230~1275?), "Of the Gentle Heart," trans., Dante Gabriel Rosetti, *Dante and His Circle*(London: Ellis and White, edition of 1874), p. 291.

34) 성모 몽소 승천 대축일(8월 15일), 저녁 기도의 교송(交誦). 로마 가톨릭 교회 미사에서.

35) *Hamlet*, 1막 2장, ll. 129~137.

36) Sophocles, *Oedipus Coloneus*, 1615~1617.

37) Shankaracharya, *Vivekachudamani*, 396, 414, trans., Swami Madhavananda (Mayavati, 1932).

38) Jacobus de Voragine, *The Golden Legend*, LXXVI, "Saint Petronilla, Virgin."(이 책, 78~79쪽의 다프네 이야기와 비교해 보라.) 후일 교회에서는 성 베드로에게 자식이 있었다고 생각하기가 뭣해서, 페트로닐라를 피후견인이라고 말하고 있다.

39) *Ibid.*, CXVII.

40) Gustave Flaubert, *La tentation de Saint Antoine*(*La reine de Saba*).

41) Cotton Mather, *Wonders of the Invisible World*(Boston, 1693), p. 63.

42) Jonathan Edward, *Sinner in the Hands of an Angry God*(Boston, 1742).

43) Coomaraswamy, *The Dance of Siva*(New York, 1917), pp. 56~66.

44) Zimmer, *Myth and Symbols in Indian Art and Civilization*, pp. 151~175.

45) 브라만의 사(絲)란, 인도의 4 카스트 중 위로 3 카스트에 속하는(이른바 환생한) 사람들이 사용하는 무명실이다. 이 실은 머리와 오른팔 위로 통과시켜 왼쪽 어깨와 오른쪽 허리에 걸치는데 이렇게 하면 몸(앞으로는 가슴과 뒤로는 등)을 빗겨 지나가게 된다. 이것은 두 번째 탄생을 상징하는데 실 자체는 관문, 혹은 태양의 문을 표상하는 것으로 환생한 이들이 동시에 시간과 영원

속에 살고 있음을 의미한다.

46) 이 문자에 대한 자세한 논의는 이 책, 322쪽을 참조할 것

47) Mathews, *op. cit.*, pp. 110~113.

48) Ovid, *Metamorphoses*, II(Miller: Loeb Library 판에서 각색).

49) Kimmins, *op. cit.*, p. 22.

50) Wood, *op. cit.*, pp. 218~219.

51) W. Lloyd Warner, *A Black Civilization*(New York and London: Harper and Brothers, 1937), pp. 260~285.

52) Géza Róheim, *The Eternal Ones of the Dream*, pp. 72~73.

53) 『코란』 4:116~117

54) Sir Baldwin Spencer and F. J. Gillen, *The Arunta*(London: Macmillan and Co., 1927), vol. I, pp. 201~203.

55) Géza Róheim, *The Eternal Ones of the Dream*, p. 49 이하.

56) *Ibid.*, p. 75.

57) *Ibid.*, p. 227, R, and C. Berndt, "A Preliminary Report of Field Work in the Ooldea Region, Western South Australia," *Oceania*, XII(1942), p. 323에서 인용.

58) Róheim, *The Eternal Ones of the Dream*, pp. 227~228, D. Butes, *The Passing of the Aborigines*(1939), pp. 41~43에서 인용.

59) Róheim, *The Eternal Ones of the Dream*, p. 231.

60) R. H. Mathews, "The Walloonggura Ceremony," *Queensland Geographical Journal*, N. S., XV(1899~1900), p. 70; Róheim, *The Eternal Ones of the Dream*에서 인용. p. 232.

61) K. Langloh Parker, *The Euahlayi Tribe*, 1905, pp. 72~73; Róheim, *The Eternal Ones of the Dream*, p. 232에서 인용.

62) John Layard, *Stone Men of Malekula*(London: Chatto and Windus, 1942).

63) W. F. J. Knight, in his *Cumaean Gates*(Oxford: B. Blackwell, 1936).

64) W. J. Perry, *The Children of the Sun*(New York: E. P. Dutton and Co., 1923).

65) June Harrison, *Themis, A Study of the Social Origins of Greek Religion*(2nd Revised

edition; Cambridge University Press, 1927).

66) (이 문제는 캠벨이 *The Flight of the Wild Gander*(third edition; Novato, CA: New World Library, 2001)에 게재된 에세이 "Mythogenesis"에서 여러 번 되묻고 있다. —편집자)

67) Euripides, *The Bacchae*, 526 이하.

68) Aeschylus, Figure. 57(Nauck). Jane Harrison이 앞에서 인용한 책, p. 61에 서 고대 및 오스트레일리아의 입문 의식에 쓰이는 울림 판자(끈을 끼워 휘두 르면 황소 울음 같은 소리를 내는 판자)의 역할을 밝히는 가운데 이 글을 인용 했다. 울림 판자에 대한 소개는 Andrew Lang의 *Custom and Myth*(2nd revised edition; London: Longmans, Green, and Co., 1885), pp. 29~44를 참조할 것.

69) 위의 놀이는 Sir James G. Frazer의 *The Golden Bough*에 자세하게 묘사, 논의되 어 있다.

70) 「히브리서」 9:13~14.

71) Le. P. A. Capus des Pères-Blancs, "Contes, chants et proverbes de Basumbwa dans l'Afrique Orientale," *Zeitschrift für afrikanische und oceanische Sprachen*, Vol. III(Berlin, 1897), pp. 363~364.

72) 『코란』 10:31.

73) 이 책, 88쪽 참조.

74) 이 책, 59~61쪽 참조. 바숨봐족(대추장, 죽음의 이야기)과 와차가족(키아짐바 이야기)은 동아프리카에 사는 종족이고, 요루바족(에드슈 이야기)은 서부 해 안의 나이지리아에 사는 종족이다.

75) 『코란』 6:59, 6:60.

76) 「누가복음」 2:7.

77) Ovid, *Metamorphoses*, VIII, 618~724.

78) 『코란』 2:115.

79) Katha Upaniṣad, 3:12.

80) 「도마복음」 77.

81) 「욥기」 40:7~14.

82) *Ibid.*, 42:5~6.

83) *Ibid.*, 42:16~17.

84) Leon Stein, "Hassidic Music," *The Chicago Jewish Forum*, vol. II, No. 1 (Fall, 1943), p. 16.

85) 『반야바라밀다경(*Pranja-Paramita-Hridaya Sutra*)』, "Sacred Books of the East" vol. XLIX, Part II, p. 148, 154.

86) 『금강경(*Vajracchedika*)』, "The Diamond Cutter," 17; *ibid.* p. 134.

87) 이 책 110쪽과 비교해 보라.

88) 『아미타경(*Amitayur-Dhyana Sutra*)』, 19; "Sacred Books of the East" vol. XLIX, Part II, p. 182~183.

89) "남성에게 있어서 나는 헤르메스요, 여성 앞에 나타날 때는 아프로디테다. 나는 내 양친의 상징을 두루 갖추고 있다."(*Anthologia Graeca ad Fidem Codices*, vol. II) "그의 일부는 아비의 것이요, 나머지는 어미의 것이다."(Martial, *Epigrams* 4, 174; Loeb Library, vol. II, p. 501)

헤르마프로디토스에 대한 오비디우스의 언급은 *Metamorphoses*, IV, p. 288 이하에 나온다.

우리에겐 헤르마프로디토스의 고전적 이미지가 여러 가지 전해진다. Hugh Hampton Young, *Genital Abnormalities, Hermaphroditism and Related Adrenal Diseases* (Baltimore: Williams and Wilkins, 1937), Chapter I, "Hermaphroditism in Literature and Art"를 참조할 것.

90) Plato, *Symposium*, 178.

91) 「창세기」 1:27.

92) 「창세기」에 대한 주석서인 『미드라시(*Midrash*)』의 Rabbah 8:1.

93) 이 책, 112쪽 참조.

94) 이 책, 337~339쪽 참조.

95) 제임스 조이스의 다음 구절과 비교해 보라. "천국의 이법(理法)에서 …… 결혼도, 찬양받는 사람도, 한몸으로 아내와 남편 노릇을 두루 하는 양성적인 천사도 없다."(*Ulysses*, Modern Library Edition, p. 210)

96) Sophocles, *Oedipus Tyrannus*. Ovid의 *Metamorphoses*, III, 324 이하, 그리고 511,

516 참조. 사제, 신 혹은 선견자로서의 자웅 동체의 실례는 Herodotus, 4, 67 (Rawlinson edition, vol. III, pp. 46~47); Theophrastus, *Characteres*, 16. 10~11; J. Pinkerton, *Voyage and Travels*, Chapter 8, p. 427, Alexander Hamilton의 "A New Account of the East Indies" 참조.

97) Zimmer, *Myths and Symbols in Indian Art and Civilization*, 그림 70 참조.

98) 그림 34 참조.

99) B. Spencer & F. J. Gillen, *Native Tribes of Central Australia*(London, 1899), p. 263; Róheim, *The Eternal Ones of the Dream*, pp. 164~165 참조. 이 절개 수술은 인공적으로 자웅 동체 상태와 어느 정도 비슷한 "하이포스파디아스(요도 입구가 성기의 아래쪽에 있는 이상 상태)"를 만들어 낸다.(Young, *op. cit.*, p. 20에 있는 양성자 Marie Angé의 사진 참조)

100) Róheim, *The Eternal Ones of the Dream*, p. 94.

101) *Ibid.*, pp. 218~219.

102) 다음과 같은 법장보살(Bodhisattva Darmakara)의 모습과 비교해 보라. "입에서는, 숨결에 달콤하고, 이 세상 것이 아닌 듯한 백단향 냄새가 묻어났다. 그의 모공에서는 연꽃 향기가 풍겼다. 그리고 우아하고 아름다운 자태로 사람들을 기쁘게 했고 화사한 빛깔을 띠고 있었다. 그의 몸은 온갖 보기 좋은 상징과 표적으로 꾸며져 있었고 그의 모공과 손바닥에서는 꽃, 향, 옷, 고약, 우산, 깃발, 모양의 귀한 장식과 모든 종류의 기악(器樂)이 흘러 나왔다. 그의 손에서는 모든 종류의 진수 성찬, 마실 것, 딱딱한 음식, 무른 음식, 과자, 그리고 온갖 기쁨과 행복이 다 솟아났다."(*The Larger Sukhavati-Vyuha*, 10; "Sacred Books of the East", vol. XLIX, Part II, pp. 26~27)

103) Róheim, *War, Crime and the Covenant*, p. 57.

104) *Ibid.*, pp. 48~68.

105) 「사무엘 상」 17:26.

106) 『코란』 4:104.

107) "증오는 증오로 해소되지 않는다. 증오는 사랑으로 해소되는데 이는 고대의 진리다."(불교의 『법구경(*Dhammapada*)』 1:5, "Sacred Books of the East" vol. X,

Part. 1, p. 5; Max Müller 옮김)

108) 「누가복음」6:27~36

109) *American Government and Its Problems*(Houghton Mifflin Company, 1941)에서 Robert Phillips 교수에 의해 번각. *Love Against Hate*(Harcourt, Brace and Company, 1942), p. 211에서 Karl Menninger 박사도 번각.

110) 「마태복음」22:37~40; 「마가복음」12:28~34; 「누가복음」10:25~37. 예수는 제자들에게 "이 세상 모든 사람들을 가르치되"(「마태복음」28:19) 말을 듣지 않는다고 해서 윽박지르거나 약탈하거나 속권(俗權)에 넘기지는 말라고 일렀다. "이제 내가 너희를 보내는 것은 마치 양을 이리 떼 가운데 보내는 것과 같다. 그러므로 너희는 뱀같이 슬기롭고 비둘기같이 양순해야 한다."(「마태복음」10:16)

111) 「마태복음」7:1

112) "사제들이 강도떼처럼 세겜으로 가는 길목에 숨어서 노리다가 살인을 하다니…… 간사하게 왕의 호감이나 사고, 가면을 써 대신들의 환심이나 사면서도……."(「호세아」6:9; 7:3)

113) Menninger, *op. cit.*, pp. 195~196.

114) Swami Nikhilananda, *The Gospel of Sri Ramakrishna*(New York, 1941), p. 559.

115) Rumi, *Mathnawi*, 2, 2525

116) "대성(大聖) 밀라레파 보살의 가르침인 마지막 노래"(서기 1051~1135년경). Lama Kazi Dawa-Samdup에 의한 *Jetsün-Kahbum*(밀라레파의 전기)의 영역판에서 인용, W. Y. Evans-Wentz 편, *Tibet's Great Yogi Milarepa*(Oxford University Press, 1928), p. 285.

117) "밀라레파의 요가 게송", *ibid.*, p. 273.

118) "스승을 찬양하는 밀라레파의 노래", *ibid.*, p. 137.

119) 이와 같은 견해가 『우파니샤드』에 자주 나온다. "이 자아는 스스로를 저 자아에게 넘기고, 저 자아는 스스로를 이 자아에게 넘긴다. 그래서 두 자아엔 서로 얻음이 있다. 그는 이 형상으로 저 세계를 얻고, 저 형상으로는 이 세계를 경험한다."(*Aitareya Aranyaka*, 2. 3. 7) 이것은 이슬람 밀교에도 알

려져 있다. "30년간 위대한 신은 나의 거울이었는데 지금은 내가 내 거울이다. 말하자면 예전의 나는 지금의 내가 아니고 위대한 신은 그 자신의 거울이다. 요컨대 나는 나 자신의 거울이다. 신이 내 입으로 말하고 나는 사라졌기 때문이다."(Bayazid, *The Legacy of Islam*, T. W. Arnold 와 A. Guillaume 편, Oxford Press, 1931, p. 216에 인용됨)

120) "뱀이 그 허물을 벗고 나오듯이 나는 바야지드에서 왔다. 그리고 나는 보았다. 나는 사랑하는 자, 사랑받는 자, 그리고 사랑이 하나임을 깨달았다. 화합의 세계에서는 모든 것이 하나일 수 있으므로."(Bayazid, *loc. cit.*)

121) 「호세아」 6:1~3.

122) Bṛhadāranyaka Upaniṣad, 1. 4. 3. 그리고 이 책, 337쪽 참조.

123) Ananda K. Coomaraswamy, *Hinduism and Buddhism*(New York: The Philosophical Library, no date), p. 63.

124) Sigmund Freud, *Beyond the Pleasure Principle*, trans., James Strachey(Standard Edition, XVIII, London; The Hogarth Press, 1955). Karl Menninger, *Love against Hate*, p. 262도 참조.

125) 『금강경(*Vajracchedikā Sūtra*)』 32, "Sacred Books of the East, *op. cit.*, p. 144.

126) 『소(小)반야바라밀다심경』, p. 153.

127) 龍樹(Nagarjuna), 『中論(*Madhyamika Shastra*)』.
"불멸의 존재와 필멸의 존재는 조화롭게 섞여 있다. 하나는 아니지만, 분리될 수 있는 것도 아니다."(Ashvaghosha)
쿠마라스와미 박사는 이 경전을 인용하면서 이렇게 쓰고 있다. "이러한 견해는 죄악도 지혜요, 존재의 영역도 열반이라는 경구 속에 극적으로 표현되어 있다."(Ananda K. Coomaraswamy, *Buddha and Gospel of Buddhism*(New York: G. P. Putnam's Sons, 1916), p. 245)

128) Bagavad Gītā, 6:29, 6:31.
이것은 이블린 언더힐(Evelyn Underhill) 여사가 말한, "밀교의 목적, 진정한 합일의 삶, 천상적 풍요 상태, 신성화(神性化)"(*op. cit., passim*)가 완벽하게 실현된 상태다. 그러나 언더힐 여사는 토인비 교수가 그랬듯이(이 책, 32쪽

504

참조) 이것이 기독교에만 있는 사상이라고 가정하는 실수를 범하고 있다. Salmony 교수는 이렇게 쓰고 있다. "서양의 판단은, 자기 확인의 필요성 때문에 현재까지 곡해되어 왔다고 하는 편이 안전하다."(Alfred Salmony, "Die Rassenfrage in der Indienforschung," *Sozialistische Monatshefte*, 8, Berlin, 1926, p. 534)

129) Coomaraswamy, *Hinduism and Buddhism*, p. 74.

130) E. T. C. Werner, *A Dictionary of Chinese Mythology*(Shanghai, 1932), p. 163.

131) Okakura Kakuso, *The Book of Tea*(New York, 1906); Daisetz Teitaro Suzuki(鈴木大拙), *Essays in Zen Buddhism*(London, 1927); Lafcadio Hearn, *Japan*(New York, 1904) 참조.(캠벨이 다례의 상징체계를 살펴보고 있는 *Myths of Light: Eastern Metaphors of the Eternal*, edited by David Kudler(Novato, CA: New World Library, 2003), pp. 133~136도 참조 — 편집자)

132) Morris Edward Opler, *Myths and Tales of the Jicarilla Apache Indians*(Memoirs of the American Folklore Society, vol. XXXI, 1938), p. 110.

133) 이 책, 189쪽과 비교해 보라.

134) 이 책, 143쪽 참조.

135) 이 책, 140쪽 참조.

136) Zimmer, *Myths and Symbols in Indian Art and Civilization*, pp. 210~214 참조.

137) 힌두의 춤추는 시바 신이 들고 있는 창조의 북과 비교해 보라.(이 책, 161쪽 참조)

138) Curtin, *op. cit.*, pp. 106~107.

139) Melanie Klein, *The Psychoanalysis of Children*, The International Psycho-Analytical Library, No. 27(1937).

140) Róheim, *War, Crime and the Covenant*, pp. 137~138.

141) Róheim, *The Origin and Function of Culture*, p. 50.

142) *Ibid.*, pp. 48~50.

143) *Ibid.*, p. 50. 맨손으로 벌겋게 단 숯을 꺼내고, 도끼로 제 발을 찍는 시베리아 샤먼의 불가괴성(이 책, 123~124쪽)과 비교해 보라.

144) 프레이저의 외적 영혼에 대한 논의를 참고하라.(*op. cit.*, pp. 667~691)

145) *Ibid.*, p. 671.

146) Pierce, *Dream And Personality*, p. 298.

147) "The Descent of the Sun," F. W. Bain, *A Digit of the Moon*(New York: G. P. Putnam's Sons, 1910), pp. 213~325.

148) Róheim, *The Eternal Ones of the Dream*, p. 237. 이 부적은 tjurunga(혹은 churinga) 라는 것으로, 그 젊은이의 토템 선조의 것이다. 이 젊은이는 할례 당시에도 이런 추룽가를 받는데 이때의 추룽가는 어머니 쪽 토템 선조의 것이다. 그 가 태어날 때도 액막이 추룽가가 요람에 놓인다. 소 울음소리를 내는 울림 판자도 추룽가의 변형이라고 할 수 있다. 로하임 박사는 이렇게 쓰고 있다. "추룽가는 질료적 생령이다. 중앙 오스트레일리아 원주민의 신앙에서 추룽 가와 가장 밀접한 관계를 맺고 있는 초자연적인 존재는, 그들 종족의 보이 지 않는 생령이다. 추룽가와 마찬가지로, 이런 초자연적인 존재는 그들이 보호하는 실제 인간의 다른 몸(arpuna mborka)이라고 불린다."(*Ibid.*, p. 98)

149) 「이사야」 66:10~12.

150) Ginzberg, *op. cit.*, vol. 1, pp. 20, 26~30. Ginzberg, vol. V, pp. 43~46에서 구원 받은 자들의 잔치에 관한 자세한 주석 참조.

151) Dante, "Paradiso," II, 1~9, trans., Norton, *op. cit.*, vol. III, p. 10; Houghton Mifflin Company 발행인의 허락을 받음.

152) Rāmāyāna I, 45, Mahābhārata I, 18, Matsya Purāṇa, 249~251 외 여러 다른 텍스트. Zimmer의 *Myths and Symbols in Indian Art and Civilization*, p. 105 이하 참조.

153) Marco Pallis, *Peaks and Lamas*(4th edition; London: Cassell and Co., 1946), p. 324.

154) *Shri-Chakra-Sambhara Tantra*, Lama Kazi Dawa-Samdup가 티베트어에서 옮 김, Sir Jon Woodroffe(필명은 Arthur Avalon) 편집, "Tantric Texts," Volume VII(London, 1919), p. 41. 이 책에서, 위의 구절은 이렇게 계속된다. "이렇듯 눈에 보이는 신들의 신성에 대한 의혹이 일면, '이 여신은 오직 육신의 회상 에 지나지 않는다.'라는 주문을 외우고 정도(正道)가 이러한 신성으로 이루 어져 있음을 기억해야 한다."(*loc. cit.*) 탄트라에 관해서는 95, 145~147쪽(탄

트라 불교) 참조.

155) 가령 C. G. Jung, "Archetypes of the Collective Unconscious"(orig. 1934;
   Collected Works, vol. 9, part i; New York and London, 1959)와 비교해 보라.
   J. C. Flgel 박사는 이렇게 쓰고 있다. "그런 신의 심적인 기원이 분명한데도, 초
   심적(超心的) 현실로서의 유사 신인 동형적 아버지 – 신의 관념을 가진 사람
   이 아직도 많은 듯하다."(*The Psycho-Analytic Study of the Family*, p. 236)

156) "Paradiso" XXXIII, 82 이하.

157) 이 책, 212~213쪽 참조.

158) J. F. Stimson, *The Legends of Maui and Tahaki*(Bernice P. Bishop Museum Bulletin,
   No. 127; Honolulu, 1934), pp. 19~21.

159) Bruno Meissner, "Ein altbabylonisches Fragment des Gilgamosepos,"
   Mitteilungen der vorderasiatischen Gesellschaft, VII, 1, Berlin, 1902, p. 9.

160) 예를 들면, Katha Upaniṣad, 1:21, 23~25.

161) 위의 번역문은 P. Jensen의 *Assyrisch-babylonische Mythen und Epen*(Kellinschriftliche
   Bibliothek, VI, I; Berlin, 1900), pp. 116~273을 따른 것이다. 시구는 Jensen의
   위의 책, pp. 223, 251, 251~253에 인용되어 있다. Jensen의 번역은 아슈
   르바니팔 왕의 도서관에 있던 아시리아 판의 원서를 직역한 것이다. 상당
   수에 이르는 그 전 시대의 바빌로니아어 단편본(이 책, 228~229쪽 참조)과,
   바빌로니아 어본보다 더 오래된 수메르 원전(기원전 3000년대)도 발견, 해
   독되었다.

162) 『코 홍〔葛洪〕』("일명 파오푸츠〔包朴子〕")의 『내편(內編, *Nei P'ien*)』, Chapter VII.
   (Obed Simon Johnson의 *A Study of Chinese Alchemy*(Shanghai, 1928), p. 63의 번역문
   을 인용)
   코 홍은 몇 가지 아주 흥미로운 처방도 익혔는데 그중 두 가지를 소개하
   면, 한 가지는 몸을 "삽상, 쇄락하게 하는" 비방과 "물 위를 걷는 능력"
   을 주는 비방이다. 중국 철학에서 코 홍이 차지하는 위치에 대한 논의는
   Alfred Forke의 "Ko Hung, der Philosoph und Alchemist", *Archiv für Geschichte
   der Philosophie*, XLI, 1-2(Berlin, 1932), pp. 115~126을 참조할 것.

163) Herbert A. Giles, *A Chinese Biographical Dictionary*(London and Shanghai, 1898), p. 372.

164) 밀교의 경구.

165) 노자(老子), 『도덕경(道德經)』, 16, trans., Dwight Goddard(*Laotzu's, Tao and Wu Wei*(노자, 도와 무위), New York, 1919, p. 18). 이 책, 189과 비교해 보라.

166) "Paradiso" XXXIII, 49~57, trans., Norton(*op. cit.*, vol. III, pp. 253~254, Houghton Mifflin Company 발행인의 허락하에 인용함).

167) Kena Upaniṣad 1:3, trans., Swami Sharvananda(Sri Ramakrishna Math, Mylapore, Madras, 1932).

168) Poetic Edda, "Hovamol," 139, trans., Henry Adams Bellows(The American-Scandinavian Foundation, New York, 1923).

169) 『本生譚(*Jataka*)』, Introduction, i, 75(Henry Clarke Warren, *Buddhism in Translations*(Harvard Oriental Series 3), Cambridge, MA: Harvard University Press, 1896, pp. 82~83 발행인의 허락을 받아 전재함).

3 귀환

1) *Viṣṇu Purāṇa* 23; *Bhagavata Purāṇa* 10:51; *Harivansha*, 114. 위의 글은 Heinrich Zimmer의 *Maya, der indische Mythos*(Stuttgart and Berlin, 1936), pp. 89~99에 나오는 번역문임.
세계의 마술사로서의 크리슈나, 아프리카의 에드슈(이 책, 59쪽) 그리고 폴리네시아의 익살스러운 영웅 마우이와 비교해 볼 것.

2) "Taliesin," Lady Charlotte Guest에 의해 *The Mabinogion* 속에 번역되었음(Everyman's Library, No. 97, pp. 263~264).

3) Gertrude Schoepperle, *Tristan and Isolt: A Study of the Sources of the Romance*(London and Frankfurt-am-Main, 1913) 참조.

4) Harva, *op. cit.*, pp. 543~544; "Pervyi buryatsii šamap Morgon-Kara," *Isvestiya Vostočno Siberskago Otdela Russkago Geografič eskago Obščestua*, XI, 1~2(Irkutsk, 1880), pp. 87과 그 이하 인용.

5) John White, *The Ancient History of the Maori, His Mythology and Traditions*(Wellington, 1886~1889), vol. II, pp. 167~171.

6) *Grimm's Fairy Tales*, No. 79.

7) C. G. Jung, *The Integration of the Personality*(New York, 1939), p. 59.

8) Apollonios of Rhodes의 *Argonautika*를 참조할 것. 탈출하는 대목은 제4권에 나온다.

9) 『古事記(*Ko-ji-ki*)』(712), "Records of Ancient Matters," trans., C. H. Chamberlain. *The Asiatic Society of Japan*, vol. X. Supplement(Yokohama, 1882), pp. 24~28에서 인용.

10) Jaiminīya Upaniṣad Brāhmaṇa, 3. 28. 5.

11) Frobenius, *Das Zeitalter des Sonnengottes*, pp. 85~87.

12) Tomobe-no-Yasutaka, *Shintoō-Shoden-Kuju*.

13) *Shintoō-Gobusho*.

14) Izawa-Nagahide, *Shintō-Ameno-Nuboko-no-Ki*.

15) Ichijo-Kaneyoshi, *Nihonshoki-Sanso*.

16) Urabe-no-Kanekuni.

17) 위의 모든 인용문은 Genchi Kato, *What is Shintō?*(Tokyo: Maruzen Company Ltd., 1935)에 실려 있음. Lafcadio Hearn의 *Japan, an Attempt at Interpretation*(New York: Grosset and Dunlap, 1904)도 참조할 것.

18) 『古事記(*Ko-ji-ki*)』, Chamberlain, *op. cit.*, pp. 52~59에서 따옴.

19) Kramer, *op. cit.*, pp. 87, 95. 이 시의 결론. 우리 문화의 신화와 상징을 밝혀 줄 이 귀중한 점토판의 결론 부분은 이제 영원히 찾을 길 없다.

20) 「마태복음」 26:51; 「마가복음」 14:47; 「요한복음」 18:10.

21) Māṇḍūkya Upaniṣad, 5.

22) Washington Irving, "Rip van Winkle," *The Sketch Book*.

23) 「창세기」 5장.

24) Curtin, *op. cit.*, pp. 332~333.

25) Sir James G. Frazer, *The Golden Bough*, one-volume edition(The Macmilan Company,

1922), pp. 593~594. 판권 소유자인 동 출판사의 허락을 얻어 사용함.

26) *Ibid.*, pp. 594~595, The Macmillan Company 발행인 허락으로 전재함.

27) Burton, *op. cit.*, III, pp. 231~256에서 인용.

28) 「마태복음」 17:1~9.

29) 베드로가 (자기 눈앞에 환상이 펼쳐지고 있을 동안에) 불쑥 내뱉은 말을, 그가 후일 교회의 초석이 된다는 사실과 관련해 보면 다소 익살스러운 바가 없지 않다. 그보다 엿새 전에 예수는 그에게 "너는 베드로다. 내가 이 반석 위에 내 교회를 세울 터인즉……" 하고 말했다. 얼마 후 그는 이렇게 꾸짖었다. "너는 하느님의 일을 생각하지 않고 사람의 일만 생각하는구나."(「마태복음」 16:18, 23)

30) Bagavad Gītā, 11; 1:45~46; 2:9. Swami Nikhilananda(New York, 1944)의 번역본에서 인용.

31) Bṛhadāranyaka Upaniṣad, 1.1.1, trans., Swami Madhavananda(Mayavati, 1934).

32) Robinson Jeffers, *Cawdor*, p. 116. Copyright 1928 by Robinson Jeffers. Random House, Inc, 1928의 양해를 얻어 번각함.

33) *Summa contra Gentiles*, I, 5, par. 3.

34) Kena Upaniṣad, 2:3.

35) Bagavad Gītā, 11:53~55.

36) 「마태복음」 16:25.

37) Shankaracharya, *Vivekachudamani*, 542 and 555.

38) Bagavad Gītā, 2:22~24.

39) *Ibid.*, 3:19 and 3:30.

40) "Taliesin," *op. cit.*, pp. 264~274.

41) 「요한복음」 8:58

42) Ovid, *Metamorphoses*, XV, 252~255.

43) *Grimm's Fairy Tales*, No. 50, 「덩굴장미」(「잠자는 미녀」로 더 잘 알려져 있음) 결론 부분.

4 열쇠

1) 이 주제에 대한 논의는 판테온 북스 판 *Grimm's Fairy Tales*(New York, 1944), pp. 846~856에 나오는 저자의 주석을 참고할 것.(이 주석은 캠벨의 에세이집 *The Flight of the Wild Gander*, pp. 1~19에서도 찾아볼 수 있다. ─ 편집자 주)

2) 『두에 성경』, 「시편」 XLI, 2~4.

3) 가톨릭의 '성 토요일' 미사를 참고할 것. 이 번역문은 성베네딕트회(Gaspar Lefebvre) 사제의 영역문에서 옮긴 것임. 국내에서는 E. M. Lohmann Co., Saint Paul, MN에서 출판.(물론 이 책이 처음 출간되었을 당시 가톨릭 미사는 모두 라틴어로 진행되고 있었다. ─ 편집자 주)

4) 인도에서는 신의 권능(Śakti)은 여성의 형태로 인격화되며, 이 여성은 곧 신의 배우자다. 이 세례 의식에서도 은총은 비슷한 상징으로 나타나고 있다.

5) 「요한복음」 3:3~5.

2부 우주 발생적 순환

1 유출

1) C. G. Jung, "On Psychic Energy"(원저, 1928; Collected Works, vol. 8) 참조. 초기의 원고에선 "The Theory of the Libido"라는 제목이 붙었음.

2) Kant의 *Critique of Pure Reason* 참조.

3) Freud, *Moses and Monotheism*, trans., James Strachey, Standard Edition, XXIII, 1964)(원저, 1939).

4) 「누가복음」 17:21.

5) 이 책, 236쪽 참조.

6) 이 책, 117쪽 참조.

7) 이 책, 108~110쪽 참조.

8) 이 책, 112쪽 참조.

9) Fernando de Alva Ixtlilxochitl, *Historia de la Nación Chichimeca*(1608), Capitulo

I(published in Lord Kingsborough's *Antiquities of Mexico*, London, 1830~1848, vol. IX, p. 205; Alfredo Chavero, *Obras Históricas de Alva Ixtlilxochitl*, Mexico, 1891~1892, Vol. II, pp. 21~22).

10) Hastings, *Encyclopaedia of Religion and Ethics*, vol. V, p. 375.

11) Mrs. Sinclair Stevenson, *The Heart of Jainism*(Oxford University Press, 1915), pp. 272~278 참조.

12) Māṇḍūkya Upaniṣad, 3~6 참조.

13) Māṇḍuūkya Upaniṣad, 8~12.(성스러운 음절 AUM에 관한 캠벨의 추가적인 견해가 궁금하다면 *Myths of Light*, pp. 33~35를 참조 ─ 편집자 주)

14) Māṇḍuūkya Upaniṣad, 7.

15) *Ha idra zuta*, Zohar, iii, 288a. 이 책, 223쪽과 비교해 볼 것.

16) *Ha idra rabba qadisha*, xi, 212~214, 233, trans., S. L. MacGregor Mathers, *The Kabbalah Unveiled*(London: Kegan Paul, Trench, Trbner and Company Ltd., 1887), pp. 134~135, 137.

17) *Summa Contra Gentiles*, I, i.

18) 이 책, 37~42쪽 참조.

19) Johannes C. Anderson, *Maori Life in Ao-tea*(Christchurch[New Zealand], no date [1907?]), p. 127.

20) *The Vedantasara of Sadananda*, Swami Nikhianada의 서문, 번역, 주석이 달린 산스크리트어 원문(Mayavati, 1931)을 참조.

21) trans., Richard Wilhelm, *Chinesische Mrchen*(Jena: Eugen Diedrichs Verlag, 1921) pp. 29~31.

22) Rev. Richard Taylor, *Teika a Maui, or New Zealand and Its Inhabitants*(London, 1855), pp. 14~15.

23) 그림 59의 중앙부 맨 아래쪽에 있는 조그만 원. 중국의 도(道), 혹은 음양(이 책, 189쪽)과 비교해 볼 것.

24) Kenneth P. Emory, "The Tuamotuan Creation Charts by Paiore," *Journal of the Polynesian Society*, vol. 48, no. 1(March, 1939), pp. 1~29.

25) *Ibid.*, p. 12.

26) Chāndogya Upaniṣad, 3. 19. 1~3.

27) A. S. Eddington, *The Nature of the Physical World*, p. 83, The Macmillan Company, 1928. 판권 소유 발행인의 허락을 받아 인용함.(우주란의 신화적 이미지는 또한 현대 물리학자들이 빅뱅이라고 부르는 이론과도 맞닿아 있다. 빅뱅 이론을 처음으로 제안한 이는 조르주 르메트르로 벨기에의 가톨릭 신부였다. ─ 편집자 주)

28) "엔트로피(열역학상의 추상적인 열의 단위)는 항상 증가한다."(앞의 Eddington의 글 p. 63 이하 참조)([1824년 프랑스 과학자 사디 카르노가 처음 공식화한 열역학 제2법칙을 말하고 있다. ─ 편집자 주)

29) Kenneth P. Emory, "The 'Tahitian Account of Creation by Mare'," *Journal of the Polynesian Society*, vol. 47, no. 2(June, 1938), pp. 53~54.

30) E. A. Wallis Budge, *The Gods of the Egyptians*(London, 1904), vol. 1, pp. 282~292.

31) *Kalika Puraṇa*, I.(Joseph Campbell이 편집한 Heinrich Zimmer, *The King and the Corpse*에 번역되어 있다. The Bollingen Series XI, Pantheon Books, 1948, p. 239 이하)

32) Bṛhadāranyaka Upaniṣad, 1. 4. 1~5. trans., Swami Madhavananda(Mayavati, 1934). 둔갑해서 도망치는 민간전승 모티프 및 네메시스가 그 아비 제우스와의 교합을 꺼리어 물고기와 다른 동물로 둔갑하면서 도망치는 Cypria 8(Ananda K. Coomaraswamy의 인용, *Spiritual Power and Temporal Authority in the Indian Theory of Government*, American Oriental Society, 1942, p. 361) 참조.

33) Muṇḍaka Upaniṣad, 2. 2. 5.

34) Zohar, i, 91b. C. G. Ginsburg의 인용, *The Kabbalah: Its Doctrines, Development, and Literature*(London, 1920), p. 116.

35) Taittirīya Upaniṣad, 3. 10. 5.

36) 아메리카 남서부의 신화 체계는 그 양상을 아주 구체적으로 그려 내고 있다. 알제리의 Kabyl Berbers의 창조 이야기 역시 마찬가지다. Morris Edward Opler, *Myths and Tales of the Jicarilla Apache Indians*(Memoirs of the American

Folklore Society, vol. XXXI, 1938); Leo Frobenius & Douglas C. Fox, *African Genesis*(New York, 1927), pp. 49~50 참조.

37) George Grey, *Polynesian Mythology and Ancient Traditional History of the New Zealand Race, as Furnished by Their Priests and Chiefs*(London, 1855), pp. 1~3.

38) *Theogony*, 116 이하. 이 그리스 판에 의하면 어머니 역시 아버지의 거세를 반대하지 않고, 낫을 갖다 주기까지 한다.

39) 이 책, 327쪽에 나오는 마오리족의 마호라 – 누이 – 아 – 랑기와 마키의 양극성과 비교해 보라.

40) S. N. Kramer, *op. cit.*, pp. 40~41.
  (T. H. 가스터 원역; 이용찬 옮김, '신들의 전쟁' 참조, 『세상에서 가장 오래된 이야기』(평단문화사, 1985). 이 이야기는 천지 창조 및 바빌론 개국 신화이다. ─ 옮긴이 주)

41) 『에다 산문집(*Prose Edda*)』, "Gylfaginning" IV-VIII(Arthur Gilchrist Brodeur 번역본에서 인용, The American-Scandinavian Foundation, New York, 1916: 발행인 허락에 의함). 『에다 시가집(*Poetic Edda*)』, "Voluspa"도 참조.

42) "The Epic of Creation," Tablet IV, 35~143, L. W. King의 번역본에서 인용, *Babylonian Religion and Mythology*(London and New York: Kegan Paul, Trench, Trübner and Co. Ltd., 1899), pp. 72~78.

43) Dante, "Paradiso," XXX-XXXII 참조. 이 장미는 십자가에 의해 인류에게 피어나는 장미다.

44) 「창세기」 3:7.

45) George Bird Grinnell, *Blackfoot Lodge Tales*(New York: Charles Scribner's Sons, 1892, 1916), pp. 137~138.

46) J. S. Polack, *Manners and Customs of the New Zealanders*(London, 1840), vol. I, p. 17. 이러한 이야기를 우주 발생 신화로 단정해 버리는 것은 동화 『마리아의 아기(*Marienkind*)』(*Grimm's Fairy Tales*, No. 3)의 일절(一節)을 삼위일체 교리로 해석하는 것만큼이나 마땅하지 못한 짓이다.

47) Harva, *op. cit.*, p. 109, S. Krašeninnikov, *Opisanie Zemli Kamčatki*(St. Petersburg, 1819), vol. II, p. 101 인용.

48) Harva, *op. cit.*, p. 109, Potanin, *op. cit.*, vol. II, p. 153 인용.

49) P. J. Meier, *Mythen und Erzählungen der Küstenbewohner der Gazelle-Halbinsel*(*Neu-Pommern*)(Anthropos Bibliothek, Band I, Heft 1, Mnster i. W., 1909), pp. 15~16.

50) *Ibid.*, pp. 59~61.

51) "우주는 어느 개인의 감독과 통제 아래 있는 것처럼 움직이지 않는다. 온갖 무서운 사건들이 벌어지는 이 넓고 무자비한 우주가 사실은, 정연하게 계획되고 직접적으로 관리되는 여로라는, 순진한 무지가 당연시되고 있는 찬송가나, 설교나, 기도를 들을 때면 나는 이보다 훨씬 개연적인 남아프리카 종족의 가정(假定)을 떠올린다. 어느 관측자는 이렇게 보고하고 있다. "그들은, 신은 선하고 만인의 행복을 바라지만 불행히도 그에겐 멍청한 아우가 있어서 언제나 신의 일에 훼방을 놓는다고 말한다." 그들의 이러한 가정은, 어느 정도 진실을 말하고 있는 듯하다. 신의 멍청한 아우는, 만일에 대해 무한한 선의를 가진 전지 전능자가 설명하지 않는 삶의 어려움 및 터무니없는 비극을 설명할 수 있을지 모른다."(Harry Emerson Fosdick, *As I See Religion*, New York: Harper and Brothers, 1932, pp. 53~54)

52) Harva, *op. cit.*, pp. 114~115, W. Radloff, *Proben der Volksliteratur der türkischen Stämme Süd-Siberians*(St. Petersburg, 1866~70), vol. I. p. 285 인용.

2 처녀 잉태

1) W. F. Kirby(Everyman's Library, Nos. 259~260)의 번역을 인용.

2) *Kalevala*, Runo I, pp. 127~136.

3) *Ibid.*, pp. 263~280.

4) *Ibid.*, pp. 287~328.

5) *Ibid.*, pp. 329~344.

6) Leo Frobenius and Douglas C. Fox, *African Genesis*(New York, 1937), pp. 215~220.

7) The Gospel of Pseudo-Matthew, 9장.

8) Kinsborough, *op. cit.*, vol. VIII, pp. 263~264.

9) Kalidasa, *Kumarasambhavam*(「전쟁신 쿠마라의 탄생」). R. Griffith의 영역본(2nd ed., London: Trbner and Company, 1897)도 있다.

10) E. E. V., Collocott, *Tales and Poems of Tonga*(Bernice P. Bishop Museum Bulletin, No. 46, Honolulu, 1928), pp. 32~33.

3 영웅의 변모

1) Giles, *op. cit.*, pp. 233~234; Rev. J. MacGowan, *The Imperial History of China*(Shanghai, 1906), pp. 4~5; Friedrich Hirth, *The Ancient History of China*(Columbia University Press, 1908), pp. 8~9.

2) Giles, *op. cit.*, p. 656; MacGowan, *op. cit.*, pp. 5~6; Hirth, *op. cit.* pp. 10~12.

3) Giles, *op. cit.*, p. 338; MacGowan, *op. cit.*, pp. 6~8; Edouard Chavannes, *Les Mémoires historiques de Se-ma Ts'ien*(사마천의 사기)(Paris, 1895~1905), vol. I, pp. 25~36; John C. Ferguson, *Chinese Mythology*("The Mythology of All Races" vol. VIII, Boston, 1928), pp. 27~28, 29~31를 보라.

4) 위의 세 가지 전설은 오토 랑크 박사의 탁월한 심리학 연구 논문집인 *The Myth of the Birth of the Hero*(Nervous and Mental Disease Monographs; New York, 1910)에 나온다. 세 번째 이야기는 다소 변형된 채 *Gesta Romanorum*, Tale LXXXI에도 나온다.

5) 샤를마뉴 이야기, Joseph Bédier, *Les légendes épiques*(3rd ed., Paris, 1926)에서 여러 차례 다루고 있다.

6) Louis Ginzberg, *The Legends of the Jews*(Philadelphia: The Jewish Publication Society of America, 1911), vol. III, pp. 90~94.

7) George Bird Grinnell, *Blackfoot Lodge Tales*(New York; Charles Scribner's Sons, 1892, 1916), pp. 31~32.

8) Elsie Clews Parsons, *Tewa Tales*(Memoirs of the American Folklore Society, XIX, 1926), p. 193.

9) Sister Nivedita and Ananda K. Coomaraswamy, *Myth of the Hindus and Buddhists*에서 인용(New York: Henry Holt and Company, 1914), pp. 221~232.

10) Parsons, *op. cit.*, p. 193.

11) "Táin bó Cúalnge"(*Book of Leinster*, 62 a-b): Wh. Stokes and E. Windisch 편, *Irische Texte*(Extraband zu Seris I bis IV; Leipzig, 1905), pp. 106~117. Eleanor Hull's, *The Cuchullin Saga in Irish Literature*(London, 1898), pp. 135~137에 영문 번역되어 있음.

12) *Book of Leinster*, 64b-67b(Stokes and Windisch, *op. cit.*, pp. 130~169): Hull, I, pp. 142~154.

13) From Eleanor Hull, *op. cit.*, p. 154; *Book of Leinster*, 68a(Stokes and Windisch, *op. cit.*, pp. 168~171).

14) Hull, *op. cit.*, pp. 174~176; *Book of Leinster*, 77(Stokes and Windisch, *op. cit.*, pp. 368~377). 이 책, 282~285에 나오는 크리슈나의 변모와 비교해 보라. 그림 32도 참조.

15) Uno Holmberg(Uno Harva), *Der Baum des Lebens*(Annales Academiae Scientiarum Fennicae, Ser. B, Tom. XVI, No. 3; Helsinki, 1923), pp. 57~59; from N. Gorochov, "Yryn Uolan"(*Izvestia Vostočno-Siberskago Otdela I. Russkago Geografičeskago Obščestva* XV) p. 43 이하.

16) *Kalevala* III, 295~300.

17) Clark Wissler and D. C. Duvall, *Mythology of the Blackfeet Indians*(Anthropological Papers of the American Museum of Natural History, vol. II, Part I, New York, 1909), pp. 55~57. Thompson, *op. cit.*, pp. 111~113에서 인용.

18) Jacobus de Voragine, *op. cit.*, CIV, "Saint Martha, Virgin."

19) *The Wooing of Emer*, E. Hull, *op. cit.*, pp. 57~84. Kuno Meyer가 번역한 것에서 발췌함.

20) Parsons, *op. cit.*, p. 194.

21) Firdausi, *Shah-Nameh*, James Atkinson 옮김(London and New York, 1886), p. 7.

22) Opler, *op. cit.*, pp. 133~134.

23) Nivedita and Coomaraswamy, *op. cit.*, pp. 236~237에서 번안.

24) Coomaraswamy, *Hinduism and Buddhism*, pp. 6~7.

25) 「마태복음」 10:34~37.

26) Bhagabad Gītā, 18:51~53.

27) 그리스도의 신부로 성별될 때 수녀들이 부르는 응답 송가(*The Roman Pontifical*
에서. *The Soul Afire*, pp. 289~292에 번각됨).

28) Ginzberg, *op. cit.*, vol I. pp. 305~306. Jewish Publication Society of America
의 허락하에 인용함.

29) Wilhelm Stekel, *Die Sprache des Traumes*, dream no. 421. 스테클 박사는, 여기에
서 죽음은 네 가지 상징, 즉 늙은 바올리니스트, 사팔뜨기, 노파, 그리고 젊
은 농부(농부는 뿌리는 사람과 거두는 사람이다.)로 나타난다고 설명하고 있다.

30) Bernardino de Sahagún, *Historia General de las Cosas de Nueva España*(Mexico,
1829), Lib. III, Cap. xii-xiv(축쇄판). Pedro Roberto 재발행(Mexico, 1938), vol.
I, pp. 278~282.

31) Thomas A. Joyce, *Mexican Archeology*(London, 1914), p. 46.

32) "Taín bó Regamna," Stokes and Windisch 편(編), *Irische Texte*(zweite Serie, Heft
2, Leipzig, 1887), pp. 241~254. 위의 글은 Hull, *op. cit.*, pp. 103~107을 발췌
수록한 것임.

33) Parsons, *op. cit.*, pp. 194~195.

34) Henry Clarke Warren, *Buddhism in Translations*(Harvard Oriental Series, 3),
Cambridge, MA: Harvard University Press, 1896), pp. 95~110. 발행인의 허락하
에 번각함.
이 책, 326~327쪽 우주적 발산의 제단계와 비교해 보라.

4 소멸

1) Bhagavad Gītā, 10:20.

2) Bṛhadāranyaka Upaniṣad, 4. 3. 36~37.

3) James Henry Breasted, *Development of Religion and Thought in Egypt*(New York:
Charles Scribner's Sons, 1912), p. 275. 발행인의 허락하에 번각함.
이 책, 295~297쪽 탈리에신의 시와 비교해 보라.

4) Franz Boas, *Race, Language, and Culture*(New York, 1940), p. 514. 이 책, 122~123 쪽 참조.

5) Sahagún, *op. cit.*, Lib. I, Apéndice, Cap. i, Robredo 편, vol. I, pp. 284~286.

6) E. A. W. Budge의 영역본을 바탕으로. *The Book of the Dead, The Papyrus of Ani, Scribe and Treasurer of the Temples of Egypt, about B. C. 1450*(New York, 1913).

7) Henry Clarke Warren, *Baddhism in Translation*, pp. 38~39. 하버드 대학교 출판 사의 허락으로 번각함.

8) Sylvanus G. Morley, *An Introduction to the Study of the Maya Hieroglyphics*(57th Bulletin, Bureau of American Ethnology, Washington DC, 1915), Plate 3(facing p. 32).

9) *Ibid.*, p. 32.

10) 다음에 소개하는 글은, 『에다 시가집』, "Voluspa" p. 42 이하(Bellow 옮김, *op. cit.* pp. 19~20에서 인용한 것) 및 『에다 산문집』, "Gylfaginning" LI(Brodeur 옮 김, *op. cit.*, pp. 77~81)을 토대로 한 것임.

11) 「마태복음」 24:3~36.

에필로그 —— 신화와 사회

1) Odyssey IV. 401, 417~418. S. H. Butcher and Andrew Lang 옮김(London, 1879).

2) *Ibid.*, IV, 400~406.

3) 니체, 『차라투스트라는 이렇게 말했다』, 1. 22. 3.(조지프 캠벨이 직접 영역한 것 으로 보인다. —— 편집자)

참고 문헌

참고 문헌 목록의 구성과 편집 방법에 관하여

이 목록의 목적은 조지프 캠벨이 이 책을 쓰는 데 참고했던 문헌을 독자들이 찾을 수 있도록 도와주는 것이다. 또한 캠벨이 자신의 첫 주요 작품을 단독으로 저술하기 위해 얼마나 방대한 독서를 했는지도 보여 준다. 그의 문헌 목록은 신화학, 민족학, 민속학, 유럽의 현대·중세 문학, 심리학, 철학, 동서양의 종교 경전을 아우른다.

이 책은 1944년 초고가 완성된 뒤 여러 번 수정되었다. 초고의 제목은 "*How to Read a Myth*"였으며 1949년 볼링겐 재단에 의해 출간되었다. 캠벨이 친구 헨리 로빈슨(Morton Robinson)에게 1946년 3월 13일에 쓴 편지에 따르면(이 편지는 현재 Opus Archives가 소장하고 있다.) 그는 참고 문헌 목록을 줄이기 위해 1916년에서 1932년 사이 출간된 Louis Gray와 John McCulloch의 *The Mythology of All Races* 13권을 주로 참고하려고 했다. 그러나 안타깝게도 Macmillan Company에서 이 책의 재출판권을 사들이면서 캠벨이 이 책을 인용하도록 허락해 주지 않았다. 개정판을 내놓기 위해 준비 중이었기 때문이다. 캠벨은 자신의 주장을 뒷받침해 줄 새로운 문헌들을 찾아야 했다.

이 목록은 이 책에 직간접적으로 인용된 모든 문헌을, 몇 가지 사소한 문헌을 제외하고 나열하고 있다. 상당 부분을 직접 인용한 문헌도 포함되어 있고, 한 번 이상 인용된 문헌, 그리고 캠벨의 사상에 지대한 영향을 미친 문헌이 포함되어 있다. 2차적 인용, 즉 캠벨이 참고한 책에서 인용하고 있는 문헌은 포함하지 않았으나 그 인용문을 담은 문헌은 포함시켰다. 1968년 판이 나왔을 때 캠벨은 C. G. 융의 글은 The Collected Works of C. G. Jung에서, 프로이드의 글은 The Standard Edition of the Collected Works of Sigmund Freud에서 따왔다.

이 목록은 네 부분으로 되어 있다. 첫 번째 부분은 캠벨이 작성한 문헌 목록으로 판본을 명시하고 있다. 특별한 경우를 제외하고 이 판본들은 도서관의 대출 기록이나 Opus Archives에 보관되어 있는 조셉 캠벨의 개인 소장 도서와 대조하여 확인한 것이다. 두 번째 부분은 이 책에서 인용하고 있는 학술지 논문 목록이다. 이 논문들 대부분은 확인 대조하지 않았다. 세 번째 부분은 캠벨이 인용한 종교 경전 목록인데 경전을 알파벳 순서로 배열하기가 어려워, 이들은 종교 전통에 따라 분류하고 추가적으로 신앙이나 종교 분파에 따라 세분했다. 캠벨이 이들 경전을 접한 것은 이미 반세기 전이기 때문에, 경전의 이름은 Collected Works of Joseph Campbell에서와 같이 현대적 형식을 취하고 있다. 현대적 형식이 다양할 경우 의회도서관(Library of Congress)에서 사용하는 방식을 택했으며 최신 번역이나 재판본이 나와 있을 경우 표시해 두었다.

잘 알려진 문학 작품이나 종교 경전의 경우, 캠벨은 판본을 언급하지 않기도 했다. 이러한 문헌들은 네 번째 부분에 따로 모아 두었다. 내가 덧붙인 글에는 R. B.라고 표시해 두었다.

— 리처드 뷰첸, 특별 자료실 사서

(캘리포니아 샌타바버라 Pacifica Graduate Institute,

Opus Archives and Research Center, 조지프 캠벨 자료실)

주 참고 문헌 목록

Anderson, Johannes C. *Maori Life in Ao-Tea*. Christchurch, [N.Z.]: n.d.

Apuleius. *The Golden Ass of Apuleius*. Translated by W. Adlington. New York: The Modern Library, n.d.

Aristortle. *Aristotle onthe Art of Poetry*. Translated by Ingram Bywater, with a Preface by Gilbert Murray. OxfordL Oxford University Press, 1920.

Arnold, Thomas Walker, and Alfred Guillaume, eds. *The Legacy of Islam*. Oxford: The Clarendon Press, 1931.

Bain, F. W. *A Digit of the Moon and Other Love Stories from the Hindoo*. New York and London: G. P. Putnam's Sons, 1910.

Bastian, Adolf. *Ethnische Elementargedanken in der Lehre vom Menschen*. Berlin: Weidmann, 1895.

Bédier, Joseph. *Les légendes épiques: Recherches sur la formation des chansons de geste*. 3rd ed. paris: H Champion, 1926.

Bellows, Henry Adams, ed. *The Poetic Edda*, Scandinavian Classics, 21/22. New York: The American-Scandinavian Foundation, 1923.

Bhagavad Gītā: *Bhagavad Gita: Translated from the Sanskrit with Notes, Comments, and Introduction by Swami Nikhilananda*. New York: Ramakrishna-Vivekananda Center, 1944.

Boas, Franz. *The Mind of Primitive Man*. New York: Macmillan, 1911.

_____ . Race, *Language and Culture*. New York: Macmillan, 1940.

Book of the Dead: *See* Budge, E.A. Wallis, *The Papyrus of Ani*.

Breasted, James Henry. *Development of Religion and Thought in Ancient Egypt*. New York: Charles Scribner's Sons, 1912.

Bṛhadāranyaka Upaniṣad: *The Brihadaranyaka Upanishad: With the Commentary of Shankaracharya. Translated by Swami Madhavananda, with and Introd. by S. Suppuswami shastri*. Translated by Madhavananda. Mayavati: Advaia Ashrama, [1934?].

Bryan, William Frank, and Germaine Dempster. *Sources and Analogues of Chaucer's "Canterbury Tales."* Chicago: University of Chicago Press, 1941.

Budge, E.A. Wallis, ed., *The Gods of the Egyptians.* London: Methuen, 1904.

―――――. *The Papyrus of ani.* Translated by E. A. Wallis Budge. New York: Putnam, 1913.

Burlingame, Eugene Watson, ed. *Buddhist Parables.* New Haven: Yale University Press, 1922.

Burton, Richard Francis. *See* Thousand Nights and a Night.

Callaway, Henry. *Nursery Tales, Traditions, and Histories of the Zulus, in their Own Words, with a Translation into English, and Notes, by Canon Callaway.* springvale, Natal: J. A. Blair; London: Trübner, 1868.

Campbell, Joseph. "Folkloristic Commentary." *Grimm's Fairy Tales,* by Jacob and Wilhelm Grimm, pp. 833~864. New York: Pantheon, 1944.

Catholic Church. *Saint Andrew Daily Missal, by Dom Gaspar Lefebvre O. S. B. of the Abbey of S. André.* Bruges, Belgium: Abbey of St. Andre; St. Paul: E. M. Lohmann Co., [1943?]

Chavannes, Edouard. *Les mémoires historiques de Se-Ma-Ts'ien.* Translated by Edouard Chavannes. Paris: E. Leroux, 1895.

Coddrington, R. H. *The Melanesians: Studies in Their Anthropology and Folk-Lore.* Oxford: Clarendon Pdress, 1891.

Collocott, E.E.V. *Tales and Poems of Tonga.* Bernice P. Bishop Museum Bulletin 46. Honolulu, HI: The Museum, 1928.

Coomaraswamy, Ananda Kentish. *Buddha and the Gospel of Buddhism.* New York: G. P. Putnam's Sons, 1916.

―――――. *The Dance of Siva: Fourteen Indian Essays.* New York: Sunwise Turn, 1924.

―――――. *Hinduism and Buddhism.* New York: Philosophical Library, n.d.

―――――. *Spiritual Authority and Temporal Power in the Indian Theory of Government.* American Oriental Series, V. 22. New Haven, CT: American Oriental Society,

1942.

Curtin, Jeremiah. *Myths and Folk-Lore of Ireland*. Boston: Little, Brown, 1890.

Dante Alighieri. *The Divine Comedy of Dante Alighieri*. Translated by Charles Eliot Norton. Rev. ed. 3 vols. Boston: Houghton Mifflin and Co., 1902.

Dimnet, Ernest. *The Art of Thinking*. New York: Simon and Schuster, 1929.

Edda, Poetic. *See* Bellows, Henry Adams.

Edda, Prose. *See* Sturluson, Snorri.

Eddington, arthur Stanley. *The Nature of the Physical World*. Gifford Lectures, 1927. New York: Macmillan, 1928.

Edwards, Jonathan. *Sinners in the Hands of and Angry God: A Sermon Preached at Enfield, July 8th*. 2nd ed. Boston: n.p., 1742.

Eliot, T. S. "The Waste Land(1922)." In *Collected Poems, 1909~1935*. New York: Harcout, Brace, [n.d.].

Evans-Wentz, W. Y., ed. *Tibetan Yoga and secret Doctrines, or, Seven Books of Wisdom of the Great Path, According to the Late Lama Kazi Dawa-Samdup's English Rendering*. London: Oxford University Press, 1935.

——————. ed. *Tibet's Great Yogi, Milarepa: A Biography from the Tibetan; Being the Jetsun-Kahbum or Biographical History of Jetsün-Milarepa According to the Late Lama Kazi Dawa-Samdup's English Rendering*. London: Oxford University Press, 1928.

Firdausi. *The Shah Nameh of the Persian Poet Firdausi*. Translated by James Atkinson. London, New York: F. Warne, 1886.

Fletcher, Alice C. *The Hako: A Pawnee Ceremony*. Bureau of American Ethnology Annual Report. Washington, DC: Government Printing Office, 1904.

Flugel, J. C. *The Psycho-analytic Study of the Family*. 4th ed. The International Psycho-analytical Library, no. 3. London: L. and Virginia Woolf, at the Hogarth Press and the Institute of Psycho-Analysis, 1931.

Fosdick, Harry Emerson. *As I See Religion*. New York, London: Harper & Brothers, 1932.

Frazer, James George. *The Golden Bough: A Study in Magic and Religion*. Abridged ed. New York: Macmillan, 1922.

Freud, Sigmund. *Beyond the Pleasure Principle*. In *The Standard Edition of the Collected Works of sigmund Freud*, vol. 18, edited and translated by James Strachey et al. London: The Hogarth Press, 1955. Originally published 1920.

——————. *The Future of an Illusion*. In *The Standard Edition of the Collected Works of sigmund Freud*, vol. 21, edited and translated by James Strachey et al. London: Hogarth Press, 1961, pp. 1-56. Originally published 1927.

——————. *The Interpretation of Dreams*. In *The Standard Edition of the Collected Works of Sigmund Freud*. Edited and translated by James Strachey et al. London: The Hogarth Press, 1953. Originally published 1900.

——————. *The Interpretation of Dreams(second part)*. In *The Standard Edition of the Collected Works of Sigmund Freud*, vol. 5, edited and translated by James Strachey et al. London: Hogarth Press, 1953. Originally published 1900~1901.

——————. *Introductory Lectures on Psycho-analysis(part III)*. In *The Standard Edition of the Collected Works of Sigmund Freud*, vol. 16, edited and translated by James Strachey et al. London: Hogarth Press, 1963. Originally published 1916~1917.

——————. *Moses and Monotheism*. In *The Standard Edition of the Collected Works of Sigmund Freud*, vol. 23, edited and translated by James Strachey et al., pp. 1~137. London: Hogarth Press, 1964. Originally published 1939.

——————. *The Psychopathology of Everyday Life*. In *The Standard Edition of the Collected Works of sigmund Freud*, vol. 6, edited and translated by James Strachey et al. London: Hogarth Press, 1960. Originally bub-lished 1901.

——————. "Three Essays on the Theory of Sexuality." In *The standard Edition of the Collected Works of Sigmund Freud*, vol. 7, edited and translated by James Strachey et al., pp. 123~245. London: Hogarth Press, 1953. Originally published 1905.

Frobenius, Leo. *Das unbekannte Afrika: Aufhellung der Schicksaleeines Erdteils*. Veröffentlichung des Forschungsinstitutes für Kulturmorphologie. Munich: Oskar

Beck, 1923.

————. *Und Afrika sprach*. Berlin: Vita, 1912.

————. *Das Zeitalter des Sonnengottes*. Berlin: G. Reimer, 1904.

Frobenius, Leo, and Douglas Claughton Fox. *African Genesis*. New York: Stackpole Sons, 1937.

Gennep, Arnold van. *Les rites de passage*. Paris: E. Nourry, 1909.

Giles, Herbert Allen. *A Chinese Biographical Dictionary*. London: B. Quaritch; Shanghai: Kelly & Walsh, 1898.

Ginsburg, Christian D. *The Kabbalah: Its Doctrines, Development, and Literature*. London: G. Routledge & Sons, 1920.

Ginzberg, Louis. *The Legends of the Jews*. Translated by Henrientta Szold and paul Radin. 7 vols. Philadelphia: The Jewish Publication Society of America, 1911.

Gray, Louis H., and J. A., MacCulloch, eds. *The Mythology of All Races*. 13 vols. Boston: Archaeological Institute of America; Marshall Jones Company, 1916~1932. Contents:

I. Greek and Roman, by William Sherwood Fox. 1916.

II. Eddic, by J. A. MacCulloch. 1930.

III. Celtic, by J. A. MacCulloch; Slavic, by Jan Máchal. 1918.

IV. Finno-Ugric, Siberian, by Uno Holmberg. 1927.

V. Semitic, by S. H. Langdon. 1931.

VI. Indian, by A. B. Keith; Iranian, by A. J. Carnvy. 1917.

VII. Armenian, by M. H. Ananikian; African, by Alice Werner. 1925.

VIII. Chinese, by J. C. Ferguson; Japanese, by Masahru Anesaki. 1928.

IX. Oceanic, by R. B. Dixon. 1916.

X. North American, by H. B. Alexander. 1916.

XI. Latin-America, by H. B. Alexander. 1920.

XII. Egyptian, by W. M. Müller; Indo-Chinese, by J. G. Scott. 1918.

XIII. Complete index to volumes I-XII. 1932.

Grey, George. *Polynesian Mythology and Ancient Tradition History of the New Zealand Race, as Furnished by Their Priests and Chiefs.* London: J. Murray, 1855.

Grimm, Jacob, and Wilhelm Grimm. *Grimm's Fairy Tales.* Unabrided edition. New York: Pantheon Books, 1944.

Grinnell, George Bird. *Blackfoot Lodge Tales: The Story of a Prairie People.* New York: Scribner, 1892.

Guest, Charlotte. *See* Mabinogion.

Gutmann, Brano. *Volksbuch der Wadschagga: Sagen, Märchen, Fabeln und Schwänke den Dschagganegern nacherzählt.* Leipzig: Verlag der Evang.-Luth. Mission, 1914.

Harrison, Jane Ellen. *Prolegomena to the Study of Greek Religion.* 3rd ed. Cambridge: Cambridge University Press, 1922.

—. *Themis: A Study of the Social Origins of Greek Religion.* 2nd rev. ed. London: Cambridge University Press, 1927.

Harva, Uno. *Der Baum des Lebens.* Suomalaisen Tiedeakatemian Toimituksia, Annales; Sarja B, Nide 16, 3. Helsinki: Suomalainen Tiedeakatemia, 1923.

—. *Die religiosen Vorstellungen der altaischen Völker.* FF Communications no. 125. Helsinki: Suomalainen Tiedeakatemia, 1938.

Hastings, James, ed. *Encyclopaedia of Religion and Ethics.* 13 vols. New York: Charles Scribner's Sons, 1928.

Hearn, Lafcadio. *Japan, an Attempt at Interpretation.* New York: Grosset & Dunlap, 1904.

Hirth, Friedrich. *The Ancient History of China to the End of the Chou Dynasty.* New York: The Columbia University Press, 1908.

Holmberg, Uno. *See: Harva, Uno.*

Homer. *The Odyssey of Homer.* Translated by Samuel Henry Butcher and Andrew Lang. 2nd ed. London: Macmillan, 1879.

Hull, Eleanor. *The Cuchullin Saga in Irish Literature: Being a Collection of Stories Relating to the Hero Cuchullin.* London: D. Nutt, 1898.

Hume, Robert Ernest, ed. *The Thirteen Principal Upanishads, Translated from the Sanskrit with an Outline of the Philosophy of the Upanishads.* 2nd ed. London; New York: Oxford University Press, 1931.

Jeffers, Robinson. *The Roan Stallion⋯ and Other Poems.* New York: Horace Liveright, 1925.

Jensen, Peter Christian Albrecht. *Assyrisch-babylonische Mythen und Epen.* Kellinschriftliche Bibliothek Bd. VI, I. Berlin: Reuther & Reichard, 1900.

Ježower, Ignaz. *Das Buch der Träume.* Berlin: E. Rowohlt, 1928.

Johnson, Obed Simon. *A Study of Chinese Alchemy.* Shangkhai, China: n.p., 1928.

Joyce, James. *Finnegans Wake.* New York: The Viking Press, 1939.

—————. *A Portrait of the Artist as a Young Man.* New York: Modern Library, [1928?].

—————. *Ulysses.* New York: Modern Library, [n.d.].

Joyce, Thomas Athol. *Mexican Archaeology, an Introduction to the Archaelogy of the Mexican and Mayan Civilizations of Pre-Spanish America.* London: P. L. Warner, 1914.

Jung, Carl Gustav. "Archetypes of the Collective Unconscious." In *The Collected Works of C. G, Jung,* vol. 9, part I, edited by Herbert Read et al., translated by R. F. C. Hull, pp. 3∼41. Bollingen Series 20. New York: Pantheon, 1959.(Originally written 1934)

—————. *The Integration of the Personality.* New York, Toronto: Farrar and Rinehart, 1939. Republishe, with revisions, in vol. 9, part i, of the *Collected Works.*

—————. "On Psychic Energy." In *The Collected Works of C. G. Jung,* vol. 8, edited by Herbert Read et al., translated by R. f. c. Hull, 3∼66. Bollingen Series 20. New York: Pantheon, 1960. (Originally written 1928)

—————. *Psychological Types, or, the Psychology of Individuation,* translated by H. Godwin Baynes. London: K. Paul, Trench Trübner; New York: Harcourt Brace, [1946?]. Republished as vol. 6 of *The Collected Works of C. g. Jung.* Princeton, NJ: Princeton University Press, 1971. (Originally written 1921)

—————. *Psychology and Alchemy.* In *The Collected Works of G. g. Jung,* vol. 12, edited

by Herbert Read et al., translated by R. F. C. Hull. Bollingen Series 20. New York:
Pantheon, 1953. (Originally written 1935~1936)

─────────. "Psychology and Religion." In *The Collected Works of C. G. Jung*, vol. II,
edited by Herbert Read et al., translated by R. F. C. Hull, 3~105. Bollingen Series
20. New York: Pantheon, 1958. (Priginally writte 1938)

─────────. *Symbols of Transformation*. In *The Collected Works of C. g. Jung*, edited by
Herbert Read et al, translated by R. f. C. Hull. 2nd ed., vol. 5, Bollingen Series 20.
Princeton, NJ: Princeton University Press, 1967. (Originally written 1912)

Kakuzo, Okakura. *See* Okakura, Kakuzo.

Kalevala. *Kalevala, the Land of Heroes*. Translated by William Forsell Kirby. Everyman's
Library. London & Toronto: J. M. Dent & Sons, 1907.

Kalidasa. *The Birth of the War-God: A Poem*. Translated by Ralph T. H. Griffith. 2nd ed.
London: Trübner, 1897. (Edition not verified. The quotation is possibly from the 1879
edition listed in the UCLA library catalog)

Kato, Genchi. *What Is Shinto?* Tourist Library 8. Tokyo: Maruzen Co., Ltd., 1935.

Kena Upaniṣad. *Kena-Upanishad, with Sanskrit Text, Paraphrase with Word-for-Word Literal
Translation, English Rendering, and Comments*. Translated by Sharvananda. Mylapore,
Madras: Sri Ramakrishna Math, 1932.

Kimmins, Charles William. *Children's Dreams*. London: G. allen & Unwin, 1937.

King, Jeff, Maud Oakes, and Joseph Campbell. *Where the Two Came to Their Father: A
Navaho War Ceremonial*. 2nd ed. Bollingen Series, vol. I. Princeton, NJ: Princeton
University Press, 1969. (Originally published 1943)

King, L. W. *Babylonian Religion and Mythology*. Books on Egypt and Chaldaea, vol. 4.
London: K. Paul, Trench, Trübner & Co., 1899.

Kingsborough, Edward King. *Antiquities of Mexico: Comprising Fac-Similes of Ancient
Mexican Paintings and Hieroglyphics*. 9 vols. London: R. Havell [etc.], 1831~1848.

Klein, Melanie. *The Psycho-Analysis of Children*. International Psycho-Analytical Library,
no. 22. London: L. & Virginia Woolf at the Hogarth Press and the Institute of

Psycho-analysis, 1932.

Knight, W. F. Jackson. *Cumaean Gates: A Reference of the Sixth Aeneid to the Initiation Pattern.* Oxford: B. Blackwell, 1936.

Koran. *The Holy Qur-An: Text, Translation and Commentary.* Translated by Abdullah Yusuf Ali. 2 vols. New York: Hafner Pub. Co., [1946].

Kramer, Samuel Noah. *Sumerian Mythology: A Study of Spiritual and Literary Achievement in the Third Millennium, B.C.* Memoirs of the American Philosophical Society, vol. XXXI, Philadelphia: The American Philosophical Society, 1944.

Lang, Andrew. *Custom and Myth.* 2nd ed. London: Longmans, Green, and Co., 1885.

Lao Tse. *Laotzu's Tao and Wu Wei.* Translated by Dwight Goddard. New York: Brentano's, 1919.

Layard, John. *Stone Men of Malekula.* London: Chatto & Windus, 1942.

Loomis, Gertrude Schoepperle. *Tristan and Isolt: A Study of the Sources of the Romance.* Frankfurt a. M.: J. Baer & Co., 1913.

Mabinogion. *The Mabinogion.* Translated by Charlotte Elizabeth Guest Schreiber. Everyman's Library. New York: E. P. Dutton & co., 1906.

MacGowan, J. *The Imperial History of China.* 2nd ed. Shanghai: American Presbyterian Mission Press, 1906.

Malory, Thomas. *Le Morte D'Arthur.* Everyman's Library. London, Toronto: J. M. Dent & Sons, 1919.

Mather, Cotton. *The Wonders of the Invisible World: Observations as Well Historical as Theological Upon the Nature, the Number, and the Operations of the Devils···* Boston, 1693.

Mathers, S. L. MacGregor. *Kabbala Denudata, the Kabbalah Unveiled, Containing the following Books of the Zohar. 1. The Book of Concealed Mystery. 2. The Greater Holy Assembly. 3. The Lesser Holy assembly.* London: Kegan Paul, Trench, Trubner & Co, [1887?].

Matthews, Washington. *Navaho Legends.* Boston, New York: Published for the American Folk-Lore Society by Houghton, Mifflin and Company, 1897.

Meier, Joseph. *Mythen und Erzahlungen der Kustenbewohner der Gazelle-Halbinsel(Neu-Pommern).*

Munster i. W.: Aschendorff, 1909.

Menninger, Karl (A.) *Love Against Hate*. New York: Harcourt, 1942.

Morley, Sylvanus Griswold. *An Introduction to the Study of the Maya Hieroglyphs*. Bureau of American Ethnology Bulletin 57. Washington: Government Printing Office, 1915.

Müller, F. Max, ed. *Buddhist Mahāyāna Texts, The Sacred Books of the East*, vol. 49. Oxford: Clarendon Press, 1894.

— pt. I. The Buddha-karita of Asvaghosha, translated from the Sanskrit by E. B. Cowell.

— pt. 2. The larger Sukhāvatī-vyūha, the smaller Sukhāvatāi-vyūha, the Vagrakkedikā, the larger Pragñā-Pāramitā-Hridaya-Sūtra, the smaller Pragñā-Pāramitā-Hridaya-Sūitra, translated by F. Max Müller. The Amitāyur Dhyana-Sūtra, translated by J. Takakusu.

——————. ed. The *Dhammapada*. Translated by Max Müller. *The Sacred Books of the East*, vol. 10. Oxford: Clarendon Psress, 1881.

Nelson, Ansgar. *See* Reinhold, Hans Ansgar.

Nivedita, and Ananda Kentish Coomaraswamy. *Myths of the Hindus & Buddhists*. New York: Henry Holt, 1914.

O'Grady, Standish Hayes, ed. and trans. *Silva Gadelica(I.-XXXI.)*: *A Collection of Tales in Irish with Extracts Illustrating Persons and Places*. London: Williams and Norgate, 1892.

Okakura, Kakuzo, *The Book of Tea*. New York: Duffield, 1906.

Opler, Morris Edward. *Myths and Tales of the Jicarilla Apache Indians*. Memoirs of the American Folk-Lore Society, vol. XXXI. New York: American Folk-Lore Society, 1938.

Ovid. *Metamorphoses*. Translated by Frank Justus Miller. The Loeb Classical Library. London: W. Heinemann, 1933.

Pallis, Marco. *Peaks and Lamas*. 4th ed. London: Cassell, 1946.

Parsons, Elsie Clews. *Tewa Tales*. Memoirs of the American Folk-Lore Society, vol. XIX. New York: American Folk-Lore Society, 1926.

Peake, Harold, and H.J. Fleure. *Merchant Venturers in Bronze*. New Haven, CT: Yale University Press, 1931.

——————. *The Way of the Sea*. New Haven, CT: Yale University Press, 1929.

Perry, W. J. *The Children of the Sun*. London: Methuen & Co., 1923.

Phillips, Robert. *American Government and Its Problems*, Rev. ed. Boston, New York: Houghton Mifflin Company, 1941.

Pierce, Frederick. *Dreams and Personality: A Study of Our Dual Lives*. New York, London: D. Appleton and Company, 1931.

Pinkerton, Joh. *A General Collection of the Best and Most Interesting Voyages and Travels in All Parts of the World*. 17 vols. London: Longman, Hurst, Rees, 1808. [an important source of the myths of Lappland and Siberia — R.B.].

Polack, J. S. *Manners and Customs of the New Zealanders: With Notes Corroborative of Their Habits, Usages, etc*. London: J. Madden, 1840.

Radcliffe-Brown, A. R. *The Adaman Islanders*. 2nd ed. Cambridge: University Press, 1933.

Ramakrishna. *The Gospel of Sri Ramakrishna*. Translated by Swami Nikhilananda. New York: Ramakrishna-Vivekananda Center, 1942.

Rank, Otto. *Art and Artis: Creative Urge and Personality Development*. Translated by Charles Francis Atkinson. New York: A. A. Knopf, 1943.

——————. *The Myth of the Birth of the Hero: A Psychological Interpretation of Mythology*. Translated by F. Robbins and Smith Ely Jelliffe.
Nervous and Mental Disease Monograph Series, no. 18. New York: The Journal of Nervous and Mental Disease Publishing Company, 1914.

Reinhold, Hans Ansgar, ed. *The Soul Afire: Revelations of the Mystics*. [New York]: Pantheon Books, 1944.

Róheim, Géza. *The Eternal Ones of the Dream: A Psychoanalytic Interpretation of Australian Myth and Ritual*. New York: International Universities Press, 1945.

——————. *The Origin and Function of Culture*. New York: Nervous and Mental Disease

Monographs, 1943. (Originally published in 1942.)

─────── . *War, Crime and the Covenant.* Journal of Clinical Psychopathology Monograph Series, no. I. Monticello, NY: Medical Journal Press, 1945.

Rossetti, Dante Gabriel. *Dante and His Circle: With the Italian Poets Preceding Him (1100-1200-1300). A Collection of Lyrics, ed., and tr. in the Original Metres.* London: Ellis and White, 1874.

Sadananda. *Vedantasara of Sadananda with Introduction, Text, English Translation and Comments by Swami Nikhilananada.* Mayavati: Advaita Ashrama, 1931.

Sahagún, Bernardino de. *Historia general de las cosas de Nueva España.* México, D. F.: Robredo, 1938.

Sankaracarya. *Vivekachudamani, of Sri Sankaracharya: Text with English Translation, Notes and Index by Swami Madhavananda.* Mayavati: Advaita Ashrama, 1932.

Schoepperle, Gertrude. *See* Loomis, Gertrude Schoepperle.

Schultze, Leonhard. *Aus Namaland und Kalahari. Bericht an die Kgl. Preuss. Akademie der Wissenschaften zu Berlin uber eine Forschungsreise im westlichen und zentralen Sudafrika, ausgefuhrt in den Jahren 1903-1905.* Jena: G. Fischer, 1907.

Scott, David Clement Ruffelle. *A Cyclopaedic Dictionary of the Mang'anja Language Spoken in British Central Africa.* Edinburgh: The Foreign Mission Committee of the Church of Scotland, 1892.

Shrichakrasambhara Tantra: A Buddhist Tantra. Edited by John Woodroffe. Translated by Kazi Dawa-Samdup. *Tantrik Texts,* vol. 7. London: Luzac & Co. 1919.

Spencer, Baldwin, and Francis James Gillen. *The Arunta: A Study of a Stone Age People.* 2 vols. London: Macmillan, 1927.

─────── . *The Native Tribes of Central Australia.* London: Macmillan, 1899.

Spengler, Oswald. *The Decline of the West.* Translated by Charles Francis Atkinson. 2 vols. New York: A. A. Knopf, 1926~1928.

Stekel, Wilhelm. *Fortschritte und Technik der Traumdeutung.* Wien: n.p., 1935.

─────── . *Die Sprache des Traumes: Eine Darstellung der Symbolik und Deutung des Traumes in ihren Beziehungen zur kranken und gesunden Seele.* Wiesbaden: J. f. Bergmann, 1911.

Stevenson, (Mrs.) Sinclair. *The Heart of Jainism. London,* New York: Humphrey Milford, Oxford University Press, 1915.

Stimson, J. F., Edwin G. Burrows, and Kenneth Pike Emory. *The Legends of Maui and Tahaki.* Bernice P. Bishop Museum Bulletin 127. Honolulu, Hawaii: The Museum, 1934.

Sturluson, Snorri. *The Prose Edda.* Translated by arthur Gilchrist Brodeur. New York: The American-Scandinavian Foundation, 1929.

Suzuki, Daisetz Teitaro. *Essays in Zen Buddhism.* London: Luzac and Company, 1927.

Taylor, Richard. *Te ika a Maui, or, New Zealand and its Inhabitants,* London: n.p., 1855.

Thompson, *Stith. Tales of the North American Indians.* Cambridge, MA: Harvard University Press, 1929.

Thousand Nights and a Night: *A Plain and Literal Translation of the Arabian Nights Entertainments, Now Entituled the Book of the Thousnand Nights and a Night.* Translated by Richard Francis Burton. 10 vols. Benares: Printed by the Kamashastra Society for private subscribers only, 1885. (Probably the edition referred to as "Bombay, 1885.")

Toynbee, Arnold Joseph. *A Study of History.* London: Oxford University Press, 1934.

Underhill, Evelyn. *Mysticism: A Study in the Nature and Development of Man's Spiritual Consciousness.* New York: Dutton, 1911.

Warner, W. Lloyd. *A Black Civilization: A Social Study of an Australian Tribe.* New York, London: Harper & Brothers, 1937.

Warren, Henry Clarke, ed. *Buddhism in Translations.* Cambridge, MA: Harvard University, 1896.

Werner, Edward Theodore Chalmers. *A Dictionary of Chinese Mythology.* Shanghai: Kelly and Walsh, 1932.

White, John. *The ancient History of the Maori, His Mythology and Traditions.* Wellington: G. Didsbury, 1887.

Wilhelm, Richard. *Chinesische Volksmarchen.* Jena: E. Diederichs, 1921.

Windisch, Wilhelm Oscar Ernst. *Die altirische Heldensage Táin bó Cúalnge. Nach dem Buch von Leinster*… Irische Texte, Extraband zu Serie I bis IV. Leipzig: N. p., 1905.

Wood, Clement. *Dreams: Their Meaning and Practical Application*. New York: Greenberg, 1931.

Woodroffe, John George. *Shakti and Shakta*. 3rd ed. Madras: 1929.

Young, Hugh. *Genital Abnormalities, Hermaphroditism Related Adrenal Diseases*. Baltimore: Williams & Wilkins Company, 1937.

Zimmer, Heinrich Robert. *The King and the Corpse: Tales of the Soul's Conquest of Evil*. Edited by Joseph Campbell. Bollingen Series, vol. XI. [New York]: Pantheon Books, 1948.

──────. *Maya: Der indische Mythos*. Stuttgart: Deutsche Verlags-Anstalt, 1936.

──────. *Myths and Symbols in Indian Art and Civilization*. Edited by Joseph Campbell. Bollingen Series, vo VI. [New York]: Pantheon Books, 1946.

Zirus, Werner. *Ahasverus, der ewige jude*. Stoff-und Motivgeschichte der deutschen Literatur, 6. Berlin and Leipzig: W. de Gruyter & Co., 1930.

학술지

Capus, A. "Contes, chants et proverbes des Basumbua dans l'Afrique orientale." *Zeitschrift fur afrikanische und oceanische Sprachen*, vol. 3(1897).

Chamberlain, B. H "Ko-ji-ki: Records of Ancient Matters." *Transactions of the Asiatic Society of Japan*. Vol. 10, Supplement (1883). (Copy in the Opus Archive is reprinted, with different pagination, by the Asiatic Society of Japan, 1906)

Coomaraswamy, Ananda Kentish. "Akimcanna: Self Naughting." *New Indian Antiquary*, vol. 3 (1940). (Reprinted in *Coomaraswamy: Selected Papers*, Bollingen Series, LXXXIX. Princeton, NJ: Princeton University Press, 1977)

──────. "A Note on the Stick Fast Motif." *Journal of American Folklore*, vol.(1944)

_____ . "On the One and Only transmigrant." Supplement to the *Journal of the American Oriental Society*(April-June 1944). (Reprinted in *Coomaraswamy: Selected Papers, 2, Metaphysics*)

_____ . "Symbolism of the Dome." *Indian Historical Quarterly*, vol. 14(March 1938).

Coomaraswamy, L. "The Perilous Bridge of Welfare." *Harvard Journal of Asiatic Studies*, vol. 8(1944). (By Doña Luisa Coomaraswamy, wife of Ananda Coomaraswamy, cited as L. L. Coomaraswamy)

Emory, Kenneth. "The Tahitian Account of Creation by Mare." *Journal of the Polynesian Society*, vo. 47, no. 2(June 1938).

_____ . "The Tuamotuan Creation Charts by Paiore." *Journal of the Polynesian Society*, vol. 48, no. I(March 1939): 1~29.

Espinosa, Aurelio. "A New Classification of the Fundamental Elements of the Tar-Baby Story on the Basis of Two hundred and Sixty-seven Version." *Journal of American Folklore*, vol. 56(1943).

_____ . "Notes on the Origin and History of the Tar-Baby Story." Journal of American Folklore, vol. 43(1930).

Forke, Alfred. "Ko Hung der Philosoph und Alchimist." *Archiv für Geschichte der Philosophie*, vol. 41, nos. 1~2(1932): 115~126.

Meissner, Bruno. "Ein altbabylonisches Fragment des Gilgamosepos." *Mitteilungen der Vorderasiatischen Gesellschaft*, vol. 7, no. I(1902).

Salmony, Alfred. "Die Rassenfrage in der Indienforschung." *Sozialistische Monatshefte*, vol. 8(1926).

Stein, Leon. "Hassidic Music." *Chicago Jewish Forum*, vol. 2, no. I(1943).

종교 경전

힌두

캠벨은 산스크리트어 번역에 능하지는 않았지만 산스크리트어에 밝은 학자 세 명과 함께 긴밀하게 작업한 적이 있었다. 그가 『천의 얼굴을 가진 영웅』을 집필할 당시 그는 막 고인이 된 산스크리트 학자 하인리히 짐머(1943년 작고)의 미출간 작품과 강의 원고를 편집 중이었으며 보스턴 미술관 동양관의 학예 책임자였던 아난다 켄티쉬 쿠마라스와미와도 교류 중이었다. 그는 또한 뉴욕 라마크리슈나-비베카난다 센터의 스와미 니킬라난다를 도와 우파니샤드(800년경 활약한 위대한 베단타 학자 산카라카리야의 주석을 포함하여)를 번역 중이었다.(New York: Harper, 1949~1959; 2003년 Dover Publications에서 번각)

우파니샤드의 또 다른 번역본 중에는 Robert Hume의 *Thirteen Principal Upanishads* (1931년 개정; 1983년 번각) 그리고 Sarvepalli Radhakrishnan의 *The Principal Upanisads*(New York, 1953; 1992년 Atlantic Highlands, NJ: Humanities Press에서 번각)가 있다. —— R. B.

Āranyakas

Aitareya Āranyaka(Aitareyāranyaka). The text quoted is found in a footnote attributed to Ananda Kentish Coomaraswamy on page 48 of heinrich Zimmer, *The King and the Corpse*.

Brāhmaṇas

Jaiminīya Upaniṣad Brāhmaṇa(Jaiminīyabrāhmana Upanisadbrāhmana). This Brāhmaṇa is related to the Jaiminīyabrāhmana. Quotation from an unknown source. [A text and translation with different wording by Hanns Örtel, "The Jāiminīya or Talavakāra Upaniṣad Brāhmaṇa(*Journal of the American Oriental Society*, vol. 16, no. I, 1894), is in Campbell's book collection and was cited by Zimmer in a lecture delivered at the Eranos Conference of 1938. —— R.B.

Mahābhārata

Bhagavad Gītā(Bhagavadgītā). Quotations are from *The Bhagavad Gita*. Translated by Swami Nikhilananda(New York: Ramakrishna-Vivekananda Center, 1944).

Purāṇa

Most quotations are from Heinrich Zimmer's *Myths and Symbols in Indian Art and Civilization*.

Upaniṣads

Bṛhadāranyaka Upaniṣad(Brhadaranyakopnisad). Quotations are from *The Brihadaranyaka Upanishad*. Translated by Swami Madhavananda(Mayavati: Advaita Ashrama, [1934?])

Chandogya Upanisad(Chāndogyopanisad). Quotations are from Robert Ernest Hume (ed. and trans.), *Thirteen Principal Upanishads*(Oxford University Press, 1931).

Katha Upanisad(Kathopanisad). From Hume.

Kauṣītaki Upaniṣad(Kausītakibrāmanopanisad). From Hume. There are few other translations of this text.

Kena Upaniṣad(Kenopanisad). Quotations from *Kena-Upanishad*.

Translated by Swami Sharvananda. Mylapore, Madras: Sri Ramakrishna Math, 1932.

Māṇḍūkya Upaniṣad(Māndūkyopanisad), from Hume.

Mundaka Upaniṣad(Mundakopanisad), from Hume.

Taittirīya Upaniṣad(Taittirīyoppanisad), from Humel.

Jātakas(*Lives of the Buddha*)

Quotations are from Henry Clarke Warren, ed., *Buddhism in Translations*; and Eugene Watson Burlingame, *Buddhist Parables*.

Sutras

[The Mahāyāna sūtras are translated from Sanskrit. Many translations are available, although most of these are translations from the Chinese versions, which often

vary somewhat from the Sanskrit originals. The Dhammapada was translated from
the Pali language . — R. B.]

Amitāyur-dhyāna Sūtra(Amitāyurdhyānasūtra). In Max Müller, ed., *Buddhist Mahāyāna
Texts*.

Dhammapada. In Max Müller, ed. and trans., *The Dhammapada*, Oxford: Clarendon
Press, 1881. Reprinted with revisions, Woodstock, VT, 2002.

Larger Sukhāvatī-vyūha(Sukhāvatīvyūha[Larger]). In Max Müller, ed., *Buddhist Mahāyāna
Texts*.

Prajñāpāramitā-hrdaya Sūtra(Hrdaya, or Heart Sutra). In Max Muller, ed., *Buddhist
Mahāyāna Texts*.

Smaller Prajñāpāramitā-hrdaya Sūtra(Hrdaya). In Max Müller, ed., *Buddhist Mahāyāna
Texts*.

Vajracchedikā("The Diamond Cutter") (Vajracchedikā, also called the "Diamond Sutra"). In
Max Muller, ed., *Buddhist Mahāyāna Texts*. A More recent translation by Edward
Conze was published in *Buddhist Wisdom: Containing the Diamond Sutra and the Heart
Sutra*(New York, 2001).

Tantras

Cakrasamvāra Tantra(Cakrasamvāratantra). Quotations are from *Shricha-krasambhara
Tantra: A Buddhist Tantra, Edited Kazi Dawa-Samdup*(London, 1919; reprinted New Delhi,
1987).

도교

Tao Teh Ching (Tao Te Ching, sometimes known as the Lao Tzu or [in the Pinyin
Romanization] the Laozi, after its author). Quotations attributed to *Laotzu's Tao and Wu
Wei*. Translated by Dwight Goddard(New York, 1919).

유대교

Midrash Rabbah, commentary on Genesis(Midrash Rabbah, Genesis). Campbell's source is uncertain. There is a recent translation by Jacob Jeusner, *Genesis Rabbah: The Judaic Commentary to the Book of Genesis*(Atlanta: Scholar Press for Brown Judaic Studies, 1985).

Zohar. Quotations from C. G. Ginsburg, *The Kabbalah: Its Doctrines, Development, and Literature*(London, 1920); also from MacGregor Mathers, *Kabbala Denudata, the Kabbalah Unveiled*, which uses a different versification from the standard one.

기독교

Bible. The King James version is quoted.

Catholic Daily Missal. Probably *Saint Andrew Daily Missal, by Dom Gaspar Lefebvre O. S. B. of the Abbey of S. André*(Bruges, Belgium: Abbey of St. André; Saint Paul, MN: E.M. Lohmann Co., [1943?])

Gospel of Pseudo-Matthew. Edition uncertain.

Roman Missal. Edition uncertain.

이슬람교

Koran. Quotations match the text of The *Holy Qur-An: Text, Translation and Commentary*. Translated by Abdullah Yusuf Ali(New York, [1946?].

판본이 명시되지 않은 문헌

Anthologia Graeca ad Fidem Codices, vol. II.
Apollonios of Rhodes (Apollonius Rhodius). *Argonautika*.
Blake, William. *The Marriage of Heaven and Hell*.
Carlyle, Thomas. *On Heroes, Hero Worship, and the Heroic in History*.
Epiphanius. *Adversus Heareses*(apocryphal Gospel of Eve quoted).

Euripides. *The Bacchae*(translated by Gilbert Murray).

Flaubert, Gustave. *La tentation de Saint Antoine*.

Gesta Romanorum.

Grimm's Fairy Tales. "The Frog King." [Campbell's quotations from this story do not match the text of the 1944 Pantheon edition, nor the older text of the Hunt translation. It is possible that he was translating from a German edition.--R. B.]

Heraclitus (fragments).

Hesiod. *Theogony*.

Irving, Washington. "Rip van Winkle." In *The Sketch Book*.

Jeffers, Robinson. *Cawdor*. Copyright 1928.

Kant, Immanuel. *Critique of Pure Reason*.

Longfellow, Henry Wadsworth. *The Song of Hiawatha*.

Martial. *Epigrams* (Loeb Library edition).

Nietzsche, Friedrich. *Thus Spake Zarathustra*.

Plato. *Symposium*.

Plutarch. "Themistocles."

Rumi. *Mathnawi*.

Shakespeare. Hamlet.

Sophocles. *Oedipus Tyrannus*.

———. *Oedipus Tyrannus*.

Thomas Aquinas. *Summa Contra Gentiles*.

Thompson, Francis. *The Hound of Heaven*.

Virgil. *Aeneid*.

Voragine, Jacobus de. *The Golden Legend*. No edition is given for this influential medieval compilation of the lives of saints. Campbell owned a 1925 French edition entitled *La légende dorée, traduite du latin par Teodor de Wyzewa*(Paris: Perrin, 1925).

그림 목록

그림 1 「메두사」(대리석 조각, 로마 유물, 이탈리아, 연대 미상). 로마 론다니니 궁. 뮌헨 Glyptothek 소장. 사진: H. Brunn and F. Bruckmann, *Denkmäler griechischer und römischer Sculptur*, Verlagsanstalt für Kunst und Wissenschaft, Munich, 1888~1932.

그림 2 「우주를 꿈꾸는 비슈누」(석조, 인도, 400~700년경). 다사바타라(열 개의 아바타) 신전. 인도 중부 데오가르. Archeological Survey of India의 A. K. Coomaraswamy 제공.

그림 3 「실레노스(술을 좋아하는 숲의 요정) 무리와 마이나드(술의 신 디오니소스를 섬기는 무녀) 무리의 어울림」(검은색으로 채색한 암포라, 고대 그리스 유물, 시칠리아, 기원전 500~450년경). 시칠리아 젤라의 어느 묘에서 출토. *Monumenti Antichi, pubblicati per cura della Reale Accademia dei Lincei*, vol. XVII, Milan, 1907, plate XXXVII.

그림 4 「미궁에서 미노타우로스를 죽이는 테세우스」(적색으로 채색한 크라테르, 그리스, 기원전 470년경). 테세우스가 짧은 검으로 미노타우로스를 죽이고 있다. 이것은 물병 그림에서 흔히 볼 수 있는 형식이다. 문헌에서 테세우스는 맨손으로 미노타우로스를 죽인다. *Collection des vases grecs de M. le Comte de Lamberg, expliquée et publiée par Alexandre de la Borde*, Paris, 1813, plate XXX.

그림 5   「신토(神道)의 불의 의식」(사진: 조지프 캠벨, 일본, 1956년). (1956년 5월 21
일, 캠벨은 일본 교토에서 열린, 야마부시(山伏) 무리가 주재하는 이 의식에 참
여했다. 이 의식에 대한 추가적인 논의는 Joseph Campbell, *Sake and Satori: Asian
Journals Japan, Novato*, CA: New World Library, 2002, pp. 119~126 참조. ─ 편집자)
© Joseph Campbell Foundation(www.jcf.org).

그림 6   「괴수를 길들이는 자」(조가비와 청금석 상감, 이라크 수메르 유적, 기원전
2650~2400년경). 중앙에 있는 인물은 아마 길가메시일 것이다. (이것은 장
식이 화려한 리르의 공명통 상단에 부착되어 있는 것으로 레오나드 울리 경이 우
르의 왕묘(Royal Tombs)에서 발견한 것이다. ─ 편집자) 필라델피아 University
of Pennsylvania Museum of Archaeology and Anthropology 제공.

그림 7   「보리수 아래의 석가모니 붓다」(편암, 인도, 9세기 말~10세기 초). 비하
르주 가야. Nasli and Alice Heeramaneck Collection. Los Angeles County
Museum of Art 제공.

그림 8   「위그드라실, 우주수(宇宙樹)」(에칭, 스칸디나비아, 19세기 초). Richard
Folkard, *Plant Lore, Legends and Lyrics*(c. 1844), after Finnur Magnusson, "The
World Tree of the Edda," *Eddaláeren og dens Oprindelse, book III*(1825).

그림 9   「옴팔로스」(황금 병, 트라키아 유물, 불가리아, 기원전 4~3세기경). 일명 파
나규리시테의 보물(Panagyurishte Treasure)의 일부. 불가리아 플로브디프
Archaeological Museum 소장. © Erich Lessing/Art Resource, NY.

그림 10 「에로스의 정원을 들어서는 프시케」(캔버스에 유화, 영국, 1903년). John
William Waterhouse(1849~1917). © Harris Museum and Art Gallery,
Preston, Lancashire, UK. The Bridgeman Art Library.

그림 11 「오시리스가 된 망자를 저승으로 데려가고 있는 황소 형상의 아피스」(목
조, 이집트, 기원전 700~650년경). The British Museum이 소장하고 있는 이
집트 관의 일부. (이 책의 원판에서 캠벨은 Budge를 따라 황소를 오시리스라고
잘못 표시했다. 아피스는 하토르의 아들로 갓 죽은 망자를 저승으로 데려가는 역
할을 했다. 에딘버러 대학교의 Diana Brown에 따르면 "위에 있는 이미지, 즉 상이
집트의 연화와 하이집트의 파피루스는 두 이집트의 통일을 상징한다. 황소 아래

에 있는 구불구불한 선은 물을 의미한다. 고대 이집트에서 하늘(누트)은 물로 가득한 영역으로 생각되었다. 따라서 황소 아피스는 오시리스가 된 망자를 하늘로 데려가고 있는 것이다. 황소는 망자를 초자연적인 존재인 오시리스로 변모시키는 창조적이고 재생적인 권능과 동일시된다." ─ 편집자) E. A. Wallis Budge, *Osiris and the Egyptian Resurrection*, London: Philip Lee Warner; New York: G. P. Putnam's Sons, 1911, vol. I, p. 13.

그림 12 「저승에서 오시리스와 함께한 매의 형상을 한 이시스」(석조, 프톨레마이오스 왕조 유물, 이집트, 1세기경). 이것은 호루스가 잉태되는 순간이다. 호루스는 아버지의 부활에 중요한 역할을 한다.(그림 47과 비교) 덴데라의 오시리스 사원 벽에서 발견된 일련의 돋을새김 장식의 일부. 이 장식은 오시리스 신을 섬기기 위해 덴데라에서 매년 행해졌던 비의를 묘사하고 있다. E. A. Wallis Budge, *Osiris and the Egyptian Resurrection*, London: Philip Lee Warner; New York: G. P. Putnam's Sons, 1911, vol. II, p. 28.

그림 13 「아폴론과 다프네」(아조, 콥트 유물, 이집트, 5세기). 이탈리아 라벤나 Museo Nazionale. © Scala/Art Resource, NY.

그림 14 「여행자들을 덮치는 바위, 여행자를 베어 버리는 갈대」(북미 나바호족의 모래 그림, 1943년). (왼쪽에 있는 마법의 깃털을 보라. 작고 검은 직사각형은 위험을 헤치고 안전하게 지나가는 쌍둥이 형제를 상징한다. ─ 편집자) Jeff King의 모래 그림의 복제판. Maude oakes and Joseph Campbell, *Where the Two Came to the Father: A Navaho War Ceremonial*, Bollingen Series, Pantheon Books, 1943, plate III.

그림 15 「단테를 이끄는 베르길리우스」(송아지 피지에 먹, 이탈리아, 14세기경). 단테(1265~1531)의 「지옥편」에서 베르길리우스와 단테가, 올빼미가 앉은 요새로 들어서는 모습. © Musée Conde, Chantilly, France. Giraudon/The Bridgeman Art Library.

그림 16 「오디세우스와 세이레네스」(다양한 색으로 채색한 백색 레키토스의 세부 장식, 그리스, 기원전 5세기경). 현재 아테네 Central Museum 소장. Eugénie Sellers, "Three Attic Lekythoi from Eretria," *Journal of Hellenic Studies*, vol.

XIII, 1892, plate I.

그림 17 「벼락 모양의 투창을 든 바알 신」(석회암 비석, 아시리아 유물, 기원전 15~13
세기경). 라스 샴라(고대의 우가리트)의 아크로폴리스에서 발견. ⓒ Musée
dé Louvre. The Bridgeman Art Library.

그림 18 「자식을 삼키는 사투르누스」(부분, 캔버스 위 석고에 유화, 스페인, 1819
년). Francisco José de Goya y Lucientes(1746~1828년). 「검은 그림(Black
Paintings)」 연작의 일부. 스페인 마드리드 Museo del Prado. ⓒ Erich
Lessing/Art Resource, NY.

그림 19 「벼락을 든 금강역사」(목조에 채색, 일본, 1203년). 운케이(運慶, ?~1223).
이 금강역사(金剛力士, 산스크리트어로 바즈라파니(Vajrapāṇi), 즉 "천둥의 주
재자")는 대일여래(大日如來, Maha vairocana)에게 바치는 토다이지(東大寺)
의 난다이몬(南大門) 양쪽에 선 관문의 수호자이다.

그림 20 「이아손의 귀환」(적색으로 채색한 칼릭스, 에트루리아 유물, 이탈리아 기원
전 470년경). 체르베테리에서 발견된, 두리스의 작품으로 추정되는 물병
에 그려진 그림. 물병은 현재 로마 Vatican Etruscan Collection이 소장. 동
판화는 D. Anderson의 사진을 옮긴 것. 이아손의 모험에 대한 이와 같
은 묘사는 문헌 전승에서는 발견되지 않는 관점이다. "물병을 그린 이
는 용을 무찌르는 자가 용의 씨앗에서 나왔다는 기억이 머리에서 지워
지지 않았던 모양이다. 이아손은 용의 입에서 다시 태어나고 있다."(Jane
Harrison, *Themis: A Study of the Social Origins of Greek Religion*, 2nd rev. ed., Cambridge:
Cambridge University Press, 1927, p. 435). 황금 양털은 나무에 걸려 있다. 영
웅의 수호자인 아테나 여신이 올빼미와 함께 지켜보고 있다. 주목할 점은
여신의 가슴받이에 있는 메두사의 머리 그림(그림 1과 비교).

그림 21 「성 안토니우스의 유혹」(동판화, 독일, 1470년경). 마르틴 숀가우어
(1448~1491). ⓒ The Trustees of the British Museum.

그림 22 「프시케와 카론」(캔버스에 유화, 영국, 1873년경). John Roddam Spencer
Stanhope(1829~1908). 개인 소장품, Roy Miles Fine Paintings. ⓒ The
Bridgeman Art Library.

그림 23 「신들의 어머니」(목조, 요루바족 에그바 유물, 나이지리아, 연대 미상). 무릎에 갓난아기 오군(전쟁과 철의 신)을 앉힌 오두두아. 개는 오군의 신수(神獸). 인간의 크기인 시종은 북을 치고 있다. 런던 Horniman Museum. 사진: Michael E. Sadler, *Arts of West Africa*, International Institute of African Languages and Cultures, Oxford Press, London: Humphrey Milford, 1935.

그림 24 「디아나와 악타이온」(대리석 메토프, 고대 그리스 유물, 시칠리아, 기원전 460년경). 디아나가 지켜보는 가운데 자신의 사냥개들에게 먹히는 악타이온. 시칠리아 셀리누스 E 신전. 이탈리아 시칠리아 팔레르모, Museo Archeologico. © Scala/Art Resource, NY.

그림 25 「먹어 치우는 칼리」(목조, 네팔, 18~19세기). 런던 Victoria and Albert, India Museum.

그림 26 「열리는 성녀(Vierge Ouvrante)」(목조에 채색, 프랑스, 15세기). © Musée National du Moyen Age et des Thermes de Cluny, Paris. Giraudon/The Bridgeman Art Library.

그림 27 「창조」(부분, 프레스코, 이탈리아, 1508~1512년). 로마 시스티나 성당: 해와 달의 창조(복원 전). 바티칸 시티 Vatical Museums and Galleries. © Erich Lessing/Art Resource, NY.

그림 28 「시바, 우주의 춤의 주」(主)(청동 주물, 인도, 10~12세기경). 인도 마드라스 주 Madras Museum. 사진: Auguste Rodin, Ananda Coomaraswamy, E. B. Havell, Victor Goloubeu, *Sculptures Çivaïtes de l'Inde*, Ars Asiatica III. Brussels and Paris: G. van Oest et Cie., 1921.

그림 29 「파에톤의 추락」(양피지에 먹, 이탈리아, 1533년). Michelangelo Buonarroti. (상단에서 유피테르가 독수리 위에 앉아, 태양 마차를 끌게 해 달라고 부탁한 아폴론의 아들 파에톤을 향해 벼락을 던지고 있다. 땅을 구하기 위해 유피테르는 파에톤을 쳤다. 하단에서 울고 있는 파에톤의 누이들은 미루나무로 변하고 있다. 파에톤이 떨어진 강의 신 에리다누스(포강의 신)도 밑에 누워 있다. 오비디우스의 『변신 이야기』에서. ── 편집자)] © The British Museum.

그림 30 「주술사」(검은 먹으로 메운 바위 새김, 구석기 시대, 프랑스, 기원전 1만 년경).

주술사를 그린 가장 오래된 그림으로 프랑스 아리에 주에 위치한 오리냐크-마들렌 시대의 "삼형제(Trois Frères)" 동굴에서 발견. 그림: George Armstrong. Joseph Cambell, *The Flight of the Wild Gander*, Novato, CA: New World Library, 2002, Fig. 5에서 발췌.

그림 31 「우주적 아버지, 울고 있는 비라코차」(청동, 잉카 시대 이전의 유물, 아르헨티나, 650~750년경). 아르헨티나 서북부에 위치한 카타마르카의 안달갈라에서 발견된 청동판으로 잉카 시대 이전 신인 비라코차인 것으로 추정되고 있다. 머리에는 빛줄기가 뿜어져 나오는 태양 원반이 얹혀 있고 손에는 벼락이 드려 있으며 눈에서는 눈물이 흐르고 있다. 어깨에 앉은 것들은 비라코차의 두 아들이자 전령인 이마야나(Imayana)와 타카푸(Tacapu)가 짐승의 모습으로 변한 모습일 것이다. 사진: *The Proceedings of the International Congress of Americanists*, vol. XII, Paris, 1902에서 발췌.

그림 32 「보살」(사원 깃발, 티베트, 19세기). 부처와 보살에 둘러싸인 우쉬니샤시타타파트라(Ushnīshasitātapatrā) 보살. 117개의 머리는 다양한 존재의 영역에 미치는 보살의 영향을 상징한다. 왼손에는 세계 우산(세계의 축)을 들고 있고 오른손에는 법륜(法輪)을 들고 있다. 보살의 수많은 축복받은 발 위에는 정각을 기도하는 세상 사람들이 서 있고 "격노한"세 권능의 발밑에는 여전히 욕정과 증오, 망상에 고통 받는 이들이 있다. 상단 구석에 있는 태양과 달은 혼인의 기적을 상징하기도 하고 영원과 시간, 열반과 세속의 동일성을 상징하기도 한다.(이 책, 200쪽 이하 참조) 상단 중앙에 있는 라마승들은 이 종교적인 깃발 그림에 상징으로 나타난 티베트 불교 교리의 정통 스승들이다. 뉴욕 American Museum of Natural History 제공.

그림 33 「관세음보살 콴인」(목조에 채색, 중국, 11~13세기). 뉴욕 Metropolitan Museum of Art 제공.

그림 34 「양성(兩性)을 두루 갖춘 인류의 조상」(목조, 말리, 20세기). 프랑스령 수단(오늘날의 말리 —편집자)의 반디아가라 지역에서 출토된 목각. 뉴욕 Laura Harden 소장품. 사진: Walker Evans. 뉴욕 Museum of Modern Art 제공.

그림 35 「달마」(명주에 물감, 일본, 16세기). 일본에서는 다루마라고 하는 달마는

(532년경 사망) 인도인으로 선불교를 창시했으며 중국으로 전파한 것으로 알려져 있다. 그는 동굴에서 명상을 하며 9년을 보내는 과정에서 팔과 다리가 마비되었다고 전해지기도 한다. 선불교는 일본에서 13세기 무렵 영향력을 얻었다. 이후 일본 선승들은 깨달음(사토리)에 이르기 위하여 붓과 물감으로 다루마를 그리기 시작했다. © The British Museum.

그림 36 「일본의 다례: 무위의 집」(사진: 조지프 캠벨, 1958년). (일본 도쿄에서 게이샤와 시종 둘이 차를 대접하고 있다. 캠벨은 종교 역사 국제회의에 참가하던 중 이 다례에 참석했다 — 편집자) © Joseph Campbell Foundation.

그림 37 「링감 – 요니」(석조, 베트남, 9세기경). 베트남 람동성 깟 띠엔 사원 소장.

그림 38 「시바 위에 올라선 칼리」(종이에 과슈, 인도, 연대 미상). 개인 소장.

그림 39 「사자의 영혼에게 빵과 물을 주는 이시스 신」(이집트, 연대 미상). E. A. Wallis Budge, *Osiris and the Egyptian Resurrection*, London: Philip Lee Warner; New York: G. P. Putnam's Sons, 1911, vol. II, p. 134.

그림 40 「배우자를 대동한 브라마, 비슈누와 시바」(채색 세밀화, 인도, 19세기 초). 힌두교의 삼위일체, 즉 브라마, 비슈누 그리고 시바가 각각의 배우자 사라스바티, 락슈미, 그리고 파르바티와 함께 있다. 남인도 컴퍼니파 그림. (마드라스 지방, 19세기 초반이나 1828년 이전) 영국 런던 Victoria and Albert Museum. © Art Resource, NY.

그림 41 「괴물을 퇴치하는 영웅들: 다윗과 골리앗의 혈투, 지옥의 정복, 삼손과 사자의 격투」(판화, 독일, 1471). 15세기의 『문맹자 성서』(독일어판, 1471)에 실린, 구약 성서의 예수에 대한 예언을 담고 있는 그림. 그림 50과 비교해 보라. Weimar Gesellschaft der Bibliophilen, 1906년 판.

그림 42 「불멸의 생명을 상징하는 나뭇가지」(설화석고 벽조각, 아시리아, 기원전 885~860년경). 칼후(오늘날의 님루드)에 위치한 아시리아의 왕 아슈르나시팔 2세의 궁전 벽조각. 뉴욕 Metropolitan Museum of Art 제공.

그림 43 「보살」(석조, 캄보디아, 12세기). 앙코르 유적에서 발견된 조각. 정수리를 장식하고 있는 불상은 보살을 장엄하는 특징적인 도구이다.(그림 32, 33과 비교해 보라. 그림 32에서 불상은 피라미드 모양으로 쌓인 머리들의 꼭대기에 앉아

있다.) 파리 Musée Guimet. 사진은 *Ankor*, éditions "Tel," Paris, 1935에서 발췌.

그림 44 「탕자의 귀환」(캔버스에 유화, 네덜란드, 1662년). 램브란트(1606~1669). 상트페테르부르크 The Hermitage 소장. *The Yorck Project: 10,000 Meisterwerke der Malerei*, DVD-ROM, 2002.

그림 45a 「메두사의 머리를 갖고 달아나는 페르세우스를 뒤쫓는 고르곤 세 자매 가운데 하나」(적색으로 채색한 암포라, 그리스, 기원전 5세기경). 헤르메스가 준 언월도로 무장한 페르세우스는 잠든 고르곤 세 자매에게 다가가 메두사의 머리를 자르고 자루에 넣은 뒤 날개가 달린 마법의 신을 신고 달아났다. 문학 작품 속에서 페르세우스는 눈에 띄지 않게 해 주는 모자를 쓰고 무사히 달아난다. 그러나 이 그림에서는 목숨을 건진 두 고르곤 자매 가운데 하나가 페르세우스를 쫓고 있다. The Munich Antiquarium 소장품. Adolf Furtwängler, Friedrich Hauser, and Karl Reichhold, *Griechische Vasenmalerei*, Munich, F. Bruckmann, 1904~1932, Plate 134.

그림 45b 「자루에 메두사의 머리를 넣고 달아나는 페르세우스」(적색으로 채색한 암포라, 그리스, 기원전 5세기경). 이 그림과 위의 그림은 동일한 암포라의 반대편에 위치해 있다. 흥미롭고 생생한 배치이다. Furtwängler, Hauser, and Reichhold, *op. cit.*, Serie III, Text, p.77, Fig. 39 참조.

그림 46 「토끼로 변한 귀온 바크를 쫓는, 사냥개로 변한 카리드웬」(석판화, 영국, 1877년). Lady Charlotte Guest, "Taliesin," *The Mabinogion*, 2nd ed., 1877, vol. III, p. 493.

그림 47 「오시리스의 부활」(석조, 프톨레마이오스 왕조 유물, 이집트, 기원전 282~145년경). 오시리스 신이 달걀에서 깨어나고 있으며(그림 12에서와 같이 매의 형상을 하고 있는) 이시스 여신이 날개로 달걀을 보호하고 있다.(그림 12에서 표현된 성스러운 혼사에서 잉태된) 호루스가 아버지의 얼굴 앞에 생명의 상징인 앙크를 들고 있다. 필라이 신전의 돋을새김 중 일부. E. A. Wallis Budge, *Osiris and the Egyptian Resurrection*, London: Philip Lee Warner; New York: G. P. Putnam's Sons, 1911, vol. II, p. 58.

그림 48 「천석굴에서 나오는 아마데라스」(목판화, 일본, 1860년). Utagawa Kunisada (1785~1864). 영국 런던 Victoria and Albert Museum. Art Resource, NY.

그림 49 「부활하는 여신」(대리석 조각, 이탈리아/그리스, 기원전 460년경). (이 대리석 돋을새김은 1887년, 빌라 루도비시 구내에서 발견된 의자의 등받이의 일부로 루도비시 왕좌라고 이름 붙여졌다. 아마도 그리스 초기 작품일 것이다. ― 편집자) 로마 Museo delle Terme. 사진: *Antike Denkmäler*, herausgegeben vom Kaiserlich Deutschen Archaeologischen Institut, Berlin: Georg Reimer, vol. II, 1908.

그림 50 「영웅의 재현: 성문을 뜯어낸 삼손, 부활한 그리스도, 고래의 뱃속에서 나오는 요나」(판화, 독일, 1471). 15세기의 『문맹자 성서』(독일어판, 1471)에 실린, 구약 성서의 예수에 대한 예언을 담고 있는 그림. 그림 41과 비교해 보라. Weimar Gesellschaft der Bibliophilen, 1906년 판.

그림 51 「아르주나를 이끌고 전장으로 향하는 크리슈나」(판지에 과슈, 인도, 18세기). 사진: Iris Papadopoulos. 독일 Museum für Asiatische Kunst, Stätliche Museen zu Berlin. Bildarchiv Preussischer Kulturbesitz/Art Resource, NY.

그림 52 「태양을 손에 쥔 우주 사자의 여신」(낱장본, 인도, 18세기). 뉴욕 Pierpont Morgan Library 제공.

그림 53 「자이나교의 우주적 여성」(직물에 과슈, 인도, 18세기). 라자스탄. 위대한 여신의 형상으로 그려진 자이나교의 세계관.

그림 54 「생명의 샘」(목판 위 채색, 플랑드르, 1520년경). 두에 출신 Jean Bellegambe의 삼면화(triptych) 가운데 중간. 머리에 배를 이고 오른쪽에서 돕고 있는 여성은 '희망'이다. 이에 대응하여 왼쪽에는 '사랑'이 있다. 릴 Palais des Beaux-Arts 제공.

그림 55 「아스테카 태양의 돌」(석조, 아스테카 유물, 멕시코, 1479년). 멕시코 테녹티틀란. 멕시코 멕시코시티 Museo Nacional de Antropologia e Historia. The Bridgeman Art Library.

그림 56 「자이나교의 우주적 여성 ― 우주적 바퀴의 세부 묘사」(직물에 과슈, 인도, 18세기). 이것은 그림 53의 중앙 부분을 확대한 것이다. 이 그림에 대하여

캠벨은 이렇게 말한다. "위대한 우주적 존재의 허리 부위에…… 시간의 흐름이, 이미 살펴본 12단계로 이루어진 연속적인 순환 주기에 의해 구분되어 있다. 우리 모두는 이 시대에 여러 번 거듭났고 지금도 거듭나고 있다."(Joseph Campbell, Oriental Mythology, The Masks of God, vol. II. New York: Arcana, 1991, p. 225)(자이나교의 우주관에 대한 캠벨의 한층 깊은 탐구를 보고 싶다면 Oriental Mythology, pp. 218~234를 참조할 것 — 편집자)

그림 57 「마크로프로소포스」(판화, 독일, 1684년). Christian Knorr Von Rosenroth, *Kabbala Denudata*, Frankfurt-am-Main, 1684.

그림 58 「신들과 인간들을 낳는 탕가로아」(목조, 루루투섬, 18세기 초). 폴리네시아 유물. 남태평양의 투부아이(오스트랄)제도에서 출토. The British Museum 제공.

그림 59 「투아모투제도의 창조 그림」. 아래에 있는 것은 우주란(宇宙卵), 위로는 인간이 나타나면서 우주의 형상이 빚어지고 있다.(투아모투제도, 19세기) Kenneth P. Emory, "The Tuamotuan Creation Charts by Piore," *Journal of the Polynesian Society*, vol. 48, no. 1 (March 1939), p. 3.

그림 60 「천지의 분리」(이집트, 연대 미상). 이집트 관과 파피루스에 흔히 등장하는 그림. 대기의 신 슈-헤카가 근친상간의 쌍둥이 남매 누트와 겝을 떨어뜨려 놓으라는 라의 명령에 따르고 있다. 세계가 창조되는 순간이다. F. Max Müller, *Egyptian Mythology, The Mythology of All Races*, vol. XII, Boston: Marshall Jones Company, 1918, p. 44.

그림 61 「이미르의 살해」(석판화, 덴마크, 1845년). Lorenz Frölich(1820~1908).

그림 62 「혼돈의 괴수와 태양신」(설화석고 벽조각, 아시리아 유물, 기원전 885~860년). 칼후(오늘날의 님루드)에 위치한 아시리아의 왕 아슈르나시팔 2세의 궁전 벽조각. 이 신은 아마도, 바빌론의 마르둑이 맡았던 역할, 그 이전에는 수메르의 폭풍의 신 엔릴이 맡았던 역할을 이어받고 있는 아시리아의 신 아슈르일 것이다. 사진 출처: Austen Henry Layard, *Monuments of Nineveh*, Second Series, London: J. Murray, 1853. 현재 British Museum이 소장하고 있는 원 조각은 지나치게 손상되어 사진으로 그 형태를 알아보

기 매우 힘들다. 그림 42와 동일한 양식이다.

그림 63 「물레로 파라오의 아들을 빚고 있는 크네무 신과 수명을 정하는 토트 신」 (파피루스, 프톨레마이오스 왕조 유물, 이집트, 기원전 3세기~1세기경). E. A. Wallis Budge, *The Gods of the Egyptians*, London: Methuen and Co., 1904, vol. II, p. 50.

그림 64 「장난꾸러기 신 에드슈」(별보배고둥과 가죽으로 장식한 목조, 요루바족 유물, 나이지리아, 19세기~20세기 초). Paul Freeman의 개인 소장품. The Bridgeman Art Library.

그림 65 「출산하는 틀라졸테오틀」(석류석을 함유한 아플라이트 조각, 아스테카 유물, 멕시코, 15세기 말~16세기 초). 사진: 뉴욕 American Museum of Natural History (Hamy의 사진과 유사하게 촬영) 제공.

그림 66 「태양을 낳는 누트(하늘) 신: 태양 광선이 지평선의 하토르(사랑과 생명) 위로 쏟아져 내린다」.(석조, 프톨레마이오스 왕조 유물, 이집트, 기원전 1세기경). 여신의 입에 있는 원구는 곧 삼켜졌다가 다시 태어날 석양을 의미한다. (이집트 덴데라에 위치한 하토르 신전 내 일명 새해의 사당. 기원전 1세기경 건축 ─ 편집자) E. A. Wallis Budge, *The Gods of the Egyptians*, London: Methuen and Co., 1904, vol. I, p. 101.

그림 67 「달의 왕과 그의 백성」(바위 벽화, 선사 시대, 짐바브웨, 기원전 1500년경). 선사 시대에 바위 위에 그려진 벽화. 남 로데시아(오늘날의 짐바브웨 ─ 편집자) 루사피 지방 Diana Vow Farm. 월인 므우에트시와 연관 있을 가능성이 있다. 옆으로 누운 월인이 오른손에 높이 쥐고 있는 것은 뿔이다. 벽화의 연대는 이를 발견한 Leo Frobenius가 기원전 1500년경으로 추정했다. 프랑크푸르트암마인 Frobenius-Institut 제공.

그림 68 「뱀을 누빈 치마를 입은, 어머니 대지 코아틀리쿠」(석조, 아스테카 유물, 멕시코 15세기 말). 코아틀리쿠의 머리는 마주 보고 있는 두 마리 방울뱀의 머리 형상이다. 목에는 심장과 손, 두개골로 이루어진 목걸이가 걸려 있다. 이것은 테녹티틀란의 Great Temple의 안마당에 세워져 있던 거대한 석상 가운데 하나로 멕시코 시티의 주 광장에서 1824년 발굴되었

다. 멕시코 멕시코시티 Museo Nacional de Antropologia e Historia. Werner Forman/Art Resource, NY.

그림 69 「달 수레」(석조, 캄보디아, 1113~1150년경). 앙코르와트 신전의 돋을새김. 사진: Ankor, éditions "Tel," Paris, 1935.

그림 70 「모세를 발견한 파라오의 딸」(세부, 캔버스에 유채, 영국, 1886년). Edwin Long, 1886. City of Bristol Gallery. *The Yorck Project: 10,000 Meisterwerke der Malerei*, DVD-ROM, 2002.

그림 71 「고바르단 산을 들고 있는 크리슈나」(종이에 채색, 인도, 1790년경). Mola Ram(1760~1833)의 작품으로 추정. (좌측 상단에 코끼리를 타고 있는 인드라가 보인다 ― 편집자) Smithsonian Institute Asia Collection.

그림 72 「구석기 시대의 암각화」(암각, 구석기 시대, 알제리, 연대 미상). Tiout 근방의 선사 유적지. 사냥꾼과 타조 사이에 있는 고양이처럼 생긴 동물은 아마 사냥을 위해 훈련시킨 표범의 한 종류일 것이다. 사냥꾼의 어머니와 함께 뒤에 남겨진 뿔 달린 짐승은 풀을 뜯는 가축일 것이다. Leo Frobenius and Hugo Obermaier, *Hádschra Máktuba*, Munich: K. Wolff, 1925, vol. II, Plate 78.

그림 73 「포로를 죽이는 나르메르 왕」(편암에 조각, 이집트 고왕국 유물, 기원전 3100년경). 왕조 이전 시대 말기 편암으로 제작된 양면 팔레트인 "나르메르 팔레트". 나르메르 왕이 하이집트를 정복하고 홍관(紅冠)을 쓴 모습으로 나타난다. 상단에는 나르메르 왕의 이름이 적혀 있는 직사각형 카르투슈가 있다. 콤 알 아흐마르의 히에라콘폴리스에서 출토. 이집트 카이로 Egyptian Museum. Erich Lessing/Art Resource, NY.

그림 74 「젊은 옥수수 신」(석조, 마야 유물, 온두라스, 680~750년경). 고대 마야 도시 코판에서 발견된 석회암 조각의 일부. 뉴욕 American Museum of Natural History 제공.

그림 75 「자신의 눈을 찌르는 오이디푸스」(세부, 석조, 로마 유물, 이탈리아, 2~3세기경). 독일 트리어 Neumagen Rheinisches Landesmuseum가 소장한 로마 영묘의 돋을새김 일부. Erich Lessing/Art Resource, NY.

그림 76 「부처의 열반」(석조, 인도, 5세기 말). 인도 마하라슈트라주 아잔타 석굴 중

26번 동굴(차이티아 석굴). Vanni/Art Resource, NY.

그림 77 「가을」(사면(死面), 목조에 채색, 이누이트족 유물, 북아메리카, 연대 미 상). 알래스카 남부 코스코큄강 유역에서 발견. 뉴욕 American Indian Heye Foundation 제공.

그림 78 「사자(死者)를 심판하는 오시리스」(파피루스, 이집트, 기원전 1275년경). 오 시리스 뒤에는 이시스와 네프티스 여신이 서 있다. 오시리스 앞에는 연 꽃, 혹은 백합꽃이 손자 넷, 즉 호루스의 네 아들을 떠받치고 있다. 그의 아래(혹은 옆)에는 신성한 호수가 있는데 이것은 땅 위 나일강의 신성한 원천이다.(보다 근본적인 원천은 하늘이다.) 신은 왼손에는 도리깨, 혹은 채 찍을 들고 있고 오른손에는 갈고리를 들고 있다. 맨 윗부분은 신성한, 뱀 머리 모양의 표장 28개가 일렬로 장식하고 있고 각각의 뱀 머리는 원반을 받치고 있다. (테베에서 발견된 이집트 제19왕조의 유물 「후네퍼(Hunefer) 파피 루스」(기원전 1275년경)의 일부 — 편집자) E. A. Wallis Budge, *Osiris and the Egyptian Resurrection*, London: Philip Lee Warner; New York: G. P. Putnam's Sons, 1911, vol. I, p. 20.

그림 79 「불을 뿜어 오시리스의 적을 제압하는 저승 세계의 뱀 케티」(설화석고 조 각, 신왕국 시대, 이집트, 기원전 1278년). 먹잇감의 두 팔은 뒤로 묶여 있다. 일곱 신이 지켜보고 있다. 이것은 밤의 여덟 번째 시간에 태양의 배를 타 고 건너는 명계의 영역을 묘사하고 있는 그림의 일부이다. 일명 『탑문의 서(*Book of Pylons*)』에 수록. (『관문의 서(*Book of Doors*)』라고도 알려져 있는 책이다. 여기 실린 그림은 세티 1세의 석관에서 따 왔다 — 편집자) E. A. Wallis Budge, *The Gods of the Egyptians*, London: Methuen and Co., 1904, vol. I, p. 193.

그림 80 「저승의 물을 마시는 아니 및 그 아내의 생령」(파피루스, 프톨레마이오스 왕 조 유물, 이집트, 기원전 240년경). 「아니(Ani) 파피루스」의 일부. E. A. Wallis Budge, *Osiris and the Egyptian Resurrection*, London: Philip Lee Warner; New York: G. P. Putnam's Sons, 1911, vol. II, p. 130.

그림 81 「세계의 종말: 비의 뱀과 호랑이 발톱 여신」(수피 종이 위 먹, 마야 유물, 중 앙아메리카, 1200~1250년경). 뉴욕 American Museum of Natural History 소

장 사본(1898).

그림 82 「라그나로크: 오딘을 잡아먹는 펜리스 늑대」(석조, 바이킹 유물, 영국, 1000 년경). 북유럽의 전설 시가 라그나로크 중 오딘이 펜리스 늑대에게 잡아 먹히는 「신들의 최후」를 묘사하고 있는 안드레아스석(石) 돋을새김. 까마 귀는 오딘의 어깨에 앉아 있다. 영국 맨섬 Manx Museum이 소장하고 있 는 영국 (맨섬) 바이킹 유물. Werner Forman/Art Resource, NY.

그림 83 「프로테우스와의 한판」(대리석 조각, 프랑스 1723년). 아리스타이우스 가 변신하는 해신(海神) 프로테우스와 겨루고 있다. Sébastien Slodtz (1655~1726). 프랑스 Palais de Versailles.

그림 84 「지구가 솟아오르는 모습」(사진, 달 주회(周回) 궤도, 1968년). 아폴로 8호에 승선했던 빌 앤더스가 1968년 12월 24일에 찍은 사진. 지구가 달 표면 위 로 떠오르고 있는 듯이 보인다. 이 현상은 달의 주회 궤도에서만 볼 수 있 다. 달의 공전 주기가 지구의 자전 주기와 일치하는 까닭에 즉, 지구에서 는 항상 달의 한쪽 면만을 볼 수 있기 때문에 달의 표면에서 지구가 떠오 르는 것을 볼 수는 없다. (이 사진은, 조지프 캠벨을 비롯하여 이 사진을 본 여 러 사람들에게 깊은 영향을 주었다. 이 사진의 신화적 의미에 관한 캠벨의 의견을 보려면 *Thou Art That: Transforming Religious Metaphor*, Novato, CA: New World Library, 2002, p. 105 이하 참조 ── 편집자)

찾아보기

이윤기

1977년 《중앙일보》 신춘문예에 단편소설 「하얀 헬리콥터」가 당선되어 문단에 나왔다. 이해부터 20여 년 간 번역에 전념하여 『그리스·로마 신화』, 『그리스인 조르바』, 『뷔토스』, 『변신 이야기』, 『천의 얼굴을 가진 영웅』, 『장미의 이름』, 『푸코의 진자』 등 약 200권을 번역했다.

신화학 저서로 『이윤기의 그리스 로마 신화 1·2·3』, 『길 위에서 듣는 그리스 로마 신화』 등, 장편소설로 『하늘의 문』, 『햇빛과 달빛』, 『뿌리와 날개』, 『나무가 기도하는 집』, 『그리운 흔적』 등, 소설집으로 『나비넥타이』, 『두물머리』 등, 산문집으로 『무지개와 프리즘』, 『어른의 학교』, 『잎만 아름다워도 꽃 대접을 받는다』, 『이윤기가 건너는 강』 등이 있다.

1991년부터 1996년까지 미시간 주립대학교 국제대학 초빙연구원을 지냈으며, 1997년부터 2000년까지 동 대학교 사회과학대학 비교문화 연구원을 지냈다. 1998년 중편소설 「숨은 그림 찾기 1」로 동인문학상을, 2000년 한국번역가상과 소설집 『두물머리』로 제8회 대산문학상을 받았다.

현대사상의 모험 14

천의 얼굴을 가진 영웅

1판 1쇄 펴냄 1999년 5월 20일
신장판 1쇄 펴냄 2004년 9월 20일
전면 개정판 1쇄 펴냄 2018년 3월 30일
전면 개정판 10쇄 펴냄 2024년 9월 10일

지은이 조지프 캠벨
옮긴이 이윤기
발행인 박근섭·박상준
펴낸곳 ㈜민음사

출판등록 1966. 5. 19. 제16-490호
주소 서울특별시 강남구 도산대로 1길 62 (신사동)
      강남출판문화센터 5층 (06027)
대표전화 02-515-2000/팩시밀리 02-515-2007
홈페이지 www.minumsa.com

한국어판 © ㈜민음사, 2018. Printed in Seoul, Korea

ISBN 978-89-374-1637-8 (94210)
      978-89-374-1600-2 (세트)

* 잘못 만들어진 책은 구입처에서 교환해 드립니다.